公共哲学叢書❺
福祉の公共哲学

塩野谷祐一／鈴村興太郎／後藤玲子 編

東京大学出版会

Public Philosophy of Well-being
Yuichi SHIONOYA, Kotaro SUZUMURA and Reiko GOTOH, Editors
University of Tokyo Press, 2004
ISBN 978-4-13-051119-3

はしがき

本書の構想

　本書は『福祉の公共哲学』と題する．ここでいう福祉とは，一方で，社会保障を中核とする福祉国家ないし福祉社会の「制度」を意味すると同時に，他方で，人々が私的および公共的に望ましい目標として追求する福祉ないし幸福の「理念」を指す．理念は制度の中に体現されるものであるが，制度も理念もそれぞれ多様性を持ち，それらは多様な人間集団によって支持されている．対立を含むこれらの多様性の中から，現実の制度はどのように選ばれ，またどのように選ばれるべきであろうか．

　制度および理念としての福祉がわれわれの研究の「対象」であるとすれば，これらを扱う「方法」が公共哲学である．知の歴史とともに古い哲学の領域において，公共哲学という比較的新しい観念は確定した意味を持ち，確固たる地歩を占めているわけではない．しかし，われわれの問題意識は次のようなものである．

　第二次大戦後の経済・政治・社会の制度が歴史的に大きな変革の時期を迎えている中で，先進国の福祉国家も例外ではない．そのさい，国家・官僚による個人・民間・市場の統制を緩和する改革の流れは「官から民へ」の動きであるが，同時に個々人が公共的ルールの形成に参加する改革の流れは「私から公へ」の動きとして位置づけられなければならない．前者は望ましい経済的資源配分システムの設計にかかわるものであり，後者は望ましい政治的意思決定システムの運営にかかわるものである．公共哲学は，個々人がこれらの二種のシステムを規定する「公共的」ルールの形成・維持・改善のために，「公共的」空間において，「公共的」理性をもって行動するという枠組みを用意する．このような枠組みを「公共性」の枠組みと呼ぶならば，公共哲学は一定の価値負荷性に基づいている．

　「対象」としての福祉と「方法」としての公共哲学とを合わせて考えると，

われわれの問題は，資本主義を基盤とする経済システムと民主主義を基盤とする政治システムとを制御しつつ，両者の上にどのような福祉の社会システムを構築すべきかを問うことである．この問題は，単なる「理念」の世界に埋没する哲学のみによっては（いわんや通俗的なイデオロギーによっては）解くことのできないものであり，実在の「制度」と客観的な制度内メカニズムを扱う経済学・政治学・法学・社会学を総合した知性を必要とする．知の総合化という観点から，従来の経済哲学・政治哲学・法哲学・社会哲学とは異なる公共哲学が要請されるのである．

かくしてわれわれの福祉の公共哲学は，人間生活における福祉や幸福を規定するさまざまな側面を視野に入れ，関連する諸概念の再検討・再構成を通じて，社会の中で多面的な人間本性の発揮を可能にする公共的ルールの構築のために，開かれた討議を提供しようとするものである．具体的にいえば，それは，各国の社会保障改革を評価する規範理論的基礎を上述の枠組みに照らして解明しようとする．もちろん，福祉の公共哲学は試行の段階にあり，取り組むべき課題は尨大であって，今後いっそうの思索が必要である．

本書に集められた諸論文は，われわれが過去数年にわたって行ってきた「社会保障改革の理念と構造——福祉国家の哲学的基礎」プロジェクト（塩野谷祐一主査）および「厚生経済学の新パラダイムに基づく福祉国家システム像の再構築」プロジェクト（鈴村興太郎主査）における共同研究の成果の一部である．この共同研究には，公共哲学が要請する哲学・経済学・政治学・法学・社会学の研究者が参加し，社会の全体像を求めて個別の学問領域を超えた討議を続けてきた．これで研究が終了したわけではないが，われわれは一応のまとめを行い，その成果を公共知として社会に対して発表することも公共哲学の使命のひとつであると考える．二つのプロジェクトを支援してくれた厚生労働省，本書の刊行に向けて尽力された東京大学出版会の竹中英俊氏と白崎孝造氏，そして研究会で報告と討議に参加された方々に感謝の意を表したい．

本書の内容

第1章（山脇論文）の目的は，公共哲学の観点から福祉国家の生成・発展の

歩みを振り返り，その行方を展望することにある．山脇のいう公共哲学の観点とは，「民の公共性（あるいは個々人が育む公共性）の視点から公的機関（例えば，政府）の機能を見直すとき，はたしてどのような法規範システムあるいは経済システムが構想されるか」を問うことである．このような観点のもとで，山脇は公共哲学そのもの成り立ちを考察し，続いてドイツ，イギリス，日本の社会保障制度を支えた哲学や社会思想の特徴を解明する．山脇は，ヘーゲルの思想の中に，「自由と公正を保障するところの理にかなった公共性と最低限の生活保障は，『無限の内面性という次元を持つ人々（民）が最終的に承認する国家』によって実現される」というビジョンを読み取り，それがシュタインや歴史学派らの社会思想を通じて，ビスマルク体制下の新興国ドイツの「温情主義的な」社会政策に実現され，さらに戦後のオルド自由主義の「社会的市場経済」論を通じて，「協同的で地方分権的な連邦国家」の社会保障政策に転換されていくプロセスを解明する．同様に，イギリスや日本の社会保障制度の形成を支えた哲学・社会思想史の分析を通じて，社会保障制度の発展は，官（政府）としての公，私的な経済活動，個人（人格）の中の公共性という3者のあり方を模索する歴史に他ならない点が明らかにされる．

　第2章（塩野谷論文）は，経済学史における著名な「方法論争」の教訓を踏まえて，特定の問題領域において有効な分析道具を相互に補完的な関係として位置づけようという意図を持つ．「今日の道徳哲学・政治哲学における論争的問題は，集約して言えば，現実の「制度」を「理念」の視点から規範的に構想することである」という塩野谷の問題意識は，本書全体のモティベーションでもある．本章の前半では，はじめに，四つの主要な規範理論（市場均衡論，正義論，共同体論，制度進化論）を整理するための分析視角が提示され，続いて，個人主義か全体主義かという二分法を超えて「制度的条件と個人的行動との間の相互作用」をとらえるための枠組みが提示される．これらをもとに本章の後半では，「現代の包括的な経済・政治・社会制度としての福祉国家の再編成をめぐる市場・家族・国家のあり方を問う」具体的な試みが検討される．すなわち，共同体の形成に関する静態的な説明を出発点として，歴史学派シュモラーの進化論的経済学によるその動態的な説明，つまり家族共同体の変貌を契機として，地域共同体と企業との相互作用に着目するシュモラーの発展段階説が検

討される．

　以上の二つの章は，本書の問題関心や分析視角を示すいわば序論にあたる部分である．以下，第3章～第8章では，福祉国家を語るうえで不可欠な現代の主要な規範理論が検討される．

　第3章と第4章では，『正義論』の著者ジョン・ロールズの考え方が検討される．ロールズ正義論の独創性は，社会システムのルールの決定に対する人々の参加を保障する民主主義を前提として，あるべき社会システムの構想が人々自身によって合意形成されるための理に適った方法（手続き）とその帰結を解明しようとした点にある．制度の正しさを評価しようとする人々（理論家も含む）自身の視点の相対化を要請する彼の議論は，福祉国家のあり方を見直す学際的な研究と討議の必要性を喚起した．第3章（塩野谷論文）は，「公正としての正義」と呼ばれるロールズの正義の構想に焦点をあて，その主題・枠組み・方法を正確かつ簡潔に紹介したうえで，制度としての福祉国家像を模索するという観点から，ロールズ正義論の「制度的含蓄」を解明しようとする．本章の最後の方では，ロールズ正義論の中心的観念，例えば「道徳的人格」や「自尊の社会的基盤」を手掛かりとしながら，塩野谷自身の道徳理論に基づいて正義論を越える射程（「卓越」の理論）が示されるとともに，それに基づく新たな福祉国家像，すなわち「ポジティブな社会保障」が構想される．

　第4章（渡辺論文）は，ロールズが対比する2つの概念，「財産所有制民主主義」（property-owning democracy）と「福祉国家資本主義」（welfare-state capitalism）に焦点をあて，ロールズの「正義の理論」と整合的な社会・経済制度の特質を明らかにしようとする．渡辺によれば，ロールズが批判する「福祉国家資本主義」は，「人々の行動の背景，もしくは枠組みを形成する社会的・経済的制度（社会の基本構造）に着目しない．それはただ事後的に，……所得や財産の再分配を行うだけである．そこでは，政治的自由の公正な価値が保障されていない」ような制度である．最後の点は重要な問題を孕んでいる．なぜなら，「政治的自由の単なる形式性を自覚した人々は，やがて政治参加の意思を失い，市民としての自尊心や自立を維持できなくなる」恐れがあるからである．渡辺が指摘するように，「福祉国家資本主義」の背後には，「国家を私的な結社と同一視」する傾向を持ち，「アトミスティックな存在論的個人

主義」に立ち，「前‐政治的で私的な選好」をそのまま集計することを基本とするような考え方が存在するという．これに対してロールズが支持する「財産所有制民主主義」は，「もっとも恵まれない人々が，みずからも政治社会の一員であり，理想と原理をともなうその公共文化を，みずからにとって有意義と見なせる」状態を保障しようとする制度であり，正義に適った公共的な制度やルールを通して互いを公正に扱う社会である．本章では，正義論における「契約」は，「単なる私益の集計を超えた公共性を含意」する「理性」に基づく「社会契約」であって，市場の「合理的なバーゲン」とは明確に区別されなければならないことが明記される．

　第5章（鈴村論文）は，はじめにロールズ正義論を批判的に継承するアマルティア・センの潜在能力理論を，主として規範的評価の情報的基礎という観点から規範的経済学の歴史の中に位置づける．センの理論を念頭におきながら構想された鈴村自身の福祉国家システム像は，規範的経済学のさらなる発展の方向性を指し示すものである．鈴村によれば，センの潜在能力アプローチの特徴は，厚生経済学，新厚生経済学，社会的選択理論など規範的経済学の歴史の中で切り捨てられてきた社会的評価のための豊かな情報源――「効用や厚生などの主観的情報」から「選択の機会やプロセスの内在的価値」まで――を取り戻す試みである．また，鈴村が提唱する福祉国家の経済システムは，競争の持つ内在的価値を前提として，したがって，分権的競争システムをメインシステムとしたうえで，すべての個人に対して競争へのフェアなアクセスを保障するサブ・システム，多層的な競争における社会的統合を調整するサブ・システム，および個々人の責任には帰し得ないハンディキャップに配慮するサブ・システムから構成される．このような構想の背後には，「人々に対して自らのライフ・チャンスを自律的に追求する権利を公平に賦与する」競争をすべての人に等しく保障しながらも，本人の責任を超えた事象に関しては社会的に保障すべきだという考え方がある．

　第6章（嶋津論文）は，福祉国家の観点からフリードリッヒ・フォン・ハイエクを読み解く作業を行っている．嶋津によれば，ハイエクの特徴は，個人の自由な活動と社会の秩序・効率との両立を可能とする要として，「法の支配」を擁護する点にある．すなわち，「一般に人々が自由に活動する社会生活にお

いては，人々の期待は衝突することが避けられないが，その場合に保護されるべき期待とそうでないものの間に区別を設けることを任務とするのが，私法の体系（ハイエクはこれを「ノモス」と呼ぶ）なのである」．「法の支配」は，私法の体系を中心とするが，市場メカニズムが効果的かつ有益に機能するためには（その限りで），広範な政府の活動――例えば，保険額と掛け金との関連が明確に当事者間の契約で定められるような「社会保険」あるいは公的扶助――をも容認する．嶋津によれば，ハイエクの考えは，「レッセ・フェール」，「(市場への) 非介入」，「夜警国家」を退ける点において，第8章で紹介されるリバタリアンとは異質のものである．だがその一方で，ハイエクが擁護する「法の支配」は，「分配的正義」や「社会的正義」の要求とは相容れないものであるという．ハイエクのいう分配的正義は，個人の活動に関して，市場的な評価とは別に誰かの考えにしたがって真価と功績を評価し，報酬を決めることを意味するが，それが「法の支配」と両立不可能なのは，「(異なる) 個々人に自分の財と能力の自由な利用を許せばその結果は予測不可能だから」と説明される．分配的正義の問題は，第9章（立岩論文）および第10章（盛山論文）において再び詳細に検討される．

第7章（長谷川論文）は，ロナルド・ドゥオーキンの責任概念に焦点をあて，彼の掲げる「倫理的リベラリズム」の真髄を抽出する．ドゥオーキンによれば，人々の「決定的利益」にそくして「資源の平等」を図ることが，社会保障の要とされる．決定的利益は，人間の生において基底的であり，誰にとっても共通の意味をもち，理性的な判断によって抽出される点において，個々人の「意志的利益」から区別される．換言すれば，それは「多様性に開かれている個々人のチャレンジ」にとって「倫理的に適切な環境的条件」に他ならない．結論で長谷川が指摘しているように，あるべき福祉国家を構想するうえで重要なことは，「決定的利益」の内容がいかにして同定されるかであるが，その重要なヒントは長谷川が注目するドゥオーキンの「個人の責任」の概念にある．長谷川によれば，ドゥオーキンがいう「個人の責任」は，公的に補償されるべき領域を厳格に線引きするために想定される概念というよりは，むしろ，様々な局面での自己の選択（どのように線引きすべきかという選択を含む）や背後にある選好形成に対して，個人がもつべき倫理性を示し，個人のパーソナリティに対

する「等しい尊重と配慮」を促すための概念である．このような理解は，第10章（盛山論文）において紹介されるドゥオーキン像（主として「責任―平等主義」理論の流れで整理されている）との対比で興味深い．また，補論1（小林論文）との関連では，ドゥオーキンのいう「政治的共同体」の概念は，個人への「等しい尊重と配慮」を核とする法の純一性を実現するための理念的構想である点が注記される．

第8章（森村論文）は，リバタリアン（古典的自由主義，「小さな政府論」，アナルコ・キャピタリズムを含む）による福祉国家批判の要点を簡潔に提示する一方で，リバタリアンの中で意見の相違のあるいくつの論点について森村自身の見解を明らかにする．社会内部の相対的な関係である経済的（不）平等を問題とせず，最低賃金法などの政府の規制を撤廃する必要があるとする点では，森村は多くのリバタリアンと見解を共有する．その一方で，相互扶助組織や家族，自発的贈与・互恵など，国家以外の組織による資源の移転を必ずしも重視しない点において，さらには，「他の人々の自由や所有への権利を制約することを認めながら，最小限生存権を認める必要があ」ると考え，その根拠を人道主義的配慮に求める点においては，森村は独自のスタンスをとる．人道主義の見解については，「極端な欠乏から自らを救うだけの分の他人の余剰物への権利」（ロック）は，自己所有権といったリバタリアン的原理から出てくるものではないが，（消極的）自由権を常に「至上の切り札と考えなければならない理由はない」からと説明される．本章の末尾では，以前からの立岩（第9章）との論争を踏まえて，リバタリアンのいう自由は，必ずしもすべての個人に対する平等な保障を要請するものではないこと，そしてそのような要請はただ消極的自由に関してのみなされる点が明記される．

以上のように，第8章までは，現代の主要な規範理論にそくして，福祉国家の哲学的基盤を構築し，あるべき制度システムを構想するという観点から，その理論的構造が検討された．第9章から第14章までは，これまでに浮上してきた論点も含めて，福祉国家のあり方を考察するうえで重要な論点が提起され，それに対する議論の動向および著者自身の見解が示される．

第9章と第10章では分配的正義の問題が真正面から論じられる．第9章（立岩論文）の第一の柱は，リバタリアンの主張に対して，そもそも課税（分

配）のなされない状態を自明の地歩として議論を演繹することの恣意性を指摘したうえで，自由の主張からはむしろ（必要に応じた）分配が擁護されることを論証することにある．その鍵は，ひとつに，自由の主張を「ひとの存在」およびその相互的な認知（属性や能力の個別性と別に自らを認めよ）と結びつけて理解することであり，二つに，自由の主張を普遍的な言明として語ることにある．ひとたび，自由が普遍的な主張として語られるならば，すべての個人に自由を保障する分配が理を持つと考えられる．ただし，立岩は，リバタリアンが憂慮するように，譲渡すべきではないものの存在（自己所有）を完全に否定するわけではない．むしろその意図は，「その人が譲渡しがたいものを譲渡せずにすむように，基本的な生活資源・手段の分配がなされること」にある．本章の第二の柱は，分配をめぐる様々な価値規範（例えば，「機会の平等」，「労働の分割」，「国境の制約」といった具体的な問題から，「人の力やその産出物と人の存在とを結びつけてしまう規範」といった根本的な問題まで）に関して幅広い吟味を行うことである．立岩の基本的スタンスは，自律的といわれる個人の選択もまた既存の価値規範による影響を免れえず，いずれの価値規範も既存の制度との関係ではじめて正当性を獲得するものだとすれば，それらを徹底的に問い直すところからしか議論は始まらない，とする点にある．

　第 10 章（盛山論文）は，「自己責任の範囲にない生まれつきや環境のような偶然的要因による格差は不当なものであって，本来，平等であるべきだ」とする「責任—平等主義」の主張に対して哲学的な吟味を加える．盛山は，「責任」あるいは「平等」の観念を暗黙の前提としながら，福祉に関する一定の論理を導出しようとする方法（「基礎づけ主義」と呼ばれる）は正当化し難いこと，むしろ，それらの観念もまた他の諸価値と同様に，制度内生的に構成されるという認識のもとに，問題自体を捉え返す必要のあることを主張する．そのうえで，盛山自身が着目するのは，生産と配分との間の不可分な関係である．盛山によれば，「それは単に，人々が受け取る分け前が人々が従事する生産活動にとってのインセンティブになっているからだけではなく，配分のしかたとそれを支える理念とが社会的協働としての生産活動に意味を与えるからである」．このような問題関心は，一見，生産と分配の問題をひとまず切り離して議論をはじめようという立岩のスタンスと矛盾するように見えるが，立岩の意図は，

両者のあり方を，何らかの結びつきがあるとすればそれも含めて根本的に問い返すことにあるので，矛盾はしない．むしろ，議論に際して「基礎づけ主義」を退ける点において両氏の立場は共通する．そのうえで盛山の特徴は，「提案される配分の理念とそれに基づく配分のしかたが，実際に人々にどのような諸価値の分布をもたらすか」という実証的な関心に求められる．

　第11章と第12章では，現実の福祉国家再編（あるいは改編）の動きを主導する政治的構想に関して，議論の基本的な対立構造が解明されるとともに，その背後にある生産主義や勤労倫理などの規範的な論点が抽出される．第11章（新川論文）は，「公的福祉を受け取る資格要件として，可能であるならば，生産的貢献をなす相応の義務がある」という通念（「互恵性原則」と呼ばれる）に基づくワークフェアの考え方に対して，就労から切り離された個人の所得資格，市民への最低所得保障の考え方を紹介する（「（無条件）基本所得」と呼ばれる）．新川によれば，後者は就労とは無関係に一律の基本所得を支給する一方で，基本所得プラスアルファを望むものに対しては，市場内労働に参加することを妨げない制度であり，その特質は，市場の論理に強制されることなく，「自らの生にとって意味ある労働（活動）を行うこと」，あるいは，「市民自らが利潤追求とそれ以外の自己実現や余暇活動に費やす時間の配分を決めること」にあるという．新川は，後者に向けられた反論——労働を特権的なものとし，排除された人々との社会的分岐を深刻なものとする，あるいは，雇用への国家の責任を免罪し，雇用関係が全て市場に委ねられることを許すなど——を紹介しつつ，基本所得保障は労働時間の短縮，ワーク・シェアリング，市民活動の活性化といった政策と一体のものとして考えるべきであると主張する．例えば，オッフェがいうように，労働時間短縮の結果，市民活動領域の拡大が実現されれば，それは市場関係の生活世界への無制限の侵入を食い止めるだけでなく，市場交換に代わる社会的ネットワークの形成にもつながると期待されるからである．

　同じく，ワークフェアと基本所得との対比を念頭におきながらも，第12章（宮本論文）では，ワークフェアに関するいっそう詳細な検討をもとに，「所得保障をめぐる福祉国家再編の政策的対立軸」を抽出することが主眼とされる．宮本によれば，「政府か市場かという対立軸が意味を失ったわけではない」．例

えば，就労を福祉受給の条件とする政策と就労支援を目的とする政策を，ワークフェアという言葉で一括してしまえば，両者の本質的な相違（政府のコミットメントの強さ，人々の福祉への影響など）を見逃すおそれがある．ただし，近年，「リスク構造が変容し，完全雇用が困難となり，さらには労働（生産）中心主義への批判が広がるなかで，対立軸は多元化した」という．こうして，宮本は，政府支出の大小に関する軸に加えて，就労と福祉の連携に関する対立軸を設定し，二つの対立軸をもとに，①就労を福祉受給の条件とする労働力拘束モデル，②積極的労働政策を推進する人的資本開発モデル（以上はワークフェアに分類される），③狭義のベーシックインカム，④負の所得税（以上はベーシックインカムに分類される）という四つのモデルを構成する．宮本によれば，これらの中で，②と③に関しては，「共に大きな財源を必要とするがゆえに全面的な両立は困難であり，規範的にも，産業主義や勤労倫理への態度という点でははっきりと異なっている．両陣営の政治的連携には，ある種の困難が伴う」という．

　次に，第13章と第14章では，個々人の個別的存在に関心を寄せるケアの観点から社会のあり方が考察される．第13章（今田論文）は，アンソニー・ギデンズの「社会投資国家」概念とそれに基づく「積極的福祉」の構想など，現代福祉国家の改革論議に注目する一方で，それらの背後にあって真に福祉国家を支えるべき社会の編成原理を探し当てようとする．今田の問題関心は次のように示される．「福祉を能力開発と自己実現機会の創出に求める『積極的福祉』の試みに，私も賛成である．けれども，……リスクを積極的に引き受けてこれを共同管理する『社会投資国家』の指針が，可能な限り人的資本形成に投資することであるならば，新古典派経済学の『人的資本論』と変わらなくなってしまう」．はじめに，今田は，アマルティア・センの「コミットメント」やマイケル・ウオルツアーの「共通善」をもとに，「正義の倫理」を立て直すことを試みるが，それらの検討を通じて得られた今田の結論は，「ミクロなレベルでの他者性の導入」の必要性である．それは，「弱者の立場にみずからの視線を合わせ，そこから福祉や社会保障を発想する」ことである．こうして今田は「ケアの倫理」を要請し，「正義が権利や規則の理解であるのに対し，ケアは責任と人間関係の理解である」という．最後に今田は，本来ひとにはケア衝動が

存在すると主張する一方で,それを支える制度的な仕組みを模索する.

第14章(後藤論文)は,正義とケアをいずれも観点のひとつとして位置づけたうえで,これらの二つの観点から構想される制度(公共的ルール)のあり方を考察している.公共的ルールの特徴は,「等しい存在を等しく扱う」ことにある.権利や正義の観念は,等しいはずの存在が不均等に扱われている現実を明るみに出し,それを是正する公共的ルールを制定するうえで大きな牽引力をもつ.だが,公共的ルールの制定にあたっては,もうひとつ忘れてはならない視点がある.「本来,異なるはずの存在を強引に比較評価しない視点」である.本章ではそれがケアの観点と呼ばれている.このような観点は,一見等しく見える存在の特殊性に配慮するとともに,同様の特殊性をもつ存在どうしを,再度等しく扱うことを要請する.福祉国家の課題は,市民的権利の適用に関して未だ残存する不平等を是正するとともに,個々人のおかれた特殊な状況に配慮するという観点から,公共政策・ルールを個別的かつ普遍的なものに改編することにあるというのが,本章の基本的メッセージである.

以上の14の章は,互いに関連する視角をもちながらも,それぞれ独自の仕方で福祉国家のあり方を論ずるものである.それに対して,二つの補論は,これまでの章の議論を総括しながら,今後の研究課題を明らかにすることを意図する.

まず,補論1(小林論文)は,コミュニタリアニズムの立場から本書の議論を総括する.小林は,共通善のひとつとして福祉を理解したうえで,共通性・共同性の存在を容認しない限り,あるいは,純然たる原子論的・個人主義的概念とは異なる理論的装置をもたない限り,福祉擁護論は成立しがたいことを論証しようとする.小林は,すべての論者が共通に「最小限の福祉」を認めている点を確認した上で,リベラリズムに潜む共同性・共通性関連概念を浮き彫りにしていく.また,コミュナルな観点から福祉公共哲学を再建し,福祉政策を再生させることの必要性を主張する.具体的には,共同性と個人の自律性との間の緊張関係,ケアと正義との統合の困難さを直視しながら,両者の統合を図る方法,ならびに多層的コミュニティーの構想が提起される.

補論2(後藤論文)では,本書の各章で注目された事実,提起された問題,導出された理論をもとに,それらを整合化する方途が探られる.はじめに,福

祉保障に関連の深い二つの論点（共同性と相互性）に関して，リベラリズムとコミュニタリアニズムの重なりとズレの具合が確かめられる．続いて，両者の視角を合わせ鏡としながら，重層的な福祉保障の仕組み（経済・財政システム，法・規範システム，政治システム）が構想される．これは，個々人が，緩やかに重なり合ったメンバーシップをもちながら，媒介集団の間を行き来し，それぞれの集団が独自に掲げる評価基準に従いながらも，道徳・信条の相違から独立に，活動の機会，基本的福祉を普遍的に保障されるような仕組みである．

　以上のような内容をもつ本書の特徴は，第1章（山脇論文）で述べられたように，福祉国家をテーマとして，「基本的に学際性を前提とし，社会が現に『ある』姿の経験的考察と，『あるべき』理想社会についての理念的構想と，政策が『できる』実現可能性の洞察を，区別しつつも切り離さずに論考する学問」としての公共哲学を実践する試みにある．この開かれた試みが読者を啓発し，福祉国家論のいっそうの進展を生むことができれば幸いである．

2003年12月

　　　　　　　　　　　　　　　　　　　　　　　　　　　　編　者

目　次

はしがき　i

第1章　社会保障論の公共哲学的考察─────────山脇直司　1
　　　──その歴史的・現代的展望──
　1．公共哲学の概念と公私観の脱・再構築──公共二元論から「政府の
　　　公・民の公共・私的経済」の相互作用的三元論へ　1
　2．社会保障論の公共哲学──その近・現代的展開　5
　3．公共哲学の今日的争点と社会保障論の展望──そのラフスケッチ　11

第2章　二つの「方法論争」と福祉国家─────────塩野谷祐一　17
　　　──経済学と倫理学との思想史的接点──
　1．目的　17
　2．二つの「方法論争」の比較──問題と方法の枠組み　20
　3．心理主義・制度主義とゲマインシャフト・ゲゼルシャフト　23
　4．共同体の静態理論　26
　5．共同体の動態理論　27
　6．シュモラーからシュンペーターへ　30

第3章　ロールズの正義論と福祉国家─────────塩野谷祐一　37
　1．カント的構成主義のモデル　38
　2．正義の二原理　41
　3．福祉国家の理論　45
　4．正義の社会から卓越の社会へ　50

第4章　ロールズにおける「福祉国家」と「財産所有制
　　　民主主義」──────────────────渡辺幹雄　55
　1．財産所有制民主主義 vs. 福祉国家資本主義　55

    2. 分配 vs. 再分配　57
    3. コミュニティ vs.「私的社会」　59
    4. 共和主義 vs. アンチ共和主義　61
    5. 理性的多元主義 vs. 合理的多元主義　63
    6. 一般利益 vs. 全体利益　65
    7. オーバーラップするコンセンサス vs. 暫定協定　66
    8. 財産所有制民主主義の具体的な制度　67

第5章　センの潜在能力アプローチと福祉国家
　　　　システムの構想─────────────鈴村興太郎　73
    1. はじめに　73
    2. 潜在能力アプローチの基本構造　75
    3. 規範的経済学の情報的基礎　82
    4. 福祉国家の経済システム　86
    5. おわりに　93

第6章　ハイエクと社会福祉─────────────嶋津　格　101
    1. 二つの見方　101
    2. 自由の体制と法──不人情の擁護　102
    3. 国家の役割──夜警国家を超えて　107
    4. 累進課税の否定　109
    5. 社会保障　111
    6. 結論にかえて　114

第7章　ロナルド・ドゥオーキンの倫理的責任論───長谷川　晃　121
    1. はじめに　121
    2. ドゥオーキンの責任観念　122
    3. 生における決定的利益と倫理的リベラリズム　128
    4. 個人の倫理的責任と社会保障の原理　132
    5. 残された理論的課題──結びに代えて　134

第8章　リバタリアンが福祉国家を批判する理由 ―――――― 森村　進　141

1. 序　141
2. 福祉国家批判の論拠　143
3. リバタリアンがある程度の社会保障を認める論拠　153

第9章　分配論の構図 ―――――――――――――――― 立岩真也　159

1. 分けることが支持される　159
2. 分かたれないもののために分ける　163
3. さらに言えるだろうこと　167

第10章　福祉にとっての平等理論 ―――――――――― 盛山和夫　179
　　　　―責任―平等主義批判―

1. はじめに　179
2. ドゥオーキンとレーマーにおける責任―平等主義　180
3. 責任―平等主義の批判　184
4. 共同生産システムにとって平等をどう考えるべきか　190

第11章　福祉国家の改革原理 ―――――――――――― 新川敏光　197
　　　　―生産主義から脱生産主義へ―

1. 生産主義の終焉？　197
2. 基本所得　199
3. 負の所得税　206
4. 結論　209

第12章　就労・福祉・ワークフェア ――――――――― 宮本太郎　215
　　　　―福祉国家再編をめぐる新しい対立軸―

1. はじめに　215
2. ワークフェアの構造　216
3. ワークフェアの展開　221

4. ワークフェア批判と対案　224
   5. 交錯と展開　227
   6. 結びに代えて　230

第13章　福祉国家とケアの倫理——————————今田高俊　235
　　　——正義の彼方へ——
   1. 福祉国家への敵意　235
   2. 新しい福祉国家像の模索　237
   3. 正義論と福祉国家　239
   4. ケア論の射程　247

第14章　正義とケア————————————————後藤玲子　263
　　　——ポジション配慮的〈公共的ルール〉の構築に向けて——
   1. はじめに　263
   2. 本研究のアプローチ　265
   3. 個人の公共的判断とは　268
   4. ケアの視点　270
   5. ケアと依存性　271
   6. 個人の主体性と公共性　273
   7. 結びに代えて　275

補論1　福祉公共哲学をめぐる方法論的対立——————小林正弥　281
　　　——コミュニタリアニズム的観点から——
   1. 福祉問題と福祉政策——政策的対立と最小限の一致点　281
   2. 原子論的／全体論的理論連合——福祉擁護論の中の方法論的対立　283
   3. ロールズの「魔術」を解く——方法論的対立の背後の共通性　286
   4. コミュナルな福祉公共哲学へ——倫理的個人・潜在能力とケア　290
   5. リベラル／コミュナルな善と美徳——二元論の新対理法的統合　296

補論 2　規範理論の整合化と重層的福祉保障の構想―――後藤玲子　305
　1. はじめに　305
　2. 共通性・共同性か，異質性・多様性か　306
　3. 二つの相互性　308
　4. 重層的福祉保障の構想　312
　5. 結びに代えて　315

索引（人名／事項）　319

第1章　社会保障論の公共哲学的考察
　　　　——その歴史的・現代的展望——

山脇直司

　本章は，公共哲学という新たな学問が福祉国家ないし福祉社会の要を成す社会保障論にもたらしうる視座や論点を，近・現代の論議を再構成しながら提示していく試みである．

1　公共哲学の概念と公私観の脱・再構築——公私二元論から「政府の公・民の公共・私的経済」の相互作用的三元論へ

　まず，公共哲学（パブリック・フィロソフィ）という多くの人にとっていまだ聞きなれない概念について説明することから始めたい．公共哲学とは，1950年代にアメリカのW. リップマンによって提唱され，その後1980年代以降，主として英語圏の社会学者（R. ベラーやW. M. サリバンなど），政治学者（M. サンデルやR. E. グッディンなど）によって，積極的に用いられ始めた学問名称であり，日本でもその名の下に数年前から大掛かりな学際的研究会が催され，シリーズも出版され始めている[1]．そして，一口にこの学問を特徴づけるとすれば，国家や政府を「公」と企業の経済活動を「私」とそれぞれみなす従来の公私二元論に代わり，国家や政府によってのみならず，国家と家庭の中間領域における「人々（＝民）の社会活動」によっても「公共性」が担われるという言わば三元論的なパラダイムをコアとして，政治，経済，その他もろもろの社会現象を，理念的かつ経験的に考察していく学問と言うことができよう．したがって公共哲学は，「パブリック」という形容詞を「政府の（governmental）」という形容詞とほとんど同一視してきた従来の経済学や政治学とは決定的に異なる社会認識に立つ学問である．

1.1 アーレント的・ハーバーマス的公共哲学の意義と限界

ここで，ガバメンタルとは区別されるパブリックについて，数十年来の欧米での議論を基に考えてみよう．欧米で「公共性（publicness, Öffentlichkeit）」という概念が論議されるきっかけになったのは，今日では古典と呼びうる二つの書，アーレントの『人間の条件』(1958) と，ハーバーマスの『公共性の構造転換』(初版1961，第2版1990) によってである．アーレントは，古代ギリシャのポリスの政治に範を採りつつ，公共性を，独自性と共通性を重ね持つ人々の言語活動を通じて形成され，かつまた，万人に開示されている世界とみなし，このような公共性が近代の私有財産制や市場経済（彼女が「社会的」と呼ぶもの）の興隆によって消失しつつある現状を指摘しながら，その復権をうたう論理を展開した[2]．彼女の書は，公共性を国家と個人の垂直な関係としてではなく，何よりも「対等な人々の活動」という水平な関係としてとらえ論じた点で，画期的意義を持っている．

それに対し，より近代主義的な立場にたつハーバーマスは，古代ギリシャと異なる近代的公共性のあり方を，18世紀西欧における公権力としての国家と宮廷に対抗する市民（民間人）の公論に見いだし，国家的公に抵抗する「市民的公共性」という図式を，はっきりと定式化したのである．その上でハーバーマスは，19世紀以降，行政国家システムと貨幣経済システムの肥大化によって，市民的公共性を通しての公論形成が困難になっていく姿を，この書の後半部分でえぐり出した[3]．この書はその後，ハーバーマスが独自の社会理論を構築する間，忘れられがちであったが，東欧革命直後の1990年に出版された第2版の序文で，彼は，ヘーゲルやマルクスが経済社会という意味で用いたbürgerliche Gesellschaftとは峻別されたZivilgesellschaft, civil societyという意味での市民社会を，「教会，文化的なサークル，学術団体，独立したメディア，スポーツ団体，レクリエーション団体，弁論クラブ，市民フォーラム，市民運動から，同業組合，政党，労働組合，オルターナティブな施設までに及ぶ自由な意思に基づく非国家的・非経済的な結合関係（アソシエーション）」（下線は筆者による）と定義しつつ，市民的公共性実現の場と規定した[4]．ハーバーマスによれば，このような場における市民は，行政権力や貨幣経済システムの圧力に抗しつつ，「戦略的行為」と異なる「コミュニケーション的行為」

に基づく討議によって,合意形成をめざす理性的存在者とみなされる.そして実際,SPD(社会民主党)政権下のドイツで,このようなハーバーマス流の公共性観は,市民活動や社会運動などにかなりの影響力を持ちえたと言ってよいだろう.

とはいえ,政府的公とは違う市民的公共性を浮き彫りにしたハーバーマスの公共哲学も,「経済活動の公共的次元」を考察する上では,アーレント同様に不十分なレベルに留まっている.古代ギリシャのポリスに範を採ったアーレントの場合,経済は,公共領域である人々の政治的活動と家庭という私的領域の中間にあたる「社会的領域」とみなされ,経済と公共性を関連づけて論じる端緒は全くと言ってよいほど見いだされない.ハーバーマスの近代啓蒙主義的社会理論の場合も,経済の領域が市民社会から除外されてしまい,専ら市民的公共性と拮抗する貨幣経済のレベルでしか論じられない構造となっているのである.

1.2 アダム・スミスの公共哲学

このようなアーレント・ハーバーマス流の公共哲学の不備はまた,彼(彼女)らがアダム・スミスの倫理思想ないし公共思想を(意図的に?)無視していることにも起因している.すなわち,18世紀後半のスコットランドで,スミスは『道徳感情論』を著し,利己的経済活動の是非を「公平な第三者(impartial spectator)の共感(sympathy)」に委ねる議論を展開していた[5].「神の見えざる手」によって人々の自由な経済活動が思いがけない成果をもたらすことを説いたスミスも,私的経済活動が国家によってではなく,「普通の人々＝民によって公共的に正当化」される必要性を決して忘れてはいなかったのである.したがって,今日の社会科学の教科書では私的とみなされることの多い経済活動も,スミスにおいては「民の公共性」と切り離されて考察されるようなものではなかった.公共哲学が政治学的テーマのみならず,経済学的テーマとも結びつかなければならないことを喚起してくれる点で,スミスの道徳哲学は,明らかに公共哲学の古典のひとつと言ってよい.もっとも,政府の活動を司法と軍備と一部の(公共)事業に限定したスミスにとって,「分配的正義としての社会保障」は主題になっておらず,その点で彼は18世紀的限界に留まって

いることは確かであり，次節でみるように，社会保障のための公共哲学の本格的登場は19世紀に入ってからであった．しかしその点を差し引いても，スミスの公共哲学は今日，アーレント的・ハーバーマス的公共哲学にはみられない「民に正当性の起源をもつ経済活動の公共的ルール」に関する視座を，われわれに提供してくれる．

1.3 二元論的公私観から三元論的視座へ——政府（官）の公・民の公共性・私的経済活動

さて，このように政治のみならず経済活動をも公共性の枠内でとらえることで，公共哲学は，経済学をはじめ多くの社会科学が前提としてきた従来の公私観に修正を促す．すでに指摘したように，経済学の教科書のほとんどは「公共」活動を「政府」の活動と同等視しており，この事情は，公共哲学と名前の似ている「公共経済学（public economics）」という学問においても変わりない．公共経済学は，市場が最適な資源配分に失敗した場合，資源配分を政府に委ねることを解き（説き）明かす学問として自らを規定するからである[6]．そしてそこでは，政府以外の経済活動は私的領域へと一括され，上述したような人々の公共活動は主題化されない．しかしこのような単純なパラダイムでは，「社会保障の正当性（legitimacy）が人々の公共的判断に基づいている」ことを考察できないのである．したがって今や，こういったパラダイムに代わり[7]，<u>「政府（官）の公」と「人々（民）の公共性」と利潤追求をめざす「私的経済活動」を区別しつつ，その相互作用を論考する</u>ような公共哲学のパラダイムによって，社会保障論への新しい視座が導入されなければならない．

では，このような新しい視座によって，近代の社会保障論やそれを包摂する社会政策論はどのように再構成されうることになるのか，次にそれを，ドイツ，イギリス，日本の状況に即して概観してみたいと思う．

2 社会保障論の公共哲学——その近・現代的展開

2.1 ヘーゲル・シュタイン・歴史学派・オルド自由主義——近・現代のドイツ的展開

すでに触れたように，国家による社会保障が施行され始めたのは，19世紀以降のヨーロッパにおいてであるが，その始まりは，ビスマルク体制の新興国ドイツにおいてであった．そして実際に，それを支えるような社会政策論が，ドイツ語圏ではすでにドイツ国民国家成立に先立つ19世紀前半から展開されていたのである．

19世紀のドイツにおいて，国家による社会保障論が展開され始めたのは，国家から独立した経済社会を「市民（ブルジョア）社会」と呼び，それが，アダム・スミス的な予定調和ではなく，人々に弱肉強食をもたらすが故に，国家による救済措置が必要と説いたヘーゲルに始まると言ってよい．19世紀初めのヨーロッパ社会を考察したヘーゲルは，「欲求（ニーズ）の体系」としての経済社会＝市民社会を成り行きに任せておけば，富める者はますます富み，貧しい者はますます貧しくなるような法則が支配し，人倫（制度化された倫理）は喪失するとみなした．しかるに，そうした経済社会の矛盾を，司法や福祉行政，職業団体のような非国家的中間団体などは克服できず，その克服は，「人倫（自由の実現態，制度化された倫理）の最高形態」としての「立憲国家」に委ねられねばならない[8]．これがヘーゲルのビジョンであった．これを公共哲学という観点からとらえ直すならば，自由と公正を保障するところの理にかなった公共性と最低限の生活保障は，「無限の内面性という次元を持つ人々（民）[9]が最終的に承認する立憲国家」によって実現され，「優秀な官吏が支える政府の公」がそれを具現化するというビジョンとして描かれよう．

このようなヘーゲルのビジョンは，その後，ヘーゲル左派やマルクスによって観念論的幻想と批判されたものの，ヘーゲル中央派に属するローレンツ・シュタインによって，確固とした福祉国家論へと発展した．フランス社会主義の研究から出発した若きシュタインによれば，個々人の生活は「人格的な要素」と「非人格的な要素」の衝撃と反撃から成り立っており，財貨獲得を主要目的とする経済活動は非人格的な活動そのものとみなされる．そして，非人格的な

利害関係によって動く「社会」は，「個々人の人格的な意志の統一体」である「国家」によって克服されなければならない．「個々人が人格的国家意志の形成と決定に参加する組織」が憲政であり，憲政を具現化する措置が行政である．シュタインは，このような思想の下，社会問題解決のための包括的な国家社会科学を展開したのであった[10]．それは当初，個々人（民）の一般意志に国家の正当性を求めるルソー的な民の公共哲学を，ヘーゲルに倣い，行政組織（官）の論理で軌道修正した形の公共哲学に基礎づけられていた．しかし彼の晩年においては，後者の色彩（「官の公」の論理）が次第に濃くなっていったように思われる．

ドイツにおける経済学の分野で，このヘーゲル・シュタイン的なビジョンを担ったのは，シュモラーらによる歴史学派ないし社会政策学派であった．この学派は，自由放任政策を是とするイギリスのマンチェスター学派と国内の社会民主主義勢力の双方に対抗しつつ，国家主導の経済政策によって人々の福祉の増大ないし保障をめざしたからである．とはいえ，公共哲学的見地からみるなら，この学派のビジョンは，ヘーゲルや若きシュタインと比べ，より一層，政府（官）中心の「温情主義的」色彩の濃いものであったことは否定できない．ヘーゲルや若きシュタインらにおいては，「個々人の人格の実現が立憲国家の正当性の根拠」となるというテーゼの公共哲学が明示されていたのに対し，シュモラーにおいては，「人々の風習（ジッテ）を国家の介入によって改善」するような内容の倫理的経済学が唱えられたため，下から人々の意志を反映させていくようなビジョンよりも，「官（政府）主導の上からの温情主義的な社会政策」を実施させていくビジョンの方が前面に打ち出されているからである[11]．したがって，後述する福田徳三に影響を与えたブレンターノのような例外はあるものの，総じてこの学派においては，私的経済活動の弊害を除去するための政府（官）の公による社会保障を根拠づけるような「民の公共性の哲学」は展開されておらず，そうした公共哲学の不在が，この学派をして権威主義的なビスマルク流の社会保障論とよくマッチさせたゆえんであったように思われる．

さて，この歴史学派経済学は，シュモラー亡き後，ワイマール体制下において，ハイパーインフレーションに対して何ら有効な策を打ち出せなかったほか，カルテルやトラストを擁護し，さらにはナチの政策に加担するなどの失態によ

って，第二次世界大戦後は消失する．そしてそれに代わり，戦後のアデナウアー体制を支える公共哲学を提示したのが，オイケン，レプケ，ミュラー＝アルマックらに代表されるオルド自由主義であった．オルド自由主義は，「人格的自由」（オイケン）と両立しうる経済秩序を計画経済ではなく市場経済と考える点で，上述したドイツ的伝統とたもとを分かつ．しかし他方，夜警国家的な自由放任政策は採らず，市場経済が弱肉強食的なプロセスとなって多くの失業者が発生したり，カルテルやトラストの出現によって独占資本主義とならないように，国家が市場に介入する「秩序政策」を掲げ，そのような政策によって実現する経済秩序を「社会的市場経済」と名づける．したがって，オルド自由主義においては，ミーゼス流のネオ・リベラリズムと異なり，市場経済と社会保障が二律背反的にではなく，相互補完的にとらえられた．その際，社会保障は，イギリスのベバリッジ報告に基づく中央集権的な社会保障制度に倣うのではなく，できるだけ「協同的で地方分権的な連邦国家」の理念の下で実施される「非プロレタリアート化政策」（レプケ）に基づいて考えられた．このような人々の人格の自由に基礎を置く公共哲学に支えられ，戦後ドイツ経済は奇跡の経済成長を生むと同時に，保守のキリスト教民主党政権下においても，社会保障制度は切り崩されることがなかったのである[12]．そして，この伝統は，下からの社会運動や市民運動をより重視する社会民主主義政権においても，半ば引き継がれ，今日のドイツの社会保障制度を形づくっている．

2.2 積極的自由主義・フェビアン社会主義・ベバリッジ報告とケインズ主義・第三の道——近・現代のイギリス的展開

　ドイツと比べ，先進産業国であったイギリスにおいては，19世紀前半に弱肉強食的な社会状況があらわになったにもかかわらず，社会保障を基礎づける公共哲学はなかなか生じてこなかった．確かに，19世紀前半のオーエンの社会主義思想は，労働者の福祉実現へ向けてインパクトを与え，労働組合成立の母体となったが，それはどこまでも社会運動のための主義・主張という形のものであった．他方，アダム・スミスに始まるイギリスの政治経済学の伝統において，経済活動への政府の干渉はネガティブにとらえられることが多く，経済危機を自覚したマルサスですら，社会保障という考えには及ばなかったし[13]，

税改革を唱えた J. S. ミル（彼はまさしく公共哲学者と呼ばれるにふさわしいが）ですら，社会保障という考えには至らなかった[14]．そうした消極的態度を打破し，イギリスで初めて本格的に社会保障の哲学が打ち出されるのは，19世紀後半のトマス・ヒル・グリーンらの積極的自由主義者によってである．

イギリス経験論ではなく，ドイツ観念論，特にヘーゲルの影響を受けたグリーンの自由主義は，人格の自己実現を最高善と考える点で，積極的自由主義と呼んでよい[15]．「各自が欲しないことを強制されない自由」を最も重視する消極的自由主義とは異なり，グリーンにとって何よりも大切なのは，「人間各自の善意志の実現」であり，しかもそれは「公共の善」と両立可能なものでなければならない．個人の自発的な善意志の実現と公共善は対立せず相互に補完する性質のものであり，社会環境もこの双方の観点から改善されていくべきである．このような公共善の見地から，グリーンは，私有財産を神聖化するロック流の自由主義に反対して，私有財産制の無制限な自由を規制し，「貧困にあえぐ労働者の生活改善（＝自己実現の条件の改善）」のために割り当てるような権利を国家に与えることを提唱した．そしてそれはまさしく，社会保障の公共哲学的基礎づけと呼ばれるにふさわしいものであった．

イギリスでは，このグリーン亡き後，19世紀末に労働者の社会福祉実現をめざす労働党[16]が結成されたが，その思想的基盤となったのは，言うまでもなくフェビアン社会主義である．この思想の提唱者であったウェッブ夫妻は，「救貧」ではなく「防貧」こそ緊急の政策課題とみなしていた．夫妻は，救貧法にみられる温情主義的な考え方を批判してその廃止を求め，代わりに，失業者の発生を予防するための基幹産業国有化政策のほか，国家による医療保険と失業保険制度の導入を主張した．このような社会政策の実施によって初めて，温情主義に陥ることなく，労働者の公共的モラルも改良されうると，夫妻は考えたのである[17]．これはグリーンのような個人に焦点を合わせた緻密な公共哲学とは異なり，制度が階級に与える現実を重視し，その現実の変革をめざす「プラグマティックな社会保障論」であったと言えよう．そして実際にそれは，20世紀初めに，政権与党となった自由党のロイド・ジョージ政権の社会政策に，社会保険制度の導入などという形で影響を与えることになる．

しかし周知のごとく，イギリスにおける社会保障は，1942年のベバリッジ

報告なくしては考えられないであろう．第二次世界大戦中に発表されたこの報告は，低所得者層に限らず，全国民が保険に加入する国民皆保険制度を提案し，それが戦後，正式に施行されることになったからである．そしてこうした社会保障制度は，「完全雇用」政策をめざすケインズ経済学によって補完されていく．自由放任政策の終焉をうたい，失業対策のために政府の市場介入政策を奨励するケインズ経済学は，J. ストレイチーらによって労働党の基本政策にも採り入れられ[18]，「ゆりかごから墓場まで」という言葉に象徴される戦後イギリスの社会福祉政策を推進する原動力となったが，そうした公共政策は，上述した戦後ドイツのオルド自由主義と異なり，「中央集権的な政府主導」による所得配分政策という色彩の濃いものであった．そしてその行き詰まりが，1980年代のサッチャー政権による反動を呼び起こすのである．公共哲学という観点からみれば，こうした戦後イギリスの社会保障政策には，プラグマティックなレベルを超えた哲学的基礎づけがあったとは思われない．そうした福祉国家における哲学の貧困という間隙を突いて，ハイエク流の「反福祉国家の社会哲学＝新自由主義」[19]が再評価され，「哲学なき経済学」の現状に飽き足りない多くの学徒を引き付けることになったのは皮肉であった．

さて，今日のブレア政権が掲げる「第三の道」は，旧来のベバリッジ報告型の福祉観と決別しつつ，ハイエク流の新自由主義に対抗する一種の公共哲学と言えるだろう．公共哲学としての「第三の道」を唱える論客ギデンズは，ベバリッジ報告にみられるような「窮乏，疾病，無知，ホームレス，失業などの除去」といったネガティブな福祉観ではなく，「自律，健康，教育，よき暮らし，進取の創造」といった「ポジティブな福祉」観に基づく社会保障政策を提唱し，そのようにして建設される国家を「社会投資国家」と呼ぶ[20]．そのために採られる社会政策は，半官半民的なセクターを設け，そこで失業者に再就職させるだけの職業教育（訓練）を通して競争と公正の両立を図ろうとするワークフェアリング政策である．はたしてそれが，ブレア政権のもうひとつの重要な標語である「社会的排除対策」と相まって，十分な成果を上げることが出来るかどうかは，今後を見守らなければならない[21]．

2.3　福田徳三・河合栄治郎・大河内一男——近・現代の日本的展開

さて，近代日本における社会保障の公共哲学的基礎づけは，福田徳三に始まると言ってよい．若くしてドイツのミュンヘン大学に留学し，歴史学派の中では最もリベラルな思想家であった L. ブレンターノに学んだ彼は，帰国後，社会政策学会の重鎮として活躍しつつ，1922 年の大著『社会政策と階級闘争』で，社会政策の哲学的基礎づけを試みた．この大著で福田は，上述したシュタインの「国家」と「社会」の意味内容を逆転させ，「社会」を人格が自己実現のために非人格的なものに対抗する運動の場としてポジティブにとらえ，その運動を「国家」が承認し，その要求を実現するという「社会—国家」観を打ち出す．そしてその際，特に重要なのは，人々の「生存権確保のための戦いとその制度的承認」である．このような観点の下，福田は，社会問題の解明と克服をめざす学問を「デモクラティック・サイエンス」と呼び社会政策の基礎としたが[22]，これはまさしく，大正デモクラシーを追い風とする社会政策の公共哲学的基礎づけにほかならなかった．さらに彼は，マーシャルやピグーの厚生経済学が厚生問題をも効用や形式論理のレベルでとらえている点を「価格経済学」と呼んで批判し，改めて，「個々人が生活世界全般の厚生の実現を国家が行う政策に反映させていく」ことを解明する学問として，「厚生経済学」を再定位したことも，忘れられてはならない[23]．社会保障は，国家（政府）によって上から与えられるものではなく，下からの民の要求や闘争によって国家（政府）に承認させるものなのである．

この福田と並んで，昭和初期に本格的な社会政策の哲学的基礎づけを試みたのは，河合栄治郎であった．1931 年の大著『社会政策原理』において，河合は上述したグリーンとフェビアン社会主義に共鳴する形での社会政策論を提示する．河合によれば，社会政策学は，何が善であるかを考察する道徳哲学と，理想的社会について論考する社会哲学とによって基礎づけられる．19 世紀以降勢力を持った功利主義は快楽を善と等値し，それが最大化される社会を理想とした．これに対して河合は，グリーンに倣う形で，「人格の完成」へ向けて各自が努力することを善とし，それを可能とするような条件（制度）が整っている状態を理想的社会とする．このような見地から，彼は，功利主義に反対するとともに，善の問題を階級闘争に還元するマルクス主義にも反対し，その上

で，フェビアン社会主義に近いような社会政策論を提唱したのである[24]．

だが，こうした河合の公共哲学的な社会保障論は，軍部によって弾圧されて実を結ばず，戦後もマルクス主義の台頭の前に，ほとんど創造的発展をみなかった．そしてそれに代わって，大河内一男の「生産力主義」的な社会政策論が登場するのである．戦時の統制経済体制という悪条件の中，大河内は，生産力の増大と強力化こそ労働者や一般大衆の社会福祉を保障するものであると説き，さらにそのような発想の延長で，戦後も生産力主義的な社会政策論を唱えた[25]．彼のこうした理論は，戦後，労働三法などの後ろ盾を得た雇用・賃金政策を通して労働者の生活改善に寄与する役割を担った反面，公共哲学的観点からみれば，福田や河合が強調した「個人（人格）レベルでの公共性の基礎づけ」という側面を消失させ，社会政策ないし社会保障論を唯物論化させてしまったように思われる．そしてそれは，戦後日本のキャッチアップ・ポリシーによくマッチし，社会政策や経済学における哲学不在を後押ししたと言っても過言ではないだろう．

3　公共哲学の今日的争点と社会保障論の展望——そのラフスケッチ

以上のように，公共哲学という観点から，近・現代の独・英・日の社会保障論を再構成し，従来あまり考察されなかった論点や視座を浮き彫りにしようと試みた．では最後に，同じく公共哲学的観点から，今日の思想状況と今後の展望について，ごく簡単にコメントしてみたい．

3.1　功利主義，政治的リベラリズム，リバタリアニズム，コミュニタリアニズム

1980年代以降，英語圏での政治哲学ないし社会哲学は，少なくとも先進諸国の学界に少なからぬ影響を及ぼしている．そこでの争点は多岐にわたっているが，ここではそのうち，功利主義，政治的リベラリズム，リバタリアニズム，コミュニタリアニズムという4大潮流における社会保障論的側面を抽出してみよう．

すでに触れたように，功利主義が掲げる公共性の最高規範は「最大多数の最

大幸福」であり，それがとりもなおさず「公共の福祉＝正義」を意味すると功利主義は考え，そこから社会保障論を導出する．だが，この立場においては，基本的に利己主義的・快楽主義的人間像が前提になっているほか，「個人の権利と社会的効用」の緊張関係が未決のままである[26]．これに対して，ロールズに代表される政治的リベラリズムは，各自の公共的理性に基づく「重なり合う同意（overlapping consensus）」によって，個人の「自由権」と「社会権」を核とする正義の原理が導出されると考える[27]．ただし各個人の「自尊の社会的基盤」としての福祉の保障を重視するロールズの構想にあって，「各個人の公共性」と社会保障を実現する「政府の公」ないし「非政府的コミュニティ」との相互作用を考察する制度論の展開は，いまだ抽象的レベルに留まっているように思われる．また，ノージックなどに代表されるリバタリアニズムは，個人間の契約に基づく「自由権」に絶対的価値を置き，社会保障などの「社会権」には重きを置かない．したがってこの立場においては，「自然権としての各個人の最低限の社会保障」が説かれるにせよ，それ以上の公共哲学は不要視される[28]．他方，このリバタリアニズムと敵対するところの，エッチオーニらに代表されるコミュニタリアニズムにおいては，権利よりも「責任」や「徳性」や「公共善」が人々の公共性を形づくると考えられている．しかしこの立場は，上述したブレア政権の「第三の道」にある程度影響を与えているとはいえ，「民の公共性」と「政府の公」との相互作用の論理が十分に展開されているとは言い難く，説得ある社会保障論を提示するには至っていないように思われる[29]．

3.2　社会保障論の公共哲学的展開を──結びに代えて

以上のように，現代の政治・社会哲学は社会保障の公共哲学のための十分な論理をいまだ提供しておらず，これは，「政府（官）の公」「人々（民）の公共性」「私的経済活動」の相互作用論的三元論の視座に立脚する公共哲学に託された今後の課題であろう[30]．では，本章の締めくくりとして，今後の社会保障論の公共哲学的な展開可能性について，手短に言及してみたい．

上述したように，1920年代に福田徳三は，ピグーが「人間生活の改良の道具を探求する実践科学」として構想した厚生経済学[31]を，生存権をはじめ

「人間の生活全般の厚生」をめざす学問として公共哲学的に構想し直していた．しかるにその後，この試みは継承されることなく頓挫し，戦後においては，福田がまさに価格経済学と呼んだところの形式論理と効用主義に基礎を置く学問へと形骸化した．この形骸化した状態はしばらく続き，その限界を乗り越えると謳った公共経済学も，哲学不在のまま，効用主義と形式論理にとらわれ，福田のみならず，ピグーの構想の地平すら取り戻すには至っていない．そしてようやく近年になって，センや塩野谷らによって，個人ないし民の権利や公共性に基礎を置く厚生経済学の再構築の試みが始まったというのが現状であろう．周知のごとく，センは，個々人が自らの天賦の能力を生かして生涯を全うするという意味での「福祉 (well-being)」との観点から社会保障論の基礎づけを試み[32]，塩野谷は最近の大著において，社会保障の目的を「基本的ニーズ」「リスクへの対応」「自己実現の機会」とみなし，その実現を「非市場的メカニズム」によって可能とした上で，その倫理的基礎を「正義」「卓越」「効率」の三つの価値理念に求めるビジョンを呈示した[33]．私見によれば，厚生経済学の更新という企図から出発して経済学に倫理学的観点を導入するこれらの試みは，基本的に学際性を前提とし，社会が現に「ある」姿の経験的考察と，「あるべき」理想社会についての理念的構想と，政策が「できる」実現可能性の洞察を，区別しつつも切り離さずに論考する学問としての公共哲学によって，より発展・強化させられなければならないように思われる[34]．そのような公共哲学によって初めて，「制度の現状分析，制度設計の哲学的理念，具体的な政策提言」が統合的に論考されるような社会保障論が展開可能となるであろう．

注

1) こうした大掛かりなプロジェクトとして，佐々木毅・金泰昌他編 2001–2006『公共哲学』全 20 巻 東京大学出版会 参照のこと．また，それに先立つ山脇直司・大沢真理他編 1998『現代日本のパブリック・フィロソフィ』新世社，をも重ねて参照していただければ幸いである．
2) Arendt, H. 1958, *The Human Conditions*, The University of Chicago Press（アーレント，志水速雄訳 1994『人間の条件』ちくま学芸文庫）参照のこと．
3) Habermas, J. 1961→1990, *Strukturwandel der Öffentlichkeit*, Suhrkamp（ハーバーマス，細谷貞雄他訳 1994『公共性の構造転換』未来社）．
4) *ibid*. pp. 45–50（同上 xxxvii ページ以下）参照．

5) Smith, A. 1759, 1790'→1976, *The Theory of Moral Sentiment*, Oxford University Press（スミス，米林富雄訳 1969-1970『道徳感情論』上・下巻　未来社，水田洋訳 2003『道徳感情論』上・下巻　岩波文庫）.
6) このような定義が，オーソドックスな新古典派のみならず，住民運動重視の立場を採る宇沢弘文氏の 1988『公共経済学を求めて』岩波書店においても踏襲されているのは，いささか奇妙に思える.
7) 広井良典氏の 1999『日本の社会保障』岩波新書は，全体として新鮮な観点で記された良書であるが，それでもなお，旧来の公私観を踏襲している点で不満が残る.
8) Hegel, G. W. F. 1820→1970, *Grundlinien der Philosophie des Rechts*, Suhrkamp（ヘーゲル，藤野渉他訳 2001『法の哲学（2）』中公クラシックス）の第 3 部を参照.
9) なお，ヘーゲルが個々人の内面性や主体性を重視するカントの立場をその限界を指摘しつつも重視していたことは，『法の哲学』第 2 部（『法の哲学（1）』中公クラシックス参照）から十分読み取れる.
10) Stein, L. 1850, "Der Begriff der Gesellschaft und die Gesetze ihrer Bewegung", In *Geschichte der sozialen Bewegung in Frankreich von 1789 bis auf unsere Tage*. Verlag von Otto Wigrand（ローレンツ・シュタイン，森田勉訳 1991『社会の概念と運動法則』ミネルヴァ書房）.
11) シュモラーに関しては，田村信一氏の 1993『グスタフ・シュモラー研究』（御茶の水書房）．なお，田村氏は，この優れた書の中で，非自由主義者という従来のシュモラー観に反対し，自由を重んじたヘーゲルとシュタインの伝統上でシュモラーをとらえようとしており，基本的に筆者もこの見解に同意する．しかし，「人格の自己実現」に基礎を置く社会保障論の公共哲学的展開という観点からみれば，シュモラーは，ヘーゲルのみならず，シュタインからも後退していることは否めないように思える.
12) オルド自由主義に関しては，Yamawaki, N. 2001, "Walter Eucken and Wilhelm Roepke: a reappraisal of their economic thought and policy of ordoliberalism", In *The German Historical School*, edited by Shionoya, Y. Routledge.
13) マルサスの政治経済論に関しては，Winch, D. 1987, *Malthus*, Oxford University Press（ウィンチ，久保芳和・橋本比登志訳 1992『マルサス』御茶の水書房）.
14) ミルの公共政策論に関しては，Mill, J. S. 1848, *Principles of Political Economy with some of their application to social philosophy*, Parker の第 5 部（ミル，末永茂喜訳 1963『経済学原理』5，岩波文庫）.
15) 積極的自由主義とは，この立場に批判的な消極的自由論者のバーリンによって名づけられた言葉である．Berlin, I. 1969, "Two concepts of liberty", In *Four Essays on Liberty*, Oxford University Press（バーリン，福田歓一他訳 1971『自由論』みすず書房）.
16) Green, Th. H. 1878→1950, *Lectures on Principles of Political Obligation*, Longman（グリーン，北岡勲訳 1952『政治義務の原理』駿河台出版社）.

17) Webb, S. and B. 1911, *The Prevention of Destitution*, London(ウェッブ夫妻, 大日本文明協会事務所訳 1914『国民共済論』).
18) Strachey, J. 1956, *Contemporary Capitalism*, Random House(ストレイチー, 関嘉彦他訳, 1964, 東洋経済新報社).
19) とりわけ, F. A. Hayek, 1973, *Law, Legislation and Liberty*, Vol. 1, *Rules and Order*, London(矢島鈞次他訳, 1976『法と立法と自由 I ── ルールと秩序』春秋社), Vol. 2 *The Mirages of Social Justice*, London(ハイエク, 篠塚慎吾訳 1987『法と立法と自由―社会正義の幻想』春秋社).
20) Giddens, A, 1998, *The Third Way: The Renewal of Social Democracy*, Cambridge, Polity Press(ギデンズ, 佐和隆光訳『第三の道』日本経済新聞社, 1998).
21) 「社会的排除」概念をめぐる各国の動きに関しては, 国立社会保障・人口問題研究所編『海外社会保障研究』No. 141, Winter, 2002.
22) 福田徳三 1922『社会政策と階級闘争』(大倉書店).
23) 福田徳三 1980『厚生経済』(講談社学術文庫).
24) 河合栄治郎 1931→1968『社会政策原理』(社会思想社).
25) 大河内一男 1941→1969『社会政策の基本問題』(青林書院新社).
26) この問題は, グッディンのように公共哲学として功利主義を方位づける現代の論客においても, 未決のように思われる. Goodin, R. E., 1995 *Utilitarianism as a Public Philosophy*, Cambridge University Press.
27) Rawls, J. 1971, *A Theory of Justice*, Harvard University Press, および 1993, *Political Liberalism*, Columbia University Press.
28) Nozick, R. 1974, *Anarchy, State and Utopia*, The Basic Books(ノージック, 嶋津格訳 1985『アナーキー, 国家, ユートピア』木鐸社), および, 森村進 2001『自由はどこまで可能か:リバタリアニズム入門』講談社新書.
29) Etzioni, A. 1997, *The New Golden Rules: Community and Morality in a Democratic State*, Basic Books(エチオーニ, 永沢幸正訳 2001『新しい黄金津:「善き社会」を実現するためのコミュニタリアン宣言』麗澤大学出版会). なお, 同じコミュニタリアンとして位置付けられるウォルツァーの場合, 複合的平等論に基づく分配的正義論は, 「分権化された社会民主主義」の擁護へと至るが, 具体的な将来的ビジョンは未だ暗示のレベルに留まっているように思われる. Walzer, M. 1982, *Spheres of Justice: A Defence of Pluralism and Equality*, Basic Books(ウォルツァー, 山口晃訳 1999『正義の領分:多元性と平等の擁護』而立書房).
30) なお筆者は, この論文初出の後に書き下ろした山脇直司 2002『経済の倫理学』丸善と 2004『公共哲学とは何か』ちくま新書で, この相互作用論的三元論の本格的展開を試みた. 本章を発展させたものとして参照いただければ幸いである.
31) Pigou, A. C. 1932, *The Economics of Welfare*, Macmillan(ピグー, 永田清監訳, 1953, 54『厚生経済学』東洋経済新報社).
32) Sen, A. 1992, *Inequality Reexamined*, Clarendon Press(セン, 池本幸生他訳『不平等の再検討』岩波書店)および, 鈴村興太郎・後藤玲子 2002『アマルティ

ア・セン——経済学と倫理学』実教出版（新装版）．なお，拙著 2005『社会福祉思想の革新——福祉国家・セン・公共哲学』かわさき市民アカデミー出版部は，本稿とセンの思想をリンクさせたものである．
33) 塩野谷祐一 2002『経済と倫理——福祉国家の哲学』東京大学出版会．
34) 筆者の学際的な社会科学論として，山脇直司 1999『新社会哲学宣言』創文社や，同 1998「パブリック・フィロソフィの再構想：学問論的展望のために」同他編『現代日本のパブリック・フィロソフィ』新世社，pp. 1-20，山脇直司 2008『グローカル公共哲学——「活私開公」のヴィジョンのために』東京大学出版会，同 2009「トランスディシプリンとしての哲学の復権——分断化された社会科学の架橋のために」『思想』岩波書店，2009 年 6 月号，pp. 6-28，などを参照していただければ幸いである．

第2章　二つの「方法論争」と福祉国家
――経済学と倫理学との思想史的接点――

塩野谷祐一

1　目的

　本章は西洋思想史における二つの論争を扱う．ひとつは，19世紀末の経済学における理論経済学と歴史派経済学との間のいわゆる「方法論争」(Methodenstreit) であり，もうひとつは，現代道徳哲学および政治哲学におけるリベラリズムと共同体主義との間の論争である．一方の「方法論争」は，オーストリア学派の創始者カール・メンガーとドイツ歴史学派の指導者グスタフ・フォン・シュモラーとの間の熾烈な論争であって，前者が主張する理論的・演繹的・個人主義的接近と，後者が主張する歴史的・帰納的・全体主義的接近とのどちらが優れているかをめぐって行われた．この対立の中で，歴史学派はイギリス古典派以来の利己的経済人の前提と自由放任の政策的結論を強く批判した．他方，現代の道徳哲学・政治哲学におけるリベラリズム（自由至上主義および社会契約主義を含む）と共同体主義との間の論争は，もうひとつの「方法論争」であるということができる．共同体主義の基本的主張は，リベラリズムが抽象的・自律的・原子論的個人（「負荷なき自我」）の想定から出発して，架空の社会契約を通じて正義原理を導出するという論理構成に反対し，共同体の歴史・文化・伝統の中に「埋め込まれた自我」が共通善の規範を共有することによって，互恵・信頼・連帯の社会的規範を形成するというものである．

　二つの論争は100年という時間的間隔，ドイツ語圏と英語圏という地理的・文化的懸隔，経済学と倫理学という学問領域の相違によって隔てられているために，関連づけて取り上げられることがなかった．しかし，二つの論争は形式と実体においてきわめて類似した構造を持っており，両者を対置し比較することは，現在および過去の思想に対して新しい光を投ずるものと思われる．

　かつての「方法論争」が無益なものであったという消極的ないし否定的評価

は，今日では経済学史家の間の共通認識となっている．ヨーゼフ・シュンペーターはこう述べている．「これらの文献の歴史は，論理的背景の明確化に若干の貢献はあったにもかかわらず，基本的には，他のよりよい使途に向けることのできたエネルギーの浪費の歴史であった．」[1] シュンペーターの言わんとしたところを，テレンス・ハチソンは次のように敷衍している．「実際のところ，方法論争の大部分は，方法をめぐる論争ではなく，何が最も重要で興味のある研究課題であるかという関心の衝突であった．」[2]

これらの見解によれば，二つの接近方法は別個の問題を対象としたものであって，理論は，主として市場における資源配分についての静態的経済秩序の定式化に関心を持っており，歴史は，主として倫理的観点から社会経済制度の進化を含む歴史的過程の叙述に関心を抱いていた．どちらもまともな研究関心であり，それぞれに適切な研究方法をとることが許されるのであって，研究の成果を離れて方法を争うのは意味がない．二つの接近方法が排他的ではないことを認めれば，論争は決着するのである．「方法論争」の消極的側面は，シュンペーターが論争解決のために確立した道具主義方法論によって最もよく説明することができる[3]．マックス・ヴェーバーの理念型方法論も道具主義の系として理解されるべきものである[4]．

それにもかかわらず，その後の主流派経済学は歴史を排除し，理論を中心として発展することになったために，「方法論争」はあたかも理論派の勝利であったかのような誤った理解が広がることになった．無駄な論争という評価も，理論研究の正当性に対して不当に挑戦した歴史派に向けられるようになった．しかし，こうした観念は誤りであって，科学の社会学的現象と科学の認識論とを混同するものである．

「方法論争」は，論争する必要のない二つの立場の間で行われたという意味で，誤った論争であったが，歴史学派が主張したように，経済学が制度の歴史性を考慮に入れることができるように研究領域を広げ，やがて経済社会学や制度派経済学の展開を促すという積極的意味を持ったことは否定されるべきではない．これらの新領域の開拓は，「方法論争」の反省から理論と歴史とを対立的な知的活動として区別するのではなく，むしろ両者を統合する方向に向けて，方法論的考察および包括的研究プロジェクトを遂行することによって可能とな

った．経済社会学の新しいフロンティアは，「方法論争」を目の当たりにしたシュンペーター，ヴェーバー，ゾンバルト，テーニエスなどによって開拓された．そして長い時間的空白を経て，今日経済社会学や制度派経済学への関心が高まっている事態は，「方法論争」を含む思想史的文脈の中でとらえられなければならない．

経済学における「方法論争」の教訓に消極的および積極的の二つがあるとすれば，われわれはそれらを現代の哲学思想における「方法論争」に適用することができると考える．一方，消極的意味では，今日の道徳哲学・政治哲学における論争はかつての「方法論争」と同様の不毛な擬似論争に陥っているという認識がえられる．リベラリズムと共同体主義とは，それぞれ異なったレベルの規範的問題に向けられており，整合化と共存のための整理が必要である．他方，積極的意味では，われわれは二つの論争の対置を通じて経済学と倫理学とのインターフェイスを発見することができ，二つの論争の同型性に基づいて，経済と倫理との関連とそこから生ずる課題とを思想史的に説明することができる．

「方法論争」の消極的および積極的教訓を踏まえた上で，われわれは以下で議論をさらに福祉国家論と関連づけることを試みる．今日の道徳哲学・政治哲学における論争的問題は，集約して言えば，現実の「制度」を「理念」の視点から規範的に構想することである．具体的には，問題は現代の包括的な経済・政治・社会制度としての福祉国家の再編成をめぐる市場・家族・国家のあり方を問うことである．リベラリズムと共同体主義との間の論争は，この問題をめぐって異なる体制の主張に帰着する．しかし，この種の観念偏向の議論に決定的に欠けているのは，制度の歴史的進化の視点である．じつは，オーストリア学派とドイツ歴史学派との間の「方法論争」は，この点において重要な素材を提供している．前者における「自生的秩序」の構想と，後者における「発展段階」の図式とは，観念的論争上の対立物ではなく，「理念」を歴史的に位置づける「制度」的枠組みの進化の問題として解釈されるのである．かくして福祉国家の制度的進化をめぐって経済と倫理とが具体的に接合する姿が浮かび上がってくる．

二つの「方法論争」の関係は，単に過去の論争から教訓を学ぶという一方的なものではない．現代の論点の解明を通じて，われわれは過去の論争に対して

新しい解釈を付与することができるのであって，この意味で，思想史における過去と現在との間の双方向的な対話が可能になる[5]．

2 二つの「方法論争」の比較──問題と方法の枠組み

表1において，問題と方法を設定し，両軸に置く．まず，二つの研究問題を区別する．ひとつは，一定の社会制度における内部的秩序の説明であり，もうひとつは社会制度自身の基礎構造の説明である．次に，方法に関して個人主義（individualism）と全体主義（holism）とを区別する．ここでは経済学と倫理学という異なる学問が取り上げられるが，二つの学問はひとつの共通点を持つ．それは，制度の内部的秩序の研究は善（good）の理論を形成し，制度の基礎構造の研究は正（right）の理論を形成するということである．

この枠組みの中に，二つの方法論争に参加した四つの異なる学問的立場（A）（B）（C）（D）を位置づける．リベラリズムと共同体主義との論争には，リベラリズムとして自由至上主義および社会契約主義が登場するが，以下では社会契約主義を代表として取り上げる．表1における二本の矢印は経済学と倫理学における二つの論争を表わす．経済学における「方法論争」は（A）対

表1 経済学と倫理学における二つの方法論争

方法＼問題	制度内秩序 （善の理論）	制度の基礎構造 （正の理論）
個人主義	（A） 市場均衡論 （理論経済学）	（B） 正義論 （社会契約主義）
全体主義	（C） 共通善論 （共同体主義）	（D） 制度進化論 （歴史派経済学）

(D) によって示され，他方，現代のリベラリズム対共同体主義の論争は (B) 対 (C) によって表わされる．

　二つの「方法論争」を通じて，対立する理論は異なる主題の解明に向けられており，異なる方法はこれらの主題に応じて適切なものとして採用されたものである．このように見るならば，それぞれの論争は擬似論争である．経済学の「方法論争」の擬似性については，すでに明らかである．倫理学の論争においては，共同体主義は，共同体に内在する共通善を最高の道徳とみなし，リベラリズムの抽象的な個人の権利に基礎を置く普遍的な正義原理の支配を認めないが，この主張は成立しない．第一に，さまざまな共同体の規範は正義の保障された制度の下での制度内秩序であって，両者が考える規範のレベルには普遍性の上での相違がある．第二に，「負荷なき自我」というリベラリズムの想定は，事実の記述ではなく，多様な善の共存を可能にする制度を構想し，もろもろの善に優先する正の観念を演繹するための理論的仮定である．もし社会において共通の文化・歴史・伝統に基づいて，社会の中に「埋め込まれた自我」の間で価値に関する了解と合意がすでに成立しているならば，社会契約主義のように，公正な社会システムを組織するためにゼロから出発して，正義原理を求める必要はない．現存する個人・社会の関係を説明するだけで規範理論の役割は終わる．共同体主義はこのような課題を扱っているのである．「負荷なき自我」も「埋め込まれた自我」もともに，異なったレベルの規範を説明するための道具的手段であって，それらの現実性を争うのは意味がない．それは，かつての「方法論争」において利己的個人と共同体内個人の想定が争われたのと同様の筋違いの論争である[6]．

　二つの「方法論争」を共通の枠組みの中に対置してみると，両者は問題と方法に関して同型性を持つことが分かる．もちろん二つの論争は同じことの繰り返しではなく，位置づけが逆転している．すなわち，個人主義に基づく社会契約主義は，市場均衡を扱う理論経済学とは違って，社会の基礎構造を支配すべき正義論を課題としており，また全体主義に基づく共同体主義は，制度の歴史的進化を扱う歴史派経済学とは違って，社会制度の内部秩序を形成する共通善の理論を提起する．このことから示唆される建設的な問題は，実際の論争におけるように (A) 対 (D) や (B) 対 (C) の関係を問うことではなく，むしろ

(A) 対 (C) および (B) 対 (D) の関係を問うことである．すなわち，同じ問題を扱うに当たって，なぜ倫理学と経済学は違う方法をとるのか．この問題提起について説明しよう．

(A) は制度内秩序の解明を課題とする理論経済学であり，個人の善（効用）の概念に基づいて，市場均衡論を展開する．そこでは必要な条件（完全競争，消費および生産における凸性，市場の失敗の不存在）が満たされる限り，いわゆる見えざる手が作用して，個々人の利己心の追求が社会全体の利益をもたらすことが論証される．(C) は倫理学上の共同体主義であり，共通善の概念を中心として，同じように制度内秩序の理論を提起する．そこでは共同体の価値・伝統・文化によって形成された共通善が制度内秩序を説明する．この全体的秩序は市場における個々人の利己心の意図せざる帰結とは異なり，個人を拘束するルールないし規範である．(A) と (C) はともに善の理論であるが，方法的には (A) は個人主義に立ち，(C) は全体主義に立つ．このギャップはどのように説明されるか．

次に，社会制度の基礎構造を対象とする理論は正の理論であるが，(B) の社会契約主義は方法論的個人主義に基づき，個人間の社会契約を通じて正義の理論を展開する．(D) の歴史派経済学は，制度の基礎構造の歴史的進化を説明するために，制度としての慣習・道徳・法律の中に体現された正義の観念の進化を経験的・帰納的に定式化しようとするものであって，シュモラーに典型的に見られるように，この複雑広大な課題に対して発見的手法としての目的論的全体主義に依存した[7]．同じ正の理論でありながら，個人から出発する抽象的な社会契約論と，制度の歴史的進化を論ずる実証主義経済学とが分かれている．このギャップはどのように説明されるか．

同じ問題に対する異なる方法の間の是非を問うのが，実りある「方法論争」であるとすれば，実際の論争におけるように，(A) 対 (D) または (B) 対 (C) ではなく，(A) 対 (C) および (B) 対 (D) こそが「方法論争」というべきものではないだろうか．

一つの注意．「方法論争」における (A) の立場は理論経済学者メンガーによって担われたが，彼の方法論は市場経済の静態分析に限定されるものではないことに注意する必要がある．彼は，経済社会制度の一部は人間の共同意思の

結果であるが,他の一部は本質的に個々人の諸目的を達成しようとする人間の努力の意図せざる結果であることを強調し,理論的接近は,歴史家が社会的有機体について有機的起源と名づけている曖昧な事象の理解にとっても有効であると論じた[8]. したがって,メンガーにおいては,表1における制度的基礎構造の問題 (B) の一部が (A) の立場の延長として説明されるのである. この考え方は,オーストリア学派経済学の自生的秩序論に先鞭をつけるものであるが,じつはこれはフリードリッヒ・ザヴィーニを始めとする歴史派法学の本質であって,メンガーは歴史派経済学者が彼らの先行者である歴史派法学者の優れた主張を無視したことを批判した.

3 心理主義・制度主義とゲマインシャフト・ゲゼルシャフト

以上の問題提起を受けて,(A) 対 (C) および (B) 対 (D) のギャップを取り上げよう. このギャップはいずれも,同じ問題に対する個人主義と全体主義という方法的立場の相違である. ところが,個人主義と全体主義をともに個人または全体への極端な還元主義と見るならば,妥協の余地はない. 実際には,制度が個人の行動を規制すると同時に,制度が人々の相互作用の結果として変化する. こうした事態をとらえるためには,個人主義と全体主義という二分法では役に立たない. 制度的条件と個人的行動との間の相互作用の性質は,さしあたり進化的と呼ぶのが最も適切であろう[9].

この進化的関係を定式化するために,ヨゼフ・アガシは個人主義と全体主義という軸に加えて,心理主義と制度主義という軸の導入を試みている[10]. 心理と制度は,社会現象の第一次的説明因を表わす. 二つの座標軸の組み合わせによって,「心理主義的個人主義」(伝統的に考えられてきた個人主義),「心理主義的全体主義」,「制度主義的個人主義」,「制度主義的全体主義」(伝統的に考えられてきた全体主義) の四つの型がえられる. この中で,個人と社会との進化的相互作用をとらえる上で重要なものは「制度主義的個人主義」であって,これは個人に対する伝統・慣習・文化などの社会的影響を認めつつ,個人を意思決定の主体とみなすものである.

心理主義と制度主義とを結合する形で社会組織の形態を分析したユニークな

表2　テーニエスのゲマインシャフトとゲゼルシャフト

社会形態 \ 心理と制度 意志		個人（心理的）意志	社会（制度的）意志
ゲゼルシャフト	選択（合理的）意志	(A) 計　算	(B) 契　約
ゲマインシャフト	本質（自然的）意志	(C) 了　解	(D) 慣　習

業績として，テーニエスの『ゲマインシャフトとゲゼルシャフト』を取り上げたい[11]．この書物は19世紀末における理論的方法と歴史的方法との間の「方法論争」を克服し，両者を社会学の立場から綜合することを意図したものである．私は今日この業績は大いに省みられるべきであると考える．

テーニエスはきわめて複雑な概念を用いて多様な二分法と対概念の議論を展開したが，その議論の骨格をきわめて単純化して示すと，上の表2となる．それは前掲の表1における四つの立場のすべてを共存的に説明する綜合理論である．二つの表における(A)(B)(C)(D)がそれぞれ互いに対応することに留意すべきである．

テーニエスはまず一方で，人間の意志を「選択意志」(Kürwille) と「本質意志」(Wesenwille) とに分ける．両者は思惟と意志との相対的比重によって定義されており，連続的な概念と考えられる．すなわち，「選択意志」は「意志を含むところの思惟」であり，「本質意志」は「思惟を含むところの意志」であると定義されている．「選択意志」は観念的・合理的・目的志向的な意志であり，「本質意志」は衝動や慣習や宗教によって規定された自然的・実在的な意志である．二つの意志は方法的に個人主義と全体主義によって特徴づけられる．この意志の二類型に対応して，社会形態は機械的な構築物としてのゲゼルシャフトと有機体としてのゲマインシャフトとに分けられる．

他方，「個人意志」と「社会意志」の区別は，上述の社会現象の説明因としての心理主義と制度主義の区別に対応するものと解釈される．ゲゼルシャフト

は，説明根拠としての心理的「個人意志」から見れば，独立した個人の合理的「計算」(A) によって選択される機械的結合体であり，その社会的結合関係についての制度的「社会意志」から見れば，合理的個人の相互利益を基礎にした「契約」(B) によって説明される．個人間において「合理的意志」による合意が存在する限り，仮説的な社会という存在が「契約」という内容の制度的「社会意志」を持つと想定することができる．「個人意志」が「社会意志」を形成する．ゲゼルシャフトの具体的形態は，結社，国家，世界の三種であるとみなされる．「社会意志」は「個人意志」のタイプに応じて成立する社会的ルールの性質を意味し，ゲゼルシャフトでは契約，法，世論の形をとる．

　他方，ゲマインシャフトすなわち共同体においては，個人間で本来的・自然的・実在的な形での意志の統一があり，それを支える心理的「個人意志」の性質は個人間の「了解」(C) であり，制度的「社会意志」から見れば，人々の社会的共感の対象としての「慣習」(D) という形の一体性が生まれている．これが共同体主義のいう「共通善」であって，「社会意志」が「個人意志」を形成する．ゲマインシャフトは血の紐帯，場所の紐帯，および精神の紐帯の三つからなり，具体的形態はそれぞれ肉親（家族・民族），近隣（村落），および友愛（都市・教会）の三種類である．精神の紐帯は宗教，職業，仕事という社会的実践の共通性に基づく．

　テーニェスの理論は，有機体的社会が個人に先行するゲマインシャフトと，独立の個人が社会に先行するゲゼルシャフトとを統一的に説明する．それは前者から後者へという歴史的発展段階を説明するだけでなく，異なった社会形態として同時に共存することを説明する．このように見れば，現代のリベラリストと共同体主義者との間で，合理的な「選択意志」によって説明される「計算」と「契約」の系列（社会契約主義）と，伝統的な「本質意志」によって説明される「了解」と「慣習」の系列（共同体主義）とが，「負荷なき自我」対「埋め込まれた自我」，「権利」対「共通善」といった概念の表面的な対立をめぐって論争を続けているのはまったく不毛であるといわざるをえない．

4 共同体の静態理論

さて前掲の表1は二つの「方法論争」に登場する四つの理論的立場を表わしたものであったが,表2は,テーニエスに従って,それを社会学的形態の四つの類型に変換するものである.いいかえれば,方法の相違はそれによって捕捉される対象の相違に変換されたのである.方法が問題に相対的であるということが証明されている.しかし,テーニエスの議論は社会学的な分類学であって,なぜ四つの類型が存在するかの理論的説明に欠けている.以下では,経済学および社会学の知識を活用して,類型間の静態的および動態的な関係を説明しようと思う.

まず静態的説明から始める.表1において,個人主義の行に置かれている(A)市場均衡論および(B)正義論は,それぞれ制度の内部的秩序(善の領域)と制度の基礎構造(正の領域)を説明する理論である.人間はこのような個人主義の世界のみに依存して生きていくことができるだろうか.この問いに対する答えとして,人間は(A)と(B)の中間に,全体主義によって基礎づけられるさまざまな共同体(C)を形成する理由を持つ.

第一に,経済学における「コースの命題」によれば,「取引費用が存在しないならば,企業が存在する経済的根拠はない.しかし,取引費用が存在するならば,企業の特質は市場の価格メカニズムにとって代わることである.」[12] 取引費用とは,市場において価格メカニズムに従って取引をするために,その前提として,情報を集め,交渉を行い,契約を結び,それが遵守され,実行されることを保障するためにかかるさまざまな費用である.もし取引費用が高く,企業組織を運営した方が安価ならば,市場の代わりに企業が成立する.企業は生産の共同体である.

第二に,社会学者ルーマンによれば,信頼は他人の行動を予測する上での複雑性や不確実性を減少させるメカニズムである[13].この困難に対処するために,費用をかけて当該個人や関係方面に関する情報を探索し収集する必要がある.この費用を信頼費用と名づけ,「コースの命題」に倣って,「ルーマンの命題」と呼びうるものをまとめれば,次のようになる.「社会関係に複雑性や不確実性が存在しないならば,共同体が存在する社会的・倫理的根拠は存在しな

い．しかし，信頼費用が存在するならば，信頼を中核とする共同体の特質は，普遍的正義にとって代わることである．」信頼費用とは，信頼を確保するために必要な探索の費用である．その際，人々の行動を規制する外部的メカニズムとして法律的・社会的ルールがあれば，不確実性は除去され，探索費用は節約できる．信頼は同じ目的に役立つ内部的メカニズムである．信頼の存在や信頼の欠如は十分な情報の代替物である．信頼があれば（あるいは信頼がなければ），それ以上情報を探索する必要はない．人々が信頼を確保することのできる社会的範囲には限界があり，それを「安全地帯」と呼ぶことができる．共同体の領域は複雑性や不確実性に対する「安全地帯」と定義することができる．共同体における信頼の徳が共通善の一部としてメンバーによって共有されているとき，信頼費用は低下する．かくして（A）と（B）の中間に，企業と並んで多様な生活の共同体が成立する根拠がある．

取引費用は，「善」の領域において広い市場的機会が保障されているにもかかわらず，経済活動の単位として企業が成立する根拠を説明し，信頼費用は，「正」の領域において広い社会的機会が保障されているにもかかわらず，共同体が成立する根拠を説明する．こうして，取引費用や信頼費用といった摩擦要因が常態として存在する社会では，市場に参加するだけの孤立した匿名の個人と，国家によって保障された正義の社会制度との中間に，中間組織としての共同体が存在する理由が見出される．人間は，具体的には共同体における社会的実践を通じて生活する．これが表1における（A）（B）（C）の間の理論的関係である．

5　共同体の動態理論

次に，（A）（B）（C）（D）の間の動態的な関係を論ずるためには，歴史的視野を必要とする．これが制度の進化を問題とする歴史学派の着眼点であって，ここで（D）を考察の対象とする．

ここで歴史学派の主導者シュモラーの理論を取り上げる．彼の経済学の主導理念は，歴史と倫理である．彼にとって，歴史は現実的な経済理論を構築するための経験的素材であり，倫理は技術と並んで経済を規定する重要な要因であ

り，制度の構成要因であった．そして，制度の歴史的進化が歴史派経済学のパラダイムを特徴づけるべきものであった．このように制度が研究テーマとなる場合には，全体主義的な目的論と進化論を用いることができる．シュモラーは目的論を，経験的知識が不十分な場合に経験科学を補完する発見的補助手段とみなした．そして倫理と制度との間の相互作用に基づく進化的過程にこれを適用した．彼の目的論は進化論の方法的基礎を与えるものであった．目的論的思考においては，制度の目的は生存と考えられ，制度の変遷は制度自身の目的志向的行動によって説明される．制度は「道徳・法律・慣習」の三つからなり，理念としての道徳は法律と慣習によって制度的に実現される．道徳そのものが社会における人間の共存を目的とするものであることを考えると，道徳は制度の進化過程における原動力である．進化的過程の目的論的説明においては，目的は常に志向されているが，けっして達成されることがない．目的論は将来の経過を予測することはできず，事後的にのみ経過を理解することができるにすぎない．

シュモラーの進化論的経済学の基本的シェーマは，次のように単純な形で述べることができる．彼は国民経済における社会組織として三つのものを区別した[14]．家族，地域共同体（都市，村落，国家），および企業である．各組織は異なる組織原理に基づいている．家族の場合，それは同情，血縁，愛情であり，地域共同体の場合，近隣関係，国家感情，法，強制であり，企業の場合，営利活動のための私法的契約である[15]．シュモラーが経済制度の倫理的・社会的決定因というとき，これらの原理を指すのである．

利己心に基づく市場経済学と違って，歴史派経済学は共同体としての家族と地域共同体に注目する．企業は生産活動を目的としたゲゼルシャフトの組織であるが，家族と地域共同体はゲマインシャフトであり，経済活動を主たる目的として形成されたものではない．歴史的に見れば，自給自足の家族経済ないし種族経済から，他の二つの組織，すなわち地域共同体と企業が発展した．一方において，村落経済，都市経済，領邦経済，国民経済といった地域共同体の組織は，地域における定住関係を基礎にして，異なった水準において経済生活をコントロールし，公共の利益を実現するために形成された．他方において，企業は私的利潤を追求する組織として発達し，それを支える分業，市場，社会階

級,所有制などのさまざまな制度的仕組みを生み出した.9-11世紀の購買ギルド,13-15世紀の同業組合,14-18世紀の商人団体,19-20世紀のカルテルや労働者団体といった組織が形成された.企業部門は原子論的な単位からなるのではなく,このような組織化された形態をとる.これは政治的な地域共同体のコントロールの帰結であると同時に,企業部門の対応を表すものである.シュモラーは抽象的な個人の合理性と計算の仮定から出発するのではなく,家族共同体の変貌という歴史的事実から出発することによって,制度的変化が地域共同体と企業の形成という二極に向けて展開する姿をとらえることができた.それは,一方で,市場のグローバリゼーションを求めて拡大する企業と,他方で,それを社会的にコントロールする地域共同体との相互関係である.

このシェーマは,前掲の表1にそくしていえば,(A)と(B)との中間に位置づけられる共同体(C)が市場のグローバル化の方向へ拡大する企業と,正義の社会の方向へ発展する社会政策の担い手としての地域共同体とに二極分解し,相互に作用し合うものとして表現することができる.これが(D)の枠に含まれる制度的進化の構想である.このような視野の下では,現代倫理学における(B)対(C)の論争は,規範のレベルを異にする静態的な理論の間の誤った論争であることが再び明らかとなる.

シュモラーの発展段階説は具体的には,村落経済から都市経済,領邦経済,国民経済への移行を問題としており,その特徴は,広義の社会政策の担い手として,市場における自由な企業の活動をコントロールする地域共同体の変遷に焦点が当てられていることにある[16].通常,彼の発展段階説の骨格として説明される地域共同体の広がりの変化そのものは何の面白味もないが,段階説のシェーマは,民間企業部門と公共的共同体との間,経済と倫理との間,物理的・技術的なものと精神的・社会的なものとの間の相互作用が社会制度の進化を引き起こすものと理解すべきである.具体的に言えば,都市経済におけるギルドの管理,領邦経済における領主の支配,国民経済における政府の社会政策などは,いずれも道徳による経済の規制の進化形態とみなされる.国民経済の段階における社会政策が今日の福祉国家を意味することはいうまでもない.

人々の福祉の源泉を「市場・家族・国家」と見るとき,現代の福祉国家は脱市場化および脱家族化の制度として定義される.福祉国家は,市場における所

得獲得および家族によるケアの代わりに，市場の社会的統禦を通じて，人々に福祉を提供する．上述の説明は，社会政策が，第一に，脱市場化すなわち (A) からの離脱と，第二に，脱家族化すなわち (C) からの離脱によって，福祉国家 (B) を志向することを示している．シュモラーの進化的制度論 (D) は，(C) から出発した共同体がみずからを変貌させつつ，市場と国家との均衡的発展を展望するものであった．

6　シュモラーからシュンペーターへ

以上のように見るならば，シュモラーの歴史的・倫理的接近は，共同体の諸形態から出発して，市場を舞台とする自生的秩序の発展と，正義の社会的秩序を求める公共政策の発展との両者を対象とし，しかも両者の間の相互促進的ないし対抗的な関係に焦点を当てるものである．彼を主導者とするドイツ歴史学派の歴史的・倫理的研究プログラムは，今日の言葉でいえば，後続国（late-comer）の政治経済学と共同体主義の倫理学を含むということができる[17]．彼は重商主義的国民経済の形成を図りつつ，人からは社会主義者と見紛えられるまでに，経済発展による富・教育・文化の成果を社会政策を通じて労働者階級に配分することに熱情を傾けた．

シュモラーにとって，広義の社会政策の基本原理は正義である．もちろん，彼の正義の観念はロールズのものとは異なる．シュモラーは論理的演繹によって正義の原理を導出しようとはしていない．彼は，支配的な正義の観念は心理的過程から生まれ，社会的淘汰を経て，歴史的沈殿物として道徳的共同体の中に埋め込まれるという認識に立って，広範な歴史的調査の必要を主張したのである．彼は有名な正義に関する論文の中で次のように述べている．

「理想の諸観念の領域において，正義の観念は，第一位のものとか唯一の有力なものとはいわないまでも，最も重要なものの一つである．……各人に各人の分け前を与えるという正義の観念は，社会政策の領域においていくつかの他の観念と衝突する．これらのものとしては，第一に，共同体の理想があり，これはそれに属するものに対して全体の観念を賦課し，部分の権利よりも全体の発展を重視する．第二に，慈愛の観念があり，これは共同体の意識として貧し

い人に対して正当に要求しうるよりも多くのものを与えようとする．最後に，自由の観念があり，これは各人に自由に行動することを認め，正義や共同体の観念にさまざまな制約を課する．以上のことが正義の実現に対して多くの制限をもたらすことについては，ここでは単に指摘するにとどめ，論証はしない．」[18]

このシュモラーの文章に表われているように，現代の共同体主義者と違って，彼は共同体の倫理を正義と同一視したり，それにとって代わるものとみなしたりしてはいない．いいかえれば，彼は正義と共通善とを区別し，社会政策の原理と共同体の原理とを区別する．しかし両者が不両立であるとは考えていない．むしろ両者が合致することを目的論的に期待したのである．

シュモラーはマンチェスター派的・自由放任主義的夜警国家と，社会主義的・全体主義的統制国家との双方を否定し，差し迫った社会問題の解決のためにいわば第三の道を選んだのである．彼は，一方では，たしかにプロイセンの官僚制国家の開明化に希望を託した．時あたかも，福祉国家の源流の一つとなったビスマルクの社会保障制度が導入されたが，シュモラーはあまりにも弾圧的な社会主義者取締法（1878年）と，労働者や自治機関の自助を抑圧する社会保障立法（1883-89年）という「鞭と飴」の組み合わせに危惧の念を抱いた[19]．社会保険を中軸とする社会保障制度は，ビスマルクによって無から構想されたものではない．ビスマルクの疾病保険法，災害保険法，老廃保険法の三つは，いずれも長い歴史を持つ職人や労働者の共済金庫や坑夫金庫の自助努力によって作り上げられていた任意制度を国家的監督下の強制保険制度に編成替えしたものであった[20]．シュモラーは社会政策を担うものとして国家機構に楽観的なまでの期待を寄せたが，他方では，国家以外のさまざまな組織の活動を福祉の源泉として重視した．シュモラーにおいては，社会政策の手段は教育であって，共同体組織を基盤とした上層の人々の公共的精神の啓発と，下層の人々の自助的努力を通ずる倫理的向上こそが社会政策の目標とみなされたのである．

グローバリゼーションによる経済の自由化と工業化の進行に伴って，小さな手工業は崩壊し，無産の労働力が生み出され，経済的・社会的不平等が拡大する．こうした状況を前にして，シュモラーは健全な中産階級の形成のために，

上層および下層階級の精神的態度を倫理的に改善し，市場的自由に基づく経済的進歩が生活水準の向上に結びつくような制度的前提を作り出すことに配慮した．そのような前提の創出を目的とするのが国家の社会政策であって，福祉国家の制度的枠組みは，さまざまな中間組織における共同体倫理の進化に依存した．ここに，福祉国家像の一原型として，市場対国家という二極思考を超えた第三の道が見出されるのである[21]．

シュモラーの歴史的・倫理的接近は，ドイツ歴史学派の最後の世代であるウェルナー・ゾンバルト，マックス・ヴェーバー，アルトゥール・シュピートホフらによってさらに継承され，それぞれ特有の制度分析をもたらした．ここではこれらの追随者を飛び越えて，ヨーゼフ・シュンペーターを取り上げ，議論を締めくくりたい．

通常，シュンペーターは歴史学派に属するものとはみなされていないが，歴史学派の問題意識から大きな影響を受けた．彼は近代経済学者の中で，歴史学派の志向を最も忠実に受け止め，これを実行に移した人であるといってよい．彼はシュモラーの接近方法を批判的に検討し，シュモラーの研究計画の中に理論と歴史との統合を図る経済社会学の基本的な着想を見出した[22]．そしてシュンペーターはみずから経済社会学の実践として『資本主義・社会主義・民主主義』において，資本主義は革新的企業者活動に基づく経済的成功のゆえに，それを支える道徳的・心理的・政治的支柱が崩壊し，資本主義は衰退せざるをえないという有名な命題を提起した[23]．ここでは細かい点には立ち入らないが，このシュンペーターの経済社会学の枠組みは，上述したシュモラーにおける社会政策の担い手である地域共同体の発展と企業部門の変貌との相互作用というシェーマと類同のものであることを指摘したい．

シュモラーはこのシェーマによって，福祉国家ないし社会政策による企業者活動の統御が究極的に正義の経済システムを生み出すことを楽観的に展望した．しかし，シュンペーターはそのような福祉政策を含む時代精神，倫理的価値，ものの考え方が資本主義の企業者活動を麻痺させることを展望したのである．両者の間には，時代の差に基づく世界史的経験の相違が決定的な形で存在するが，精神的・倫理的要素と自然的・技術的要素との間の相互作用に基づく制度進化というシェーマは共通している．そして現代の福祉国家に課せられた課題

も，歴史的進化の観点から，価値図式と経済機構との間の整合性ないし非整合性を検討することを要請しているのである．ドイツ歴史学派の系譜に対する評価は，それが経験した特殊な歴史的経緯によってのみ判断されるべきではなく，それが設定した理論的構造の一般性において判断されるべきである．その理論構造の特質は，上述の (A) (B) (C) (D) の図式から見られるように，単に主流派経済学と比較したさいの問題および方法の相違にあるだけでなく，道徳哲学と比較したさいの問題および方法の相違に見出されなければならない．その特質は，経済という実在の機構組織について歴史的・倫理的接近を試みたものであって，学派を超えたひとつのパラダイムと呼ぶことができよう．「ドイツ歴史学派は存在したか」という反語的問いは，超学派的パラダイムの存在を肯定するものである[24]．

注

1) J. A. Schumpeter, *History of Economic Analysis*, New York: Oxford University Press, 1954, p. 814. (東畑精一訳『経済分析の歴史』岩波書店，第5巻，1958年，1710ページ.)
2) T. W. Hutchison, *The Politics and Philosophy of Economics: Marxians, Keynesians and Austrians*, Oxford: Basil Blackwell, 1981, p. 196.
3) Yuichi Shionoya, "Instrumentalism in Schumpeter's Economic Methodology," *History of Political Economy*, Summer 1990.
4) Yuichi Shionoya, "Schumpeter on Schmoller and Weber: A Methodology of Economic Sociology," *History of Political Economy*, Summer 1991; "Getting Back Max Weber from Sociology to Economics," in Heinz Rieter (ed.), *Studien zur Entwicklung der ökonomischen Theorie XV: Wege und Ziele der Forschung*, Berlin: Duncker & Humblot, 1996.
5) 以下の議論の枠組みは，塩野谷祐一『経済と倫理——福祉国家の哲学』東京大学出版会，2002年，第3章において，現代における社会契約主義・共同体主義論争の位置づけのために作ったものであるが，ここではその枠組みを福祉国家論への歴史的進化の視点として適用することを意図している．
6) チャールズ・テイラーは，リベラリズム・共同体主義論争における混乱は，存在論の問題 (atomism と holism の区別) と政治的主張の問題 (individualism と collectivism の区別) とを混同していることに基づくという．C. Taylor, "Cross-Purposes: The Liberal-Communitarian Debate," in Nancy L. Rosenblum (ed.), *Liberalism and the Moral Life*, Cambridge, Mass.: Harvard University Press, 1989. 私はここでは政治的主張の次元を扱うのでなく，混乱は存在論の基礎にある研究課題の区別がなされていないことによると考える．

7) Yuichi Shionoya, "A Methodological Appraisal of Schmoller's Research Programm," in Peter Koslowski (ed.), *The Theory of Ethical Economy in the Historical School*, Berlin: Springer, 1995, pp. 72-74. 塩野谷祐一「グスタフ・フォン・シュモラー——ドイツ歴史派経済学の現代性」『一橋論叢』1990年4月.

8) Carl Menger, *Untersuchungen über die Methode der Socialwissenshaften, und der Politischen Oekonomie insbesondere*, Leipzig: Duncker & Humblot, 1883. (福井孝治訳『経済学の方法』日本経済評論社, 1986年, 134-37ページ.)

9) ゴードンは制度派経済学の立場から次のように述べている.「経済行動は経済活動が行われる制度的環境(そのあらゆる表現において)によって強く条件づけられている. 同時に, 経済行動は制度的環境に対して影響を及ぼす. この相互作用の過程は進化のプロセスである. 環境は変化し, それに応じて経済行動の決定因が変化する.」R. A. Gordon, "Institutional Elements in Contemporary Economics," in Joseph Dorfman et al. (ed.), *Institutional Economics: Veblen, Commons, and Mitchell Reconsidered*, Berkeley: University of California Press, 1964, pp. 124-25.

10) Joseph Agassi, "Institutional Individualism," *British Journal of Sociology*, June 1975.

11) Ferdinand Tönnies, *Gemeinschaft und Gesellschaft: Grundbegriffe der reinen Soziologie*, Leipzig, 1887. (杉之原寿一訳『ゲマインシャフトとゲゼルシャフト——純粋社会学の基本概念』2冊, 岩波書店, 1957年.)

12) Ronald Coase, "The Nature of the Firm" (1937), in *The Firm, the Market, and the Law*, Illinois: University of Chicago Press, 1988, pp. 14, 36. (宮沢健一他訳『企業・市場・法』東洋経済新報社, 1992年.)

13) Niklas Luhmann, *Vertrauen: Ein Mekanismus der Reduktion sozialer Komplexität*, Ferdinand Enke Verlag, 2nd ed., 1973. (大庭健・正村俊之訳『信頼』勁草書房, 1990年.)

14) Gustav von Schmoller, *Grundriβ der allgemeinen Volkswirtschaftslehre*, vol. 1, Leipzig: Duncker & Humblot, 1900, p. 230.

15) *Ibid.*, p. 453.

16) Gustav von Schmoller, "Das Merkantilsystem in seiner historischen Bedeutung: städtische, territoriale und staatliche Wirtschaftspolitik," *Schmollers Jahrbuch*, 1884. (正木一夫訳『重商主義とその歴史的意義』未来社, 1971年.)

17) Yuichi Shionoya, "Rational Reconstruction of the German Historical School: An Overview," in Y. Shionoya (ed.), *The German Historical School: The Historical and Ethical Approach to Economics*, London: Routledge, 2001.

18) Gustav von Schmoller, "Die Gerechtigkeit in der Volkswirtschaft," *Schmollers Jahrbuch*, 1881.

19) 田村信一『グスタフ・シュモラー研究』御茶の水書房, 1993年, 246-51ページ.

20) 太陽寺順一「オット・フォン・ビスマルク」社会保障研究所編『社会保障の潮

流——その人と業績』全国社会福祉協議会，1977 年.
21) シュモラーの福祉国家論についての最近の論文集として，次を参照．Jürgen G. Backhaus (ed.), *Essays on Social Security and Taxation: Gustav von Schmoller and Adolph Wagner Reconsidered*, Marburg: Metropolis, 1997.
22) 塩野谷祐一『シュンペーター的思考——総合的社会科学の構想』東洋経済新報社，1995 年，第 8 章.
23) Joseph Schumpeter, *Capitalism, Socialism and Democracy*, New York: Harper & Brothers, 1942; 3rd ed., 1950.（中山伊知郎・東畑精一訳『資本主義・社会主義・民主主義』3 冊，東洋経済新報社，1951-52 年.）
24) Heath Pearson, "Was There Really a German Historical School of Economics?" *History of Political Economy*, Fall 1999.

第3章　ロールズの正義論と福祉国家

塩野谷祐一

　ジョン・ロールズの『正義の理論』(1971年) は規範的倫理学に革命的な影響を及ぼした超一級の書物である．それは社会的正義の理論を体系的に展開したものであって，その内容は，カント的義務論と伝統的な社会契約論の再解釈を通じて，功利主義倫理学の本格的批判を意図したものである[1]．

　20世紀の前半，学問全般を支配した論理実証主義の下で，倫理学は学問としての存立の基盤を失ったと考えられた．その間，倫理学は道徳判断における概念や命題の意味，および道徳命題の正当化の根拠を問うといった方法論的な問題に自己を限定し，かろうじてメタ倫理学として蹐天蹐地の生存を続けた．ロールズの書物は倫理学の風景を一変させ，社会問題の規範的研究を爆発的に復活させることに貢献した．彼は道徳哲学の新しいパラダイムの確立に成功したのであって，今日，研究者は彼の立場に賛成するにせよ反対するにせよ，そのパラダイムに言及せざるをえないのである．

　しかもロールズは正義論の展開と拡充に当たって，単に抽象的な哲学の次元にとどまったのではない．彼の問題設定は，民主主義社会の公共的文化に内在する価値理念を定式化し，そのような社会の基礎構造を支配する原理を構築しようとするものであった．その結果，彼の理論は道徳哲学だけでなく，政治哲学，法哲学，経済哲学，社会哲学などの広範な分野において論争を含む膨大な量の反響を生み出した[2]．

　われわれは以下において，ロールズの正義論の構成方法と中心的な命題を説明し (1および2)，その上で，社会保障制度にとっての理論的含蓄を解明する (3)．最後に，社会保障制度が彼の正義論を超えて展開されるべき方向を指摘する (4)[3]．

1　カント的構成主義のモデル

　功利主義は，個々人の効用・厚生・幸福・福祉といった言葉で表される主観的満足の社会的集計値を最大にすることを指図する倫理学である．一見したところ，社会の幸福の最大化を謳う思想はもっともらしく見える．しかし，功利主義においては，第一に，効用や幸福の最大化のみが考えられていて，自由や権利や卓越といった価値がそれ自体で意味を持たない点，第二に，効用の集計値のみが考えられていて，個人間の分配の平等や不平等が考慮されていない点，第三に，集計値の一元的評価主体が想定されていて，異なる個々人の立場からの社会選択の過程が無視されている点，第四に，人々の効用を基礎とすることは，人々を特徴づける所与の状態からの発想であり，不利な環境に適応する諦念や他人に対する嫉妬や悪意を含む判断をもたらす点などは，功利主義に対する批判点として指摘されてきた．

　ロールズの批判は，これらの功利主義の特徴の根底に，個々人を効用の生産者と見なし，人格としての個人の相違性を無視して，個々人の効用を社会の一元的な欲求の体系に解消するという基本的な観念があることに向けられている．彼の基本的な価値前提は，個々人が相違性を持った人格であり，手段としてのみ扱われるのではない目的としての人格であるという観念である．

　ロールズは次のように言う．「各個人は正義に基礎を置く不可侵性を持ち，社会全体の福祉といえどもこれを侵すことはできない．このため，ある人々が自由を失っても，他の人々がそれよりも大きな善を受け取るならば，自由の喪失は正当化されるということを，正義の観念は否定する．少数者に負わされた犠牲よりも，多数者によって享受される利益の合計の方が大きければよいということを，正義の観念は許容しない．したがって，正義の社会では，平等な市民の諸自由が確立されていると見なされ，正義の観念によって保障される権利は，政治的取引や社会的利害計算の対象にはならない．」[4] 彼の貢献は，功利主義に対して単なる批判を投げ掛けるのではなく，論理的手続を通じて代替的理論を提起したことにある．

　ロールズの正義論は，(A) 基礎理論，(B) 道徳理論，(C) 道徳判断の三者の間の整合主義的な構成によって成立する．社会契約論の方法は (A) から

(B) を導出する過程に相当する．(A) はいくつかの基本的な前提を含み，その内容がカント的であることから，この部分は「カント的構成主義」と呼ばれる．そして，導出された道徳理論が，民主主義社会において人々の持っている日常的な道徳判断と整合的であるかどうかを問う方法が，(B) と (C) との間の「内省的均衡」という考え方である．両者の間の関係に応じて，再び (A) 自身が修正される．(A)(B)(C) のいずれも，みずからを自明なものとみなすことによって他を正当化するのではなく，三者間の均衡化・整合化を求める改訂過程によって確立される．いいかえれば，ロールズの正義論は基礎主義に基づくのではなく，広義の「内省的均衡」としての整合主義に基づく．

(A) の基礎理論は，次の三つのモデルからなる．(イ)「自由・平等な道徳的人格」，(ロ)「秩序ある社会」，(ハ)「原初状態」．ロールズは，「社会は世代を通ずる社会的協同の公正なシステムである」という考えを正義を構想する上での最も基本的な観念とみなす．社会がそのようなシステムであるためには，社会の基礎的制度が正義の原理によって組織されていなければならないというのである．そのような正義の原理を見出すことが，ロールズにとっての課題である．議論を始める際には，その原理が何であるかは具体的にはまだ分からないが，かりにある原理が社会に受け入れられ，それに基づいて社会が組織されていたとすると，そのような公正な社会とそこでの人々の姿はどのようなものかを価値前提として設定することができると考えるのである．これが (イ)「自由・平等な道徳的人格」と (ロ)「秩序ある社会」とのペアの関係である．

具体的には，(イ)「自由・平等な道徳的人格」は善の観念（合理性）と正義の感覚（公正性）とを持ち，平等な尊敬と配慮を受ける権利を持つ．すなわち，彼らは一方で，自分の目的，関心，幸福の観念，すなわち善の観念を合理的に追求する能力を持つと同時に，他方で，広く一般に認められ，人々によって共有されている正義の原理を理解し，支持し，それに従って行動するという公正な存在である．そうであるがゆえに，人々は道徳人格として平等な権利を持つ．次に，(ロ)「秩序ある社会」は，正義の原理によって基本構造が構築されている社会であり，人々の間の社会的協同の理想的なあり方を体現していると考えられる．「道徳的人格」によって定義されたように，その社会では善の追求と正義の支配との共存，すなわち合理性と公正性との共存が特徴である．

このような社会を支配する正義原理を発見するための論理的方法が，仮想的な社会契約である．ロールズの独創的な手法は，「無知のヴェール」によって覆われた「原初状態」における「社会的基本財」の配分をめぐる社会契約である．これが（ハ）「原初状態」のモデルである．「原初状態」とは，人間が社会生活に入る前に，社会の基本的なルールを定めるために，全員一致の社会契約を行う仮想的な場である．そこで社会における個々人の権利・義務の総体を定める正義の原理が合意される．「原初状態」の考え方は，目標の姿としての（イ）と（ロ）が出てくるような条件を（ハ）によって設定するというものであって，いいかえれば，「自由・平等な道徳的人格」の住む「秩序ある社会」にふさわしい正義原理の導出のための条件を，「原初状態」という概念の中に論理的に設定するのである．

（ハ）の「原初状態」に関して，次の三つの点が重要である．第一に，道徳的人格における「合理性」の要素を表すために，「原初状態」では人々が善の追求をすることが許される．第二に，道徳的人格における「公正性」の要素を表すために，「原初状態」では「無知のヴェール」が支配し，人々が現実の社会において占める社会的・経済的地位，自然的資質や能力，知性や体力，選好・目的・関心・幸福のパターン，性・年齢・職業など，自分に関わるいっさいの知識が存在しないと想定される．「原初状態」では，人々は利己心に基づいて自分の利益を追求するという意味で，合理的個人であるが，「無知のヴェール」が人々を覆っているために，自分に特有の目的や利益を考慮することができない．その結果，人々は特定の個人の立場を超えて，道徳的観点に立った公正な個人として行動することになる．第三に，契約の対象とするものは「社会的基本財」であり，基本的諸権利と諸自由，移動の自由と職業選択の自由を通ずる多様な機会，地位・職務に伴う権能，富と所得，自尊の社会的基礎の五つからなる．これらの財は，個人の具体的な選好パターンがどのようなものであれ，人々が「自由・平等な道徳的人格」として善と正義の能力を発揮するために必要とされる一般的な財である．

「原初状態」の「無知のヴェール」の下で社会契約に参加する人々と，「秩序ある社会」における道徳的人格とを混同してはならない．道徳的人格は善と正の観念，すなわち「合理性」と「公正性」を持つが，契約参加者は善を追求す

るだけの合理的個人である．しかし，契約参加者は「無知のヴェール」の下に置かれることによって，その行動に公正性が賦与される．したがって原初状態における社会契約は利己的個人間の合意ではない．それは，道徳的人格が行うのと同じ選択行為を，合理性と公正性という二つの条件の合成によって示したものである．

ロールズによれば，いくつかの選択肢がある中で，社会契約の結果として「正義の二原理」が合意される．「無知のヴェール」によって制約された合理的選択は，私利私欲を働かせる余地がなく，特定の利害を代弁するものではない．自分が現実の社会において何者になったとしても困らないルールが合意され，不平を言い立てないルールが採択される．公正の条件の下で正義原理が決定されるという意味で，このモデルはロールズ自身によって「公正としての正義」と名づけられている．これがロールズの理論を特徴づけるキーワードである．

2 正義の二原理

ロールズの正義の原理は次の二つからなる[5]．

第一原理「各人は，平等な基本的諸権利および諸自由の十分に適切な体系に対して平等な請求権を持ち，この体系はすべての人々にとっての同様な体系と両立する．そしてこの体系の中では，平等な政治的諸自由およびそれらの諸自由のみが，公正な価値を持つことを保障されなければならない．」

第二原理「社会的および経済的不平等は，次の二つの条件を充たさなければならない．第一に，不平等は，公正な機会均等の条件の下で，すべての人々に開かれた地位や職務に結びついたものであること，第二に，不平等は，社会の最も不遇な人々の最大の便益に資するものであること．」

この定式化は，社会が政治的次元と社会的・経済的次元とからなるという見方を前提としており，第一原理は，前者の次元について，政治的自由を含む平等な基本的諸自由を主張し，第二原理は，後者の次元について，社会的・経済的不平等を承認するための条件を規定する．第一原理は，平等な基本的自由の原理と呼ばれ，第二原理は，(a) 公正な機会均等の原理，および (b) 格差原理 (difference principle) と呼ばれる．そして第一原理は第二原理に優先し，

第二原理の (a) は第二原理の (b) に優先すると主張される．基本的諸自由には次のものが含まれる．思想・良心の自由，集会・結社の自由，投票・政治参加の自由，その他．諸自由のうち，政治的自由については，第一原理の最後の文章が述べるように，政治過程に参加する上での平等な機会を保障するために，政治的自由の価値が個々人の間でおおよそ均等でなければならないと規定される．

「公正な機会均等」は「形式的な機会均等」とは異なる．「形式的な機会均等」においては，さまざまな個人間の自然的・社会的条件の違いを所与とした上で，人々の社会的・経済的成果は人々の能力と意志に依存するものとし，法的に平等な機会が保障される．それに対して，「公正な機会均等」においては，同じ能力と意志を持つ人々は，所得・資産や学閥や階級的出自といった社会的条件の相違にもかかわらず，確率的に同じような社会的・経済的成果を獲得できる見込みが保障される．

具体的に言えば，自由市場では，私有財産制の下で「形式的な機会均等」が保障され，能力主義が支配する．その結果生ずる不平等は，確率的な偶然の作用を除けば，第一に，所得・富の初期的分配の違い，第二に，自然的資質の賦与・管理上の違いという二つの要因を強く反映する．それに対して，「公正な機会均等」の原則は，政策的に相続財産の過度の集中を排除し，教育の機会均等を保障することによって，所得・富の初期的分配の違いと，その格差の累積的拡大の影響を除こうとする．これは主として財政政策の課題である．「公正な機会均等」の原則に基づいてこのような公共政策がとられる根拠は，所得・富の初期的分配の違いは親の活動の成果であって，本人の能力や意志や努力と関わりのない「社会的偶然」であるということにある．

「公正な機会均等」の原則は，なお自然的能力の賦与・管理上の違いという「自然的偶然」の影響を排除していない．格差原理は，社会的・経済的成果の分配は人々の自然的能力の賦与や管理や維持の上で起こる偶然によって決められるべきではないという考えに立っている．もちろん，本人の素質，才能，意志，能力，健康は，単に外生的・他律的に与えられるものではなく，本人の後天的な努力に依存して向上するところが大きい．しかし，明らかに本人の意志や活動によらないリスクとハンディキャップを負った人々がいる．ロールズが

正義原理の中で「最も不遇な人々」(the least advantaged) という概念を提起したのは，社会におけるこのようなリスクやニーズへの道徳的対応のためである．そしてこの考え方が社会保障制度の根拠を与える．

ロールズは「社会的基本財」の中に「自尊」(self-respect) の社会的基礎という一見異様な概念を含めている．これについては，人々の基本的関心事であるべき意識としての「自尊」と，そのような「自尊」の意識を支える社会的機構とを区別しなければならない．社会的基本財に含められるものは後者である．ロールズの定義はこうである．「自尊の社会的基礎とは，市民が道徳的人格としての自分自身の価値を生き生きと自覚し，自信を持って自分の高次の関心を実現し，自分の目的を達成することができるために，通常不可欠な基礎的制度の側面をいう．」[6] その意味は，二原理によって構成される社会では，結果的に人々の自尊の意識が平等に達成され，平等な相互の尊敬と配慮を基礎とした社会的協同への参画が可能になるが，そのためには，個人の責めによらないリスクの補償のために社会保障を中心とした政策手段が用意されなければならないということである．すなわち，基本的諸自由（第一原理）と公正な機会（第二原理の a）を前提条件とした上で，最も不遇な人々に向けられた自尊の社会的基礎としての社会政策が行われることによってはじめて，その後に残る経済

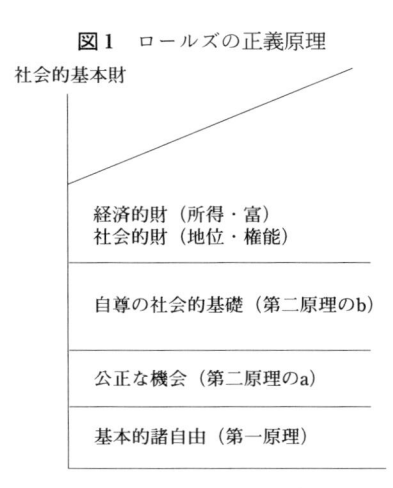

図1　ロールズの正義原理

社会的基本財

経済的財（所得・富）
社会的財（地位・権能）

自尊の社会的基礎（第二原理のb）

公正な機会（第二原理のa）

基本的諸自由（第一原理）

最も不遇な人々　　　　　最も恵まれた人々

的・社会的財の格差ないし不平等が許容される．自尊の社会的基礎という暗黙的規定は，基本的諸自由と公正な機会均等という通常のリベラルな主張を越えて，ロールズが提起する独自の政策的主張を表している．自尊の概念はこのように社会の制度を規定する正義原理を締めくくると同時に，以下で述べるように，「正義」の社会がさらに人間の内面にかかわる「卓越」の社会として展開されるための出発点を与えている．

　正義の二原理が適用されている状態は，前掲の図1のように示すことができよう．

　横軸に人々を最も不遇な地位から最も恵まれた地位にまで並べ，縦軸に五種類の社会的基本財をとり，それらが人々の間でどのように分配されるべきかを示す．最初に政治的自由を含む基本的諸自由が平等に分配され，次に公正な機会が平等に分配される．この二つの条件の下で，社会的地位・権能といった社会的財，および所得・富といった経済的財の不平等な分配が成立するが，さらに第三の条件として，最も不遇な人々の社会的・経済的財が最も大きくなるように再分配が行われる．これが自尊の社会的基礎と呼ばれる基本財であるが，上述のように，第一次的には，これを社会保障によるセーフティー・ネットの提供と見なすことができる．（正確には，もっと広範な政策群の連携が必要である．）第二原理の (a) と (b) の措置を取ることによって，最も不遇な人々に配られる最低部分の高さは上昇し，社会的・経済的財の個人間分配の傾斜は以前に比べて緩やかになる．個人間には依然として右上がりの格差が残るが，平等な基本的自由，公正な機会均等，および自尊のための社会的基礎が充たされる限り，その格差は正当化される．

　ロールズは『正義の理論』（1971年）の刊行後，説明の改訂，強調点の変更，論点の拡充などを行ったが，1985年の「公正としての正義は政治的であって形而上学的ではない」[7]というマニフェスト論文以後，正義論の性格づけを大きく変更し，『政治的リベラリズム』（1993年）においてその再構築を図り，『公正としての正義——再論』（2001年）において最終的な叙述を残した．

　変説後のロールズは，正義の二原理を包括的な道徳哲学の理論としてではなく，もっと限定された政治哲学の理論として解釈しようとする．もともと彼の正義論は民主主義社会の制度的基礎を説明するものと考えられたが，民主主義

社会は，包括的な宗教的・哲学的・道徳的理論の対立的共存によって特徴づけられており，特定の包括的道徳理論が異なった包括的世界観を持つすべての人々によって受け入れられる保証はない．そこで彼は民主主義における「公正な多元主義」を明示的に前提とし，みずからの仕事は政治哲学の領域における「政治的リベラリズム」の主張であり，みずからの正義論は価値多元性と両立する「正義の政治的観念」であると宣言したのである．

しかし，ロールズがこのように正義論の性格づけを変更しようとしたにもかかわらず，「道徳的人格」「秩序ある社会」「原初状態」というモデルの内容には変わりはないし，正義の二原理そのものにも変わりはない[8]．

3 福祉国家の理論

ロールズは狭義の社会保障制度を基礎づけるために正義論を展開したのではない．彼自身は，民主主義の根底にある政治的リベラリズムの原理を定式化したと考えている．しかし，上で触れたように，彼の正義の二原理は，政治的・経済的・社会的の三つの次元を網羅しており，けっして政治制度のみを対象としたものではない．それはむしろ「資本主義・民主主義・社会保障」の三層の制度からなる「福祉国家」を対象としたものである．この三つの制度は，T. H. マーシャルが言うように，18 世紀における市民的権利，19 世紀における政治的権利，20 世紀における社会的権利の発展の累積的結果である．ロールズの正義原理は，このように歴史的に形成されてきた制度を道徳哲学によって構築しようとしたものである．まず第一原理は政治的自由を規定し，次に第二原理は公正な機会均等とセーフティー・ネットを規定したものであり，最後に格差原理によって承認される経済的・社会的格差は，民主主義と社会保障とによって制約された資本主義の帰結である．このような観点から，正義原理の持つ制度的含蓄をいくつかのテーマに絞って論ずることにしよう．

3.1 保険システムとしての社会保障

「最も不遇な人々」への配慮は，社会保障制度の核心である．社会には病気，障害，貧困，失業，幼児，老齢，要介護など，生活の困窮をもたらしたり，他

人に依存せざるをえないさまざまなリスクやニーズがあり，これらが個人の責任を超えた社会的および自然的な恣意の力によって生み出される場合，正義原理は，「保険」という社会的な仕組みによってこれらのリスクに対処することを主張する．「保険」という言葉には二つの意味がある．第一は，リスクに対する防衛という目的であり，第二は，保険数理的メカニズムに基づく方法である．正義原理はこの「保険」の目的と方法を採用する．保険数理的メカニズムとは，α をリスクの発生確率，Z をリスクの予想損害額，p を保険料とすれば，保険料が $p=\alpha Z$ となるとき，保険が成立することをいう．「無知のヴェール」の下での社会的ルールの選択に当たっては，人々は自分が社会生活の中で実際に不遇な地位に置かれることを予想し，リスクに対する防衛を企図しなければならない．そのさい，人々は自分自身のアイデンティティーを知らないから，社会の平均的なリスク確率が支配し，個々人に特定的な保険ではなく，社会保険としての保険の掛け金を拠出することに同意するのである．保険システムとしての社会保障という観念は，「公正としての正義」からの帰結である．

　実際にリスクに直面し，不遇な状態に置かれる人々はこの協同の仕組みによって救済され，そのような人々でさえこの社会が生きるに値するものとして，自尊を保持することができる．逆に，幸運にもリスクから免れた人々は，安心と安全のサービスを享受すると同時に，その仕組みの運営のための財源を提供することになる．結果として，有利な地位の人々から不遇な地位の人々への所得移転がなされるが，前者が一方的に負担し，後者が一方的に給付を受けるということではない．保険契約のルールにしたがって，全員が負担し，全員が便益を受けるのである．負担をしているだけのように見える人々の有利な立場は，恵まれない人々に対して提供されることになった拠出金と交換に得られたものであると解釈される．

　社会契約主義に基づくロールズの正義原理は本質的に「保険」の理論である．そして「保険」としての社会保障制度は，一方的な「慈善」でも「強制」でもなく，「互恵」という意味での社会連帯に基づくことが明らかになる．そのさい，社会保障制度への掛け金が保険料か税金かの区別は本質的な問題ではない．「秩序ある社会」における公共部門の運営は，個人の負担が便益と見合う形で行われるものである．したがって，社会保険料を負担と便益との双方交換とみ

なし，税金を負担の一方的な移転とみなす通俗的観念は妥当しない．

3.2 社会的共同資産としての能力

　保険システムとしての社会保障の「方法」は，どのような「範囲」のリスクに対して適用されるべきであろうか．「公正な機会均等」のための諸政策は，「形式的な機会均等」の下で起こる「社会的偶然」および「自然的偶然」の影響のすべてを排除することはできない．物的財産の不平等は相続税制や所得税制によって軽減されるが，人的資本の不平等分配は，機会均等の教育制度によって才能の開発・向上を図る形で対処されるにとどまる．そこで格差原理はさらに進んで，「自然的偶然」が個々人に対してもたらす不均等を保険の仕組みを通じて調整しようとする．たしかに社会保障はストックではなくフローのレベルにおいて「自然的偶然」の影響に対処することになるが，格差原理に基づく社会保障は，人的資本ストックの不平等分配を抑制するという機能を果たすのである．

　なぜか．格差原理の考えによれば，自然的才能に恵まれた人々が有利な経済的および社会的地位に就きうるのは，自然的才能に恵まれない不遇な地位の人々の状態を改善する限りにおいてである．したがって，格差原理が充たされる状態は，全体のパイが減らない条件の下で，「最も不遇な人々」の地位が最も高められている状態である．通常，社会保障の対象は病気，障害，貧困，失業，幼児，老齢，要介護などによる生活の困窮である．しかし，これらの根底には自然的才能の不平等分配がある．

　ロールズはこの事態の解釈として，自然的才能の分布は偶然であって，道徳的に容認しうる与件ではなく，自然的才能の配分が社会的管理の対象にならなければならないと考える．これが才能のプーリングないし才能の社会的共同資産という考え方である．この考え方は，社会的偶然要因の場合にせよ自然的偶然要因の場合にせよ，一部の人々にプラスをもたらす要因を規制し抑制しようとするのが狙いではない．社会保障は「最も不遇な人々」ないし「社会的弱者」が遭遇しているリスクに対する「保険」としてのセーフティー・ネットであって，プラスの偶然要因に恵まれないばかりか，マイナスの偶然要因に襲われている人々の救済が主題である．リスクのプーリングとしての保険機構にお

いては，事故の発生した不運な人々に対して，事故の発生しなかった幸運な人々から掛け金の移転が起こる．才能のプーリングと言えば刺激的であるが，それは人的資本を社会化したり，才能ある人々にペナルティーを課したりすることを目的とするものではなく，「無知のヴェール」を前提とした確率的リスクのプーリングの半面を表すにすぎない．

　ロールズにおいては，公正な社会における社会保障制度は，公正な社会的協同への参画を可能にする平等な自尊の確立を目的として，確率的リスクのプーリングすなわち保険の仕組みとして合意される．一般に社会政策は，確率的リスクを社会的にプーリングすることを意味する．社会政策のイデオロギー的相違は，リスクのプーリングに当たって，形式的な機会均等，公正な機会均等，平等な自尊という三つの異なる条件のうちどこまでを保障するかに依存している．ロールズの主張は三つの条件のすべてを意味し，それがプーリングの対象としての自然的能力という観念を生むのである．

3.3　財産所有制民主主義という制度

　正義の二原理の構造と経済・政治・社会の構造との対応関係が示すように，ロールズの正義論の真価は，形式的市民権および公正な機会均等に加えて格差原理を要請したことにある．上述のように，それは社会保障制度を導く．ところが，ロールズは，自分の理論はいわゆる「福祉国家的資本主義」(welfare-state capitalism) を支持するものではなく，むしろジェームズ・ミードのいう「財産所有制民主主義」(property-owning democracy) に適合すると述べている[9]．このことの問題点を明らかにしなければならない．

　ミードもロールズも，「福祉国家的資本主義」とは，資本主義における物的および人的資本の不平等分配を所与として，それがもたらす所得の不平等を緩和するために，国家が事後的に再分配的な課税と移転を行う体制であると考える．それに対して，「財産所有制民主主義」とは，国家が事前に資産の分配の不平等を軽減し，人的資本への投資機会をより平等にすることによって，市場が生み出す不平等を小さくするというものである．具体的には，相続税制，教育制度，貯蓄制度，政党公費制度などである．この体制では，人々の稼得能力と私有財産とが広くかなり平等に分配される．ところが，「福祉国家的資本主

義」におけるように，人的および物的資本の分配が不平等に行われ，相続を通じてその不平等が継承され拡大されていく場合には，事後的な再分配政策は適切な基礎前提の上に立っているとはいえないという．

「福祉国家的資本主義」が以上のようなものであるならば，ロールズの理論がそれと一致しないことは明らかである．「財産所有制民主主義」という用語は必ずしも分かり易くはないが，それが意味する体制の要点は，社会主義ではないという意味で，私有財産を基礎とする資本主義を前提としながら，財産所有を民主主義によって統御するというものである．われわれは「資本主義・民主主義・社会保障」という三層の制度全体を「福祉国家」と呼び，この三層に対応して「平等な基本的諸自由・公正な機会均等・格差原理」というロールズの正義原理を理解しているから，正義原理の制度的対応物はまさにこのように構造づけられた「福祉国家」であるということができるであろう．

正義原理と福祉国家制度との関係についての以上の三つの論点は，第一に，リスクへの対応としての社会保障は保険という互恵の「方法」をとること，第二に，リスクの「範囲」は，単に病気，障害，貧困，失業，幼児，老齢，要介護などの表面的な事象から規定されるのではなく，いっそう根底的に人々の自然的能力の不平等な賦与という事態をカバーすること，第三に，このようなリスクの「方法」と「範囲」を持った社会保障は，より大きな制度的次元においては，「資本主義・民主主義・社会保障」という三層からなる「福祉国家」制度の中に正義原理に従って位置づけられなければならないことを示した．

福祉国家を正義原理に調和させるための問題点は三つ．第一に，「自尊の社会的基礎」を設定するための前提として，「平等な基本的諸自由」と「公正な機会均等」という二つの理念的要請に基づいて，民主主義的制度を整備し，物的および人的資本の不平等分配を十分に軽減するように，さまざまな公共政策を動員しなければならない．第二に，「自尊の社会的基礎」の中核をなす社会保障そのものを，消極的・事後的なセーフティー・ネットから積極的・事前的なスプリングボードに変え，労働政策・教育政策・文化政策を含む「ポジティブな社会保障」という観念を持たなければならない[10]．リスクに直面した不遇な人々を社会保障によって助けることだけが福祉国家の機能ではなく，資本主義および民主主義と連携してはじめて福祉国家の積極的な機能が果たされる

のである．第三に，ロールズが一括して批判する「福祉国家的資本主義」の制度の背後には，自由至上主義や功利主義など，異なった道徳理論の立場が存在するのであって，それらがそれぞれどのような理論的根拠に基づいて，三層の制度全体についてどのような仕組みを支持しているかが明らかにされなければならない[11]．ひとつの制度も異なった倫理学的基礎づけを持つからである．

4　正義の社会から卓越の社会へ

社会保障制度はセーフティー・ネットであるといわれる．しかし，この表現は多分に，社会保障はリスクに対する消極的，事後的，ミニマムな対応であるかのような印象を与える．ロールズの正義論も，「最も不遇な人々」の救済という局面のみに着目するならば，そのような解釈を導きかねない．しかし，彼の議論の出発点となっている「道徳的人格」の概念を改めて省みると同時に，上述の財産所有制民主主義の論点を想起するならば，動態的・積極的・事前的な社会保障のあり方が彼の理論の指示するものであると考えられるであろう．それは人間の能力を開発し，優れた活動を生み出すような「ポジティブな社会保障」である．そしてこのような制度のあり方を説明する倫理学は，正義の理論ではなく，卓越の理論である[12]．

卓越すなわち「徳」の倫理学は，人間の存在を評価対象とする．それは人間の行為を対象とする「善」の倫理学，および社会の制度を対象とする「正」の倫理学と並ぶ第三の体系である．徳の倫理学は卓越主義として定式化される．これによれば，「良き生」（well-being）は人間本性を構成するさまざまな特性を発展させ，さまざまな成果を高い水準において達成することである．成果の達成はさまざまな社会活動の領域において求められ，具体的には，経済，政治，学問，芸術，技術，文化，道徳などである．これらの領域には，それぞれ異なる客観的基準があって，活動の成果はそれに従って評価されるが，卓越の最も顕著な形態は「イノベーション」（革新）を生み出すことである．革新は評価基準そのものの創造的破壊である．

上述のように，ロールズが基礎的な価値前提として設定した「道徳的人格」は，善の観念（合理性）と正義の感覚（公正性）とを持ち，平等な尊敬と配慮

を受ける権利を持つ「自律」の主体である．またロールズにおいて，道徳的人格への能力を実現させ向上させる「基本財」の中で，最も重視されるのが「自尊」である．「自律」と「自尊」との関係こそが，卓越主義を基礎づけるのである．カント的な道徳的人格を前提とする場合，自律は人間が理性的存在であり，かつ道徳立法の主体であること，すなわち合理性と公正性とを充たすことを意味する．こうした自律の観念の下では，自己決定への権利は義務を伴う．その義務とは，陶冶を通じて人格と能力を高めること，すなわち卓越を達成することである．

徳の理論としての卓越主義は，学問・芸術・文化の領域におけるエリート主義と同じものではない．それはあらゆる人々の自己実現の義務の行使を意味する普遍主義的なものである．卓越は公共財的性質を持つ．卓越の実現によって，自分の努力が他の人々によっても評価され，他の人々自身の善と見なされることが，自尊を生むのである．自尊が最重要な基本財であるのは，それがなければ，社会の中で人生を送る意欲，すなわち生き甲斐が失われるからである．卓越はあらゆる人々の生き甲斐と結びついている．このような倫理学の立場をリベラルな卓越主義と呼ぶ．

正と善の観念を持つ道徳的人格は，単に自尊への権利を持つだけで自尊や生き甲斐を達成できるのではなく，みずからの努力によって自己実現を図るという義務を伴わなければならない．卓越への努力は義務である．以上のことから，自律は卓越を生むことによって初めて自尊を確保する．自律と自尊は卓越を通じて連結し，道徳的人格を実現する．このように考えることによって，ロールズの正義の理論は卓越の理論を導き，「リスクへの対応」としての消極的な社会保障にとどまらず，「自己実現の機会」を創造する積極的な社会保障への道を開くのである．この段階において初めて，社会保障制度は国民がみずから守るべき公正な協同の仕組みとして意識されるであろう．そのような制度的仕組みの下では，ロールズの「正義の社会」は「卓越の社会」に高められるであろう．

要約すれば，ロールズの正義原理の根底にある自尊概念を通ずる自律を達成し，社会的協同の公正なシステムを実現するためには，社会保障制度が消極的なセーフティー・ネットから進んで，能力の開発と卓越の実現を目指した積極

的なプログラムを持つべきである.これを「ポジティブな社会保障」と呼ぶことができるであろう.このような制度の構想のためには,制度を評価する正義の理論に加えて,人間存在を評価する卓越の理論が必要である.

注
1) ロールズの著作は次のとおりである.John Rawls, *A Theory of Justice*, Cambridge, Mass.: Harvard University Press, 1971; Revised ed., 1999.(以下ではこの初版を *TJ* と略記.) *Political Liberalism*, New York: Columbia University Press, 1993.(以下では *PL* と略記.) *The Law of Peoples*, Cambridge, Mass.: Harvard University Press, 1999. *Lectures on the History of Moral Philosophy*, edited by Barbara Herman, Cambridge, Mass.: Harvard University Press, 2000. *Justice as Fairness: A Restatement*, Cambridge, Mass.: Harvard University Press, 2001.(以下では *JAF* と略記.)彼の主要な論文を収録したものは,次の書物である. *Collected Papers*, edited by Samuel Freeman, Cambridge, Mass.: Harvard University Press, 1999.
2) ロールズの正義論をめぐる文献は厖大であるが,体系的なアンソロジーとして次の三つを参照.Henry S. Richardson and Paul J. Weithman (eds.), *The Philosophy of Rawls: A Collection of Essays*, 5 vols, New York: Garland, 1999. Chandran Kukathas (ed.), *John Rawls: Critical Assessments of Leading Political Philosophers*, 4 vols, London: Routledge, 2003. Samuel Freeman (ed.), *The Cambridge Companion to Rawls*, Cambridge: Cambridge University Press, 2003.
3) ロールズの正義論についての日本語研究書としては,塩野谷祐一『価値理念の構造——効用対権利』東洋経済新報社,1984年,渡辺幹雄『ロールズ正義論の行方』増補新装版,春秋社,2000年.後藤玲子『正義の経済哲学——ロールズとセン』東洋経済新報社,2002年.ロールズの正義論による社会保障制度の基礎づけについては,塩野谷祐一『経済と倫理——福祉国家の哲学』東京大学出版会,2002年,第6章を参照.
4) Rawls, *TJ*, pp. 3-4.
5) Rawls, *PL*, pp. 5-6. 二原理の表現は『正義の理論』の初版,改訂版,『政治的リベラリズム』,『公正としての正義——再論』で少しずつ異なっている.
6) John Rawls, "Social Unity and Primary Goods," in A. Sen and B. Williams (eds.), *Utilitarianism and Beyond*, Cambridge: Cambridge University Press, 1982, p. 166.
7) Rawls, "Justice as Fairness: Political not Metaphysical," *Philosophy and Public Affairs*, Summer 1985.
8) ロールズの変説をめぐる問題については,塩野谷祐一『経済と倫理——福祉国家の哲学』第2章第4節を参照.
9) Rawls, "Préface de l'édition française," *Théorie de la Justice*, Paris: Éditions

du Seuil, 1987.（川本隆史・米谷園江訳「『正義論』フランス語版序文」『みすず』1993 年 4 月.）*JAF*, pp. 135-40.
10)　「ポジティブな社会保障」については，塩野谷祐一『経済と倫理——福祉国家の哲学』第 6 章第 1 節および第 7 章第 6 節を参照.
11)　功利主義・社会契約主義・自由至上主義・共同体主義の四つの道徳哲学の福祉国家論については，同書，第 6 章第 3 節を参照.
12)　卓越の倫理学については，同書，第 3 章第 6 節を参照.

第4章 ロールズにおける「福祉国家」と「財産所有制民主主義」*

渡辺幹雄

「福祉国家」を見つめるロールズの視線はすこぶる冷たい．これは，福祉国家の彫琢を探る者にとっては（しかも彼が，ロールズの正義論を基礎にしているならばなおさら）つれない話である．確かに，ロールズの念頭にある「福祉国家」のイメージは，かなり限定されている．それはきっと，彼の唱える「財産所有制民主主義」との対照を明確化する狙いがあるからだろう．だから，世の福祉国家論者は，むしろロールズを反面教師とすべきである．つまり，彼らが福祉国家の錬成を図るなら，それは，ロールズのイメージする「福祉国家」であってはならないのである．以下本章の目論見は，「財産所有制民主主義」との対照を通じて，そうあってはならない福祉国家のイメージを明らかにし，以てあるべき新たな福祉国家の指針を提供することである．ロールズの「福祉国家」論は，それを究めるすべての者にとって，逆説的規準を示すものと理解すべきである[1]．

1 財産所有制民主主義 vs. 福祉国家資本主義

財産所有制民主主義を現行の資本主義体制に代わるものとして提示するロールズは，資本主義をその経済的基盤とする福祉国家を，「福祉国家資本主義」(welfare-state capitalism)（ないしは資本主義的福祉国家）として批判の俎上に載せる．ロールズによれば，財産所有制民主主義と福祉国家は，ともに自由かつ競争的な市場を基礎に，生産手段の私的所有を認めることにおいて共通するものの，その間には端倪すべからざる相違がある（Rawls, 1999 a, pp. xiv–xv; *do.*, 2001, sec. 42. 3）．ロールズ曰く．

「ひとつの重大な違いは，財産所有制民主主義の背景的な（background）諸制度は，その（実効的に）競争的な市場システムと相俟って，

財産や資本の所有を分散させ，それによって社会の小部分が経済，そして間接的に政治生活それ自体を管理するのを防ごうとすることである．財産所有制民主主義がこれを回避する手だては，各期末に不足の人々に対して所得を再分配することではなく，むしろ各期首に，すべて平等な基本的諸自由と，機会の公正な平等を背景として，生産財や人的資本（教育された能力や訓練された技能）の広範な所有を保証することである．その思想は単に，事故や不幸によって挫かれた人々を援助することではなく（それは不可欠だが），むしろすべての市民が，適切に平等な条件の下で，相互の敬意を足がかりに自らの関心事を処理し，社会的な協働に参加できるようにすることである．」(Rawls, 1999 a, pp. xiv-xv)

これに対して，「福祉国家では，その目的は，誰一人品位のある（decent）最低水準の生活——その基本的なニーズが満たされる水準——以下に落ちてはならない，ということである．万人が事故や不幸に対する一定の保護——例えば失業補償や医療——を受けるべきである．各期末に援助の必要な人を特定できれば，所得の再分配がこうした目的に役立つ．そうしたシステムは，格差原理を侵害する所得の大規模な不均衡，ならびに，政治的な諸自由の公正な価値と矛盾する相続財産の大きな不平等を許容するであろう．機会の公正な平等を保障する一定の努力はなされるであろうが，財産や，それが認める政治的影響力の不均衡を見れば，不十分であるか，さもなくば実効性を欠く」(*ibid*., p. xv)であろう．その結果，福祉国家では「背景的な正義が欠落し，所得や財産の不平等があるために，失望し消沈した下層階級（underclass）が生まれ，そのメンバーの多くは慢性的に福祉に依存するようになる．この下層階級は疎外感を味わい，公共の政治文化に参加しなくなる」(Rawls, 2001, sec. 42. 4)のである[2]．ここには，福祉国家の抱えるすべての問題が凝縮されているが，その含意は極めて深甚であるが故に，その詳細については，以下，我々は節を変えて論究しよう．ここではひとまず，ロールズの福祉国家批判の要諦を整理しておくことにする．

財産所有制民主主義とは違い，福祉国家（資本主義）は，人々の行動の背景，もしくは枠組みを構成する社会的・経済的制度（社会の基本構造）に着目しない．それはただ事後的に，誰一人品位のあるソーシャル・ミニマム以下に転落

しないように,所得や財産の再分配を行うだけである.そこでは,政治的自由の公正な価値が保障されていない.というのも,背景的制度に無頓着な福祉国家は,社会の小部分が生産手段をほぼ独占することをも許容する結果,人々は少数の経済権力の支配下に置かれ,政治的自由の実質的な意味を奪われるからである.政治的自由の単なる形式性を自覚した人々は,やがて政治参加の意志を失い,市民としての自尊心や自立を維持できなくなるであろう.もちろん,福祉国家もまた,機会の平等に気を配りはするが,経済権力の集中を防ぎうるほどではない.かくしてロールズは,次のように結論づける.「格差原理の十全な効力を理解するためには,それを財産所有制民主主義(あるいはリベラル社会主義体制)の文脈で――福祉国家のそれではなく――とらえなくてはならない.それは世代から世代への,自由かつ平等な人格の間の協働の公正なシステムと見なされた社会のための,互恵 (reciprocity) ないし相互性 (mutuality) の原理なのである」(Rawls, 1999 a, p. xv).

2 分配 vs. 再分配

前節の議論で明らかなように,福祉国家は「再分配」国家であって,その基礎にあるのは,「値しない (undeserved) 不平等は矯正を要する」とする「矯正の原理」(the principle of redress) である.「誰しも出生および天賦の才の不平等に値しないのだから,こうした不平等は何らかの仕方で補償される必要がある」.「すべての人格を平等に扱い,真の機会均等を供するには,社会は自然資産に乏しい人々,相対的に恵まれない社会的地位に生まれついた人々にいっそうの注意を向けなければならない.その思想は,偶然のバイアスを平等の方向へ矯正することである」.だから,「少なくとも人生の一定期間,例えば初等教育時には,知性に富む人ではなく,そうではない人々の教育に対して,いっそう多くの資源を投下すべき」(*ibid.*, p. 86) なのである.このように,福祉国家の原理は,社会的・自然的資産の分配状況を外生的な与件として,事後的な再分配を通じて,結果するシェアを平等の方向に矯正しようとするのだが,財産所有制民主主義の基礎たる格差原理は,元来「分配」の原理であって再分配(ないしは矯正)の原理ではない.

格差原理を含む「正義の二原理」は分配の原理である．人々は，それが与えたシェアに対してだけ正当な権利や権限を有する．先験的で高度に政治的なアリーナである「原初状態」においては，物質的な財のみならず，自由や権利もまた分配される財と見なされていることに注意されたい．よって，そこに前-政治的な，自然権的所有権の入る余地はない．この点でロールズの契約論は共和主義的伝統に属するのであって，自然法学あるいは自然権論のそれに与するのではない．まさしく，公正としての正義は「構想」ないし「理想」に基づく（conception/ideal-based）のであって，「権利」に基づく（right-based）のではない，といわれる所以である（cf. Rawls, 1999 b, pp. 235ff. n. 19）．だから，福祉的な（再）分配は，何らかの自然権的権利行使の残滓から拠出されるのではない．その手の窮屈な制限は，格差原理にとって無縁である．このことを例えば自然資産（天賦の才）について見てゆこう．人格のインテグリティからして，天恵による才能（それ自体）は個人の所有物である．しかし格差原理は，その民主的な平等の構想に基づいて，そこから当の才能の産物に対する自然権的な所有権を認めない．むしろ，道徳的に値しない天恵の産物は社会の共同所有物であって，天賦の才の分配を共通の資産（a common asset）と見るべきだと考える（Rawls, 2001, sec. 21）．よって，格差原理は誰の権利を侵すわけでも，誰の人格を損なうわけでもない．正義の二原理（なかんずく格差原理）によって所有権は規定されるのであって，かつてノージックが考えたように，前-政治的な道徳的権利（所有権）の存在が，正義原理のあり方を掣肘するのではない．あらゆる権利は政治的である．そのすべては，正義の政治的構想に由来する．この点でも，ロールズは共和主義の伝統に忠実なのであって，リバタリアニズムの存在論的個人主義を退けるのである．

　このように，財産所有制民主主義の国家は「分配」国家であって，その主務は，人々が正しくも権利を有するシェアを特定化することである．格差原理の与えるものに対して，人々は正当な権利と権限を有するのであるから，福祉的措置は，自然権的な権利行使の後に残ったものからの，'お零れ的なお慈悲'ではない．市民は，自由かつ平等な道徳的人格として正当なシェアに与るのであって，それ以前にいかなる分配もないし，したがって再分配もないのである．

　　「すべてが上首尾であれば，もっとも恵まれない人は，すなわち不幸,

不運の人――我々の慈善や同情,ましてや憐憫の対象――ではなく,他の万人と並ぶ,自由かつ平等な市民の間の政治的正義の問題として,互恵に与る人なのである.管理できる資源は少ないが,彼らは,相互の利益にかなうものとして,また,万人の自尊心と整合するものとして,万人に認められた条件の下でその完全なシェアに与るのである.」(*ibid*., sec. 42. 3)

3 コミュニティ vs.「私的社会」

　正義の二原理は,政治的な諸自由の公正な価値を維持することにかなりの意を砕いている.その第一原理には,政治的諸自由を含む,基本的な諸自由の平等と絶対性が謳われているが,なかでも政治的自由は,その価値に至るまで平等でなくてはならないといわれ,いわば別格の地位に置かれている.分配の原理たる格差原理が,自然的才能の分配を共同資産と見なすのも,もとはといえば,自然の才能の不平等が経済的格差,すなわち経済権力の格差をもたらし,それが社会の基本構造を歪めることを通じて,ひるがえって市民の政治生活と政治的自立を脅かす(そしてそれは,自由かつ平等な道徳的人格としての市民の構想と相容れない)という危惧に発している.財産所有制民主主義においては,政治参加を含む政治生活は独立の善を形成するのであって,格差原理とは,その善に実質性を付与する原理なのである.ロールズは,現代民主主義国家における平等な自由の(とくに政治的自由の)形骸化,巨大な経済権力による政治生活の私物化を糾弾したマルクスを引きつつ,財産所有制民主主義は,社会主義的伝統からの正当な批判に答えようとするものだ,とも明言している (*ibid*., sec. 45. 1).

　さて,政治生活に独立の善を認めるロールズの政治社会論は,その背景にある,正義にかなった政治制度(そして,そういう政治社会それ自体)をも独立の善ととらえる.なぜならば,政治的自由の絶対性と公正な価値が保障されるには,正義にかなった基本構造としての政治制度が不可欠だからである.事実,ロールズの構想する市民は,かかる制度の維持を共通善 (a common good) と見なすのであって,この点で,ロールズの政治社会(財産所有制民主主義の国家)はひとつのコミュニティを形成するのである.「コミュニティによって,

そのメンバーが非常に高度な優位性に与るある究極目的〔それ自体のために支持される目的〕を共有している社会——政治社会を含む（この場合〔メンバーは〕市民）——を意味するならば、政治社会はひとつのコミュニティである」．「このことの意味は、彼らがひとつの基本的な、そして高度に優位的な政治的目的，すなわち，正義を満たす制度を維持し、それに応じてたがいに公正に振る舞う、という目的……を共有しているということである」(*ibid.*, sec. 60. 2)．

では、これに対して福祉国家はどうか．すでに見たとおり、福祉国家資本主義は社会の背景的な制度（基本構造）に注目しない．その礎たる矯正の原理は、相応のソーシャル・ミニマムを超える余剰については無策であり、ひいては経済権力の集中をも許容する．したがって、そこでは政治的な諸自由の公正な価値が侵害されるのは必定である．ゆえに福祉国家においては、政治生活はそれ自体として善とは見られておらず、それを維持する政治制度もまた、独立の善を構成しないのである．そこでロールズは、このように社会の基本構造に無頓着で、政治的自由の公正に配慮しない社会の形態を「私的社会」(a private society) と呼んで、それを次のように定義している．

> 「その主たる特徴はまず、それ〔私的社会〕を構成する人格は、人間的な個体であれ結社であれ、対立的もしくは独立の、けっして補い合うことのない固有の私的目的を持っている、ということ．第二に、諸制度は、それ自体ではいかなる価値も持たないと考えられており、そこに参加するという活動は善ではなく、どちらかといえば重荷と見なされる．というわけで、各人はもっぱら、社会の構図を自らの私的目的のための手段としてのみ評価する．誰一人他者の善やその所有物を省みることもなく、むしろ万人が、自らに最大シェアの資産を約束してくれる、もっとも効率的な枠組みの方を好むのである．」(Rawls, 1999 a, p. 457)

さて、以上が私的社会の基本的特徴であるとすれば、福祉国家とはまさに、私的社会論のひとつの制度的実例であって、その裏付けたる矯正の原理もまた、私的社会の原理であることになる．ロールズは私的社会論をホッブズの「リヴァイアサン」にまで遡っているが、その特徴として彼は、国家を私的な結社と同一視する傾向、アトミスティックな存在論的個人主義、前-政治的で私的な選好や権利を、外生的な与件として措定する性格などを挙げている（Rawls,

2000, p. 365).

4 共和主義 vs. アンチ共和主義

　そもそも，ロールズが私的社会論を展開した所以は，リベラリズムを私的社会の基本原理と見なしたヘーゲルの'誤解'に応答するためであった．ロールズによれば，ヘーゲルの批判が妥当するのは，せいぜいで功利主義的リベラリズム，あるいは自然権論的リバタリアニズムに対してだけである．そこでは，国家はそれが個々別々の個人の私的な目的に資するかぎりで意味を有する．その制度に内在的な価値があるわけではなく，それが維持されるのは，もっぱらそれが便利な道具であるからにすぎない．国家は，独立に先在する個人の幸福や安全に役立つかぎりで，そのレゾン・デートルを認められる．こうした〈市民社会〉(私的社会) を裏付ける原理としてのリベラリズムを，ロールズは「幸福のリベラリズム」と呼んで，ベンサム，ジェイムズ・ミル，そしてシジウィックに付託し，公正としての正義を含む「自由のリベラリズム」——この系譜には，カント，ヘーゲル，そして J. S. ミルが連なる——から区別している (*ibid.*, pp. 365-6)．彼は，「自由のリベラリズムにおいては，国家は，公的に共有された共通目的を持たず，もっぱら市民の私的な目的と欲求に基づいて正当化される，というのは正しくない」(*ibid.*, p. 366) と主張して，彼の政治社会を，〈市民社会〉すなわち私的社会から区別するのである．よって，ふたたび制度論に差し向ければ，福祉国家が幸福のリベラリズムに属してヘーゲルの〈市民社会〉を体現するのに対して，財産所有制民主主義は自由のリベラリズムに与してかの〈国家〉に呼応する[3]．

　ホッブズ型私的社会，ひいては福祉国家資本主義の政治は，本質的にアンチ共和主義的である．その例証として，リベラルな共和主義の可能性を模索する C. R. サンスティンの，次のパラグラフ——彼はそこで，行動論的政治科学の唱える多元主義について，そのアンチ共和主義的性格を論じている——を見てみよう．

　　「多元主義的アプローチは，現行の財産分配，現在の背景的権限，現時点の選好を外生 (exogenous) 変数と見なす．これらすべてが，多元主

義的闘争の，ある種前-政治的な背景を形成する．そのシステムの目的は，様々なインプットが正確に立法に反映されることである．よって，そのシステムは，市民の選好を集計する（aggregating）ためのシステムなのである．」(Sunstein, 1988, p. 1543)

ロールズのいう私的社会と，サンステインの見る（行動論的な）多元主義は完全に重なり合う．福祉国家における政治が，アンチ共和主義的といわれる所以である．ひるがえって，財産所有制民主主義の政治はといえば，これがまったく共和主義的なのである．財産所有制民主主義は一貫して財産や資本の広範な分散を唱えるが，これこそまさに，それが'集中や大きさに対する嫌悪'という共和主義の嫡流を引いている証左である（cf. Sandel, 1998, pp. 207, 218, 227, 278, *et passim*）．ロールズ自身，財産所有制民主主義は「熟慮による民主主義」(deliberative democracy) の諸条件――たとえば，政治過程への公正かつ平等なアクセス，経済の分権化，さらには「産業民主主義」(industrial democracy)（仕事場における民主主義）の可能性――を整備すると説き，それが「古典的共和主義」の伝統に連なることを自認している（Rawls, 2001, secs. 42. 1, 52. 1; *do.*, 1996, pp. 205-6）．ふたたびサンステインによれば，リベラルな共和主義の「第一の原理は政治における熟慮であって，それはときに『市民的徳』("civic virtue") と呼ばれるものによって可能になる．熟慮の過程においては，私的な利害は政治のための有効なインプットであるが，それは前-政治的・外生的とは見なされない．いなむしろ，それは批判的な精査の対象なのである」(Sunstein, 1988, p. 1541)．既存の選好を私的，前-政治的，あるいは外生的と見なし，非社会的，外的，はたまた適応的選好に無頓着な多元主義に対して，サンステインは，「政治が熟慮的，あるいは変形的次元を有する」(*ibid.*, p. 1545) ことを強調するが，ロールズの政治理解もまた，寸分違わずこれと一致する．「計画や状況を記述するために，いな，個人的な欲求や目的ですらそれを表明するために用いられる諸概念は，しばしば，長い伝統の集団的努力の成果である信念や思考の体系，ならびに社会環境を前提している」(Rawls, 1999 a, p. 458)．「社会・経済体制の基本構造は，単に所与の欲求や願望を実現する構図ではなく，同時にさらなる欲求や願望を将来に向けて喚起する構図なのである」(Rawls, 2000, p. 367)．ところが，多元主義的な私

的社会論は、「前-政治的、外生的な私的領域への無防備な信頼に基づき、実世界での熟慮による政治の欠陥を過大視し、現在の分配や選好が法の産物である仕方を無視する」(Sunstein, 1988, p. 1546). しかるに、ロールズもいうように、純粋に私的な空間など存在しないのである. かくして我々は、財産所有制民主主義が共和主義の制度論であるのに対して、福祉国家がその対極に位置づけられるのを確認することができる[4].

5 理性的多元主義 vs. 合理的多元主義

「事実、多元主義の仮定によれば、何故に法は、商品のごとく市場で売買されてはならないのか、明らかではない. そのような売買の過程は、選好を正確に集計するかもしれない. しかし、政治の熟慮的な機能を信頼する人々にとって、市場のメタファーは心得違いであろう. この種の法は、非多元主義〔・非行動論〕のタームで理解されなくてはならない.」(*ibid.*, p. 1545)

こう語るサンステインは、あたかもロールズに呼応するかのようである.

「現実の利益分配は、総じて現在の状況から帰結する力と戦略的ポジションのバランスによって決定される. ……競争的市場の理論は、この種の社会のパラダイム的な記述である. ……私的、集団的利害の調整は、敵対せずとも無関心な力として相対峙する個人に適用される、安定化のための制度的装置の成果なのである. 私的社会は、その基本的な構図がそれ自体正義かつ善である、という公共的な確信ではなく、どんな可能な変化も、個人的な目的を追求する上で使用できる手段のストックを減らしてしまう、という万人の、あるいはその体制を維持するのに十分な多数の計算によってまとめられているのである.」(Rawls, 1999 a, pp. 457-8)

こう述べるとき、ロールズの念頭にあるのは、多元主義的なリバタリアニズム、なかんずく、バーゲン的な正義論を唱える D. ゴティエの契約理論である (cf. Rawls, 2001, secs. 6.2 [also fn. 16], 27.4). それによれば、政治社会は、自らの幸福の最大化をもっとも効率的な仕方で実現せんとする、複数の合理的主体から構成されている. こうした主体にとって、政治社会はそれ自体善では

なく，単に手段的・道具的な評価——どれほど効率的に幸福の最大化に資するか——をこうむるにすぎない．政治道徳あるいは公共性とは，いわば人々の合理性の集計であって，それを超えるものではない．一切の政治的成果は，バーゲンないし取引（deals）的な政治過程の帰結である．

そこでいま，こうした「合理的」の一元論に基づく多元主義を「合理的多元主義」（rational pluralism）と呼んで，ロールズの主張する「理性的多元主義」（reasonable pluralism）と区別することにしよう．合理的多元主義——そして，その背後にある「合理的」の一元論——は，その淵源をホッブズ，ロックの社会契約論に有するが，ロールズはそれを批判して，「理性的」/「合理的」の二元論をカント（さらに遡ればルソー）から継承する．「理性的」は複数性を前提し，単数的な「合理的」から構成することはできない．公共性は「理性的」に発するのであって，「合理的」に還元することはできない[5]．こうした二元論は，ロールズの説く市民の構想に深く根づいている．市民は，単に合理的な仕方で自らの幸福を追求する能力，すなわち善の能力（合理的能力）を有するのみならず，正義感覚に相当する能力，すなわち，他者とともに公正な条件で協働に参加し，その条件に従って行動する能力（理性的能力）をも備えているといわれる．財産所有制民主主義の市民たちが，政治道徳，公共性，そして公正な制度を含む政治社会それ自体をひとつの独立した善と見なすことができるのは，まさしくこの理性的能力によるのである．「合理的」を超えた「理性的」の次元に与ることによって，財産所有制民主主義の市民は，各自の幸福（目的）追求に対しては多元主義的でありつつ，なお共通の究極目的——「公正な諸制度を首尾よく運営することが，社会のすべてのメンバーが共有する究極目的である．また，こうした制度の形態は，それ自体善として尊ばれる．」（Rawls, 1999 a, p. 462）——にコミットすることができる．しかしながら，ゴティエ型私的社会，ひいては福祉国家資本主義の下では，市民はその制度を，単に合理性の視座から，すなわち道具的＝手段的にしか評価できない．そこでは，公共性とはただ，集計的な利益の実現にすぎない．これは，福祉国家の市民が，「合理的」に一元化された能力しか持たないからであって，ゆえに彼らは，合理的な便宜を超えて政治社会をとらえることができないのである．かくして我々は，財産所有制民主主義が理性的多元主義の反映であるのに対し

て，福祉国家資本主義は単なる合理的多元主義の制度である，と結論することができる．

6 一般利益 vs. 全体利益

　ロールズによれば，財産所有制民主主義の基礎原理たる格差原理は，「互恵」(reciprocity)（相互性）の表現であるといわれる (cf. Rawls, 2001, secs. 18. 3, 21. 4, 37. 3)．この互恵の概念は，ロールズ正義論の中でもひときわ多義的な概念であり，単に相互性といっても，バーゲンや取り引きの結果としての相互的な利益をいうのではない．それはむしろ，「一般利益」(bénéfice générale) とでも訳出すべき，「一般性」の次元を含んでいる．もちろん，ここでいう一般性とは，ルソーの「一般意志」(volonté générale) を示唆するのであって，「合理的」と区別される「理性的」，単なる私益の集計を超えた公共性を含意している．これに対して，福祉国家資本主義の根幹たる矯正の原理は，これもルソーに倣えば，単なる「全体利益」(bénéfice de tous)（特殊私的な利益の総和）の域をでない．それはただ，個人の合理的な利益追求の帰結として保障される「最大多数の最大幸福」に留まるのである[6]．

　こうした一般利益と全体利益の差異は，二つの体制——財産所有制民主主義と福祉国家資本主義——で社会が保障するソーシャル・ミニマムの概念において，決定的な違いとして現れる．福祉国家においては，ミニマム保障の目的は，「もっとも恵まれない人々が，その境遇をあまりに惨めであり，またそのニーズがひどく満たされていないことを経験して，ついに社会の正義の構想を拒否し，その境遇を改善するために暴力に訴えることさえ辞さない」(*ibid*., sec. 38. 4) 最悪のシナリオの回避である．ここには，政治的自由やその価値に対する配慮，政治生活をそれ自体として善と見なす視点の欠如がうかがえる．もっぱら市民の合理的能力から引き出せるミニマムは，おそらくそのようなレヴェルにとどまるであろう．しかるに，財産所有制民主主義は，それを超えて，「もっとも恵まれない人々が，自らも政治社会の一員であり，理想と原理をともなうその公共文化を，自らにとって有意義と見なせる」(*ibid*.) 状態をも保障しようとする．

「自らとその社会をそう理解する人々が，その公共世界から引きこもるのではなく，むしろ自らをその完全なメンバーと考えるべきであるとすれば，ソーシャル・ミニマムは，それが人間の必須のニーズを超えて何を提供しようとも，そのように〔社会的協働の公正なシステムとして〕描かれた政治社会にふさわしい互恵の観念から引き出されなくてはならない．単にそうした必須のニーズだけを網羅するソーシャル・ミニマムは，資本主義的福祉国家にはふさわしいかもしれないが，それは，公正としての正義の原理が満たされた，いわゆる……財産所有制民主主義にとっては十分ではないのである．」(*ibid.*)

ここに，理性的多元主義の事実を背景とした，共和主義的な政治のモメントがあることは疑いえない．

7　オーバーラップするコンセンサス vs. 暫定協定

合理的多元主義に立脚する福祉国家では，政治過程は市場におけるバーゲンや取り引きとのアナロジーでとらえられるから，その結果生じる政治的コンセンサスは，せいぜい「暫定協定」(*modus vivendi*) の域をでない．それは，私益について対立する二個人間のバーゲンによって例示できる．バーゲンの「交渉にあたって」，各人は「抜け目なく用心深いから，それを破ることがどちらの利益にもならない，ということが公認される形で」バーゲンが「成立することを確証できる」．しかしながら，二人とも「相手を出し抜いて己の目的を追求せんとしており，万が一にも条件が変われば」，彼らは「そうしようとする」(*ibid.*, sec. 58. 1)．合理的個人は幸福の最大化に余念がないから，力のバランスが有利に傾けば，他を圧してでもその利益を確保しようとする．あたかも独占的企業が市場のシェアを占有せんとするように．だから，合理的多元主義の下では，多元性の事実それ自体が暫定的である．それはただ，現時点における諸力の均衡として，便宜的に容認されているにすぎない．

一方対照的に，財産所有制民主主義の下では，多元性の事実は市民の理性的能力に根ざしている．その政治過程は合理的なバーゲンとは見なされないから，結果する政治的コンセンサスは市場均衡ならぬ政治的均衡には還元されない[7]．

それは，合理的な利益追求によって無に帰するような，暫定的な多元性ではなく，むしろ，民主主義社会の普遍的な特質と考えられている．「このための試金石は，コンセンサスが，様々な見解の間の力の分配の変化にもかかわらず，安定的であるか否かである．安定性のこうした特徴は，オーバーラップするコンセンサスと暫定協定の間の基本的な対照を際立たせる．暫定協定の安定性は，まさしくそうした分配に依存しているのである」(*ibid.*, sec. 58. 4)．

かくして我々は，オーバーラップするコンセンサス／暫定協定という二項対立が，財産所有制民主主義／福祉国家の制度論に埋め込まれているのを確認することができる．

8 財産所有制民主主義の具体的な制度

さて最後に，財産所有制民主主義の具体的な制度を瞥見しておこう．まずは，政治的な諸自由の公正な価値について，(1) 公的な選挙基金の準備，(2) 政治献金に対する制限，(3) 公共メディアへのいっそう平等なアクセスの保障，(4) 言論および出版の自由に対する一定の規制，等が挙げられるが (*ibid.*, sec. 45. 3)，これらはすべて，共和主義的な政治を可能にする条件と考えられる．次に，経済の枠組みに関しては，当然ながら税制が中心に据えられる．格差原理の精神――値しない利益は，これを社会の共有財産と見なす――に基づいて，贈与と相続については累進課税が適用され，不動産や生産手段の広範かつ平等な分配をうながす．それは，政治的自由の公正な価値，機会の公正平等にとって有害な財産蓄積を防止する．また，所得税は廃止され，代わりに支出に対する比例課税――「消費に対して，一定の限界税率で課税する」――が適用される．「そうした比例税は，通常の控除をすべて考慮しうる．一定所得以上の総支出だけに課税することによって，税は，適切なソーシャル・ミニマムを容れるように調整しうる」(*ibid.*, sec. 49. 4)．こうした「基本構造は，市民の自由と自立を保障し，時とともに，社会的地位や財産の，また，政治的影響力を行使し，可能な機会を利用する能力の，いっそう重大な不平等へとつながる傾向を，継続的に緩和する」(*ibid.*, sec. 49. 1) のである．ここでもまた，ロールズが共和主義的な政治の条件を整備しようとしていることは明らかであ

る.

　さて，以上の考察から明白であるのは，ロールズの「福祉国家」批判がその正義論の理論的文脈に深く埋め込まれていること，そして冒頭に述べたように，それが極めて辛辣であることである．ロールズにとって，「福祉国家」とは単に公共性なき私的社会であり，合理的な個人が，政治的自由の意義も，その共和主義的性格も忘却して，もっぱら最小限の福祉給付（保険）の下，効率的に自己利益の最大化を図る社会である．確かにそれは，いわゆる「ネオ・リベラル」経済の下，最小限の生活水準の保障に甘んずる現今のアメリカをモデルにしている，と考えられる．そこでは，経済的諸力のいびつな分配が，政治過程の寡頭政的傾向を加速していることは，否定すべくもない．したがって，ロールズの「福祉国家」像は，己の財産所有制民主主義をハイライトせんがために描かれた，狭隘なカリカチュアではないか，とする（反）批判があっても無理からぬことである．実際そこには，すべての否定的印象が込められているかのようである．しかし，言葉の問題に拘泥するのは得策ではない．福祉国家の行き詰まりが云々される昨今，リバタリアンならいざ知らず，福祉国家の大成を願う者は，須くロールズの「福祉国家」を踏み石とすべきであろう．財産所有制民主主義は，福祉国家の否定と見なされるよりは，むしろ，それが目指すべきひとつの目標，理念と理解されるべきである．ポスト・ロールズの福祉国家論は，もはやロールズの「福祉国家」に留まることはできない．その意味で，彼の「福祉国家」批判は，新たな福祉国家のためのひとつの規準を提供するのである[8]．

　　注
　＊　本章は，『季刊・社会保障研究』第38巻2号に掲載の論文「『財産所有制民主主義』と福祉国家——ロールズによるその理論的分析——」を加筆・修正したものである．
　1)　より厳密にいうならば，ロールズの理解する「福祉国家」とは，「再分配的」福祉政策国家（a "Redistributive" *Welfare-Provision* State）と規定できるであろう．財産所有制民主主義と福祉国家（政策）の関係を細密に論じたものとして，Krouse & McPherson, 1988を参照されたい．彼らはそこで，ロールズの説く財産所有制民主主義においても再分配的な福祉政策が必須であろうこと，そして，ロール

ズがそれを正しく評価していないことを指摘している．
2) 財産所有制民主主義との対照において福祉国家を批判するとき，ロールズがリバタリアニズムを遠目に見ていることは疑いえない．なぜなら，「一般にリバタリアンは，絶対的なレベルで見た諸個人の生活の向上や貧困への対策には関心を持つが，社会内部の相対的な関係である経済的（不）平等は重要な問題だとは考え」ず，「『等しからざるを憂えずして，貧しきを憂う』というのがその立場で」あって，「リバタリアンにとってジニ係数などの所得不平等係数は意義を持たない」（森村, 2002, p. 106）からである．しかるにロールズにとって，相対的不平等は絶対的貧困と同様に重要な問題である．なぜなら，かかる不平等の累積が政治的自由の意義を無に帰する（そして，人々の自尊心の基礎を浸食する）からである．なお，福祉国家をリバタリアニズムと関連づけることに違和感を覚える向きもあるであろうが，大方のリバタリアンは「最小限の福祉給付を容認する」（同上，p. 105）以上，少なくとも，それはロールズの描く「福祉国家」とは矛盾しない．リバタリアンが最小限の社会保障を容認する論拠については，同上，pp. 110-1 を参照されたい．
3) もっともロールズは，国家を「精神的な実体」，個人を単なるその「偶有性」ととらえるヘーゲルに与するのではない（cf. Rawls, 2000, pp. 364-5）．『正義の理論』は，社会の基本構造を正義の本領と見なすことでヘーゲルに倣い（cf. ibid., p. 366），国家を単なるひとつの私的結社と見なすリバタリアニズムを退けるが，その本旨は，ヘーゲルとホッブズの間の「第三の道」(the third alternative) ――ルソーやカントに遡る――をゆくことである（cf. ibid., pp. 362-5）．「国家とは，諸個人が，それぞれ理性的かつ公正と見なす原理に従ってその目的を追求できるアリーナなのである」（ibid., p. 365）．
4) 盛山和夫氏は，福祉国家の理念――ロールズが批判するものではなく，あるべき福祉国家の理想像――が，本来のリベラリズムの枠組みを超え出るものであるとして，ロールズ的リベラリズムの限界を指摘しておられる．氏によれば，「リベラリズムは，その理論自体の性能として，諸個人が所与として有している諸価値を超えるようなものとして新たな価値を創出して提示してはならない．とりわけ，何らかの集合体を実体として扱うことを含意するような集合的な価値を，諸個人が所与として有している諸価値に対して優先するものとして提示してはならない．……このドクトリンのもとでは，国家のような集合体はあくまで諸個人が所与として有している諸価値にとって『手段的に』位置づけられることになる．それらを超えた新たな集合的価値を提示することは，リベラリズムの根本原理に反するのである」（盛山, 2002, pp. 141-2）．すでに先行の議論において明らかである（また以下においても明白になるであろう）ように，ロールズのリベラリズム理解は盛山氏のかかる規定――基本的にロールズが批判する「私的社会」の構造を裏書きしている――をはっきりと逸脱するものである．事実，ロールズ自身が自覚しているように（そして実際そうしているように），財産所有制民主主義はある種の「共和主義」――コミュニティとしての政治社会，究極目的と共通善，人倫的国家など――への越境を不可避としている．これは，あるべき福祉国家は（政治的）リベラリズムの枠組みに

は収まらない，とする盛山氏の主張の論理的帰結ともいえるかもしれない．かかる共和主義的リベラリズム，もしくはリベラルな共和主義の構想——財産所有制民主主義にとって必須である——が，ロールズ版（政治的）リベラリズムの蹉跌を意味するのか否かは論の分かれるところであろうが，ロールズがふたたび何らかの包括的なリベラリズムに回帰しつつあるのではないか，とする氏の疑念は首肯しうるものである．

5) かかる二元論については，渡辺，2000, pp. 31-9, 同，2001, pp. 239-41 を参照されたい．

6) 無論，ロールズもサンステインも，個人の私的利益（ひいては全体利益）を超越したところにイデア的共通善（一般利益）を措定するのではない．共通善は，個人的な善をベースに何らかの仕方で——おそらくは「熟慮」の過程を通して——捻出されるのである．そこで生じる個人的善と共通善のインターフェイス問題について，その解決を探るものとして，鈴村，2002, esp. pp. 25-30 を参照されたい．

7) サンステインは，行動論的政治科学の「政治的均衡」(political equilibrium) 理論を取り上げ，それを多元主義（合理的多元主義）とのかかわりで問題化しているが，この点でも，ロールズ理論は実証主義的政治学への批判となっている (cf. Sunstein, 1988, pp. 1542-3, 1546-7, 1550-1). 実際，サンステインはロールズをリベラルな共和主義者と見なして，共和主義的な政治の条件に関して，ロールズの正義論に多大な貢献を認めている (cf. *ibid*., pp. 1566-8).

8) ロールズ正義論を踏み台に，福祉国家のさらなる理論的雄飛を図るものとして，塩野谷，2002a が秀逸無比である．塩野谷氏は，ロールズ正義論に欠ける「徳」と「存在」の論理を織り込み，独自の「卓越主義的リベラリズム」を掲げることで，あるべき福祉国家をかの財産所有制民主主義の理想に近づけようとしているように思われる（参照，塩野谷，2002b). また，旧来の福祉国家を支えたケインズ的完全雇用政策の破綻を踏まえて，福祉政策の制度的転換を図ろうとする潮流について，新川，2002 および宮本，2002 を参照されたい．

参考・引用文献

Krouse, R. & McPherson, M. (1988) "Capitalism, 'Property-Owning Democracy,' and the Welfare State," in Amy Gutmann, ed., *Democracy and the Welfare State*, Princeton U. P.

宮本太郎 (2002)「福祉国家再編の規範的対立軸——ワークフェアとベーシックインカム」『季刊・社会保障研究』第 38 巻第 2 号．

森村 進 (2002)「リバタリアンはなぜ福祉国家を批判するのか」『季刊・社会保障研究』第 38 巻第 2 号．

Rawls, John (1996) *Political Liberalism*, Paperback ed., Columbia U. P.

—— (1999 a) *A Theory of Justice*, Revised ed., Harvard U. P.

—— (1999 b) "Justice as Fairness: Political not Metaphysical," in his *John Rawls: Collected Papers*, ed. S. Freeman, Harvard U. P.

―――― (2000) *Lectures on the History of Moral Philosophy*, ed. Barbara Herman, Harvard U. P.
―――― (2001) *Justice as Fairness: A Restatement*, ed. Erin Kelly, Harvard U. P.
Sandel, Michael J. (1998) *Democracy's Discontent: America in Search of a Public Philosophy*, Harvard U. P.
盛山和夫 (2002)「リベラリズムは福祉国家の基盤たりうるか――後期ロールズ理論をめぐって」『季刊・社会保障研究』第38巻第2号.
新川敏光 (2002)「福祉国家の改革原理――生産主義から脱生産主義へ」『季刊・社会保障研究』第38巻第2号.
塩野谷祐一 (2002 a)『経済と倫理――福祉国家の哲学』, 東京大学出版会.
―――― (2002 b)「ジョン・ロールズ――正義の理論」『海外社会保障研究』第138号.
Sunstein, Cass R. (1988) "Beyond the Republican Revival," *Yale Law Journal*, **97**, No. 8.
鈴村興太郎 (2002)「センの潜在能力理論と社会保障」『海外社会保障研究』第138号.
渡辺幹雄 (2000)『ロールズ正義論の行方――その全体系の批判的考察』〈増補改訂版〉, 春秋社.
―――― (2001)『ロールズ正義論再説――その問題と変遷の各論的考察』, 春秋社.

第5章　センの潜在能力アプローチと福祉国家システムの構想

鈴村興太郎[*]

1　はじめに

　厚生経済学の歴史のなかで，1970年代初頭はひとつの転機として記憶されることになるだろう．社会システムと経済メカニズムの【正】と【善】を巡る価値判断を科学としての経済学の領域からおしなべて放逐したバーグソン＝サミュエルソン学派の【新】厚生経済学［Bergson (1938); Samuelson (1947/1983, Chapter VIII)］は，アローの『社会的選択と個人的評価』［Arrow (1951/1963)］が論証した一般不可能性定理によってその論理的基礎を激しく揺すぶられつつも，1960年代を通じて支配的な影響力を保持し続けていた．だが，1970年代初頭に道徳哲学の復活を告げたロールズの『正義論』［Rawls (1971)］とアローが創始した社会的選択の理論に新たな生命を賦与したセンの『集団的選択と社会的厚生』［Sen (1970/1979)］が相継いで登場したことによって，規範的経済学の問題領域は激しい地殻変動を経験することになったのである．ピグー［Pigou (1920/1952)］の【旧】厚生経済学を大きく破綻させたロビンズ［Robbins (1932/1935)］の有名な批判以来，殆どタブー視されていた厚生の個人間比較に依拠する【正】と【善】の理論でさえ，スッピス［Suppes (1966)］がその端緒を拓き，セン［Sen (1970, Chapter 9 & Chapter 9*; 1977)］が操作性に優れた理論的フレームワークに洗練した extended sympathy approach を駆使することによって，精緻な理論的展開が可能になった．また，【新】【旧】の厚生経済学とアローの社会的選択の理論は，社会的な厚生判断の情報的基礎を専ら経済政策の帰結から得られる効用あるいは厚生に求める【厚生主義】(welfarism) の立場に共通に分類されるが，ロールズの正義論とセンが1980年代の初頭以来精力的に開発してきた【機能】と【潜在能力】の理論［Sen (1980; 1985a; 1985b; 1999a)］は，厚生主義の拘束衣を脱ぎ捨

てた規範的経済学の展開の可能性を本格的に探究した新鮮な試みとして，学界に大きな波紋を広げたのである．

　規範的経済学の理論的基礎に生じたこの地殻変動は，バーグソン＝サミュエルソン学派の【新】厚生経済学がパレート効率性基準と完全競争的な市場メカニズムによる資源配分との理論的な関係——厚生経済学の基本定理——の精緻化に専念している間に規範的経済学とのインターフェイスが次第に稀薄化していた福祉国家の経済学と倫理学を，新たな観点から再検討する機会を提供してくれた．この機会は，規範的経済学の側にとっても，見過ごしにはできない重要性をもっている．人間生活の改良の道具を設計することを創業の理念として，マーシャル＝シジウィック＝エッジワースの伝統を踏まえてピグーが建設した厚生経済学であるだけに，厚生主義の拘束衣を脱ぎ捨てた規範的経済学が福祉国家の経済システムの設計にどのように貢献できるかという問いかけは，現代の規範的経済学者が避けては通れない試金石だというべきである．本章は，厚生経済学と社会的選択の理論の最近の動向を踏まえつつ，この問いかけに対する私の現在時点での解答を綴ることを課題としている．

　本章の構成は以下の通りである．第2節では，センの潜在能力アプローチの基本的な理論構造を簡潔に吟味して，このアプローチが構想する個人の私的【善】と公共【善】とのインターフェイス・メカニズムを明らかにする．第3節では，センの潜在能力アプローチの特徴と意義を明らかにするために，規範的経済学の情報的基礎に関する一般的な分析的枠組みを導入して，センの貢献をそのなかに位置づけることを試みる．第4節では，福祉国家の経済システムの設計シナリオを述べる．私が構想する福祉国家の経済システムは，競争メカニズムというメイン・システムを三つのサブ・システム——競争政策サブ・システム，調整政策サブ・システム，社会的安全網サブ・システム——が補完する複合システムである．この経済システムと民主主義的な社会的意思決定システムを両翼として構成される高次システムこそ，私が構想する福祉国家システムなのである．最後に第5節では，福祉国家の構想を具体化して基本設計のシナリオを建設プランに橋渡しするために残された課題を列挙して，今後の一層の研究の指針を明らかにして本章を閉じる．

第5章　センの潜在能力アプローチと福祉国家システムの構想　　　75

2　潜在能力アプローチの基本構造

2.1　私的【善】の情報的基礎：【機能】

　センが開発した潜在能力アプローチは，公共政策の目標とされるに相応しい【善】の観念と，その理性的な評価方法に関する新しい理論を構成して，福祉の経済学と倫理学の基礎を再構築した野心的な試みである．

　正統派経済学では，ある財に価値が認められるのは，ひとが市場で対価を支払ってその財を獲得する意思を顕示するほど，その財が主観的満足をもたらす場合に限られている．ゴーマン［Gorman (1980)］とランカスター［Lancaster (1971)］は，財の価値をひとの効用と直結する正統派の理論的枠組みを修正して，財と効用との狭間に【特性】——財が客観的に備えるさまざまな望ましい性質——という理論的中間項を挿入する考え方を提唱した．彼らの考え方によれば，ある財が価値を認められる理由は，その財を手にすればひとが主観的な効用を認めるさまざまな客観的特性の束に対する支配権を獲得できるという事実に求められる．センの潜在能力アプローチは，財と効用との狭間に新たに理論的中間項を挿入するという点に関しては，ゴーマン＝ランカスターの特性アプローチと共通している．だがセンは，理論的中間項の選択方法に関して，ゴーマン＝ランカスターとは異なる立場を選択した．財がもつ客観的特性は，それを用いてひとがなにをなし得るか，なにになり得るかというひとの生き方・在り方の善に関する情報を，我々に教えてはくれないからである．私的【善】に関する的確な情報を得るためには，ひとが所有する財の客観的特性の分析に止まらず，その財を利用してひとが達成することができる生き方・在り方——ひとの【機能】(functioning)——の分析にまで進まなければならないのである．この考え方に基づいて，センは私的【善】を的確に記述するキャンバスとして，正統派経済学が採用する【効用】空間ではなく，財の豊富な利用可能性を福祉と直結する古典派経済学が採用した【財】空間でもなく，ゴーマン＝ランカスターのアプローチが導入した【特性】空間でもロールズの正義論が導入した【社会的基本財】(social primary goods) の空間でもなく，ひとの生き方・在り方の基本的な側面を列挙して生成される【基礎的機能】(basic functionings) の空間を採用したのである．

財とそれに備わる客観的な特性,財を用いてひとが達成する機能,財の利用によってひとが享受する主観的満足＝効用の間には,財⇒特性⇒機能⇒効用という因果連鎖があって,「財と特性は機能に先立ち,効用は重要な意味で機能の後にくる」[Sen (1985a, 邦訳 p. 22)].この因果連鎖のなかで,財とそれに備わる特性は,ひとが評価する生き方・在り方（機能）の物質的な前提条件を提供するという意味で,重要な手段的意義を担っている.だが,財とそれに備わる特性は,それ自体としてはひとの目的——私的【善】——にはなりえない.また,財の消費によってひとが享受する効用は,その財が彼／彼女の幸福や欲望充足にとって役立つことの主観的証拠であることは間違いない.だが,「食物に欠乏し栄養不良であり,家もなく病に伏せるひとですら,彼／彼女が現実的な欲望をもち,僅かな施しにも喜びを感じるような習性を身につけているならば,幸福や欲望充足の次元では高い位置にいることが可能である」[Sen (1985a, 邦訳 pp. 34-35)].この事実は,私的【善】の情報的基礎として,効用には致命的な欠陥があることを意味している.環境に適応して修正・改鋳された効用情報に依拠してひとの私的【善】に関する判断を形成すれば,人間生活の改善の道具を鍛えるはずの厚生経済学は,その志に反して抑圧と隷従のシステムを事後的に合理化する可能性さえ秘めていることになる.この点に着目するからこそ,センは財と主観的な効用との狭間に機能の概念を挿入して,彼の理論の基礎とすることを選択したのである.事実,財の適切な利用によって達成できる機能に着目すれば,健康であること,疾病を免れること,夭折を避けること,幸福であること,自尊心をもてること,コミュニティの生活に参加できることなど,ひとの福祉に密接に関連する生き方・在り方のさまざまな側面に即して,資源配分メカニズムのパフォーマンスを客観的な情報に依拠して理性的に評価する可能性が開かれることになる.

2.2 【潜在能力】と【福祉的自由】

私的【善】の情報的基礎として【機能】がもつ重要性はこれで明らかにされたが,財の消費から得られる機能それ自体はあくまで私的【善】の情報的基礎であるに過ぎず,私的【善】そのものではないことに注意すべきである.センの理論の中枢に位置する私的【善】の観念を構成するために彼が新たに導入し

た道具概念こそ，【潜在能力】(capability) に他ならない[1]．ひとの潜在能力とは，彼／彼女がそのなかで選択の自由を行使できる機能の束の集合のことである．この集合に注目することによって，センはひとが自らの福祉を実現する自由度——【福祉的自由】(well-being freedom) の程度——を表現しようとした．センが『福祉の経済学——財と潜在能力——』に寄せた「日本語版への新しいてびき」において的確に指摘したように，「もし仮に，自由が手段としてのみ評価されるのであれば，潜在能力アプローチによる福祉の評価は，その折々の潜在能力集合から選ばれた機能の束の評価，すなわちひとが実現する機能の束の評価となんら異ならないものとなるだろう．しかし，ひとの福祉にとって自由がなんらかの内在的な価値をもつと考えられる場合には，潜在能力集合の評価はそこから実際に選ばれた要素の評価とは必ずしも一致しない．問題の本質は，手段としての役割を越えて，すなわち自由がどのような実現形態をもつかを越えて，われわれが自由に内在的価値を認めるか否かにある」[Sen (1985a, 邦訳 p. 6)]．

　財・機能・潜在能力の相互関連性を正確に把握するために，ここでセンが描いてみせた簡潔なシナリオを確認しておきたい．あるひとが自由に処分できる財束の集合 A が与えられたとき，A に属する財束を利用して彼／彼女が実現できる機能には，その財束の利用方法の選択次第でさまざまな可能性がある．例えば，自転車というひとつの財が与えられても，この自転車を友人とのサイクリングに利用する方法と，少し離れたスーパー・マーケットに買い物に行くために利用する方法とでは，同じ財を用いて実現できる機能に差があることは当然である．いま，このひとが選択可能な財束の代替的な利用方法の集合を F と書けば，ある財束 $x \in A$ を $f \in F$ という利用方法で活用するとき，彼／彼女は $b := f(x)$ という機能を実現できる．したがって，あるひとが支配権をもつ財束の集合 A と，彼／彼女が選択可能な利用方法の集合 F が与えられたとき，彼／彼女が潜在的に達成可能な機能束の集合（潜在能力集合）は，

$$C(A:F) = \{b \in X \mid \exists x \in A, \exists f \in F : b := f(x)\}$$

で定義されることになる．ただし，X はありうべき機能束全体の集合——機

能空間——である.

　潜在能力集合は，二つの意味で社会的に規制されていることに留意すべきである．第一に，あるひとが自由に処分できる財束の集合は，彼／彼女がその一部を構成する生産・分配・消費の社会的ネットワークに依存しているという意味で，社会システムの在り方によって本質的に規制されている．第二に，あるひとが選択可能な財束の代替的な利用方法の集合は，彼／彼女が所属する社会が備えるインフラストラクチャーと社会慣習に依存しているという意味でも，社会システムの在り方によって本質的に規制されている．例えば，よく整備された道路インフラストラクチャーを備えた社会と，舗装も不備で車道と歩道の区別さえ明確でない社会とでは，同じ性能をもつ車でも，その代替的な利用方法の集合は明らかに異ならざるを得ない．また，女性が自転車に乗ることに非難と軽蔑の眼差しを向けたり，車椅子による乗車のために公共的交通機関に補助機構を備えていないような社会では，こうした偏見や不備のない社会と比較して，同じ財束の代替的な利用方法の集合が大きく制約されることも明らかである．このような例を考えてみるとき，社会システムの在り方に関する批判的考察のための鋭敏な分析装置が潜在能力アプローチに内在していることに，我々は気付くのである．

2.3　潜在能力アプローチにおける【評価】の意義

　私的【善】——福祉——への潜在能力アプローチを構成する最後のステップは，効用とは明確に区別される【評価】（evaluation）という概念を導入して，その役割を明らかにすることである．

　潜在能力アプローチは，ひとが所有する財の【富裕】や快楽ないし欲求充足の指標である【効用】とは区別された意味で，福祉をひとの生き方・在り方（機能）の【善】の指標と考える点に，その最大の特徴をもっている．ところで，「ひとの機能は多岐にわたるから，様々な機能を相対的に評価するという問題が生じることは当然である．……実のところ，評価することは福祉判断の不可欠な一部であって，潜在能力アプローチはこの問題に明示的に焦点を合せたものに他ならない．……評価，なかんずく機能の評価に明示的に関心を集中することにより，［潜在能力理論が提唱する］福祉へのアプローチは，我々の

第5章 センの潜在能力アプローチと福祉国家システムの構想　　79

無批判的な（なんらかの形式の効用に反映される）感情や，我々の（実質所得に反映される）富裕の市場評価よりも，我々の思想や内省に優先度を与えるのである．批判的で内省的な社会的存在としての人間に関心を集中する点において，[潜在能力]アプローチは，アリストテレス，スミス，マルクスによって先鞭をつけられた哲学的な立場に，深く根差すものとなる」[Sen (1985a, 邦訳 pp. 2-4)]．

　ところで，評価が潜在能力アプローチにとって決定的な意義を担うことは承認するにせよ，福祉的自由に手段的価値のみを認めるのか，それとも内在的価値まで認めるのかに応じて，潜在能力アプローチの理論的定式化には依然として選択の余地が残されている．福祉的自由に内在的価値を認めるアプローチのひとつの定式化は，鈴村＝徐 [Suzumura and Xu (2001; 2003)] によって与えられている．いま，潜在能力集合が C で与えられる場合に，集合 C に属する機能束 x を選択することを (x, C) と書き，この意味において洗練された機能概念に立脚した評価順序 R を，以下の手順で構成する．機能空間 X の空集合でない部分集合全体の集合族を K と記すとき，任意の2組の順序対 (x, C), $(y, D) \in X \times K$ に対して，二項関係

$$(x, C) R (y, D)$$

が成立するのは，潜在能力集合 C から機能束 x を選択することは，潜在能力集合 D から機能束 y を選択することと比較して，少なくとも同程度に評価されるとき，そしてそのときのみである．この定式化が，実際に選択される機能束の背後にある選択機会の豊かさ——福祉的自由——に内在的価値を認める可能性をもつという事実は，$\{x\} \subsetneq C$ を満足する機能束 $x \in X$ と潜在能力集合 $C \in K$ に対して

$$(x, C) P(R) (x, \{x\})$$

が成立する状況を考えてみれば，明瞭に理解できる筈である．ただし $P(R)$ は弱い意味の評価順序 R に対応する強い意味の評価順序を表現する記号であ

る．この状況では，評価者は機能束 x を選択の余地なく与えられる状況——$(x, \{x\})$ ——よりも，同じ機能束 x を他の選択肢を含む潜在能力集合 C ——ただし $\{x\} \subsetneq C$ ——から選択する状況—— (x, C) ——を，厳密に高く評価しているからである[2]．

2.4 公共【善】と【行為主体的自由】

　社会を構成する個人に対して，機能という情報的基礎に立脚して彼／彼女の私的【善】——福祉——の概念を構成するために必要な準備作業はこれで完了した．ところで，現存する社会システムや経済メカニズムを批判的に精査して，望ましい制度の在り方を理性的に設計するためには，制度の性能を社会的な観点に立って評価する基準として，公共【善】の概念が必要とされる．もし我々が，各個人の私的【善】の評価がどのように変化しようとも公共【善】の評価は不変に留まるものと仮定するならば，我々はプラトン的実在説に結果的に加担して，各個人の私的【善】の評価とは独立に定義される客観的な公共【善】が実在することを超越的に想定することになってしまう．ベンサムに発端する功利主義哲学は，公共【善】を主観的な私的【善】に依拠して構成するという代替的なシナリオを導入して，公共【善】は私的【善】の合成物である——前者は後者の関数である——と看做す伝統を拓いた．ピグーが創始した【旧】厚生経済学も，バーグソン＝サミュエルソン学派の【新】厚生経済学も，アローが創始した社会的選択の理論も，その他の点では全く異なる理論であるとはいえ，公共【善】は私的【善】の合成物（関数）であると考えるという一点においては，おしなべてベンサムの功利主義的伝統を継承した理論であるといって差し支えないのである．

　社会がその構成員に対して提供責任を負う公共【善】の観念を，社会を構成する個人の私的【善】から遊離することなく構成するという志向に関するかぎり，センの潜在能力アプローチはベンサムからアローに到る理論的系譜を確かに継承している．以下において我々は，潜在能力アプローチにおける社会的選択問題の定式化方法に関して，ひとつの試論を提出することにしたい．

　社会を構成する個人の総数を n として，ある個人 $i \in N := \{1, 2, \cdots, n\}$ がもつ評価順序を R_i と記すことにする．R_i は機能束とその背景にある潜在能力集

合との順序対の集合——個人の【選択空間】(choice space) $\Omega := X \times K$ ——の上で定義されるが，この選択空間内で個人 i が実際に選択可能な順序対の集合は，経済システムや社会的ルールの在り方および他の個人による機能束の選択に依存して，一般には Ω の真部分集合となる．この点に留意して，社会の制度的ルールのひとつの在り方を σ で表わし，その可能性の総体を集合 Σ で表わすことにする．そのとき，ある制度的ルール $\sigma \in \Sigma$ が与えられた場合，i は選択空間 Ω のある部分集合 $\Gamma_i(\boldsymbol{x}_{-i}; \sigma)$ から選択する機会に直面するわけである．ただし，$\boldsymbol{x}_{-i} := (x_1, \cdots, x_{i-1}, x_{i+1}, \cdots, x_n)$ は i 以外の個人による機能束の選択を示している．この定式化は極めて素朴ではあるが，センのアプローチにおける自由の意義について，明瞭な理解をもたらす役割を果たしてくれる．

他の個人による機能束の選択 $\boldsymbol{x}_{-i}$ が与えられたとき，個人 i が賦与された福祉的自由を行使して自ら実現できる最善の状態は，

$$(x_i^*, C_i^*) R_i (x_i, C_i) \text{ for all } (x_i, C_i) \in \Gamma_i(\boldsymbol{x}_{-i}; \sigma)$$

を満足する $(x_i^*, C_i^*) \in \Gamma_i(\boldsymbol{x}_{-i}; \sigma)$ によって与えられる．全ての個人が同時にこの意味における最善の選択を行っている均衡状態

$$(\boldsymbol{x}^*(\sigma), \boldsymbol{C}^*(\sigma)) := \{(x_i^*(\sigma), C_i^*(\sigma)) \in \Gamma_i(\boldsymbol{x}_{-i}^*(\sigma); \sigma) | i \in N\}$$

は，社会の制度的ルール σ が与えられている限りにおいて，この社会で整合的に達成可能な最善の福祉的自由の行使状態となっている．

この均衡状態において各々の個人が達成している機能束は明らかに所与の制度的ルール σ に依存しているが，個々のひとびとにとって σ は動かし難い環境的与件である．とはいえ，民主主義社会における社会の制度的ルールの在り方は，もとより万古不易の固定性を備えた与件ではない．ひとびとの集団的意思の在り方次第では，社会の制度的ルールそれ自体が，民主的な社会的選択の対象となることは当然である．センは，社会の制度的ルールの集団的選択プロセスに参加して，福祉的自由の社会的な制約条件を主体的に設計して，集団的に選択する自由を【行為主体的自由】(agency freedom) と命名して，福祉

的自由と並ぶ第二の自由の概念を確立した．この点に到って，センの潜在能力アプローチは，福祉的自由と行為主体的自由という二つの自由概念によって複眼的に構成された自由の理論となるのである．

行為主体的自由のひとつの定式化は，鈴村＝徐［Suzumura and Xu (2004)］によって与えられている．選択空間 Ω の上で定義される個人的評価順序のプロファイル $R = (R_1, R_2, \cdots, R_n)$ が与えられたとき，これらの個人的評価の在り方を民主的に集計して，社会的評価を形成するプロセスないしルールを【社会的集計ルール】と呼び，Ψ という記号で表わすことにする．$R = \Psi(R)$ は社会的な評価順序であって，その定義域は，機能束と潜在能力集合との順序対のプロファイル $(x, C) := ((x_1, C_1), (x_2, C_2), \cdots, (x_n, C_n))$ の集合である．このフレームワークにおいて，個人の行為主体的自由は社会的集計ルールによる個人的評価順序の集計プロセスに主体的に参加して，自らの評価が民主的な比較考量の対象として公平に処遇される権利として定式化されている．このような社会的集計プロセスが民主的と表現できるための条件はなにか，またこの社会的集計プロセスがアローの不可能性定理の罠に再び陥らないための条件はなにかなど，行為主体的自由の社会的有効性を保障する条件を探究することは重要な研究課題だが，センの潜在能力アプローチの基本的な論理構造に集中する本章では，この点には立ち入らないでおくことにしたい[3]．いま，社会的な評価順序 R が民主的に形成されたものとすれば，行為主体的自由の行使によって社会的に選択される制度的ルールは，

$$(x^*(\sigma^*), C^*(\sigma^*)) R (x^*(\sigma), C^*(\sigma)) \text{ for all } \sigma \in \Sigma$$

を満足する $\sigma^* \in \Sigma$ として定式化されることになる．

3 規範的経済学の情報的基礎

センの潜在能力アプローチの基本構造はこれで明らかにされたものとして，本節では規範的経済学の情報的基礎という観点から，センのアプローチの特徴に別の側面から光をあてることにしたい．

第5章 センの潜在能力アプローチと福祉国家システムの構想

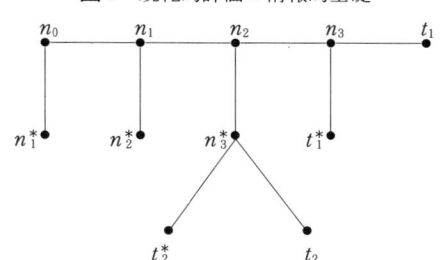

図1　規範的評価の情報的基礎

n_1＝帰結主義；n_1^*＝非帰結主義；n_2＝厚生主義的帰結主義；n_2^*＝非厚生主義的帰結主義；n_3＝序数的厚生主義；n_3^*＝基数的厚生主義；t_1＝個人間比較を要求しない序数的厚生主義；t_1^*＝個人間比較を要求する序数的厚生主義；t_2＝個人間比較を要求しない基数的厚生主義；t_2^*＝個人間比較を要求する基数的厚生主義

　厚生経済学と社会的選択の理論の歴史は，多くの紆余曲折に満ちている．社会的選択の理論の現状を展望する *Handbook of Social Choice and Welfare* のイントロダクションで鈴村［Suzumura（2002a）］が明らかにしたように，社会科学のこの研究分野は，自然権思想の擁護者コンドルセと功利主義思想の唱道者ベンサムをふたりの始祖として誕生した．だが，ピグーによる【旧】厚生経済学の創業宣言，ロビンズ，ヒックス，カルドア，バーグソン，サミュエルソンによる【旧】厚生経済学の破壊と【新】厚生経済学の建設，アローの一般不可能性定理による【新】厚生経済学の基礎への根本的批判などを経る過程で，厚生経済学と社会的選択の理論は，自然権思想と功利主義思想のいずれとも殆ど無縁な境地に辿り着いてしまった．この事実は，規範的経済学の情報的基礎を振り返って，我々はどのような情報に基づいて社会的な厚生評価を形成してきたのかを尋ねてみることによって明らかにされる．

　図1は社会的厚生評価の情報的基礎の樹状図を描いたものであって，歴史的に重要な意義を担ってきた社会的厚生評価の方法が，情報的基礎という観点から統一的に整理されている．その焦点は，現代の規範的経済学の中枢にある【厚生主義的帰結主義】（welfarist-consequentialism）――簡潔にいえば【厚生主義】（welfarism）――という考え方に結ばれている．

　どのような経済政策を実行する場合にも，その政策は必ずなんらかの社会的

な【帰結】(consequence) をもたらすことになる．ある政策の実行の是非を判定する際に，その政策の帰結さえ善ければ全て善しとして，帰結以外の情報を政策評価の情報的基礎の外部に放逐する考え方は，【帰結主義】(consequentialism) と呼ばれている．これに対して，帰結の重要性を全く無視しないまでも，帰結をもたらす政策プロセスの是非や，帰結の背後にある潜在的な選択機会の重要性をも考慮して，より広範な情報的基礎に立脚して政策の是非を判断する考え方を，【非帰結主義】(non-consequentialism) と総称する．ただ，非帰結主義といえども，帰結の価値評価を全く行わず，政策プロセスの内在的価値にのみ評価の情報的基礎を求める立場——この極端な立場は特に【義務論的評価方法】(deontological method of evaluation) と呼ばれている——に閉じこもるわけではない．むしろ，帰結以外の情報に目を閉ざす帰結主義の極端な立場を避けて，政策評価の情報的基礎を豊かにしようと試みる立場こそ，ここでいう非帰結主義的な評価方法なのである．

　図1において，出発点となる端点 n_0 の右に位置する分岐点 n_1 は帰結主義の立場を，n_0 の下に位置する分岐点 n_1^* は非帰結主義の立場を表わしている．社会的厚生評価の情報的基礎に関するこの最初の分岐点において，社会的選択の理論の2人の創始者ベンサムとコンドルセは，すでに袂を分かっていることに注意すべきである．政策の帰結が【最大多数の最大幸福】をもたらすことを政策判断の唯一の基準と考えたベンサムは，間違いなく帰結主義の考え方を採用していた．これに対して，たとえ他の面では望ましい帰結を生み出す政策でも，その実施プロセスにおいて不可侵の自然権と抵触する場合には断固これを拒絶するコンドルセの政策思想は，非帰結主義の立場に依拠するものと考えざるを得ないからである．

　同じく帰結主義の立場に依拠するにせよ，政策の帰結を社会的厚生の観点から評価する情報的基礎を具体化する方法はさまざまである．政策の帰結を評価する際に，ひとびとが享受する【厚生】ないし【効用】という主観的なフィルターを通過する情報に帰結の評価の基礎を絞り込む考え方こそ，【厚生主義的帰結主義】(welfarist-consequentialism) ないし【厚生主義】(welfarism) と呼ばれる立場に他ならない．これに対して，帰結から得られる主観的厚生を情報的基礎から省略しないまでも，帰結の価値を認識する素材として厚生以外

第5章　センの潜在能力アプローチと福祉国家システムの構想

の帰結情報にも注目を怠らず，広義の帰結主義的な情報的基礎を構築する考え方を総称して，【非厚生主義的帰結主義】(non-welfarist-consequentialism)と呼ぶ．

図1において，帰結主義を表現する分岐点 n_1 の右に位置する分岐点 n_2 は厚生主義的帰結主義（厚生主義）の立場を表現するものであり，n_1 の下に位置する分岐点 n_2^* は非厚生主義的帰結主義（非厚生主義）の立場を表現するものである．帰結主義の内部を分断するこの岐路に立って眺めれば，功利主義の政策思想の情報的基礎は，厚生主義の系譜の典型的な一例であることは明白である[4]．ピグーが創始した【旧】厚生経済学，ヒックス＝カルドアの補償原理やバーグソン＝サミュエルソンの社会的厚生関数に依拠する【新】厚生経済学，アローの社会的選択の理論の情報的基礎も，ベンサムに倣って厚生主義の考え方に求められている[5]．

このような検討結果を踏まえて図1を改めて眺めれば，ベンサムの功利主義思想とコンドルセの自然権思想を出発点としつつ，【新】厚生経済学とアローの社会的選択の理論の誕生に到る規範的経済学の歴史的展開が，紆余曲折の過程で社会的厚生評価の豊かな情報源を切り捨ててきたことを，明瞭に理解することができる．単純化の危険性を承知のうえでいえば，樹状図の最初の分岐点でベンサムの功利主義とともにコンドルセの自然権思想に代表される非帰結主義と袂を分かち，帰結主義の情報的基礎を選択した現代の規範的経済学は，樹状図の第二の分岐点ではピグーの【旧】厚生経済学と歩調を合わせて帰結に関する非厚生情報を振り捨て，厚生主義的帰結主義（厚生主義）を採択したのである．だが，【新】厚生経済学と社会的選択の理論がピグーの【旧】厚生経済学と歩調を合わせたのは，樹状図のこの第二の分岐点に到るまでだった．ロビンズに先導された【新】厚生経済学の論者たちは，ベンサムとピグーの厚生概念の基数性と個人間比較可能性を退けて，厚生主義の内部で厚生の序数性と個人間比較不可能性を前提とする枝に直進したからである．また，【新】厚生経済学の論理的な基礎を内在的に批判するためにアローの社会的選択の理論も同じ枝に進み，彼の【新】厚生経済学批判を一般不可能性定理という鋭利な形式にまでつき詰めたのである．このようにして，現代の規範的経済学は，効用の個人間比較を許さない序数的厚生主義という——ベンサムの功利主義思想とも

コンドルセの自然権思想とも殆ど無縁な——情報的基礎に辿り着いてしまったのである．

こうした歴史的経緯を踏まえて考えれば，センの潜在能力アプローチの特異な性格が改めて浮き彫りになって現われてくる．彼が開拓したフロンティアは，コンドルセの伝統に回帰して非帰結主義の情報的基礎に立つ規範的経済学の新領域であり，【効用】や【厚生】などの主観的情報にも的確な位置を賦与しつつ，選択の【機会】や【プロセス】の内在的価値にも重要な役割を指定した新たな福祉の経済学の建設現場となっているのである．

4 福祉国家の経済システム

福祉国家の経済政策の理論的な基礎付けに，センの潜在能力アプローチはどのように貢献できるのだろうか．福祉国家の経済政策を設計するための情報的基礎としてみれば，【新】【旧】の厚生経済学とアローの社会的選択の理論を通底する【厚生主義】は明らかに不適切である．セン［Sen (1985a, 邦訳 pp. 35-36)］が的確に指摘したように，不正と抑圧に虐げられてきたひとは厳しい現実に妥協することを余儀なくされ，その苦痛と憤激は諦観のヴェールに覆われて効用の物差にはその姿を現わさなくなる可能性があるからである．また，効用はせいぜいひとの主観的な満足を証拠立てる指標であるにすぎず，彼／彼女の客観的な境遇を捉える指標としての資格を欠くことも見逃せない．この観点から厚生主義的な情報的基礎の欠陥を指摘したセンが，ひとの境遇を客観的に捉える代替的な指標として提唱した【機能】と【潜在能力】は，【福祉】の概念を再構成するうえで確かな成功をおさめたことは否定すべくもない．また，【福祉的自由】と【行為主体的自由】という二つの自由概念を複眼的に駆使するセンの潜在能力アプローチは，ひとが自ら価値を認める生き方・在り方を実現する【機会】(opportunity) と【手続き】(procedure) の観点に依拠して，経済システムのパフォーマンスを非帰結主義的に評価する考え方である．経済システムの批判的評価と理性的設計のための斬新な分析的フレームワークを提供した点でも，センの貢献の意義は特筆に値する．本節では，このように【福祉的自由】と【行為主体的自由】という二つの自由のパースティクティブを基

第5章 センの潜在能力アプローチと福祉国家システムの構想　　　87

本的視点とするセンの潜在能力アプローチを意識しつつ，福祉国家の経済システムの基本設計と政策デザインのシナリオを述べることにしたい[6]．私が構想する福祉国家の経済システムは，分権的【競争】メカニズムというメイン・システムを，【競争政策】サブ・システム，【調整政策】サブ・システム，【社会的安全網】サブ・システムという三つのサブ・システムが補完する複合システムである．経済の領域におけるこの複合システムと，政治の領域における民主主義的な社会的意思決定システムを両翼として構成される高次システムこそ，私が構想する福祉国家システムに他ならない．

以下では，この高次システムの構成要素を順を追って説明しつつ，福祉国家論への潜在能力アプローチの骨格を明らかにすることにしたい．

4.1　福祉国家のメイン・システム：分権的な【競争】メカニズム

福祉国家のメイン・システムは，経済社会のさまざまな側面で普遍的に機能する分権的な競争メカニズムである．このシステムのもとでは，ひとは自律的な意思決定と自己の責任範囲のリスク負担に基づいて，自らに開かれた機会と与えられた能力を自由に活用する権利を賦与されている．すなわち，ひとびとに対して自らのライフ・チャンスを自律的に追求する権利を公平に賦与する経済システムこそ，分権的な競争メカニズムに他ならないのである．それはまた，ひとびとが分散して所有する私的情報を効率的に活用しつつ，彼らのプライバシーを必要以上に侵害することなく社会的に活性化することを可能にするメカニズムでもある．分権的な競争メカニズムに備わるこれらのメリットは，福祉国家システムの理性的設計と社会的選択に際しても，最大限に活用されるべき重要なシステム特性なのである．

分権的な競争メカニズムが福祉国家の経済システムにおいて担う役割を的確に理解するためには，いくつかの重要な留意点を念頭に置く必要がある．

その一．分権的な競争メカニズムという表現は，競争的【市場】メカニズムに限定して使用されているわけではない[7]．現代社会において，ひとびとはそれぞれある組織——家族，企業，企業グループ，共同体，国家など——に重層的に所属して，同じ組織のメンバーとの間では金銭的な報酬，あるいは地位・職務・権限・威信など非金銭的な報酬を求めて，相互に競争している．また，

同一組織に所属して競争関係にあるひとびとでも，他の組織との競争の場においては，自らの組織の競争的な生存と発展のために，相互に協力して行動する誘因をもっている．福祉国家のメイン・システムである分権的な競争メカニズムは，このような重層的な競争の構造――私はこれを【競争のフラクタル構造】(fractal structure of competition) と称している――の全体を指している．この広義の分権的競争メカニズムは，現代の自由主義社会におけるひとびとの経済生活を，殆ど全域にわたって覆っているように思われる．

　その二．分権的な競争メカニズムの性能がいかに優れていようとも，福祉国家はこのメカニズムが経済活動の全側面に無制約に貫徹することを，手放しで放置することはできない．バーリン［Berlin (1969)］が鮮やかに喝破したように，「いかなる人間の活動も全く他人の生活の妨げとならないほど完全に私的なものではありえない．『強者の自由は弱者の死』であって，あるひとの自由は他のひとの抑制に基づかざるを得ない」からである．したがって，分権的な競争メカニズムに委ねられるべき【私的領域】(private sphere) の境界線を画定して，競争の【場】を法的に支配するフェアな競争ルールを設計すること，また全ての参加者がフェア・プレイの義務を遵守して競争することをモニターして，ルールからの逸脱が生じた場合にはこれを的確・敏速に是正することが，福祉国家の【競争政策】(competition policy) サブ・システムの重要な役割となるのである．

4.2　競争のフラクタル構造と【競争政策】サブ・システム

　ひとびとが競争に参加する誘因の少なくとも一部は，勝者が獲得する金銭的・非金銭的な報酬である．だが，競争という公開の場において自らの卓越性を確認するとともに，他者にもこれを客観的に証明したいという人間的な欲求の存在も，分権的な競争メカニズムが担う社会的機能を理解するうえでは無視できない要因である．いかなる動機からにせよ，フェアなルールのもとで競争に参加して自らのライフ・チャンスを自律的に試す公平な機会を得ることは，それ自体として価値ある特権であることは間違いない．この特権へのフェアなアクセスが保障されていることは，ひとの福祉の重要な構成要素である．それだけに，競争のフェア・ゲームを設計したうえで，フェア・プレイの義務の遵

守をモニターする競争政策サブ・システムが的確に機能することは，福祉国家の成否にとって死活の重要性をもっている．

明らかに，競争のフラクタル構造のどの層を対象とするかに応じて，競争政策サブ・システムに期待される役割の範囲と内容は，当然実質的に異なってくる．例えば，ある組織の内部における昇進と認知を求める競争の層において競争政策サブ・システムに期待される役割は，ロールズ［Rawls (1971)］の【公正な機会均等の原理】を実現することであると思われる．「ある地位が全てのひとびとにフェアに公開されていなければ，たとえ特権階層の一層の努力から得られる便益に均霑することがあろうとも，その地位から排除されたひとびとが依然としてアンフェアに処遇されていると感じることは当然の理である．その不満は，富裕や特典などの職務付随的な報酬から排除されたという理由に基づくのみならず，社会的義務を真剣かつ献身的に遂行することから得られる自己実現の体験から疎外されたという理由にも基づいている」からである．

競争政策サブ・システムが担う任務は，市場における競争（competition in the market）と市場を求める競争（competition for the market）という競争の二つの層の場合には，さらに一層明確である．これらの競争の層において，競争政策サブ・システムがフェアな競争ルールの設計とその厳格な執行を担うべきことに関しては，殆ど異論の余地がないと思われるからである．事実，市場競争のフェア・ゲームを設計して，市場参加者がフェア・プレイの義務を完全に遵守するように競争プロセスをモニターすること，競争ルールに違反するプレイヤーを発見して，フェア・ゲームからの逸脱を矯正することが，この競争の層において競争政策サブ・システムが果たすべき役割であることに関しては，経済学者の間に広い同意と支持が確立されているといって差し支えないのである．

4.3 統合の失敗と【調整政策】サブ・システム

競争政策サブ・システムによって補完された分権的な競争メカニズムは，予定されたその機能に障害が発生しない限りでは多くのメリットを備えているが，情報の不完全性などの要因によって，競争メカニズムがときとして機能障害に陥ることは避け難い．競争の各層における分権的な意思決定を社会的に統合す

る際に発生する競争メカニズムの機能障害は,一般に【統合の失敗】(coordination failures) と総称されている.福祉国家のメイン・システムを補完する第2のサブ・システムは,競争の各層における統合の失敗に対処する役割を分担する【調整政策】(coordination policy) サブ・システムである.

　調整政策サブ・システムを設計して競争のメイン・システムの機能を補完する際には,統合の失敗に対処して制度的な工夫を凝らした結果として,競争のメイン・システムに備わるメリットが損なわれる結果に陥らないような配慮が不可欠である.例えば,企業間競争という競争の層において統合の失敗に対処する調整政策は【産業政策】(industrial policy) であるが,無政府的な市場競争の行き過ぎ——いわゆる【過当競争】(excessive competition)——を制御する名目で頻繁に行われた戦後日本の企業間競争への行政的な介入は,企業の誘因システムに影響をおよぼした結果として,かえって過当競争を誘発した可能性が高いといわれている[8].調整政策の成功の鍵を握るのは,その政策を導入した結果としてむしろ統合の失敗が惹起されるとか,政策導入のきっかけとなった統合の失敗がかえって深刻化するといった副作用が起こらないような制度的工夫を,予め組み込む慎慮的なメカニズム・デザインにあるといってよいのである.

4.4 選択責任と【社会的安全網】サブ・システム

　競争のメイン・システムを競争政策サブ・システムと調整政策サブ・システムによって補完したとしても,最後にもうひとつ考慮すべき重要な問題が残されている.競争メカニズムに参加するひとびとは,基本的に自己選択・自己責任の原則に基づいて行動することを要求されているが,彼らの行動からしたがう帰結のなかには,しばしば彼らの選択責任には帰着し得ない要因によって決定的に影響されるものが含まれている.その典型的な一例としては,誕生の偶然に起因する先天的なハンディキャップが挙げられる.残念ながら,分権的な競争メカニズムは,本人の責任には帰し得ないハンディキャップへの配慮をビルト・インしてはいない.それのみか,ハンディキャップを負うひとが競争の場に参加する可能性を排除することによって,分権的な競争メカニズムがハンディキャップに基づく先天的不遇を一層増幅する可能性さえある[9].このよう

に，自己選択に基づく責任を問い得ない要因に発端するリスクに対して，社会的な補償を提供する【社会的安全網】(social safety net) を的確に設計して，自然的・社会的偶然から苦境に陥るひとびとに対して自律的な再起の機会を提供することこそ，福祉国家の経済システムの第三のサブ・システムである【社会的安全網】サブ・システムが担うべき役割なのである．

このサブ・システムの場合にも，分権的な競争メカニズムに参加するひとびとの誘因を歪めない制度的工夫をビルト・インすることが，決定的な重要性をもっている．不遇に対する社会的な補償が制度化された場合，競争メカニズムにリスクを冒して自律的に参加してライフ・チャンスを試すことを避けて，受給資格を偽ってでも補償措置にフリー・ライドする誘因が生まれる可能性がある．また，制度化された補償システムの手続き的特性次第では，屈辱的な申請プロセスを経て自尊心を犠牲にするよりは，敢えて正当な請求権を行使しないひとびとが累増して，制度本来の目的が達成されない可能性もある．したがって，補償政策サブ・システムの設計と運営に際しては，ウエルフェア・フロードとウエルフェア・スティグマと呼ばれるこれら二つの難問に的確に対処する制度的な工夫を，十分に凝らす必要があることは当然である．

4.5　福祉国家の経済システムと社会的選択の理論

これまでに素描した福祉国家の経済システムが機能するためには，二つの前提条件が整備されている必要がある．第一の前提条件は，個人の自律的な意思決定が尊重されるべき【私的領域】(private sphere) と，社会的な意思決定に基づく公共政策に委ねられるべき【公的領域】(public sphere) との境界線が確定されていること，私的領域の内部では——競争政策サブ・システムが設計するフェアな競争ルールが遵守される限りにおいて——ひとびとが自己選択と自己責任に基づく活動を行う自由が平等な権利として保障されていることである．第二の前提条件は，自然的・社会的な不遇に対する補償の原則が確立されていて，社会的安全網の対象範囲と請求資格要件が事前に透明に公開されていることである．実のところ，これらの条件を満足できる形式で整備することは，決して容易な業ではない．私的領域と公的領域との間の境界線をいかに画定するかという問題は，経済学・政治学・道徳哲学の古典的な問題であって，

少なくともジョン・スチュアート・ミルの『自由論』にまで溯る難問として知られている．また，社会的補償を権利として個人に賦与する原則はなにか，一層正確にいえば，ひとの自然的・社会的不遇に対する社会的な補償が正当化される根拠と，社会的補償を請求する資格要件とはなにかという二つの問題は，社会保障論の基本的な難問である．

　最近の厚生経済学と社会的選択の理論の業績のなかには，これらの難問と正面から取り組んで，われわれの問題理解を飛躍的に改善した貢献が含まれている．

　第一に，私的領域と公的領域との境界線をいかに引くべきかという問題に関しては，個人の自由主義的な権利と社会的選択のパレート効率性との論理的矛盾を指摘したセンのパレート派リベラルの不可能性定理——いわゆるリベラル・パラドックス——を端緒として，個人の自律的選択の自由を権利として保障しつつ，その権利の行使が社会的選択のパレート効率性を犠牲として要求しないための条件を模索する研究が，社会的選択の理論のなかで着実に積み重ねられてきている[10]．

　第二に，法哲学者・政治哲学者ドゥオーキンの問題提起——その主要な貢献は彼の近著［Dworkin（2000）］に集大成されている——以降の最近の研究は，【責任と補償】(responsibility and compensation) という厚生経済学の新たなパラダイムを開拓しつつあって，個人の選択責任と社会的な補償に対する請求資格要件との関係の理論的な解明に，大きく貢献する可能性を示しつつある[11]．ウエルフェア・フロードとウエルフェア・スティグマという二つの難問に対処する理論的な突破口を開くことが，急速に展開しつつあるこの分野における研究に期待されているのが現状なのである．

4.6　福祉国家の政治システム

　重層的な競争メカニズムのフラクタル構造は，ひとびとが自己のライフ・チャンスを自律的に追求する機会を公平に提供する制度的枠組みを提供している．この枠組みのもとでひとびとが享受できる【福祉的自由】の大きさは，明らかにさまざまなルールの設計方法によって基本的な制約を課されている．

　第一に，競争のフラクタル構造の各層ごとに，ひとびとの自律的な選択行動

に委ねられるべき私的領域と社会的な意思決定に基づく公共政策に委ねられるべき公的領域との境界線を画定して，分権的な競争メカニズムの機能の【場】を設計する作業は，もっとも基本的な意味で福祉国家が責任を負うべき社会的選択の課題である．第二に，競争のフラクタル構造の各層ごとにフェア・ゲームを設計する方法と，フェア・プレイの遂行をモニターして義務違反を処罰する方法は，ひとびとが競争ゲームに自主的に参加する誘因を決定する最大の要因である．競争メカニズムの分権的——【無政府】的——な作用によってひとびとの【福祉的自由】の拡大という確かな水路に誘導されることを保障するためには，これらのルールの的確な社会的選択が致命的な重要性をもっている．第三に，自己の選択責任には帰着できないさまざまな自然的・社会的ハンディキャップによって，競争メカニズムに参加してライフ・チャンスを自律的に試す機会を妨げられているひとびとに対して補償を支払う制度的な仕組み——社会的安全網——を設計・選択する作業は，競争メカニズムという粗暴な仕組みに理性の轡を嵌める社会的工夫として，福祉国家の経済システムの根幹に位置する意義を担っている．シュンペーターには「自動車はブレーキがあるから早く走行できる」という主旨の警句があるが，福祉国家の経済システムの中核に位置する分権的な競争メカニズムも，社会的安全網というブレーキが備わってこそ，ひとびとの【福祉的自由】の追求機構として，その機能を発揮できるというべきなのである．

　福祉国家の政治システムは，これらの重要な社会的選択を民主的に遂行する機構を整備して，【福祉的自由】の制度的規定要因の社会的設計と社会的選択に，ひとびとが行為主体的に参加する権利——【行為主体的自由】の権利——を保障することによって，福祉国家の経済システムを補完する機能を担っている．

5　おわりに

　本章でスケッチした福祉国家の経済システムと政治システムは，センの潜在能力アプローチが導入した【福祉的自由】と【行為主体的自由】という複眼的な自由概念を道標として，民主主義社会における福祉国家の基本的骨格をデザ

インしたものである.このシナリオになんらかのメリットがあるとすれば,福祉国家の経済システムを,競争メカニズムというメイン・システムを三つのサブ・システム——競争政策サブ・システム,調整政策サブ・システム,社会的安全網サブ・システム——が補完する複合システムとして構造的に把握したこと,経済システムがひとびとに賦与する【福祉的自由】の制度的背景を構成するルールの体系を社会的に選択する機構として,民主主義的な社会的意思決定機構に対して【行為主体的自由】の行使の【場】という位置づけを与えたこと,競争メカニズムのフラクタル構造に注目して,現代社会を構成する重層的構造の各層を貫徹する競争メカニズムの機能を福祉国家論の中枢に据えたことにある.この構想にしたがう福祉国家システムの基本設計を具体的な建設プランに成熟させるために,今後取り組まれるべき理論的な研究課題は数多く残されている.これら残された研究課題のうちの多くについては,これまでの議論の過程で具体的に指摘しておいた.この最終節では,これまでに触れる機会がなかった二つの大きな問題を指摘しておくに留めたい.

　第一に,本章の考察はある特定の国を孤立系としてみた福祉国家論の基本構想に限定されている.多国間貿易関係のネットワークのなかで,他国の経済制度とのインターフェイスの在り方を意識せざるを得ないグローバルなコンテクストにおいては,福祉国家の基本設計は本章では触れ得なかった多くの側面を含まざるを得なくなる.競争のフラクタル構造の最上層には,いまや貿易関係にある各国間の競争関係と協調関係が追加されることになる.各国内部の制度的ルールの在り方についても,GATT/WTOルールとの整合性という新次元が追加されることになる.

　第二に,センの潜在能力アプローチにせよ,我々が素描した福祉国家システムの基本構想にせよ,ひとびとの【行為主体的自由】の行使の【場】において経済の制度的ルールの在り方を全く新たに設計して選択することが,あたかも可能であるかのように装って展開されている.だが,実際の制度改革にはさまざまな既存制度の履歴効果が付きまとうことは確実である.それだけに,歴史的与件としての現行のシステムから,新たに設計・選択されたシステムへの移行過程の具体的設計によって補完されない限り,理念的な福祉国家システムの基本設計は,現実感が稀薄な虚構のシナリオに留まる危険性がある.

第5章　センの潜在能力アプローチと福祉国家システムの構想

　こうしてみると，福祉国家の経済システムと政治システムの設計作業は，いまだその端緒に付いたというに等しい状態にあるといわざるを得ない．前節までに指摘した理論的な設計作業をも含めて，これら山積する課題に対する挑戦を，今後も着実に継続していく所存である．

　　＊本章を準備する過程では，アマルティア・セン，プラサンタ・パタナイック，塩野谷祐一，嶋津　格，小林正弥，後藤玲子の諸氏との長年にわたる討議から多くの示唆を得た．ここに明記して感謝したい．

注
1) センのアプローチの基本概念である "functioning" と "capability" に私が【機能】と【潜在能力】という訳語を与えたのは，Sen (1985a) の邦訳においてのことだった．この訳語の選択に際しては，難解な造語を新たに捻り出したり，哲学の用語集から無理に捜してあて嵌めるよりは，可能な限り平易な訳語をあてて，論脈の中でこの表現が成熟して市民権を獲得することを期待することにした．とくに，"capability" の訳語に対しては，セン自身に「平易な言い換えをすればどうなるか」と敢えて尋ねて「"capability" それ自体が平易な日常語であって，なぜ殊更に言い換えを要するのか」と，逆に問い返されたことを記憶している．私が重ねて「"potential ability" と言い換えると，あなたがこの用語に込めた意味と齟齬が生じるか」と尋ねて，訳語の選択に関する完全な同意を得たことを付記して，私の訳語の選択がセンの原意と整合的であることを書き留めておくことにしたい．
2) 鈴村＝徐 [Suzumura and Xu (2001; 2003)] は，この概念的フレームワークを駆使して，帰結主義と非帰結主義に対する公理主義的な特徴付けを与えている．
3) 事実，セン自身はこの問題に関しては意外なまでに理論的掘りさげの試みを行っていない．私が知る限り，Suzumura and Xu (2004) はこの概念的フレームワークを用いてアローの定理の成立可能性を検討した唯一の研究である．
4) 政策評価の基準として，社会を構成するひとびとが享受する【効用】の社会的総和にもっぱら関心を寄せる功利主義の立場には，注目に値する側面がある．君主や施政者の満足とか，伝統的価値との整合性のように，社会を構成する個々のひとびとを超越した価値に注目する立場とは一線を画して，あくまで個々の社会構成員が享受する【厚生】ないし【効用】を情報源として政策の是非を問題視するという意味において，功利主義は非常に人間中心的な政策思想なのである．功利主義思想に別の観点からどのような批判が提起されても，ヒューマニスティックな政策思想の水源地として功利主義がもつユニークな意義それ自体は，決して忘れ去られるべきではない．
5) ピグーの【旧】厚生経済学と【新】厚生経済学の補償原理アプローチに関する限り，この主張に格別の留保を付ける必要はない．だが，【新】厚生経済学の社会的厚生関数アプローチとアローの社会的選択の理論の場合には，事情は微妙に異なっ

ている．バーグソン＝サミュエルソンの社会的厚生関数は「経済システムに含まれるあらゆる経済変数の【関数】として表現されるある倫理的な信念」であって，「われわれがこの信念に対して要求することは，それが経済システムのひとつの形態が他の形態よりも【善い】か【悪い】か【無差別】かを明確に答え得るものであること，そしてその信念が推移性をもち，AがBよりもよく，BがCよりもよければ，AはCよりもよいことが必ず従うことだけである．この信念を表現する【関数】は，序数的に定義されていさえすればよい」とされている．この限りにおいて，【新】厚生経済学の社会的厚生関数アプローチを厚生主義と結びつける必然的な連結環は存在しないというべきである．だが，標準的な厚生経済分析に頻繁に登場するバーグソン＝サミュエルソンの社会的厚生関数は，社会を構成する個人の効用値 $u_1, u_2, \cdots, u_n$ の増加関数として社会的厚生 w を表現する関数

$$w = F(u_1, u_2, \cdots, u_n)$$

で与えられている．このようなバーグソン＝サミュエルソンの社会的厚生関数は，【個人主義的な社会的厚生関数】(social welfare function of the individualistic type) と呼ばれ，明らかに厚生主義的な社会的評価基準を定式化したものになっている．

　アローの社会的選択の理論と厚生主義との関連については，さらに注意深い検討が必要である．アローの社会的選択の理論と厚生主義的な情報的基礎との間には，微妙な論理的ギャップがあるからである．ましてや，アローに先導されて目覚ましい展開を遂げてきた現代の社会的選択の理論を一括して厚生主義的アプローチに包括することは，明らかに正しくない．とはいえ，アローが課した有名な四つの公理のうちで，社会的集計ルールの普遍的な適用可能性・パレート原理・情報的効率性の三つの公理を採用する限り，厚生主義の以下のような特殊ケースが成立することを確認することができる．

厳密な選好に関する厚生主義 (strict-ranking welfarism)

　個人の効用ランキングが厳密な選好関係に限定されて，無差別関係が生じない場合には，二つの社会状態の評価ランキングは，それら二つの状態に対する個人的効用ランキングの情報のみで決定される．

　また，パレート原理が以下のようなパレート無差別原理で代替される場合には，他の二つの公理を維持する限り，アローの集計ルールの情報的基礎はまさしく厚生主義そのものとなることも確認することができる．

パレート無差別原理 (Pareto indifference principle)

　すべての個人が一致して無差別と認める二つの社会状態は，社会的にも無差別であると評価されなければならない．

6)　センの潜在能力アプローチは，【自由としての経済開発】(development as freedom) という斬新なパースティクティブを拓いて，経済開発の理論と政策に新たな方向付けを行うことに焦点を合わせていた．福祉国家の基礎設計と政策デザイン

に対して潜在能力アプローチが貢献できるチャンネルを明らかにする作業は，我々自身が担うべき課題である．センには開発途上国における社会保障の在り方を論じた重要な貢献［Dreze and Sen（1989；1991）；Sen（1999）］があるが，私が知る限り，福祉国家論への彼の体系的貢献は，現在までのところ存在しないように思われる．私自身の福祉国家論の最初の試みは，Suzumura（1999a）および鈴村（1999b）である．

7) 分権的な【市場】競争メカニズムの標準的な理解とその批判的な吟味については，鈴村（1992/1993）および Suzumura（1995）を参照せよ．

8) 過当競争の理論と現実に関しては，後藤＝鈴村（1999），伊藤＝清野＝奥野＝鈴村（1988），小宮＝奥野＝鈴村（1984）および Suzumura（1995）を参照せよ．

9) フリードマン［Friedman（1962）］は，競争的市場メカニズムには私的権利の社会的尊重という観点からみて重要なメリットが備わっていることを，印象的な筆致で次のように述べている：

> パンを購入するひとは，そのパンが作られた小麦を栽培したひとが共産主義者であるか共和主義者であるか，立憲主義者であるかファシストであるか，黒人であるか白人であるか，知るすべをまったくもっていない．……この事実こそ，没個性的（impersonal）な市場システムが経済活動を政治的見解から分離して，ひとびとが彼らの経済活動において生産性とは無関係な理由によって差別されることがないように保護する機能をもつことを，雄弁に物語るものである．

フリードマンの慧眼が正しく見抜いて巧妙に例示したように，競争的市場機構に備わる非差別化機能こそ，ひとびとが生産性以外の個人的特性——人種，性別，年齢，貧富，政治的なスタンス，美醜，教育の程度など——を理由に差別されることを妨げて，かれらの私的権利を社会的に尊重する役割を果たす重要なシステム特性なのである．競争的市場システムは自由な経済システムだというフリードマンの積年の主張の根底には，この意味の手続き的衡平性（procedural fairness）を重視する考え方がある．だが，ひとびとが市場における競争に参加する初期条件に関して大きな差異を背負っている場合には，市場競争の帰結として実現される資源配分には大きな不平等性が含まれる可能性がある．特に，誕生の不運から深刻なハンディキャップを背負った個人の場合には，競争的市場機構は彼らの責任には帰されないハンディキャップを公正に補整するどころか，むしろ競争メカニズムに参加する機会さえ彼らから先験的に奪って，彼らの不遇を一層増幅する可能性すら含んでいる．この意味において，競争的市場機構には帰結に関する衡平性（consequential fairness）を保障する機能が備わっていないことは紛れもない事実なのである．フリードマンの意味の競争的市場機構の衡平性に関しては，鈴村（2002b）をも参照せよ．

10) センのパレート派リベラルの不可能性定理によって口火を切られた社会的選択の理論における権利論は，その後膨大な研究領域に成長した．この分野の研究の現

状を知るためには,Suzumura (1983, Chapter 7; 1996; 2003) を参照せよ.
11) 責任と補償のパラダイムの研究の現状は,鈴村 = 吉原 (2000) を参照せよ.

参照文献

Arrow, K. J. (1951 / 1963) : *Social Choice and Individual Values*, New York : Wiley, 1951; 2nd ed., 1963 (長名寛明 (訳)『社会的選択と個人的評価』, 日本経済新聞社, 1977 年).

Bergson, A. (1938) : "A Reformulation of Certain Aspects of Welfare Economics", *Quarterly Journal of Economics*, Vol. 52, pp. 310-334.

Berlin, I. (1969) : *Four Essays on Liberty*, Oxford : Clarendon Press (小川晃一・小池銈・福田歓一・生松敬三 (訳)『自由論』, みすず書房, 1971 年).

Dreze, J. and A. Sen (1989) : *Hunger and Public Action*, Oxford : Clarendon Press.

Dreze, J. and A. Sen (1991) : "Public Action for Social Security : Foundations and Strategy", in Ahmad, E., Dreze, J., Hills, J. and S. Sen, eds., *Social Security in Developing Countries*, Oxford : Clarendon Press, pp. 3-40.

Dworkin, R. (2000) : *Sovereign Virtue : The Theory and Practice of Equality*, Cambridge, Mass. : Harvard University Press.

Friedman, M. (1962) : *Capitalism and Freedom*, Chicago : University of Chicago Press (熊谷尚夫・西山千明・白井孝昌 (訳)『資本主義と自由』, マグロウヒル好学社, 1975 年).

Gorman, W. M. (1980) : "A Possible Procedure for Analysing Quality Differentials in the Egg Market," *Review of Economic Studies*, Vol. 47, pp. 843-856.

後藤 晃・鈴村興太郎 (編) (1999) :『日本の競争政策』, 東京大学出版会.

伊藤元重・清野一治・奥野正寛・鈴村興太郎 (1988) :『産業政策の経済分析』, 東京大学出版会.

小宮隆太郎・奥野正寛・鈴村興太郎 (編) (1984) :『日本の産業政策』, 東京大学出版会.

Lancaster, K. J. (1971) : *Consumer Demand : A New Approach*, New York : Columbia University Press.

Nozick, R. (1974) : *Anarchy, State and Utopia*, Oxford : Basil Blackwell (嶋津格 (訳)『アナーキー・国家・ユートピア : 国家の正当性とその限界』, 木鐸社, 1985 年).

Pigou, A. C. (1920/1952) : *The Economics of Welfare*, London : Macmillan, 1920. Fourth ed., 1952 (永田 清・気賀健三 (訳)『厚生経済学』全 4 冊, 東洋経済新報社, 1973-1975 年).

Rawls, J. (1971) : *A Theory of Justice*, Cambridge, Massachusetts : Harvard University Press (矢島鈞次 (監訳)『正義論』, 紀伊國屋書店, 1979 年).

Robbins, L. (1932/1935) : *An Essay on the Nature and Significance of Economic Science*, London : Macmillan, 1932 ; 2nd ed., 1935 (中山伊知郎 (監修), 辻 六兵衛

(訳)『経済学の本質と意義』, 東洋経済新報社, 1957年).
Samuelson, P. A. (1947/1983): *Foundations of Economic Analysis*, Cambridge, Mass. : Harvard University Press, 1947; Enlarged 2nd ed., 1983 (佐藤隆三 (訳)『経済分析の基礎』[初版], 勁草書房, 1967年).
Sen, A. K. (1970/1979): *Collective Choice and Social Welfare*, San Francisco: Holden-Day, 1970. Republished, Amsterdam: North-Holland, 1979 (志田基与師(監訳)『集合的選択と社会的厚生』, 勁草書房, 2000年).
Sen, A. K. (1977): "On Weights and Measures: Informational Constraints in Social Welfare Analysis", *Econometrica*, Vol. 45, pp. 1539-1572.
Sen, A. K. (1980): "Equality of What?", in McMurrin, S., ed., *The Tanner Lecture on Human Values*, Vol. 1, Salt Lake City: University of Utah Press, pp. 194-220.
Sen, A. K. (1985a): *Commodities and Capabilities*, Amsterdam: North-Holland (鈴村興太郎(訳)『福祉の経済学——財と潜在能力——』, 岩波書店, 1988年).
Sen, A. K. (1985b): "Well-being, Agency and Freedom: The Dewey Lectures 1984", *Journal of Philosophy*, Vol. 82, pp. 169-221.
Sen, A. K. (1999): *Development as Freedom*, New York: Alfred A. Knopf (石塚雅彦(訳)『自由と経済開発』, 岩波書店, 2000年).
Suppes, P. (1966): "Some Formal Models of Grading Principle," *Synthese*, Vol. 6, pp. 284-306.
Suzumura, K. (1983): *Rational Choice, Collective Decisions and Social Welfare*, New York: Cambridge University Press.
鈴村興太郎(1992/1993):「競争・規制・自由」『エコノミア』第42巻第3・4号, 1992年3月, pp. 51-68. 伊丹敬之・加護野忠男・伊藤元重(編)『企業と市場』, 有斐閣, 1993年, pp. 122-145. に加筆して収録.
Suzumura, K. (1995): *Competition, Commitment, and Welfare*, Oxford: Clarendon Press.
Suzumura, K. (1996): "Welfare, Rights, and Social Choice Procedure: A Perspective", *Analyse & Kritik*, Vol. 18, pp. 20-37.
Suzumura, K. (1999a): "Welfare Economics and the Welfare State", *Review of Population and Social Policy*, Vol. 8, pp. 119-138.
鈴村興太郎(1999b):「厚生経済学と福祉国家」『季刊社会保障研究』第35巻第1号, pp. 24-37.
Suzumura, K. (2002a): "Introduction," in Arrow, K. J., Sen, A. K., and K. Suzumura, eds., *Handbook of Social Choice and Welfare*, Vol. I, Amsterdam: North-Holland, pp. 1-32.
鈴村興太郎(2002b):「電子社会と市場経済:情報的効率性・手続き的衡平性・公共的情報倫理」辻井重男(編)『電子社会のパラダイム』, 新生社, pp. 82-101.
Suzumura, K. (2003): "Welfarism, Individual Rights, and Procedural Fairness,"

paper presented at the Symposium on Human Rights and Welfare Economics, Harvard Law School, March 18-19.

Suzumura, K. and Y. Xu (2001) : "Characterizations of Consequentialism and Non-Consequentialism," *Journal of Economic Theory*, Vol. 101, pp. 423-436.

Suzumura, K. and Y. Xu (2003) : "Consequences, Opportunities, and Generalized Consequentialism and Non-consequentialism," *Journal of Economic Theory*, Vol. 111, pp. 293-304.

Suzumura, K. and Y. Xu (2004) : "Welfarist-Consequentialism, Similarity of Attitudes, and Arrow's General Impossibility Theorem," *Social Choice and Welfare*, vol 22, pp. 237-251.

鈴村興太郎・吉原直毅 (2000):「責任と補償:厚生経済学の新しいパラダイム」『経済研究』第51巻第1号, 2000年4月号, pp. 162-184.

第6章　ハイエクと社会福祉

嶋津　格

1　二つの見方

　ハイエクと社会福祉の関係を考えてみたい．先入観としては，相対立する二つの見方がある．ひとつは日本で一般的な，「ハイエクは自由競争と市場の擁護論者であって，弱者切り捨てを平気で認める（冷酷な）思想家である」とするものである．日本的文脈では多分，この観点の詳しい説明は不要である（というか，その背景にある一種浪花節的とでもいうべき世界観にどうも共感できない私は，この観点の説明者として不適任であろう）が，結論として，これもまったく根拠がないわけではない．ハイエクは，市場の自動調節機能を損なうような，強制的手段による弱者保護（特に相対的地位の保障）を否定するからである．

　もう一方の見方を説明するには，私の面白い経験を述べるとわかりやすい．1988年にスタンフォード大学のキャンパスでリバタリアンたちの小規模な研究集会があったとき，当時（同大学のキャンパス内にある）フーバー研究所に客員で在籍していた私も，いい機会だと思って出かけてみた．報告は，ハイエクの初期の代表作である『価格と生産』と彼の景気循環論についての要を得た解説など，なかなか興味深かった．しかし，あるファナティックなリバタリアンと討論をしてみて驚いた．彼は，私がハイエクの研究で学位を取り，ノージックの『アナーキー・国家・ユートピア』を日本語に翻訳中である，ということを聞いて，「ハイエクは社会主義者だからダメだ，ノージックの方がずっといい」というのである．そんな見方がありうると予想する人は日本では少ないだろうが，このような見方（「ハイエクは軟弱な社会主義者」）にも根拠はある．一例としてハイエクは，豊かな社会が均一の「セーフティー・ネット」として福祉の網をはることを是認しているからである．

これに関連する同じように面白い論点は,ハイエクのロールズ評価である.彼は当初,「ロールズの正義の二原理は,正しく適用されるなら,その帰結は多分私の推奨する(市場中心の)諸政策と整合するはずである」という趣旨のことをいってロールズに賛成した(『法と立法と自由』).その後見解を変えて,「ロールズの正義論は,人間社会の未来を当初予測されている枠内へと押し込めることに繋がるので,社会の発展を押しとどめることになり,(これは「理性の傲慢」の一例であって)賛成できない」という趣旨のことをいうようになる (Fatal Conceit).ロールズ(特に前期)の正義論は,それが適用されれば濃厚な社会福祉制度を擁護するだろうから,それに対するハイエクの態度が揺れ動く,という事実も,彼の福祉に対する立場が単純ではないことを推測させるものである.この点についても,後に詳しく見るつもりである.

2 自由の体制と法——不人情の擁護

ハイエクは市場を擁護する.しかしその議論は,基本的に帰結主義的であるから(といっても,これは「原理説明」レベルの話であって,個々の具体的な帰結が予測できるという前提にたつものではないが),市場がもたらす利益(個人の自由と社会の秩序の両立を可能にする点を中心とする)が損なわれない限りにおいて,市場と別の原理が社会に導入されることを理論上否定するものではない.ただ,そこで「導入されるもの」に対しては,ハイエクなりに理解された意味の公正さが要求される.そして,現在われわれが知っている国家が独占する福祉制度は,この点で欠陥が多い,とされるのである.以下,このような観点にたって,彼の議論を再検討してみることにする.

ハイエクの法理論のエッセンスについて,拙稿を引用させていただく.

> このように個々の要素がその活動を常に変化させることによって,全体としてのバランスが維持されているような自動制御的システムにおいて,要素の具体的な活動を固定することは,全体としてのシステムの機能を麻痺させる結果になりやすい.社会についていうなら,特定の期待をその具体的な形のまま実現させることを目的として意図的に社会に介入することは,

コスモスとしての社会が営んでいる機能を破壊して, 悲惨な〔誰も望まない〕結果をもたらす危険を伴っている. ハイエクによる「社会的正義」の批判は〔後に〕扱うが, ここでの議論は, その問題に直接関連しているのである. ハイエクの結論を, 少し極端な形で言い換えれば, 人々の期待の実現を結果として最大化するような形で社会の秩序が (変化し続ける環境の中で, それに適合しながら) 維持され, 進化してゆくためには, 人々が現実に抱いている具体的な期待のうちある種のものが他人によって裏切られることが一貫して容認され, 場合によってはそのような活動が法的に保護されることが必要である. 市場における競争のルールは, あらゆるゲームのルールがそうであるのと同様, 特定の個人に特定の期待実現を常に確保するためのルールではありえない. それはむしろ, 直接的には他人の期待を裏切るような諸活動 (それは実際に行われたものでも, 潜在的に可能であるにすぎないものでもよいが) のうちで, その正当なものと不当なものを区別するためのルールなのであり, 逆に言えば, 法的に保護される期待と, それ以外のものを区別するルールなのである[1].

このような関係を社会の中で維持することが, ハイエクの考える法の役割・目的である. 個人の自由と社会の秩序・効率が両立するということは, ある意味でパズルであるが, それは, このような装置が社会に付加されることによってはじめて可能になる. ここで「他人の期待を裏切る」行動としてたとえば, 次のようなものが考えられる.

* もっと品揃えがよく価格も安い店ができたので, これまでの店で買うのを止める.
* 新しい生産方法を適用するため, 以前の原料・機材の供給者との取引を打ち切る.
* 新しいより魅力的な生活のスタイルを採用するに際して, 伝統的な消費行動とは異なった消費材に支出をふり向ける (携帯電話の費用を捻出するために, 子どもたちがテレビ・ゲームへの出費を節約するようになる……).

＊古い形の商品の市場が急激に縮小することになるような新商品を開発しそれを売り出す．
  ＊需給のバランスが供給に有利になった（たとえば農作物の不作）ので，価格を「つり上げる」．また逆の場合に商品を「買いたたく」．
  ＊より高い利潤が期待できる分野に資本を投下するため，これまでの分野からそれを引き上げる．
  ＊必要な技術をもった労働者を高い賃金で引きぬく．また，会社での処遇に不満があるので，もっと条件のよいところに勤め先をかえる．
  ＊労働組織の合理化または市場の変化のために，不要になった労働力を他の分野に回す（現実には解雇または配転）[2]．

 これはいずれも，直接誰かの不利益を帰結する「不人情」な行動といえるだろう．ハイエクが「社会的正義」の観念そのものを否定する（『法と立法と自由 第2巻』）のは，ここでいう「裏切られる期待」について，それを「権利」とみなすことを容認し「裏切る」行為の方をそれに対する「侵害」とみなすことに，この観念が利用される傾向があるためである．実際に，たとえば労働運動などにおいて「社会的正義」の語によって要求されてきたものを分析した場合，これ以外の共通の要素はほとんどなかった，というのが彼の判断なのである．「自由の」制度の中で人は，かならずしも理解できない理由と事情のために，そして明らかに自分の責任でないのに，これまで（あたかも「権利」であるかのようにして）安住していた生活を奪われることがある．それは，他の人々がどこかで，これまでの行動のパタンを変えたためである．その意味で，「他者の自由は自らの地獄」といった事態が発生することは，相互依存により支えられている社会において，少なくとも短期的な状況では避けられない．しかしこれを許さないと，社会は新たな条件（自然環境の変化，新たな資源の発見，技術の進歩，人々の嗜好の変化など）に対応することができず，硬直した秩序が強制的に維持されることになる．上記の期待を，裏切られないように保護すること（それを「権利」と認めること）は，さもなくば行動を変更するはずの人々からその自由を奪うことであり，それは直接・間接の強制なしにはなしえないことだからである．つまり「自由」は常に「他者の期待を裏切る自

由」の側面をもつが，自由な体制においては，その一部が権利として保護されるのである．一般に人々が自由に活動する社会生活においては，人々の期待は衝突することが避けられないが，その場合に保護されるべき期待とそうでないものの間に区別を設けることを任務とするのが，私法の体系（ハイエクはこれを「ノモス」と呼ぶ）なのである．もちろん，この体系は普通人々の日常生活の中でそれへの従い方（自覚的とはかぎらないが）が（言語の文法の場合に似て）学習されており，人々はそれに応じて期待を形成するので，現実に対立が発生することは必ずしも多くはないだろう．そしてむしろ表面上の対立がない場合にこそ，そのルールは（意識されないかもしれないが）より円滑に機能しているのである．

こうして各人は「保護された領域（protected sphere）」をもち，その中で自由を享受する．この体制は，伝統的な意味の「法（＝私法または近代法）」が確保してきたものである．専制君主のイメージで捉えられるホッブズの主権者も，実は私法を制定することがその主な任務であり，決して全体主義的な国家の支配者とは想定されていない[3]．これはまた，ベンサムが「立法の科学」として擁護するものの基本的内容でもあり，この「科学」は決して，集合主義的な「幸福追求」のために個人を道具化することを容認するわけではない（少なくとも，自己の利益の最善の判断者は当該個人である，という視点を中心とするベンサムのヴァージョンの功利主義において）．そのようなルールが，主権者による命令としてしか実現しえないというホッブズの議論や，社会的な利害計算によってゼロから設計主義的にそのあるべき内容を決定でき，それに基づいて行われる立法がかならずコモン・ローに優越すると主張するベンサムの功利主義には，それぞれ誤りがふくまれているとはいえ，結果として実現するはずの「法」が私的所有権を含む個人的自由の体制と整合する上記のようなものであることは，彼らの議論の当然の前提になっているのである．

それぞれの保護領域の中で自由に行動する無数の個人からなる社会が，現実に有効な秩序を形成し，各人の自由が，本人の意図と独立に，相互に他者の可能性を拡大する機能をもつ，という表見上の奇跡またはパズルが起こる秘密は，それらの自由な行動が，市場からのシグナルを得て，それに適合的に行われるからである．この，行為者がそれを明示的に意図しないまま無数の行為間に有

機的秩序が生成する，という市場のメカニズムが存在することの発見は，アダム・スミスなどの「道徳哲学」の中心的成果であり，それは学としての経済学が成立する契機となった．

　このメカニズム全体を廃棄して全面的な意識的理性の計画によってそれを置き換え，生産を社会化・合理化して豊かで平等な理想社会を実現する，というアイデアは，サン・シモンなどのフランス社会主義者たちが，ナポレオン時代以降の自然科学万能の幻想が力を得た時代に主張し始めたものである．そしてマルクス，エンゲルスの中でもそのアイデアは，議論の主題というよりむしろその前提とされ，「法の廃絶と国家の枯死」が語られた．そこでは，資本主義崩壊のメカニズムの分析（根拠薄弱なそれを含むが）には力点が置かれているが，それに対置される代替的体制の内容としては，このアイデアがただ示唆されているだけである場合が多いのである．法理論においてこの流れを代表するのは，ケルゼンなどの法実証主義者である．彼は，私法（それは公法モデルに統合されて独自の観念としては否定される）と市場秩序に対する民主主義の優越（もしくは絶対的な立法権）を認めることで，後者の権威による前者の体制全体の廃絶を論理的に可能にする．これは，暴力革命を否定する一方で，民主主義による集合的決定のルートを通した全面的な社会主義化を，擁護するかもしくは歴史的にそれを不可避と考えるような見解，と一体となった法理論なのである．そしてこれらすべての理論は，上記の個人の保護領域つまり個人の自由を基礎とする社会秩序を否定することで，全体主義へと道を開くことになったのである（このような体制の非効率性は，ミーゼスやハイエクが1930年代から，いわゆる社会主義経済計算論争において予言していたものだが，ソヴィエト体制の崩壊後すでに十数年を経た現在，もはやその点について多言を費やす必要はないだろう）．

　ハイエク（その著作はほぼすべてソヴィエト崩壊前に書かれた）は，このような理解を前提として，市場を自由な個人と社会秩序を両立させる唯一の手段として擁護するのである．

3　国家の役割——夜警国家を超えて

　当初に述べたエピソードにおいて,リバタリアンがハイエクのことを「社会主義者だ」と非難する理由は,ハイエクが国家の役割を,いわゆる夜警国家（「法と秩序」の維持）の範囲を超えてかなり広範に認めることが原因である.福祉と所得の再分配の問題は別に論じるとして,まずそれ以外の分野で国家のなすべき仕事を彼が論じている箇所を見てみよう.それはたとえば『自由の条件』第15章「経済政策と法の支配」においてである[4].そこではまず,貨幣制度（ただしこれについては後に「非国有化」が主張されるようになる）と度量衡の制定,測量,土地登記制度,統計資料などによる情報の提供と,教育援助を挙げ,これらは「個人が利用できる手段を提供する」ものとして是認される.そして,いわゆる公共財として経済学において定義されるものの存在を認め,「衛生および保健サーヴィスの大部分,……道路の建設と維持,……都市の文化施設」を供給することなどは,「政府〔地方政府を含む〕の行動に疑問を呈することがほとんど不可能な分野」と考えられる.防衛関連の秘密保持,特定分野〔多分基礎分野〕の研究助成なども言及されている.ただこれは政府による独占を当然視するものではなく,「政府が財政的な責任を一部または全部引き受けるが,実行は独立の競争的主体（複数）に任せる」ことで,一般的により効果的に達成される,と述べ,「反対すべきものは,国営企業自体ではなく国家独占」だとする.その他,「一般的なルールの形で定めることのできる経済活動の一般的規制」にも,一部容認できるものがある,とする.これらの規制は一般に,そのコスト（特に大きいのは,潜在的に可能な発展を阻害して,その結果全体的な生産性を低下させるというコスト）が過小評価されがちだが,「〔それらの〕コストが十分考慮され,それが所与の目標を達成するのに払うに値すると考えられるかぎり,これについて語るべきことはほとんない」という.こうして,「工場法」（労働基準法）の分野に属する法規制も,原理的には擁護されるのである.ただ,彼が強調するのは,一般に行政行為が広範な裁量を必要とする,というのは誤りであって,通常の市民の権利に関わる行政行為は一般に,妥当すると考えられるルールとの関連で事後の司法審査が可能なものがほとんどであり,そのように扱われるべきだ,というのである.彼の

法理論は常に，手続よりも内容上の規制力に着目するから，議会で是認された行政裁量より，行政的に定められた事前の（内容にかかわる）ルールの方が，法の支配の観点からしても望ましい，というのである．

ただ，商品やサーヴィスの価格と数量の統制は結局，「事実上，何が誰により誰のために生産されるべきかを恣意的に決める権限を当局に与える」ことになるので，許されない，という．

その他，上記の各私人の「保護された領域」の画定，つまり私有権の境界決定も，それを具体化する場合には「市場メカニズムが可能なかぎり効果的かつ有益に機能するためにはその内容は厳密にいかなるものであるべきか」が問題になる．しかしこれは，（経済学者というより）法律家たちによる気の長い経験と漸進的進化にまかされるしかない，というのである（この結論は近時のいわゆる「法と経済学」によるコモン・ロー判例の弁証と整合する）．現代的論点を挙げるなら，わが国のマンションなどの集合住宅をめぐる人々の予期の調整など（地震などに起因するものを含む）は，新しい社会関係を「権利」の区分によって解決しようとする例として，もっとも顕著なものの一つであろう（ここでは立法が大きな役割を果たしつつあるが）．また，契約についても，契約は自由であるが，典型契約の類型化によって反対の意志表示がない限り一定の内容が補充されるという方式を採用することで「私的取引はずっと容易になる」，という法学者の常識を是認している[5]．

こうしてハイエクは，「レッセ・フェール」「（市場への）非介入」「夜警国家」を退けるとともに，「法の支配」を擁護する．ここで重要なのは，この法の支配は，上記のような広範な政府の活動を，その原理と調和する限度で容認するのではあるが，それは「分配的正義」または「社会的正義」の要求とは相容れない，という点である．後者は，法の支配の理念が忘れられるのに決定的な役割を果たした，として繰り返し批判されるのである．そこで想定されている分配的正義とは，各個人が，「当該サーヴィスが仲間にとってもつ価値〔市場で評価される価値〕ではなく，真価と功績についての誰か別人〔意図的な分配の決定者〕の構想（conception）にしたがって報酬を受ける」ということである（これはノージックが「パタンつき（正義）原理」と呼んだものとほぼ同じである）．法の支配の下でこれが実現不可能であるのは，異なる個人（ど

う異なっているかは事前にはわからない）を政府が平等に取り扱えば帰結は不平等となり，個々人に自分の財と能力の自由な利用を許せばその結果は予測不可能だから，である．

4　累進課税の否定

ハイエクも自認するとおり，彼の議論の中でもっとも現代の常識と対立するのは，彼が累進課税を基本的に否定する点であろう（『自由の条件』第20章）．その根拠としては，経済的・政治的・道徳的なものがある．

経済的な面では，それが人々の活動を誤導する，というのが主要な論点である．長期に亘って準備と投資をした後，短期にその収穫を得るような活動や，確率は低いが成功すると大きな利益を生むような活動は，収穫年度または成功年度に高額課税されるため，全体として抑圧される．また，収益力の高い有力な新参の企業者は，迅速な成長を抑えられ，結果として既存の大企業の寡占状態が新規参入から保護される効果をもつので，それはイノベーションを遅滞させる．経営主体間の競争は，その結果によって資本財がより有効な形に再分配されてゆく過程とみなせるが，累進課税は各主体の相対所得をそれがなかった場合と比べて変化させ，資源配分の調節メカニズム本来の機能を阻害するのである．また，実際に高税率を課される階層から得られる税収は，全体の内の小さな部分しか占めていないので，財政上の必要はあまり理由にならない，というデータ（当時の英米における）も挙げられている．

政治的には，累進制を一旦導入すると（最初はどこでもごく低率で導入される），民主主義の下でそれが加速することを止めることが不可能だ，という点が中心である．そして，「多数派が，単に多数派であるという理由によって，自分自身に適用しはしないルールを少数派に適用する資格がある，という発想は，民主主義自体よりもずっと基底にある原理，民主主義の正当性がその上に基礎をもつ原理に対する侵害である」[6]という．普遍主義的な法の支配は，この原理を表現するものであり，支配する者とそれに服する者が同じルールの適用を受ける，ということがその中心をなすが，累進制が一旦是認された後では，その内容を多数派が恣意的に操作することに対する有効な歯止めとなる論理は

どこにもない，というのである．実際の運用においても，現在（1950年代末当時でも現代でも）の累進的税制においてもっとも利得を受けているのは，下層というより政治的な力をもつ中間の階層なのである．この根底には，大きな利得を不必要で望ましくないものとする人々の見方があり，それは多数派である給与所得者の心情を反映している．結局これによってわれわれは，多数派にとって適当な所得と映るもの以外は認められないような社会に向かうことになる．しかし，個人の活動が社会的・経済的にもつ価値には，給与所得については妥当するかもしれないこの種の上限はないし，「ある活動にかかる時間と，それから社会が受ける利益との間に必然的な関係はない」というのである．

　道徳的にはまず，累進制が「同一労働同一賃金」の原則を破壊する点が挙げられる．まったく同じサーヴィスであっても，全体の所得が少ない者がその一単位を提供する場合とそれが大きい者が提供する場合とで，同一の物やサーヴィスについての税引き後の所得には大きな差ができる．単位あたりでみれば，勤勉で有能な提供者には少なく，怠惰で非効率な提供者には大きな報酬が与えられることにもなるわけである．その他これは，少数者に課される差別的な税負担であり，大きすぎる所得が他の階級の所得と調和しないという理由で正常なインセンティブが機能しないようにすることである．これらの抽象的事実が理解されれば，人々の判断も変わるはずだ，と彼は言うのである．

　提案として打ち出されるのは，国民総所得中の国家予算の割合を所得税率の上限とする，という案である．この範囲で間接税の逆累進性を補うような穏やかな累進税率が課されることは是認するが，基本的にはこれは比例税に近いものである．比例税制の弁護としては，国家のサーヴィスによる貢献が各所得単位に均等に含まれている，という想定は妥当なものだ，という点が挙げられている．国家の緊急事態などには予算を増額する必要が起こるが，国家予算全体の国民総所得に対する割合の増大に応じて，この直接税の上限もその比率を高めることになるので，そのような事態への柔軟な対応もこれによって可能だ，というのである．

5　社会保障

　最初に述べたようにハイエクは（中心的には『自由の条件』第19章において），均質のセーフティー・ネットを容認する．

> 再度，公的救済のシステムが利用可能であることは当然と考えておこう．これは，均一の最低水準を，必要性を証明された事例に対して準備するものであり，その結果共同体のメンバーは誰も，食料と住まいの欠如にさらされる必要はなくなる，というものである[7]．

　彼が否定するのは，社会保障の制度が，自力で生活できない者への補助という名目で導入されながら，その目的を超えて，あるべき所得分配を実現する手段として利用される傾向をもつことである．それゆえ，いわゆる「生活扶助」は本来，多数派の出費で比較的少数の自立できない者たちを，受け手の掛け金支払いとは無関係に保護する制度であるから，それ自体の問題は少ない．ただその財源として強い累進課税と組み合わされる場合には，それは，多数派である中位の所得階層がその政治力を使って，主に自分たち以外の高所得階層の負担によって下位の所得層に所得を移転する制度となる可能性がある．この場合にはそれは，多数派が自己の負担によらないで良心の満足を得るための制度，という側面が強くなり，不公正の嫌疑がかけられるだろう．または，ハイエクの意味での「法の支配」を巧妙に回避するもの（というか，これが可能になる点が累進制への主な反論のポイントであった），といってもよいかもしれない．

　いわゆる社会保険の諸制度についても，その原理は否定されない．上記の公的扶助は，比較的豊かな社会において，かなり高い水準になってゆくであろう．その場合，自分で危急の備えが可能な者についても，人々の中にそれを怠る傾向が生じるのは自然である．それを放置して公的扶助の対象がむやみに増加するのでは制度は維持できないから，その防止のために強制加入の保険制度が導入されることは「自明の論理的帰結（obvious corollary）」である．そしてその原理は，自動車保険の加入強制と同じ（他人に負担をかけないという義務を履行するための担保）だ，というのである[8]．そして，政府が補助金を出して

その制度の発展を促進することも,移行措置としてなら許される,という.「この点までは,「社会保険」の全体的装置の正当化は,ほとんどの自由の擁護者達に受け入れられるだろう.」問題はその後,特にこの制度が国家によって独占的に運営され,それが非能率にさらされるとともに,別の目的(「社会的正義」)を追求するための恣意と強制の道具となることにある.

　もし社会保険が,上記のように加入を強制される自動車保険のようなものであるなら(人々は自分の選択する保険会社とその契約を結ぶ),保険がカヴァーする対象と保険額は当初の契約内容によって確定し,掛け金との関連も明示されているはずである.しかし政府による独占的なサーヴィスである場合には,この両方においてそれは恣意的な決定を許すものとなり,この制度を利用して,「社会的標準」として個々人の受け取るべきものを決定しそれを与えることができるようになる[9].再分配の道具にそれが転化するのである.

　この分野の「専門家」とされる者のほぼ全員が,この政策の基礎にある原則・理念に賛成しているので(元々そのような人が専門家になるので),専門家のアドヴァイスは常にこの方向(再分配)を促進するものばかりになるが,それは「反対を主張する経済学者や法律家」が専門家と見なされないためである.しかし,各分野の専門家たち(彼らは他の分野のことを知らないし,現時点で自分たちに知られていないもっとよい解決策が出現する可能性をあまり想定しない)の希望が制限を受けずに満たされてゆく世界とは,資源配分のバランスを欠いた恐るべき社会にならざるを得ない,という点は,「科学主義」として『科学による反革命』でハイエクが強調したことである.さらに,政府が独占する社会保険の制度について,その宣伝活動が公費で行われることについても,彼は批判している.本来,オーストリア学派的な機会費用の発想から見れば,資源をあることに使うことは他のことに使わないことであるのに,(何か他の価値の犠牲において当該の価値が追求されるにもかかわらず,犠牲になるものについての情報はないまま)中立性を欠いた見解のみが政府の費用において組織的に流されることは,民主主義的決定をゆがめ,それを操作することになる危険が大きい,というのである.

　老齢年金については,本来大恐慌と戦中のインフレにより生じた特定世代の問題(以前の蓄えでの生活は不可能)を解決するために導入されたものである.

この経緯を考えれば賦課方式は避けられないが，この制度が恒久化することで，掛け金支払いとのリンクを事実上離れた受取り額につき，異なる要求に対して適用できる正義の基準はなくなる．また，まだ働ける人が今働いている人の負担で給付を受ける制度は，その実質が「保険」でない以上，恣意的とならざるを得ない．

　医療保険については，医療の必要性は客観的に決まる，という前提は，急速に進歩しつつある医療の下では特に誤りである，という点が強調される．また，終末医療など回復を期待できない医療においては，効率（「医療のコストは生産性の向上で回収できる」）による弁護論は問題にならないが，その場合にも物質的価値と非物質的価値との考量を，個人に代わって誰かがせねばならない．そして，医療を無料化したイギリスでは，順番待ちの列が長くなり，特に回復の見込みのない人で病院が満員になっていて，それ以上に治療を受けるべき人が待たされることが多い，と述べられている（これは多分，高額の自由診療を認めれば，一部解決すると思われる）．また，医師の実質的公務員化が進むことで，守秘義務の上でも問題が発生し，その極致はソ連における医療施設を通した国家による抑圧だ，としている．

　失業保険についても欠陥が指摘される．これは，安定的な職種につく者の負担で，季節労働，その他予備労働力が必要な職種など不安定な職種を補助する制度となる．これらは本来，賃金の弾力性と労働者の移動によって解決すべき問題であるが，失業保険によって，この面での市場の機能が鈍くなる．高賃金を要求して，その結果失業を発生させる労働組合の責任回避と勢力拡大にこの制度が利用されている面もある．

　要するに社会保険は，再分配を目的として運用されている現実があるが，あるべき分配パタンを決定する正義の観念は，真正なものとしては成立しないのであって，事実上それは政治的な力の間の綱引きに左右される恣意的な分配となる．また，これを実施する過程で官僚が大きな力を揮うようになる．しかし，国家のもっとも重要な目的は強制から個人を守ることであるのに，この官僚の力から個人を守るのに国家に依存することはできないから，個人は無力なまま権力と向き合わねばならなくなる．一時的なものとして導入される社会保障も，恒久化することを避けるのは難しい．しかしその結果，特に発展途上国などで

は，そのコストが経済成長を阻害し，人々の窮乏からの解放を逆に困難にしている．自由な社会は最低限の収入保障とは両立する．しかしそれは，多数が生活できない少数のために，納得してコストを負担するものでなければならない．また，上記のように，国家が独占するのではない民間の保険会社が引き受ける強制加入の保険制度（一定の条件をみたす様々なアイデアがそこで試されるはずであるが）も，自由な社会と矛盾するものではないが，これらは本来の保険として運用されねばならない．

6 結論にかえて

以上，ハイエクの福祉に関する議論の概略を振り返ってみた．そのねらいは，彼の議論がいかなる理由で何に反対しているのか，を確認することにある．そして，それらの条件が充たされ，彼が批判するような欠陥を免れることができるような制度がもしあれば，彼はそれを是認する用意があるだろう，ということを明らかにすることである．『隷従への道』（原書1944年）以来，彼は自分と社会主義者との間に，価値観上の違いがあるとは考えないのであって，主要な対立は，採用される手段とそれがもたらす結果の関係に対する理解の差にある．

しかし，『隷従への道』が書かれた頃には，社会主義とは生産手段の国有化を通した生産の計画化を意味していた．彼のこれに対する分析は基本的に正しい，という理解が現在では一般的であろうが，同種の過程が，累進課税と国家による社会福祉政策を通した所得の再分配という現代の社会民主主義的な戦略についても妥当する（とハイエクはいうが）のだろうか．経験的には，どうもその兆候は見えない，と思われる．社民的な政府が人権を踏みにじって個人の自由に対して抑圧的になったり，民主主義の手続を廃止して政権の座を降りず専制に走ったり，ということは，少なくとも先進国に関するかぎり，戦後史の中にはなかったのである[10]．たとえばスウェーデンの高負担・高福祉の制度は，もちろん個人の経済活動に関しては抑圧的である．しかしそれが，様々な立場からの政治的発言や情報・真理問題について抑圧的だ（隷従への道理論ではそうなるはずだが）として非難する論者はほとんどいない．それがよいか否

かはともかく、そのようなシステム（経済活動以外の点では抑圧的でない高福祉の体制）が可能であることは、事実において明らかである、といわねばならない．

その理由の一部は、人々が経験から学んで以前より賢明になったという点にあるだろう．これは、社会主義、特に経済の計画化という方策と全体主義との不可避の関係を分析したハイエクをはじめとする理論活動が、その核心部において広く理解され、社会主義を理想化する議論が支持を受ける危険が薄れたということであろう．しかしそれ以外に、この「福祉国家」の体制は、生産手段国有化のヴァージョンとは異なって、その原理においてハイエクの主張とも整合する面を多くもっていると思われるのである．

たとえば、その代表者であるロールズの正義論では，
　①平等な自由権の優越（第1原理）　②格差が開かれた地位に付随すべきこと（つまり競争と新規参入者に開かれていること）（第2原理の前半）
　③正義論においては，嫉妬心の問題（それに起因する人々の不幸）を無視すべきこと
という条件（これらは当然ハイエクも是認するにちがいない）の下で，④格差が，恵まれない者（グループの代表的個人）にとって最善の利益をもたらすようなものであること（第2原理の後半，ただしこの原理の前後半の順序は逆に書かれている箇所もある）という「格差原理」が主張された．

ハイエクは，ロールズの議論が，「それらの制約群が満足されるなら，結果として生じる分配がいかなるものであれ，それは正義にかなうものとして受け入れられるのである」（ロールズの論文 'Constitutional Liberty and the Concept of Justice' よりハイエクが引用）という前提の下で主張されているとすれば，これは，ハイエクの議論（特に「原理説明」の議論）と対立するものではない，という[11]．ハイエクの観点からしても，個人の自由な活動と競争に基づく市場経済は，たとえば発展途上国において飢餓から人々を解放するのにもっとも有効な体制であると考えられるから，その限度では格差原理をも部分的には充たすであろう．しかし後にハイエクは，ロールズの議論は誤りだ，として次のように言う[12]．

個々人の活動の必要な変化から生じる生産物の価値は，予想されなかった出来事によってその変化が必要となったのであるから，正義にかなうように見えることはめったにない．……そのような道徳的に盲目の結果に対する嫌悪——理解できる嫌悪だが——から，……人々はある形容矛盾，つまり〈進化のコントロール〉，を達成したいと考えるようになる．進化を現在の願望に従って形作ろうとするのである．その結果が，性質上誰かが知ること，知りうることによって決定することができないようなある状況を，正義にかなうようにしようという実りなき努力は，その過程自体の機能を損なうだけである．［原文改行］そのような正義の要求は，自然に似た［naturalistic］進化の過程に対しては不適切である．……過去に起こったことに対してだけでなく，現在進行中のことに対しても不適切なのである．……進化は正義にかなうものではありえないのである．［原文改行］実際，すべての未来の変化が正義にかなうものであれと主張するならそれは，進化が止まることを要求するに等しい．［社会発展の］初期の時代に，魔術的な力が何か平等主義的または功績主義的な信仰箇条を実施する権力を与えられたと想像してみるだけでよい．そのような出来事は文明の進化を不可能にしたはずだ，ということがわかるであろう．ロールズ的な世界は，［もしあったとすれば］決して文明の域に達することができなかったはずである．運による格差を抑圧することで，それはほとんどの新しい可能性の発見をつぶしてしまっただろうからである．

　しかし福祉国家の方策は，個人の自由な経済活動は是認し，むしろそれに依拠した上で累進的な税率を収益に対して課し，それを財源にして成長と両立する限度で福祉を実現しようとする（多分成長率は引き下げられるが）．これが本来の限度を逸脱して制御不能になる危険性の有無・程度を分析するには結局，現代民主主義の問題を扱わねばならない．しかし残念ながら，この問題は本章の対象からは外さざるをえない．

　暫定的な結論として言えることは次の点である．ハイエクは最初に述べたように，帰結主義的な観点から私有財産の制度と市場を擁護し，価値的には個人の自由と公正の観点からこれらの制度（私法その他の諸制度と，これらの制度

と一体になった価値群を含む）を擁護するのである．彼の議論の構造が，いかなる方策によって何が可能か・不可能か，に関する原理的な因果説明（原理説明）に依存する以上，議論の帰趨は大きく経験に開かれていると言わねばならない．ハイエクの議論が誤りの可能性に開かれていることはその最大のメリットであるとともに，その可能性をより具体化する議論を展開することは，依然としてわれわれに残された知的課題であろう．

　現時点で少なくとも言えることは，現代において社会福祉の制度がもし成功するとすれば，それは，ロールズの第1原理も明示しているように，何よりも個人主義的な観点を基礎としなければならない，という点であろう．ロールズにおいては，各個人は他人には関心を持たず，自分の利益のみを考えて正義の原理を選ぶ．ただそこに「無知のヴェール」がかかっていて，自分だけが利益を得るような偏った取り決めをするための自分に関する情報が与えられていないのである．こうして正義の原理が選択された後で，結果として自分が恵まれたグループに属することになったとしても，その者は，他者への義務としてではなく，当初自分がコミットした（はずの）正義のルールに従って，公正の名において再分配的な制度における自分の義務を果たさねばならないのである．この体制の下で彼の所有するものが何かあるとしてもそれは，このルールによってはじめて彼のものとなるのである．だからあえて言えば，税引き後の取り分の方が元々の「彼のもの」なのである[13]．類似したことは，ドゥオーキンの主張する「資源の平等」論と，そこで社会福祉の政策を擁護するために持ち出される「仮想的保険市場」[14] の議論にも見られる．つまり，結果として社会的に成功した者とそうでない者の間に，ゲームに入る前に基本的な平等が成立しているような架空の場面を想定して，そこで各人が自分の安全のために保険をかける，という状況を考えるのである．この基礎にある平等は，コスト（他の者の観点からするその財の価値，もしくは機会費用）に着目するものであるから，この保険市場も決して当人たちがそれに必要な掛け金を払う用意がないような，コスト無視の平等（たとえばケイパビリティーの平等）を実現するものにはならないのである．このようなアプローチは，個人主義的な前提から社会保障を擁護するための有望な方策であると考えられる．個人の自由が優先し，その前提の下，それを先に進めるものとしての福祉というものが理論的に定式

化できるなら，それとハイエクとの整合性を考えることが極めて有益となろう．

いずれにせよ，ある論敵を想定して築き上げられた理論を，その当時存在していなかったすべての相手を論駁するものとして扱うことは危険である．それゆえ，当面は以前の論敵に対応したハイエクの批判的理論の新たな論敵に対する適用可能性は，個々に新たに検討せねばならないのである．

注
1) 拙著『自生的秩序』木鐸社，1985年，pp. 135-136. 一部内容を変更.
2) 同上 p. 298，注 25. 一部内容を変更.
3) 拙稿「所有権は何のためか」『法哲学年報 1991』所収，1992年.
4) *The Constitution of Liberty*, 1962, pp. 220-233（気賀・古賀訳『自由と法——自由の条件Ⅱ』春秋社，1987年），以下 CL と略記.
5) 参照，拙稿「進化論的契約論素描」千葉大学法学論集 8 巻 1・2 号，1993年.
6) CL, p. 314.
7) CL, pp. 300-301.
8) CL, pp. 285-286.
9) ただ，再分配は本来の保険にはできない，とハイエクは言うが，法的に加入者内の細分類を禁止するようなルールの下では可能だし，まさに自動車の強制保険において，低危険ドライバー・グループから高危険ドライバー・グループへの所得移転が実際行われている（細分類が一定の範囲で認められている任意保険においては，これはより小さなものになるが）．また，アメリカの民間が運営する医療保険においても，たとえば保険加入者に対する事前のエイズ・テストを禁止するようなルールの下では，同じようなグループ間の所得移転が実現している.
10) たとえば，Sidney Hook, *Out of Step*, 1987, Harper and Row, p. 353 では，ハイエクを意識しながら次のようにいう．「今日，福祉国家または混合経済は，その濫用と気まぐれ，その受益者・納税者双方による詐術から切り離されれば，活発な民主主義の政治生活と両立するように見える．それは不可避の隷従への道ではない．
私は，全体主義の進展とともに，われわれの選択は社会主義か資本主義かだ，という初期の信念を捨て，それは状況に応じてそれぞれの要素が多かったり少なかったりするのだ，と考えるようになった．今日の主要な選択は，全体主義と自由な社会の間にあり，後者の基礎は政治上の民主主義にある．」ただし，「政治上の民主主義」だけで全体主義から自由な社会を守れるか，には大きな疑問がある，と言わねばならないが.
11) *Law, Legislation and Liberty*, Vol. 2, 1976, p. 100.
12) *The Fatal Conceit*, 1988, p. 74 この本はまだ翻訳がないので，少し長いが本文に引用箇所の内容を挙げる．同書の内容の紹介としては，拙稿「広がった秩序と道徳——F. A. Hayek, *The Fatal Conceit* を読んで——」亜細亜法学 25 巻 2 号（1991年）．

13) この点については，渡辺幹雄氏（山口大学）の議論から示唆を受けた．
14) R. Dworkin, *Sovereign Virtue*, 2000, 小林公他訳『平等とは何か』木鐸社，2002年．ノージック『アナーキー・国家・ユートピア』に挟み込まれた小冊子『木鐸』の中で，塩野谷祐一氏がこの本に批判的にコメントする中で，社会保障を擁護するために保険の議論に言及されていたのは慧眼である（「保険料の掛け捨て」）．ただ同書第3部にあるように，メタ・ユートピアとしての最小国家の中に様々なユートピアがあり，人々は（強制ではなく）自発的にそのどれかに参加するというのがノージックのモデルであるから，下のレベルのユートピアは，いかなる保険や相互扶助の制度とも両立するのである．もし個々人がそれを受け入れるなら，だが．私は，ノージックの方がロールズ以上に道徳的な個人を想定していると考えている．

第7章 ロナルド・ドゥオーキンの倫理的責任論

長谷川　晃

1　はじめに

　分配的正義における近年の重要なイシューのひとつは，リベラルな平等における責任と補償との関連である．リベラルな見地においては，一般に個人に責任のある資源，能力，あるいは富などの欠損に関しては社会的な観点から補償の必要がないが，個人に責任のない資源などの欠損については補償が必要であるということが広く認められてきており，現在はそれを前提として，どこまでが個人の責任の範囲内の欠損なのか，その画定規準が問題となっている．この問題は，社会保障に関しては貧困やハンディキャップあるいは医療などの保障の基本原則とその射程に関する規準を定式化するための基礎にかかわるものであるが，ここには理論的な問題が少なくとも二つ含まれている．ひとつは個人責任の規準である．これはたとえば個人の判断や行為の倫理的な責任の範囲はいかなるものかということにかかわる．それと同時に第二には，その規準確定の背景となる哲学的・倫理学的な理論はいかなるものかということも問題となる．つまり，個人の責任を生み出す人格的条件のあり方である．

　本章では，ロナルド・ドゥオーキンの議論を嚆矢とし，その後ジョン・ローマーやG. A. コーエンらによって批判的に引き継がれ，さらには経済学の領域でもマルク・フローベイなどによって考察されている分配的正義における責任と補償のあり方を念頭に置きながら[1]，とりわけドゥオーキンの倫理的リベラリズムにおける理論的スタンスを整理し，それがもたらす社会保障上の意義や射程について考察してみたい．

2 ドゥオーキンの責任観念

ロナルド・ドゥオーキンの責任観念を端的に述べるならば，熟慮を伴って個人が判断したうえで形成した選好の結果には制度的な補償の必要はないというものである．逆に言えば，個人の判断を伴うことができないような選好や状況から生ずる結果には制度的な補償が必要である．ドゥオーキンの言い方を踏襲すれば，このような区別はパーソナリティと状況という形での区別でもある．前者は個人の意志や判断の表現であり，後者はそれらを超えている状況的制約であって，後者のみに制度的な補償が必要である．この区別によって，ドゥオーキンは，個人の統御を越えたような状況的制約がある場合でも，そこから形成されている選好について個人がそれを持つことを望んでいるという形でのアイデンティフィケーションないしは判断があるのであれば，その選好については補償の必要がないとする[2]．

ドゥオーキンはまず因果的責任（causal responsibility）と結果的責任（consequential responsibility）とを区別する[3]．因果的責任とは，ある行為を当の個人が本当にしたのかどうかという帰属（attribution）に関する認識の問題である．結果的責任とは，行為の結果について個人が責めを負う場合と制度的に補償をする必要がある場合とを区別して評価することである[4]．ちなみに，この点に関連して，ジョン・ローマーは道徳的責任（responsibility）と答責性（accountability）とを区別しているが，これと対照させることでドゥオーキンの区別の意義もより明らかになるであろう．ローマーの区別によると，道徳的責任はたとえ状況的制約があったとしても問われる．それは個人の能力を超えている環境のもとで行為をした場合に，それについてなおその意義を問い得るという形の責任である．しかし，答責性は状況的制約の故に，個人のコントロールを超えた条件下でしか行為できなかった場合には問われない．それ故，この区別によれば，たとえ一方では道徳的責任があるとしても状況的制約がある場合には答責性は問われないことになる[5]．ここで，否定的責任と肯定的責任という区別にも一応注意する必要があるだろう．前者は，道徳的あるいは法的な非難に関するものであり，後者は，たとえば福祉的な補償が問題になる際に自己責任が阻却される場合であって，個人に対する評価が制裁的であるかそ

れとも給付的であるかという相異である．このようなローマーの区別は先に述べたドゥオーキンの区別と同様のものであるように見えなくもない．しかし，ローマーのこの区別はドゥオーキンのそれとは必ずしも一致しない．ローマーの区別は，個人の道徳的責任の存在にも拘わらず答責性における肯定的責任が確保されうることに力点がある．ドゥオーキンにおいても重要なのは結果的責任における肯定的責任のあり方であるが，その重要な規準はあくまで個人の判断の介在ということに存する．

個人の判断の介在という点に関してはG. A. コーエンの主張がドゥオーキンの議論との対比で重要であろう．コーエンは，必ずしも選択の結果ではないしまた状況的な境遇というわけでもない，その中間領域に補償を要求するようなファクターがありうると主張する．コーエンによれば，たとえば飲料水についてやむにやまれぬ欲求を持って水道水を拒み，ミネラル・ウォーターが必要であると考えている個人がいた場合，そのミネラル・ウォーターに対する嗜好を補償する必要がある．また，写真家がどうしても通常のレンズでは自分の望む写真がとれず高性能のレンズが必要だと考えている場合，この信条に対してもやはり補償する必要がある[6]．それらはいずれも個人の判断だけに依拠する選好ではないからである．しかし，ドゥオーキンは，それに対して次のように言う．たとえばシャンペンに対する高価な嗜好を持っている貴族の場合は，その貴族自身が高貴な出自から来るアイデンティティを踏まえた上で，高価な嗜好を涵養している．写真家の場合も同じであって，写真家が自分自身で納得のいく写真を撮りたいという自己のアイデンティティに依拠することによって初めて高性能のレンズに対する嗜好が出てくるのである．そして同様のことは飲料水に関してもまた言えるであろう[7]．結局彼らの嗜好の根元は，常に独自のアイデンティティに基づいた選択ということにある．その意味で，コーエンが指摘する選択にも環境的要因にも尽くされないファクターを補償するという問題は，ドゥオーキンにおいては個人の嗜好の問題へと解消され，補償の必要はないとされることになる．

このようなドゥオーキン自身の考え方の背景には彼の哲学的倫理学（philosophical ethics）があり，判断付随的な選好のあり方は個人の人格的なあり方についての観念に密接に関連している[8]．たとえば個人の判断とそれに対す

る偶然的な運が区別されるのは，人々は通常の生活においては常に結果的責任を自己のパーソナリティの問題だと考えているという経験に根拠があると，ドゥオーキンは言う．ここには，どのような場合であれ生を形づくる選択や決定をするときには，個人は常に自分が持っている傾向性，行為の性質，習慣，欲求などをまとめながら自己の判断を形成するのであり，その内で個人の選好が生まれるという見方がある．個人の判断や確信は，自らの事柄に加えて他人に対して何が公正であるのかという道徳的確信をも含んでおり，さらにそもそも人生とはどういった形であれば成功するのかという倫理的な見通しにまで至るものである．ドゥオーキンの考えによれば，結局個人は社会において道徳的あるいは倫理的な主体性を持った行為者である．そして，そうであればこそ，個人がその判断を通じて形成した選好に対して責任がないとみることは，個人自身が自己の表現であると考える行為や選択に対して答責的ではないという意味で，その品位をかえって貶めることになるのである．

関連して，ドゥオーキンは特に経済学的な選好の観念に対して批判的である．ドゥオーキンに倣うならば，経済学は18世紀的な心理学の考え方を背景にしながら，行為の出発点を欲求もしくは選好と呼ぶが，こういった用語は，一方では動機づけ，他方では理性に基づいた判断や確信との間の区別を示唆している．しかし，そもそも嗜好あるいは信念，判断は相互に絡み合い補強し合っているものであって，そのネットワークが個々人の内で働いている[9]．それ故，たとえば上記の写真家の場合でも，レンズの採光性能にこだわるのはひとえに種々の価値を背景にしながら倫理的な選択をなしている結果である．

このような見方は，T. M. スキャンロンの言う選択の本有的価値（intrinsic value），なかでも証示的価値（demonstrative value）あるいは象徴的価値（symbolic value）とかかわっている[10]．スキャンロンは，二つの重要な側面において選択は本有的価値を持っていると言う．ひとつは証示的な場合であり，たとえば結婚記念日に妻に贈り物をするというときには妻の好みを計算し増加させるのではなく，贈り物そのものが妻への気持ちと記念日についての自分の考えを反映するという特別の意味がある．それ以外にも，紛争の解決に公正な判断を求めるとき，家具や壁の絵を選ぶとき，あるいは講義の原稿を書くとき，さらには人生のあり方に至るまで，およそ行為の目的や結果に対して知識とか

意識，記憶，想像力，配慮，趣味，技術などのような価値を付加することが重要になっている場合があり，そのような場合の選択は常に証示的価値を内含している．もうひとつは，選択が象徴的価値を持っている場合であるが，それは基本的には個人が他人の判断に依存しない形で判断や選択をしていることの意義にかかわっている．このスキャンロンの見方はドゥオーキンにも通ずるものがある[11]．

しかし，このようなドゥオーキンの選択の捉え方には疑義も示されている．先にも触れたローマーは，ドゥオーキンの主張を個人のインテグリティを神聖視するものと捉えたうえで，しばしば選好は誤った評価によって作られることもあるのだから，それを社会がそのまま神聖視して受け取ってはならないと述べる[12]．確かに，たとえば幼少の頃からの教化によって選んだ信仰の故に世俗的な財産を最小限にとどめる禁欲的な生活を送る個人のような場合には，当の教化が状況的制約であるとしてもなお自己の判断によって選好を有していると言え，ローマー自身もこのケースへの補償は必要がないと考える．だが，そうではないケースも多い．

ローマーが問題にするのは，個人に道徳的責任はあるが答責性はないというケースがありうることである[13]．たとえば，学校の出席率が悪いことに道徳的責任がありうるとしても，もしスラムに育ち，教育環境が十分ではないといったような状況的制約が存在するならば，その個人の教育の達成結果に対しては点数への配慮や補助プログラムなどの形での補償がありうる．あるいは，たとえば一方の子どもはゲットーに住む黒人で，ひとり親でかつ兄弟姉妹も多く，親は高校も出ていないというような境遇で育っており，そこでは努力のレヴェルの幅も低くその平均値も低いのに対して，他方の子どもは中流の上層の白人で郊外に住み，大卒の両親をもち兄弟姉妹が少ない境遇に育っていて，そこでは一般に努力のレヴェルは高く平均値も高いとしよう．このような二人の境遇を比較すれば，前者がかなりの努力をしても後者に成績が及ばなかったとき，一定の状況的制約の故に前者が適理的に（reasonable）達成しえなかった事柄に対して個人責任を求めることは，当事者の道徳的責任とは別に道徳的に不正である．またこれらとは別に，たとえば従属させられた主婦のような場合に，ドゥオーキンの見方を貫くならば，個人の統御を越えた状況的制約がある場合

でもそこから形成される選好について個人の望む判断があるのであれば、その選好には補償の必要がないことにもなりうる．しかし、ローマーは、このような主婦にはむしろ補償がなされた方が生活全体の成功という意味での厚生を増加させることになるはずであるし、それは奴隷や自暴自棄の人間のような場合にも当てはまることであると主張する．これらの場合は選択のための機会の客観的欠損が存在しており、それは選択そのものとは別個に補償されなければならないのである．また、さらに別の問題として、たとえば才能の問題については、ローマーが理解するところのドゥオーキンの考えでは、才能は状況的制約ではあるけれども選好形成に重要であるから、個人が才能を用いて他に抜きんでた生活をすることについては補償の必要はない．そうでなければ、才能の無さを補償するような分配が才能ある人の奴隷化を招くからである．しかしながら、これに対してローマー自身は、同じ資源から出発するならば才能の有無はむしろ資源利用の活発さの相異を生じ、それによって厚生の格差を生み出してしまうため、才能という状況的制約から生ずる不平等は十分に是正される必要があるはずであると考える[14]．

　しかし、ローマーのこれらの批判は必ずしも当たってはいない．ドゥオーキンは単純で形式的な選択の有無によって補償の要否を論じているのではないからである．まず、多くの点ではドゥオーキンはローマーと同じ結論を支持している[15]．たとえば、労働を忌避させるような環境において育てられた個人が労働意欲を欠いているという場合に失業補償を拒むのは不公正であるとドゥオーキンは言う．このような個人と、中流階級に育ち労働とは何か馬鹿げたものだと考えるようになってしまい、そこで労働を忌避しているような個人との間には明らかに相異があって、それらを単純な選択責任ということで同視することはできないのである．また、先にも触れた、シャンペンへの高価な嗜好を持つ貴族の場合は、その個人自身が高貴な出自から来るアイデンティティを踏まえつつ嗜好を涵養していることによって補償の必要はないとされているのであり、そこでは個人の境遇や嗜好に関する十分な判断の余地が存在していることが前提となっている．さらに、ローマー自身も認めているように、個人が本来望まないような選好である耽溺や常習は、たとえ選択の契機があっても無補償からは除外されるというのがドゥオーキンの考えである[16]．

第7章　ロナルド・ドゥオーキンの倫理的責任論

　これらの結論そのものはローマーとドゥオーキンとで大きく食い違うものではない．しかし，ここで注意すべきはその理由の相異である．ローマーの場合には，道徳的責任の問題と答責性の問題を一応区別した上で，補償は当然客観的な形でかつ答責性の次元で，しかも当人の厚生の増大という見地から考えられている．だが，ドゥオーキンはこのような区別をしていない．しかも，道徳的責任と結果的責任とは区別されているものの，後者は常に，個人における適正な判断が形成可能であるという行為主体が持っている自由の問題と連動して考えられている．そのような選択とその十分な条件が整っている限り，補償の問題はそれらの条件に対してセンシティヴでなければならないのであって，それは単純に個人の厚生の多寡の問題ではない．これらは重要な相異である[17]．

　このような選択の倫理的意義は，ドゥオーキンが倫理的責任に関する彼の見方の根拠をいくつか挙げるときにさらに明らかになるであろう[18]．第一に，一般的な形でパーソナリティと状況とを区別するということは，必ずしもパーソナリティが選択されたものであるということではない．それ故，何かが選択できなかったということを理由にして，パーソナリティと状況との区別が意味をもたないということは言えない．第二は，パーソナリティと状況との区別を否定するいかなる議論も，それ自体が道徳的な議論になっている．そうだとすると，その議論は個人の選択したことに責任がないという主張を含んでしまうことになるが，それは人々の倫理的確信に反しており，説得的なものではない．第三に，分配的配慮を個人の外側から特殊な政治的道徳に依拠しながら課していくという政治のあり方，言い換えると，個人の倫理とはときに対立するような別個の社会的・政治的な道徳があるという見方がコーエンやローマーには看取されるが，そのような見方は多数者主義的であって抑圧的である場合があり，その際には個人の倫理的インテグリティの意味は貶められてしまい，上で触れた常習者と同じ類の扱いを個人が受けることになってしまう．第四に，個人の選好や判断には，個人の倫理的確信の他に他人に対する適理性（reasonableness），公正さ，あるいは分配の正義などの価値が絡み合っており，厚生主義的な正義観念が要求するような欲求や大志と判断との分離は不可能である．それ故，一定の欲求実現のためにいかなる財でもその手段にしてしまうような常習者的な判断はあり得ないし，個人の選好をそのようなものとして客観的に

カウントするようなシステムも不可能である．第五に，個人の選好を形成する様々な判断は，その判断の他人に対する種々の帰結についての期待や配慮とも連動している．従って，まず一定の選好が初めに存在しそれが社会的な分配のレヴェルでカウントされるということではなく，むしろその逆である．選好とそのための資源とは道徳的な次元を有しているのであり，人々は選好や大志の形成のための指標的な条件として，いかに適切な資源配分がありうるかを考えてゆくべきなのである．

3　生における決定的利益と倫理的リベラリズム

　個人の判断に依拠したドゥオーキンの倫理的責任論の一側面には，人間の生における意志的利益（volitional interest）（あるいは経験的利益 experiential interest）と決定的利益（critical interest）との区別，そして人格的な生におけるチャレンジという倫理的観念，それを組み入れたリベラリズムの観念などが控えている．これらを一瞥することによって，今まで述べてきた選択や責任の倫理的な意味がいっそう明確になるであろう．

　ドゥオーキンの考えでは，人生における福祉（well-being）は二つの種類からなっている．それは意志的利益と決定的利益である．ここで意志的利益とは単に欲するものの実現である．それに対して決定的利益とは，それを欲すると同時にそれによって生が重要な意味をなすものである[19]．これら二者の区別では個人の生にとって重要な意味をなすかどうかが鍵であるが，その背後にはいくつかのファクターが暗黙のうちに考えられている．第一は当の利益が人間の生において基底的なものであるかどうかという面であり，第二は批判的な形で理性的な判断が介在するか否かという面であり，そして第三は誰にとっても共通の意味を持つかどうかという面である．ドゥオーキン自身が決定的利益として例に挙げるのは，健康や身体能力，物質的資源，家族や友情へのコミットメント，知的な機会などである．これらが人生にとっての決定的な利益であると彼が言う場合には，たとえば趣味のような単純な意志的利益とは異なって，それなしにはおよそ人生のすべての意味がほとんど不可能になってしまうという含みがあると同時に，そのことは誰にとっても共通して重要なはずだという

理解がある．この点で，意志的利益と決定的利益との区別は必ずしも主観的と客観的という相異ではない．とりわけ決定的利益は一面ではもちろん主観的であるが客観的でもあって，むしろ行為主体が自己の生の利益をいかに形成するかという問題にとっていずれの利益がより根本的な意義を持つかが重要なのである．

　周知の「等しい尊重と配慮」(equal respect and concern) の理念を軸とするリベラルな平等という観念との関係では，ドゥオーキンの考えるところでは，決定的利益に則して資源の平等が図られることが重要である．そして，この決定的利益の働く行為場面は個人のチャレンジという生におけるパフォーマンスである[20]．チャレンジは，各人がそれぞれより善き生をめざしてよき術を発揮し行為することであり，状況への正しい応答を求める点で環境的な条件にも支えられる．個人の生はチャレンジにおいて一貫して追求されてゆくことに存するが，そのようなインテグリティの成就こそが個人にとって重要であるため，「等しい尊重と配慮」においては倫理的なインテグリティの保全が優先性を持つことになる[21]．

　ここで，先に触れたローマーの議論との対照において，労働を忌避させるような環境の下で育てられた個人が労働意欲を欠く場合にも失業補償を拒むことはできないとドゥオーキンが言うときには，それが個人の活動にとっての決定的利益の充足に欠けるからであると考えられる．教育，職業，あるいは労働は個人の生にとって基盤的な意味，自己自身を支える意味を持っている．その一方で，ドゥオーキンが個人の責任を強調する場合はまた別であり，たとえば高価なシャンペン嗜好やレンズや飲料水へのこだわりなどはむしろ意志的利益の問題である．これらは基盤的な人間のあり方を支えにした上で派生してくる判断付随的な欲求であり，決定的利益とは別レヴェルのものである．ドゥオーキンが個人責任を強調する場合に特に念頭においているのは後者であって，自己の意志によって左右できる領域であるが故にこそ責任の観念が重要となるのである[22]．さらに付け加えるならば，ドゥオーキンとローマーの議論には，資源分配の枠組みの位置づけに関する相異も含まれる．ローマーの議論の内には先述した分配の枠組みが社会的な観点で位置づけられ，強制的な形で財を再分配するという見方があり，補償はあくまで客観的見地に立って行われる．した

がってそれは当然個人の道徳的責任とは異なる社会的な答責性の問題ともなる．しかし，ドゥオーキンはそのような議論は行わない．彼にとっては，客観的あるいは社会的な答責性も，社会的配慮の次元の問題というよりもむしろ主体性を有する個人の人生のあり方にとっての福祉のパラメーターとして位置づけられるものである[23]．

この点につながっているのは，ドゥオーキンが主張する倫理的リベラリズムである．ドゥオーキンは，法や政治の要請は個人の倫理的な生のあり方であるチャレンジに由来すると捉え，その実現のための環境的条件を考える[24]．チャレンジの実現のための環境的条件は健康，身体能力，物質的資源，友情，コミットメント，家族や人種，国家の伝統，憲法・法律体制，知的，文芸的あるいは哲学的な機会，言語と文化，そして正義などと広範であり，それらはチャレンジそのものを構成する規範的パラメーターとなっている．それ故，これらはチャレンジの基盤となる資源としていかなる個人にも同等であり，各自の倫理的アイデンティティを毀損しないように均等な分配がなされなければならない．これらはまた既に述べた個人の福祉における決定的利益でもあると言えよう．そして，法や政治の役割は，状況のあるべき姿を保全し，選好，趣味，確信，傾向，大志，愛着などの個人的な達成をめざし，多様性に開かれている個々人のチャレンジにとって倫理的に適切な環境を形づくることである．また，このような枠組みのもとで倫理的リベラリズムにおいては平等と自由とが接合される[25]．

このことはさらに，立憲的民主制（constitutional democracy）の重要性にもつながる[26]．ドゥオーキンは，民主制を共同的なものと理解し，「等しい尊重と配慮」がもっとも根本的な理念軸となるとする．そのような社会はすべての人々を対等な存在として尊重し統合する，道徳的な真正さを有する政治共同体である．この共同体において個々人は相互の尊重と配慮のもとで特別の共同の責務を負っており，倫理的リベラリズムを支える諸原理とそこから得られる法的な純一性のもとで結合している．その半面で，この共同体においては個々人の間の関係は参加，個人的利害の尊重，独立といった原則によって規律されており，個人は地位の平等や政治的自由の行使を通じて共同体に一定の役割を果たしつつ，その経済的，社会的あるいは法的な利益の等しい保障を受け

ると共に，各自固有の倫理観念やライフ・スタイルに対する寛容を保障されながら，相互的なパートナーとして結びつけられている[27]．そしてこのような個人責任と共同責任とを両立させる体制が，憲法を規準とした，司法審査による個人のさまざまな権利保障と多数決を通じた集合的な政策決定過程との組み合わせとしての立憲的民主制である．

　とりわけ，個人の熟慮に基づいた倫理的責任の観念を強調するドゥオーキンの考えを反映する法の観念は，形式においては原理に基づいた一定の法的純一性を保持するものであるが，それ以上に重要なのはその実質において「自由の法」(Freedom's Law) であることである[28]．政治社会においては，個人は自己の生活の決定に関する権利を最大限に保障される一方で政府や他人とのかかわりで一定の道徳的空間を確保する責任をも負っており，それは憲法上では政府の正当な配慮の範囲の問題となる．この場合，ドゥオーキンによれば，政府の態度には順応の要請と責任の形成の二つの目的があるが，とくに後者がここでは重要であり，問題となっている事柄が社会的争論の的である場合，政府が解決を与えることを避け，個々人に責任ある判断を求めることが必要である．たとえば妊娠中絶の問題の場合に重要なのは，性のあり方という女性の道徳的価値観に絡む問題に政府が生命の尊厳の意味を決定しその遵守を求めるのではなく，個々人の自由を尊重して責任ある判断を委ねることである[29]．

　こうして，ドゥオーキンの提唱する倫理的リベラリズムは，何よりも法や政治における公共的制度の下で原理に則して個人の責任を尊重し，それを適切に促進すべく配慮するものである[30]．ドゥオーキンによれば，社会においてモラル・メンバーシップが確立していることは多数者であれ少数者であれ，それぞれにその独自の存在理由を認められることを意味する．多数者においても，多数者自身の自由，自己支配が実現されると同時に，少数者においても個人の自由，自己支配が実現される必要があり，そのときこそ社会は単に個々人の集まりではなく，真正な共同体となる[31]．それだからこそ，「自由の法」は社会の多数者と個人との対等な協調を可能にする法的な枠組みとして，とくに解釈的な司法審査を通じて倫理的責任を勘案した少数者への尊重と配慮を重視するのである．

4 個人の倫理的責任と社会保障の原理

ここまでに述べてきたドゥオーキンの倫理的責任論は，社会保障の問題には基本的にはどのようにつながるであろうか．

まず，ドゥオーキンが個人の自由を重視することは基本的に平等という価値に連なる社会保障と抵触するものでは決してないことには注意しなければならない．ドゥオーキンにおける自由は人々に「等しい尊重と配慮」を保障することで個人や少数者の自律を促進するものである．ここでは自由は平等の保障によって支えられる．しかし，その一方で，「等しい尊重と配慮」はまさに個人の自由に感応したものでもなければならない．平等の目的は自由の保障でもあるからである．それ故，社会保障はドゥオーキンの法と政治の見方からして当然に必要な国家的措置となるが，しかし，それはまた個人の自由や自律に適うものでもなければならない[32]．

また，このような見方からすれば，社会保障において個人の倫理的責任を重視するということは決して国家的措置を縮減しすべてを市場原理に委ねることを意味するものではないことにも注意が必要である．個人の倫理的責任を重視するということは政府による「等しい尊重と配慮」のための規準なのであって，市場を優先して政府の施策を免除するための規準ではないのである．

さて，ドゥオーキンによれば，たとえば医療保障などの場合にその水準を定めるために重要なのは伝統的な「救命原理」(the rescue principle)であるよりも，むしろ「賢明な保険の原理」(the prudent insurance principle)である[33]．前者の原理があらゆる手だてを尽くしても人の生命を救うことが医療保障の基礎であると考えるのに対して，ドゥオーキンは，それは医療における必要なものとそうではないものとの区別とコストの問題を無視してしまうとして，後者の原理を支持する．「賢明な保険の原理」は，すべての人が同等な条件に置かれた仮想的な保険市場の思考条件を介して，個々人が富や情報を適切な形で所有した場合に必要だと判断し保険をかけようとする医療の水準において医療保障のあり方を規定する[34]．とりわけ，賢明な個人であるならば高額治療，難病，あるいはほとんど治療効果の望めない病や老齢後の病気などのために高額の保険をかけることはしないと考えられるため，社会における医療費

の抑制も行える．

　ドゥオーキンのこのような主張は一見すると政府の介入を最小限度に抑制しようとする保守主義の見方と変わらないようにも見える．しかし，ここでも彼の主張の根拠や理由は自由放任とは全く異なっている．

　第一に，個人がその賢明さを発揮して医療に関する必要性を判断することが富や機会の公正さが実現されているという条件を基礎としている点に注意する必要がある．ここで問題になっているのは医療における資源の平等の現実的達成である．それは健康に関する個人の決定的利益の平等な配分とその適正な程度の問題であって，単純に医療財政上のコストを合理的な人間の平均的な選好充足の計算によって規定し削減するという問題ではない．医療における資源の平等が「賢明な保険の原理」を通じて達成されるということは，資源の平等一般が仮想的オークションを通じて達成された後に人々に様々な不運が起こる可能性がある場合，その補償は人々が選択できる仮想的保険市場を介して行われることになる，というドゥオーキンの議論と連動している．医療に関して先に述べた理想的条件のもとで行われる個人の賢明な保険の判断は，平等が維持されるべき健康という資源に欠損が生じうる場合の合理的な補償の規準を提供するものであり，それによって社会的に妥当な水準の医療保障を規定できるのである[35]．

　第二に，このような見方は個々人の倫理的な生のあり方に感応するものである．医療保障という個人にとっての決定的利益の保障にかかわる問題は，単に個々人の派生的な選好に関する，従って個別に保障が必要とされない次元の問題ではなく，個々人の生の核に存在するチャレンジを可能にするための基本的資源を保障するものであるが，それは同時に個々人の多様で自由な倫理的生活のあり方にも直接に資するものである．別の角度から見れば，現実の社会において多くの富を有する個人がそれによって難病の治療などをも含めた高額の医療を可能にするような民間の保険を選ぶとしても，そのような保険の購入は個人の判断を伴った意志的利益に基づく自由な選択として認められるものであって，政府がその保障を行う必要はない．しかし，その半面で，富を持たない人々が基本的な医療保障を得られないことは同じく自由な選択の問題となるとして見逃されてはならない[36]．一定水準を超えた医療の保障には個々人の選

択の差が生ずるとしても,「賢明な保険の原理」によって規定される医療水準は誰にも等しく保障されなければならないのである.

第三に, 医療資源の平等の問題を仮想的な保険の問題と同視して考えるということは, 現実社会の中で保険料を支払えない個人は本来適正な環境的条件が整ってさえいればその保険料を支払うはずであると想定されることによって, 逆に現実には当の個人が不適正な条件によって個人の判断を超えた状況的制約に置かれているという想定を補強することになる[37]. ドゥオーキンの言う賢明な個人とは合理的に自己利益を図る存在として考えられているのではなく, 一定の平等な条件が整った環境下でさらに自己の生のあり方に関して熟慮し判断を行ってその生を全うしようとする自律的個人である. それ故, その基本的環境において制約を受けている個人はそもそもそのような自律的生活を送れない状態にある. この点でも, 保険を介した医療保障の見方は, 補償は個人の倫理的責任に相応するものであるという観念との整合性が保たれている.

かくして, ドゥオーキンの倫理的責任論は, 個人の倫理的責任と社会保障とを否定的な形で結びつけるような種類のものではない. 換言すれば, それは個人の倫理的責任が強調されることで社会保障の要請が薄められるという関係では全くない. むしろその議論は, 個人の倫理的責任を重視するが故にこそ, その適正な基盤となる資源の平等が達成される必要があり, 医療資源もそのひとつであって, かつその資源の配分の程度はまた個々人の自由で合理的な判断の結果として規定されるというものである. この意味では, ドゥオーキンによる医療保障の議論は, 二重に個々人の倫理的責任に感応するものである.

5 残された理論的課題——結びに代えて

最後に, 結びに代えて, 残されたいくつかの理論的課題を確認しておきたい.

第一に改めて確認すべきことは, 個人の選好や願望というものは種々の判断, 確信, そのほか理由を成す様々な配慮の複合体から形成されるということである. それ故, 個人の責任や社会的な補償の内容は, その判断の複合体に則して考えられる必要がある. この点はともすれば経済学的な先入見によって規定されがちな社会保障の基礎理論に対する重要な批判である[38]. ただし, その半

面で，この見方は選択ということだけに感応するものであると捉えられてはならない．ドゥオーキンが選択を重視するのはあくまで一定の状況的制約がクリアーされていることが前提条件であるから，選択への感応性が平等の要求を損なうことはない[39]．しかしながら，選択と状況的制約との区別をさまざまな社会保障の具体的事例に則してさらに検討することは今後の課題である[40]．

　第二に，個人の行為の理由は多様な内容を有する可能性がある．この場合に判断を伴った決定的利益が重要だと言うのであれば，その利益がいかなる根拠によって共通性を持つかが問題になる．また，ある面ではドゥオーキンの考える倫理的な個人はむしろ例外的な存在かもしれない．強い宗教的確信や倫理的確信を持つ人は少なからずいるとしても，人生の本来のあり方はそれに尽くされるかという倫理的な問いも控えている．決定的利益もまた人によって多様なものになりうるというのであれば，その補償や分配的配慮の枠組みをいかに社会的に正当化できるのかは大きな問題になる．ドゥオーキンは決定的利益が個人の福祉の基本的なパラメーターであるとし，その共通性を主張するが，ここで彼が依拠しているのはアリストテレス的な倫理学であり，個人の生の中で具体化される一定の義務論的価値の実現が社会的な分配のあり方に直接に反映させられる[41]．このような見方の成否はひとつの理論的問題であり，さまざまな個人にもなお共通する自律的な生のあり方がさらに明確化される必要があるだろう[42]．

　第三に，さらに付け加えるべきことは，責任を捉える場合の外的視点と内的視点との相異である．たとえばローマーは，既に触れたように，個人の選好とそれに対して客観的な制約として現れる境遇とを分離して，答責性という形で後者に焦点を当てることによって補償を行うという見方をとるが，これは外的視点に立ったものであると言える．それに対してドゥオーキンは個人の倫理的な生の形成の仕方に焦点を当てており，分配的配慮においてはあくまで個人自身の中でどのような判断が行われているかに焦点を当て，そこからパーソナリティと状況との区別をしようとしている．これは内的視点に立った見方であると言えよう[43]．問題は，この二つの視点が責任を捉える場合にいかに異なるのか，異ならないのか，あるいはどちらにいっそう重要な意味があるのかということである．

一般的には，個人自身が何をしたいのか，何をなすべきかという問題と，それを社会がどう捉え，どう評価するかという問題は明らかに区別される[44]．個人の中の評価と他者による評価とは分離しうるものであり，分配的配慮が何がしかの強制可能性を持っている限りそれは道徳的責任の問題ではないとみる余地があるし，また，道徳的責任への対処は良心の呵責などの個人心理の問題になる部分があるのに対して社会的な評価では物理的な拘束ということもあることも，この区別を示唆している．この点で，ローマーが答責性を区別したことは容易に理解できよう．しかしながら，ドゥオーキンはまさにそのような一般的な区別を消去しようとしており，彼の倫理的リベラリズムはまさにこの点での連続性を強調するものである．ドゥオーキンはこのことの意義に関して，視点の統合の必要性や，ロールズの提唱する正義の第二原理が必ずしも個人の選択に感応するものではないことへの批判などを理由に挙げている[45]．しかし，後者の批判は理解できるとしても，前者の必要性が倫理的リベラリズムの方法的原則とその意義の理解にどのようにつながるのかはまだ不分明であり[46]，さらに検討を加えなければならない．

注
1) Ronald Dworkin, *Sovereign Virtue* (Harvard U. P., 2000), do., "Foundations of Liberal Equality" (in : S. Darwall, ed., *Equal Freedom*, Univ. of Michigan Press, 1995), do., "Sovereign Virtue Revisited" (in: *Ethics*, 113, 2002), John Roemer, *Theories of Distributive Justice* (Harvard U. P., 1996), do., *Equality of Opportunity* (Harvard U. P., 1998), G. A. Cohen, "On the Currency of Egalitarian Justice" (in : *Ethics*, 99, 1989), Marc Fleurbaey, "Egalitarian Opportunities" (in: *Law and Philosophy*, 20, 2001). また，これらの議論の実践的背景に触れるものとして，Cf. Will Kymlicka, *Contemporary Political Philosophy* (2nd. ed.) (Oxford U. P., 2002), p. 91ff., Samuel Scheffler, *Boundaries and Allegiances* (Oxford U. P., 2001) ch. 1. なお，近年の平等論の展開に関する邦語の概観として，参照，竹内章郎，現代平等論ガイド（青木書店，1999），また，井上彰，「平等主義と責任」（佐伯・松原編，〈新しい市場社会〉の構想，新世社，2002年）．
2) ドゥオーキンは，アイデンティフィケーション（identification）という言葉を多用する．これは内生的に形成された選好を個人自身の中で批判的な形で対象化し，それを認めかつ肯定するということである．ここでは敢えて判断として一括した．それは，選好形成を自分のものにする場合には理性的な認識と肯定，さらにコミットメントが含まれると考えられるからである．実際，ドゥオーキン自身もときに判

第7章　ロナルド・ドゥオーキンの倫理的責任論　　　137

断（judgment）という表現も用いている．Dworkin, *Sovereign Virtue*, p. 290f., Cf. Roemer, *Equality of Opportunity*, p. 19f.
3)　Dworkin, *Sovereign Virtue*, p. 287.
4)　この点に関しては，T. M. スキャンロンも attributability および substantive responsibility という言い方でドゥオーキンとほぼ同じ問題を表現しており，ドゥオーキンもそれに言及している．T. M. Scanlon, *What We Owe to Each Other* (Harvard U. P., 1998), p. 248f., Dworkin, *op. cit.*, p. 489 fn. 4.
5)　Roemer, *op. cit.*, p. 18
6)　Cohen, *op. cit.*, p. 913f., p. 923ff.
7)　Dworkin, *op. cit.*, p. 287ff.
8)　Dworkin, *op. cit.*, p. 242ff., do., "Sovereign Virtue Revisited", p. 107, Cf. Roemer, *Theories of Distributive Justice*, p. 264f.
9)　Dworkin, *op. cit.*, p. 290f. もちろん，経済学の内でもこのような批判は存在している．E. g. Amartya Sen, *Development as Freedom* (Alfred A. Knopf, 1999), esp. chs. 3, 11.
10)　Scanlon, *op. cit.*, p. 251ff., Cf. Roemer, *op. cit.*, p. 264.
11)　Dworkin, *op. cit.*, p. 293.
12)　Roemer, *Equality of Opportunity*, p. 19, do., *Theories of Distributive Justice*, p. 249, p. 276. なお，参照，後藤玲子「ジョン・ローマー：機会の平等アプローチと社会保障」（海外社会保障研究 138 号，2002），とくに 51 頁以下．
13)　Roemer, *Equality of Opportunity*, p. 6ff.
14)　Roemer, *Theories of Distributive Justice*, p. 251, Dworkin, *op. cit.*, p. 86f.
15)　Dworkin, *op. cit.* p. 490 fn. 8.
16)　Dworkin, *op. cit.*, p. 291f.
17)　この背景には，ドゥオーキンが個人の適正な判断の形成可能性という自由の意義を重視していることがある．Cf. Dworkin, *op. cit.*, p. 147ff., do., "Sovereign Virtue Revisited", p. 119. また，この点をも含む興味深いインタビュー記録として，Herlinde Pauer-Studer, ed., *Constructions of Practical Reason* (Stanford U. P., 2003), p. 128ff., esp. p. 134ff., p. 139ff.
18)　Dworkin, *op. cit.*, p. 294ff.
19)　Dworkin, *op. cit.*, p. 242ff., Cf. do., *Life's Dominion* (Alfred A. Knopf, 1993), p. 71ff.
20)　Dworkin, *Sovereign Virtue*, p. 253ff.
21)　Dworkin, *op. cit.*, p. 242ff., p. 253f., p. 270ff. また，参照，小林宙「R・ドゥオーキンの『統合性』に基づく自律」（同志社法学 50 巻 1 号，1998）．なお，リベラルな平等論におけるこのような考え方の意義に関して，参照，拙著，公正の法哲学（信山社，2001）117 頁以下．
22)　Dworkin, *op. cit.*, p. 158ff.
23)　Dworkin, *op. cit.*, p. 260ff.

24) Dworkin, *op. cit.*, p. 263ff. なお，ドゥオーキンの法-政治理論の意義を概観するものとして，小泉良幸，リベラルな共同体（勁草書房，2002），とくに第3部が有益である．
25) Dworkin, *op. cit.*, p. 145ff., p. 158ff., Pauer-Studer, *op. cit.*, p. 141f.
26) Dworkin, *Freedom's Law* (Harvard U. P., 1996), p. 12ff.
27) Dworkin, *op. cit.*, p. 21ff., do., *Sovereign Virtue*, p. 208f., p. 231ff.
28) Dworkin, *Freedom's Law*, esp. Introduction.
29) Dworkin, *op. cit.*, ch. 3, esp. p. 76ff. 妊娠中絶の問題に関して，ドゥオーキンによれば，米国憲法は個人の自律的判断の要請をプライバシーの権利として判例で認めてきているが，それは憲法実践の中に含まれた生殖における自律という原理の展開プロセスとして位置づけられる．このとき法における純一性の要請はその原理を首尾一貫していかなるケースにも展開することを求めるため，妊娠中絶の権利といった無名の権利も憲法上認められる．この点での原理の重要性に関して，Pauer-Studer, *op. cit.*, p. 146.
30) Dworkin, *Sovereign Virtue*, p. 276ff.
31) Dworkin, *Freedom's Law*, p. 15ff., p. 23ff., do., *Sovereign Virtue*, p. 222ff., esp. p. 226f. 政治的共同体は，個々人の行為と集団の活動との間に相互作用が存在するオーケストラのアナロジーで語られる．
32) Dworkin, *Sovereign Virtue*, p. 175ff., p. 307ff., do., *Freedom's Law*, p. 7ff. なお，社会保障法の文脈でドゥオーキン理論の重要性に言及するものとして，菊池馨実，社会保障の法理念（有斐閣，2001），第6章，とくに228頁以下が有意義である．
33) Dworkin, *Sovereign Virtue*, p. 309ff.
34) Dworkin, *op. cit.*, p. 311ff., p. 331ff.
35) Cf. Dworkin, *op. cit.*, p. 73ff.
36) Dworkin, *op. cit.*, p. 314ff., p. 322ff., p. 344ff.
37) Dworkin, *op. cit.*, p. 333f.
38) Dworkin, *op. cit.*, p. 295f., p. 349f., Cf. Scanlon, *op. cit.*, p. 37ff.
39) この点では，ドゥオーキンの議論は個人の選択の有無だけを重視する単純な「運の平等主義」（luck egalitarianism）でもない．Dworkin, "Sovereign Virtue Revisited", p. 115f. 「運の平等主義」への批判については，Elizabeth Anderson, "What is the Point of Equality?" (in: *Ethics*, 109, 1999), esp. p. 289ff., p. 308ff. アンダーソンの批判の意義を認めつつもドゥオーキンの議論はより広い射程を持ちうると捉えるものとして，Cf. Samuel Scheffler, "What is Egalitarianism?" (in: *Philosophy and Public Affairs*, 31, 2003), p. 19ff., p. 34ff. なお，Cf. Kymlicka, *op. cit.*, p. 198ff. もっともドゥオーキンは，シェフラーに答えて，自己の理論が個人責任をより適切な形で考慮するものであることを強調する．Dworkin, "Equality, Luck, and Hierarchy" (in: *Philosophy and Public Affairs*, 31, 2003), p. 190ff. これに対してシェフラーは，問題はむしろ選択的要因の規準がドゥオーキンの

第7章　ロナルド・ドゥオーキンの倫理的責任論　　139

意図に則していない点にあると指摘している．Scheffler, "Equality as the Virtue of Sovereigns: A Reply to Ronald Dworkin" (in: *Philosophy and Public Affairs*, 31, 2003), p. 200ff.
40)　ドゥオーキン自身は失業保険の問題に関して同様の議論をしている．Dworkin, *Sovereign Virtue*, p. 334ff.
41)　Cf. Dworkin, *op. cit.*, p. 264f., p. 284., Matt Matravers, "Responsibility, Luck, and the 'Equality of What' Debate" (in: *Political Studies*, 30, 2002).
42)　Matravers, *op. cit.*, p. 562ff., p. 566ff. また，ドゥオーキンのチャレンジの観念の延長線上でのひとつの試みとして，前掲拙著，公正の法哲学，165頁以下．また関連して，参照，拙稿，「善き生と正義」（法の理論21号，2001）．
43)　Cf. Dworkin, *op. cit.*, p. 295.
44)　Cf. Gary Watson, "Two Faces of Responsibility" (in: *Philosophical Topics*, 24, 1996), John Martin Fischer, "Recent Work on Moral Responsibility" (in: *Ethics*, 110, 1999).
45)　Dworkin, *op. cit.*, p. 4ff., p. 112ff., p. 239ff., Pauer-Studer, *op. cit.*, p. 142ff.
46)　サミュエル・シェフラーは，とくにロールズを念頭に置きながら，この問題を分配的正義におけるホーリズムと個人主義との緊張関係として捉え，前者の限界はたとえば個人の功績に対する評価が軽視されることに現れていると論じている．Scheffler, *Boundaries and Allegiances*, esp. p. 189ff. もっとも，その一方で，シェフラーは個人責任を勘案するドゥオーキンの平等論の意義については逆に，その関心が資源分配の管理（administration）に限られている点で十分に広いものとは言えないと指摘している．Scheffler, "What is Egalitarianism?", p. 35f. この点に関してドゥオーキンは，自己の理論が平等の様々な次元を包括するものであって資源分配の問題はその重要な一環にとどまると述べる．Dworkin, "Equality, Luck, and Hierarchy", p. 194ff. ただしシェフラーは，平等の問題が法と政治のあり方だけに限定されるわけではないという点を再確認している．Scheffler, "Equality as the Virtue of Sovereigns: A Reply to Ronald Dworkin", p. 204ff. また，マシュー・クレイトンは倫理的なチャレンジの重視は必ずしも資源の平等に直結せず，時に卓越主義や厚生の平等とも両立することがあると指摘する．Matthew Clayton, "Liberal Equality and Ethics" (in: *Ethics*, 113, 2002), esp. p. 14f., p. 19ff. しかしドゥオーキンは，倫理的チャレンジは個々人に内発的なものとして意義を有するものであり，その達成度や満足度は文脈的条件に依存した一致でしかないことを強調する．Dworkin, "Sovereign Virtue Revisited", p. 141ff.

＊　［追記］　本章は，『海外社会保障研究』138号（2002）に掲載の拙稿「ロナルド・ドゥオーキンの倫理的責任論」に加筆修正を加えたものである．

第8章　リバタリアンが福祉国家を批判する理由

　　　　　　　　　　　　　　　　　　　　　　　　森村　進

1　序

　本章の主たる目的は，リバタリアンが福祉国家を批判する際に用いてきたいくつかの論拠を検討することだが，最後では彼らの多くが最小限の福祉給付を容認する理由にも触れる．前者の論拠の多くは，特段新しいわけではなくて昔から言われてきたことであり，しかもリバタリアニズムだけに特有のものでもないが，福祉国家が既成事実として巨大化した今日にあっては，福祉国家批判はリバタリアニズムの顕著な特徴といえよう．なおそれらの論拠を紹介する際にリバタリアニズムに属するいくつかの文献に言及するが，それはたまたま私の手元にあったり記憶に残ったりしているものから選んだにすぎず，必ずしも代表的なものや著名なものとは限らないことをお断りする．またここでいうリバタリアニズムは，古典的自由主義から現代の「小さな政府」論やアナルコ・キャピタリズムまでを含むような広い意味で用いる．それゆえその内部にも，国家の役割をどこまで認めるかをはじめとして見解の対立は少なくない．

　本章にはいる前に，リバタリアニズムの基本的な発想や前提の中で社会福祉の問題に関係するものを述べておこう．

　第一に，リバタリアンは国家と社会とを峻別し，両者の対立的関係を強調する．国家とは私人や民間団体が持っていない強制的な権力を行使する団体であって，その中には中央政府だけでなく地方政府（自治体）も含まれる．これに対して，社会は団体というよりも，諸個人の自由な行動によって特徴づけられる「民間」という場であって，その中には自由市場経済も非経済的活動も，共同体も会社もボランティア団体も含まれている．この民間社会は英語で言えば"civil society"だが，その訳語として使われる「市民社会」という日本語に伴いがちな，参加民主主義的・共和主義的な含みを持たない．知ってか知らずか，

国家，特に民主制の国家は社会全体を代表しているかのように語る人が多いが，これはリバタリアニズムの発想ではない．

　国家と社会はこのように理解されるから，「社会主義」とか「社会保障」とか「社会福祉」といった用語自体そもそも不適切だと考えられる．なぜならこれらの言葉はそれぞれ，政府による生産と分配，政府による生活の安定，特定の人々に対する政府による援助を意味するからである．もっともこれらの用語法はすでに確立したものになっているからいまさら変えようとしても無理だろうが，ともかく名称に惑わされて，その実体が自由主義的ではなく国家統制主義（statism）的なものであることを忘れてはならない．

　次に，リバタリアンは民間社会を信頼して，社会を構成する人々の福利＝福祉は国家よりも社会によって一層よく達成されると考える．人々の生活を支えるものは，個々人の自助努力と家族やその他の共同体による互助，そしてボランタリーな公益団体の活動である．自由市場の社会では，大部分の人々は政府による社会保障がなくても——むしろない方が——立派に生きていける．公的な年金などなくても，人は老後のために備えておくことができるのである．もっとも世の中には自分の力では生きていけず，しかも家族や共同体や公益団体からの支援も得られないような人も少しはいるだろう．このような人々の生活を政府が援助することは，アナルコ・キャピタリストを別にすると多くのリバタリアンも正当だと認めるだろう．しかし福祉国家論者は，自助と相互扶助だけで満足すべき生活を送ることができるのは少数の社会的強者だけで大部分の人々は社会保障がなければ苦境に陥ると考えているらしいのに対して，リバタリアンは，それは原則と例外を取り違えていると考えるだろう．

　最後に，一般にリバタリアンは，絶対的なレベルで見た諸個人の生活の向上や貧困への対策には関心を持つが，社会内部の相対的な関係である経済的（不）平等は重要な問題だとは考えない（橋本，2003）．「等しからざるを憂えずして，貧しきを憂う」というのがその立場である．自由貿易主義者にとって貿易インバランスとか食糧自給率という概念が無意味であるように，リバタリアンにとってジニ係数などの所得不平等度係数は意義を持たない．それどころか，（絶対的な尺度での）生活水準の向上という，真に重要な問題から関心をそらしてしまいかねないという点では，有害でさえありうる．

2 福祉国家批判の論拠

2.1 「福祉への権利」否定論

　リバタリアニズムに属するおそらく最も根本的なレベルの福祉国家批判は，福祉国家が前提とする「福祉への権利」なるものは存在しないとするものである．このような議論を展開するタラ・スミスによれば，福祉への権利は他の人々の自由権（およびその直接の結果としての所有権）と矛盾するが，矛盾する権利なるものを認めることは，もはや権利の効力を認めないことになってしまうから，福祉への権利は真正の権利ではないのである．彼女は「生への権利 (The Right to Life)」と呼ぶものを基本的な権利として認めるが，それは各人が自分の人生を生きていくという活動を強制的に妨げられないという権利であって，消極的自由や私的所有権と結びつき，社会権的な生存権とは異質である (Smith, 1995, ch. 9. また「積極的」自由という観念を批判する ch. 8 も参照)．権利が衝突してしまうという点に着目する分配的正義論批判はたとえばノージックにも見られるが（「財，収入，等々の配分を考える際，彼らの理論は受け手の正義の議論であって，何かを誰かに与える何らかの権利を人が有するかもしれないという点を，彼らは全く無視する．」Nozick, 1974, 邦訳 283 ページ），スミスほどこの点を詳論している論者は少ない．彼女は言う．

　　「福祉の権利を認めることによって生じた，主たる，そして避けることのできない障害は，福祉の権利が他の権利を犠牲にしないと満たされないという点である．金のなる木はないのだから，つまり，福祉の仕事やサービス，その他すべてのものは個人の努力によって作り上げられるのであり，力によってそれを求めることは禁止されているのだから，もしこれらのものを誰かが手にしようとするならば，誰か別の人がその人の奴隷となるよう，宣言することになるのである．……福祉の権利を尊重するということは，個人が自分の生を行うのに必要な自由を壊すという犠牲を強いることなのである．」(Smith, 1995, 邦訳 318 ページ)

　権利の正当化においてニーズは重要な役割を果たすが，それを満たす方法を無視してニーズだけで権利を基礎づけることはできない．

　　「福祉の権利の焦点は完全に消費にあるが，消費されるべき物の供給を

無視している．実際のところ……福祉の権利を尊重するということは，諸個人のニーズを満たすために必要なものを作り出すための基盤（すなわち自由）を，現実に削り取ることになるだろう．」（同上，322ページ）

　この議論をどのように評価すべきだろうか？　確かに消極的自由とそれに基礎を置く財産権は最も基本的な権利であって，それを尊重しなければならないことは確かだが，だからといってそれが常に神聖不可侵だということにはならないだろう．それだけでは生きていけないような人もいる．そのような人はただちに死んでもしようがないと考えないならば（もっとも誰でも結局いつかは必ず死ぬのだが），他の人々の自由や所有への権利を制約してしまうことを認めながら，最小限生存権を承認する必要がある．スミスは権利の効力についてあまりにも厳格な見方を取っている．ある権利があると言えるためには，それが他の種類の規範的考慮に常に優先する「切り札」である必要まではない．ある程度の規範的重みを持っていれば足りる．社会権的生存権と自由権や所有権が衝突するからといって，どちらかの権利が真の権利でなくなるわけではない．いずれも権利なのだが，両者が衝突する場合，何らかの仕方で両者を調整せざるをえないのである．従って両立不可能性を根拠に福祉への権利を否定するスミスの議論は，権利の効力についての極端な見解を受け入れない限り不成功に終わる．ただし福祉への権利の主張が，自由や財産を奪われる人々の権利の方を無視あるいは軽視しているということは事実である．この犠牲を忘れてはならない．

2.2　福祉国家は一層多くの貧困を作り出すという議論

　福祉国家は貧困をなくそうという立派な意図に出ているかもしれないが，現実には逆に人々から労働への機会と意欲を奪うことによって，貧困を慢性化させ増加している，という批判もよく聞かれるところである．たとえばデイヴィド・ボウズは言う．

　　「一方において，最低賃金法や職業の免許制のような政府の規制は，低技能の人々が職を見つけることを難しくする．他方において，福祉プログラムは働かなくても生きていける手段を与える．依存に陥るのは容易である．」（Boaz, 1997, p. 234［邦訳では割愛］）

第8章　リバタリアンが福祉国家を批判する理由　　　　　　　145

　福祉給付のこのような問題点が認識されてきたためか，本書の宮本論文で紹介されているように，最近の福祉国家では，社会保障の条件として社会奉仕や職業訓練を要求する「ワークフェア」制度を導入するところも出てきた．リバタリアンの観点からすると，この変化は必ずしも悪いことではないが，それよりもボウツからの引用文の前半に言及されている規制を撤廃する方が先決問題だ，ということになるだろう．また，稼働能力がない人々にまで，無用な，あるいは非効率的な仕事や職業訓練を意に反して課するべきではなく，単純に福祉給付を与えるべきである．労働は価値を生み出す限りにおいて意義があるのであって，それ自体としては本人にとっての不効用だからである．就労は自己目的ではない．

2.3　福祉国家は自発的な相互扶助や援助を妨げるという議論

　2.2 の議論とも関係して，福祉国家は人々の生活の全面的な守護者として振舞うことによって，それまで活躍してきたさまざまな団体や共同体による相互扶助を妨げたとも主張される．ボウツは歴史上成功してきたさまざまなタイプの共済組合の実例をいくつも述べてから次のように締めくくる．

　　「政府が余計なことをしなければ，そういう相互扶助組織が成長して，固い基盤を築くだろう．しかしもっと重要なことは，政府によるセイフティ・ネットの存在と，それを維持するための莫大な税金こそが，そういう努力を締め出してきたということである．……それ［限りなく多様だった相互扶助の形態］が歴史的に大幅に衰退してしまったのは，女性が労働力として職場に進出したからでも，テレビが人々の自由時間を奪ってしまったからでもない．政府が大きくなりすぎたからである．」（同上，邦訳 228 ページ）

　私はこの指摘を正しいと思うが，疑念も残る．この指摘は，まだ福祉国家化していない国にとっては前車の轍を踏んで福祉国家に陥るべきではない理由になるが，すでにはいりこんでしまった福祉国家から脱け出す理由になるだろうか？　善悪はともかく，相互扶助組織とその土台になる共同体が現に衰退してしまった福祉国家では，手厚い社会保障制度を廃止しても，それに代わる相互扶助組織がすぐ発生するとは想像しにくい．しかしこの疑念は杞憂かもしれな

い．民間社会が相互扶助のためにどのくらい創意工夫を生み出すかは，一哲学者にすぎない私の想像を超えているかもしれない．

共同体的相互扶助へのリバタリアンの信頼に関係して，私にはまた別の疑問がある．多くのリバタリアンは，社会保障がなければ多くの老齢者はその子供たちが面倒を見ると主張するが（たとえばあとで引用するフリードマン夫妻の文章の「家族の絆」という表現を見よ），それは事実としてそうなるだろうと考えているだけなのか，それとも子供たちには老親を扶養すべき法的義務があると考えているのか明確でないが，後者と考えられているらしいことが多い．たとえば竹内靖雄が「自分の家族に支えられていきることは……個人主義の生き方なのである」（竹内, 2001, 115 ページ）という時，稼ぐのをやめた親の面倒を子どもが見るのは義務と見なされているようである．

しかし親子といえども別の人格である．親の方が未成年の子どもを扶養すべき義務については，子どもはまだ自立できないし，子どもを生み出したのはその親だという立派な理由があるが，親は自分で老後に備えられるのだから，子どもに扶養義務を負わせる必要はないように思われる．もっとも親は自分のせいではない何かの理由のため，自分で老後に備えることができなかったのかもしれない．しかしその場合でも，その子どもが親を扶養するのは立派なことであるにせよ，そうすべき法的義務がリバタリアン道徳から出てくるかどうか疑わしい．その親がかつて子どもを扶養したのが，愛情によるものだったにせよ義務感によるものだったにせよそれ以外の動機によるものだったにせよ，その事実は法的な義務づけの根拠になるとは考えにくい（特別にリバタリアンな立場からではないが，成人した子どもが親を扶養する道徳的な義務はないと主張する議論として，English, 2002 を参照）．

私はそれゆえ子どもによる親の扶養を，ボランタリーな共同体的相互扶助の一形態としては認めるが，もしそれが法的義務にされるならば，それは強制的な相互扶助であって正当化しがたい．

2.4 自発的な援助の可能性に関する問題

自発的な相互扶助の可能性が取り上げられたところで少し寄り道して，次の問題を考えてみよう．福祉国家がなくても，自発的に現在の福祉プログラムの

ための税金(以下,社会保険料を含む.両方とも政府が強制的に金銭を取り上げることに変わりないからである)程度の金を相互扶助組織に自発的に献金する人ばかりだったら,現在の給付レベルを前提にしても福祉国家の必要はない.しかしそのような人はあまり多くなさそうだ.ではなぜ自発的には援助しようとしないのに,福祉政策のための課税には反対しない人がたくさんいるのか? この問題は,国家による社会福祉よりも民間の相互扶助と援助に期待しようとするリバタリアンにとっての難問である.

　この問題に対しては,ノージックがすでに『アナーキー・国家・ユートピア』の「人間愛」と題された節(Nozick, 1974, 邦訳 433-8 ページ)で取り上げて興味深いことをいろいろと言っているが,彼も明確な答えを出しているわけではない.多くの人々が,自分で反対していない税負担から逃れたとしても自発的な慈善的献金をしないであろう理由は,「自分一人が献金しても,その影響は微々たるものだ」と考えるからだろうか? しかしこのことは,自発的な献金だけでなく納税にもあてはまる.それに一人だけの献金では貧困を絶滅できないとはいえ,確かに献金額の程度で貧困を緩和できるのだから,貧困の減少を求める人ならば自分が献金しない理由にはならない.他人が献金しようがしまいが,自分の献金のもたらす効果自体はほとんど変わらないのが普通なのだから.

　上記の問題に対するもっと現実味のある答えはこうである.このような人々は,貧困の減少のためならばある程度の献金もいとわないが,それ以上に仲間との横並びを重視して,「一人だけばかを見るのはごめんだ」と考えるからだろう.われわれに身近な例をあげると,町内会が何らかの募金を集める場合,われわれの多くは他の人たちよりも多くも少なくもない同一金額を寄付することが多い.この場合,われわれは金銭的負担を拒まないが,その負担が平等であることをどういうわけか望むのである.——ただしこの考慮が,「いずれにせよ(そこまでの額は)献金したくない」と考える人々を強制して献金させることを正当化できるかどうかは極めて疑わしい.

2.5　福祉国家は人々の自助努力を妨げるという議論

　フリードマン夫妻は『選択の自由』で,福祉国家の生成とそれがもたらして

きた弊害——とくに政府による浪費——について詳述してからこう言う.

「このような浪費は,もちろん深刻な問題だ.しかしそれも,これほど巨大な規模へと成長してしまった温情主義的な干渉主義がもたらす罪悪の中では,最も小さなものでしかない.このような福祉体制がもたらした主要な悪は,それがわれわれの社会の構造に及ぼした悪影響だ.それは家族の絆を弱め,自分で働き,自分で貯蓄し,自分でいろいろと新しい工夫をしようとする人々にさせる誘因を減少させてきた.」(Friedman and Friedman, 1979, 第4章末尾)

確かに社会保障が自助努力への動機を弱めるということは事実だろう.しかし社会保障が万人に実質的な平等を保障していない以上,自助への動機がなくなることはないし,働けるのに働かず社会保障だけで生活してやろうと考える人も稀だろう.福祉国家の批判者はそのモラル・ハザードを誇張しているのではないだろうか? 任意的な保険制度の場合を考えても,人は火災保険に加入したからといって,少しでも火の始末に注意しなくなるだろうか? 生命保険に加入したからといって,自分の命を粗末にするだろうか? そんなことはほとんどないだろう.この事情は強制的な社会保障でも大して違うとは思えない.

またフリードマン夫妻の言う「家族の絆」が成人した家族の間でも強くなければならないかどうかはひとつの問題だし,たとえそう考えるとしても,2.4で述べたように,国家は扶助を家族間でも強制すべきではないだろう(未成年の子どもに対する扶助は別).さらに福祉国家の擁護者ならば,福祉国家が仮に家族の絆を弱めるとしても,それは一方で国民あるいは市民相互の絆＝連帯を強める,と反論するかもしれない.

2.6 福祉国家はインセンティヴや知識の問題のため(自助努力や相互扶助や市場よりも)非効率的であるという議論

たとえば老人への一律的な公的給付や,公的医療保険におけるように,直接受益者の懐が痛むわけではない福祉給付は浪費的になる.なぜかというと,福祉給付は誰か他人のお金を(ア)自分のために使うか,(イ)他人のために使う,という支出の形態だが,いずれの場合でも費用を小さくしようという動機は働かないし,(イ)の場合は受益者の利益さえ大して尊重されないからである.

第8章 リバタリアンが福祉国家を批判する理由

また福祉給付は何ら富を生み出さない非生産的な活動で,財を移転するにすぎず,それに加えてロビー活動や政治運動などの浪費的支出がなされるから,その差し引きは純損になる.効率性の概念については複数の理解がありうるが,それをどのように理解しても,福祉給付が効率的でないということは否定しがたい (Friedman and Friedman, 1979, ch. 4. ほかに Hayek, 1960, Pt. III ; Mises, 1990, Pt. II ; 竹内, 2001, 4–5章など).この批判に対して福祉国家支持者は,福祉国家の目的は経済効率以外のところにある,と答えるしかないだろう.

ところが最近塩野谷祐一は,社会保険制度が効率という理念から正当化できるという議論を行っている.正確を期するため,少し長くなるがその部分を引用する.(2.6 以下の議論はほぼ,森村, 2002, 983–7 ページからの抜粋である.)

> 「保険とは,多数の同様な危険に曝されている個々人が集団を形成し,比較的わずかな保険料を拠出し合い,偶然的な事故が発生したとき,事故に直面した人々に対して拠出金のプールから損害の補塡をするという仕組みである.……これによってリスクに有効に対処できるならば,人々は政府の介入なしに基礎的ニーズを充たすことができるはずである.
>
> ところが,リスクの把握に関しては需要者と供給者との間に大きな情報の非対称性が存在する.効率の観点から言えば,高リスクの個人は高い保険料を払い,低リスクの個人は低い保険料を払わなければならない.保険の供給者は個々の需要者に特有のリスクの程度に応じた保険料を設定しようとするが,需要者は自分のリスクの程度を隠そうとする.……
>
> 私的保険は個々人に特定的なリスクに応じた保険料を適用すると一般的に考えられ易いが,これが厳密に行われることはない.市場における保険供給者は,リスクをある程度細分化した上で,全加入者集団に対して何らかの平均的保険料率を適用せざるをえない.その場合には,健康保険を例にとれば,健康な人にとっては保険加入は不利な取引であり,他方,保険に入る人はそれよりも疾病のリスク確率が高いとみずからを考える人たちばかりになるという逆選択が発生する.……その結果,集団全体の保険金の支払いは保険料収入を上回ることとなり,保険供給者は平均保険率をさらに引き上げなければならず,結局市場が成立しないことになる.これは

情報問題に基づく「市場の失敗」の一ケースである．これに対して，政府による社会保障の仕組みは強制加入制度を採用し，個々人のリスク確率から独立した平均料率を適用する．社会全体の保険金の支払いを賄えるように，加入者に対する平均料率を定めればよい．このように社会保障の第3の理念的根拠［著者はあとの2つとして「正義」と「卓越」をあげる――森村］］としてリスクへの対応における保険市場の失敗を是正して「効率」を実現するという理由が成立する．」（塩野谷，2002, 255-6 ページ）

私はなぜ政府による強制加入の社会保険が「効率」を実現することになるのか理解できない．上記の引用文の第2段落によれば，「高リスクの個人は高い保険料を払い，低リスクの個人は低い保険料を払（う）」のが効率的なはずである．ところが政府による保険では，各人は一律に平均的な保険料を支払わねばならないのだから，低リスクの人々は自分が支払うつもりのない高い保険料を取られるという不利な取引を強いられてしまう．このことは，平等主義的な「正義」の観点をとれば，高リスクの恵まれない人々への財の再配分として正当化されるかもしれないが，「効率」の観点からはそうでない．（私は，塩野谷は社会保険の再分配機能を重視する一方，個人の負担と給付の均衡を確信犯的に軽視している，と理解する．）

確かに私的保険では個々人のリスクに完璧に応じた保険料を適用できないが，現実のどんな保険もそんなことはできない．逆に，政府による保険では個々人のリスクは保険料に全く対応していない．つまり私的保険は「情報問題」に部分的にのみ対応しているが，政府による保険ははじめからこの問題に応えていない．塩野谷は情報問題のために保険市場が成立しないことを「市場の失敗」と呼ぶが，その問題に全然応えることなく低リスクの人々に不利な高額な保険を押し売りする公的保険は，それ以上に非効率的な「政府の失敗」である．保険市場における「情報問題」を（たとえ不完全にでも）解決できるのは，政府ではなくて市場しかない．

塩野谷は別の個所でリバタリアニズムの福祉国家観について，「リスク・不確実性・情報についての諸命題に対して盲目的である．上述したように［明らかに上記引用個所を指す――森村］，これらの命題は情報の不完全性や非対称性に基づく「市場の失敗」を指摘し，効率の観点から福祉国家の機能と存在理

由を承認したものである」(塩野谷, 2002, 282 ページ) と書いているが, 私の評価はその反対である. リバタリアニズムに経済学的裏打ちを与えているミーゼスやハイエクなどの現代オーストリア学派こそ, (結果状態ではないプロセスとしての) 自由市場が情報の獲得・伝達・利用に役立ち, 企業家的活動を通じてリスクや不確実性に対応しているということを強調してきた. 現実の市場は決して完全情報の完全競争市場ではないが, それにもかかわらず, いやそれだからこそ, 自由市場は情報問題の解決に資する. それに対して福祉国家の擁護者は, あたかも市場よりも国家の方が有能に情報問題を解決できるかのように想定して,「政府の失敗」を糊塗してきた.

塩野谷はまた, 現実の人々は非合理的だから政府が個々人に代わって生涯の設計を部分的にしてやらなければならない, とも考えている. 彼は「社会保障を,「個人内」あるいは「コーホート [同時出生者の集団——森村] 内」において, ライフ・サイクル上の現役の時期から高齢の時期への所得の再配分と見る見方」(塩野谷, 2002, 350-1 ページ) を説明して, 次のように述べる.

> 「合理的な個人は, 生産的な時期に所得の一部を貯蓄し, 非生産的な時期に所得を上回る支出をするという計画を立てる. これがライフ・サイクル貯蓄の考え方である.
>
> ……しかし, 人間は近視眼的であって, 将来の生活に対する望遠能力を欠いている. 社会保障による基礎的ニーズの提供は, 実はこのようなライフ・サイクル上の必要に応じて, 個人内の異時点間の所得再配分を援助するものとなる. すなわち, 社会保障は, 保険の仕組みを用いて, 現役の時期に社会保障制度への拠出を求め, それを担保にして社会保障の給付という形で生涯を通ずるリスクに対処するのである. ……社会保障の結果, 生涯を通ずる消費の平準化とリスクへの対処が行われる.」(塩野谷, 2002, 351 ページ)

だが可能なリスクをいかに評価してどのように対処するか, また将来についてどのような計画を立てるかは, 個々人によって大きく異なる.「生涯を通ずる消費の平準化」だけが合理的な生き方ではない. 気力体力が充実し欲望も熾んな壮年期に思い切って金を使い, 老年期はつましく生きていければいい, という考えは不合理ではない. また「宵越しの金は持たない」というのもひとつ

の立派な生き方である．老年になっても引退して年金に頼らずに，店の経営を続けようという自営業者もいる．あるいは「もし引退前に死んでしまったら社会保険料は払い損になってしまうから，それよりいつでも現金化できる形で貯蓄か投資したい」と考えることにも合理性がある．最後に，もし公的保険が存在しなくても，そのような生活保障のための保険への効率的な需要があれば，私的な団体や会社がそれを供給するだろう．人はお仕着せの官製保険に頼らずに，それぞれ自分の価値観に応じた仕方で，自分に固有のリスクに対処できるのである．

強制的な社会保険はこれらの多種多様な生き方・ライフスタイルを不可能あるいは困難にして，国民全体に統一的なライフ・サイクル計画と生活の安全を押し売りする，国家的な「大きなお世話」である．

2.7 福祉国家は政府の権力を強化してしまうという議論

今見たように，福祉国家，とくに社会保険制度は個々人の生活プランを本人に代わって政府が決めようとするというパターナリズムを理念的に含んでいる．このことは人々の生活に対する政府の権力を強めずにはおかないが，政府の権力の強化の原因はパターナリズムだけにとどまるものではない．

福祉国家制度は社会一般の福祉の向上を目的にかかげて提唱されてきたが，今日この制度の最大の受益者は，むしろそれに依存している官僚機構や，特権や利権を与えられている業界である．官僚は自分たちの権限や利権の拡大のために，政府機能の一層の拡張を求めるだろう．そしてそれは民間の人々の自由と財産を制約するだろう．さらに福祉国家は政治を公共的議論の場でなしに，利益集団による利権の奪い合いの場へと腐敗させてしまう．国家が権力闘争の場になるということはいかなる国家でも妨げられないことだが，巨大な経済力と権限に結びついた福祉国家では，その傾向は一層強まらざるをえない．このような公共選択学派的な批判の正しさも否定しがたいところだろう．

2.8 福祉国家は移民の自由（外国人が入国する自由）と両立しないという議論

国民あるいは住民すべてにある程度以上の生活水準を公的に保障しようとす

る福祉国家は，その財源を税金に頼らざるをえない．この社会保障給付を求めて，あるいはそれ以外の理由でこの国にやって来ようとする移民を受け入れることは，福祉国家を経済的に破綻させてしまうだろう．一般的に言って，移民は従来の国民に比べて納税額が少ないが給付額は多いという傾向があるだろうからである．それゆえ福祉国家は外国人の出国の自由は認めても，移民の受け入れを厳しく制限せざるをえない．

　もっともナショナリストにとっては，むしろこれは長所とみなされる．国民（民族）国家は特定の文化を共有する国民の共同体であって，たやすく移民を受け入れることは，国家によってしか実現できないような目的の実現や社会の連帯を妨げてしまう，と彼らは考えるだろう．とくに日本は今日の他の先進国よりも移民や難民に対してはるかに閉鎖的で，ヨーロッパの「極右」と呼ばれる政治勢力にとってお手本になっているくらいだから，この点を福祉国家の欠点のひとつに数える論者は日本では多くないだろう．（日本で多文化主義を主張する人々の大部分も，在日外国人をはじめとする国内の住民の文化的多様性を認めるべきだと言っているのであって，海外からの移民に門戸を開けという主張を熱心にするわけではない．）

　しかし移民の厳しい制限は，外国人の移動の自由に対する侵害であると同時に，国内の住民が彼らと交際する自由をも奪っている．居住移転の自由という人身の自由が信教の自由や表現の自由のように自然権的な自由ならば，外国人の出入国も原則として自由化されるべきである．移民の制限は個人的自由の尊重と相いれない．

　以上本節では，2.4を除いて7つの種類の福祉国家批判の論拠を見てきたが，私が特に重視したいのは2.6から2.8の論拠である．2.2と2.3と2.5もそれぞれもっともな論拠だとは思うが，多くのリバタリアンはその説得力を誇張している嫌いなしとしない．2.1も重要な議論ではあるが，極端すぎる．

3　リバタリアンがある程度の社会保障を認める論拠

　福祉国家が前節であげたような深刻な欠陥を持っているにもかかわらず，ア

ナルコ・キャピタリストと呼ばれるようなラディカルな論者を別にすると，大部分のリバタリアンは，国家が法秩序や警察や国防といった公共財だけでなく，最小限の社会保障サービス（これは個人的に消費されるから公共財ではない）をも供給することを容認する．ただし彼らも，強制的な年金制度や経済的平等化を目的とする再分配までは賛成しないだろう．そこまで認めてしまったらリバタリアンとは言えない．リバタリアンの考えでは，公的年金制度は廃止して，これまで保険料を支払ってきた人には，それに利子をつけて返還すべきである（竹内，2001, 4章）．そうすれば年金制度の「危機」なるものは消えてなくなる．だから同じ「セイフティ・ネット」とか「健康で文化的な最低限度の生活」とか「生存権」といった言葉を使っても，リバタリアンがそれらによって意味するものは，福祉国家の支持者が意味するものよりもはるかに控えめなはずである．この点については本論の最後でまた触れる．

多くのリバタリアンが政府によるある程度の社会保障に賛成する理由はどこにあるのか？　ひとつの有力な理由は，確かに個人の自由は大切だが，それも命あっての（さらには，最低限の生活あっての）物種であって，後者の方が人間にとって一層基礎的で不可欠の利益だ，という発想だろう．

たとえばロレン・ロマスキーは「他のプロジェクトの追求者たちの共同体の中で諸個人がプロジェクトの追求者として生きていくために必要なものは，一次的には自由だが，その事実は，極端なケースを救うセイフティ・ネットの必要性を排除しない」（Lomasky, 1987, p. 128）と言うし，稲葉振一郎は「人間の生命の有限性，死を避けられないということと傷付きやすさとが，生存の保障，（少なくとも最小）福祉国家の正当性を裏付けている」（稲葉，1999, 307ページ）という．

リバタリアニズムの始祖であるロックもつとに，「正義が万人に自らの誠実な勤勉の産物と先祖から伝えられてきた正当な獲得物への権原を与えるように，慈愛は，他に生きていく手段がない場合，極端な欠乏から自らを救うだけの分の他人の余剰物への権利を万人に与える」と言っていた．この考慮は，別に給付を受ける人々の生存がそれ以外の人々にとって何らかの意味で必要だという理由や互恵性に基づくものではなく（なぜならそのような普遍的な互恵性は存在しないから），社会連帯に基づくものでもなくて（なぜなら連帯は強制され

第8章　リバタリアンが福祉国家を批判する理由

るべきではないから)，それがなければ極端に悲惨な目に陥る人がいるという，端的に人道主義的な考慮であり，古い表現を使えば「惻隠の情」とも言える．またそれはもはやそれ以上さかのぼって正当化する必要のない考慮である．この考慮自体は自己所有権といったリバタリアン的原理から出てくるものではないし，それと衝突する場合もあるが，リバタリアンが自由権を常に規範的議論における至上の切り札と考えなければならない理由はない (前記2.1．また森村，1995, 89-92 ページも参照).

しかしこれらとはまた異なった理由によって最小限の福祉給付を正当化しようとするリバタリアンもいる．たとえば笠井潔は，「ラディカルな自由社会は，人権なるフィクションを守るために福祉を実施するのではない．人権思想の前提でもある同型的・同質的な個人という，それ自体としては無根拠な理念を防衛するために，そのコストを負担するのである」(笠井, 2001, 第2章5) と言う．しかしはたして人権思想は必ず「同型的・同質的な個人という，それ自体としては無根拠な理念」に基づかなければならないだろうか？　むしろリバタリアンの人権思想は，個々人が事実としてそれぞれ異なっているということを正面から認め，各人が自分独自の身体と能力を使用する自己所有権を基本的権利と見なすものである．

またハイエクは「[強制的な社会保障の] 正当性の理由は，……備えを怠って，彼らが社会一般へのお荷物となるのを防ぐということである．……自分自身の利益のためでなく，自分の行動で害を蒙るかもしれない他人の利益のためなのである」(Hayek, 1960, 邦訳Ⅲ47 ページ) と言う．これも社会保障の理由になるだろうが，この理由だけでは，「もし備えを怠った人々が，他の人々に害を加えずに社会の片隅でひっそりと生きていくか死んでしまうかするならば，社会保障の必要はないのか？」という疑問が生ずる．やはりリバタリアンが最小限の福祉を認める論拠は人道主義的考慮に求める方が自然である．

しかしリバタリアンが認める社会福祉の水準は低すぎる，と福祉国家論者は主張するだろう．第一に，もし生活水準の向上がよいことならば，なぜ最小限の福祉給付にとどめておくべきなのか？　「多々ますます弁ず」ではないか？　それに対するリバタリアンの自明の答は，確かに生活水準の向上はそれ自体としてはよいことだが，福祉給付は天から降ってくるわけではなくて，その給付

のためには罪もない人々の財産を取り上げなければならないのだから，それを正当化するだけの強力な根拠が必要だ，というものである．「健康で文化的な最低限度の生活」はその根拠になりうるが，単なる相対的貧困はそうでない．

　自由を根拠として福祉国家を批判するリバタリアンに対しては次のような反論もある．「自由がよいものなら，それは誰にもあってよいものである．自由が普遍的に，つまり誰にでも認められるなら，分配が支持される．だから自由を主張するなら，自由のための分配を主張する立場の方が一貫している．」（立岩，2002，113 ページ）

　しかしリバタリアンのいう「自由」は，この言葉が現在使われているありとあらゆる用法を含むものではなくて，自分の身体や財産を，他の人々の身体や財産を強制的に侵害しない限りで，干渉されずに支配し使うことができるという，古典的な消極的自由のことである．その自由はそもそも分配されうる対象ではない．それは事実として信教の自由や思想の自由を分配できない——侵害はできるが——のと同様である．リバタリアンは，政府は自由を「普遍的に，つまり誰にでも」保護すべきだとは主張するが，それを作り出せとか分配せよとは主張しない．またこのような意味での自由は，それ自体が「よいもの」というよりも，むしろ（すべてではないにせよ）多くの「よいもの」を生み出したり得たりするための不可欠の条件として考えられている．そして第 1 節末尾で述べたように，リバタリアンは「よいもの」の平等が正義の命ずるところだとは考えない．リバタリアンの考える正義とは，国家なり社会なりが一体となって目指すべき理想の状態というよりも，不正義の不存在・除去として特徴づけられるものである．

　おそらく批判者は「自由」という言葉をリバタリアンとは違った意味で使っているのだろう．そしてその用語法にはそれなりの理由があるのかもしれない．（もっともリバタリアンは，そのためにはたとえば「機会」といった別の言葉を使う方がよいと考えるだろうが．）だがともかくリバタリアンが自由を根拠として福祉国家に反対することについて，首尾一貫しない点は何もないのである．

参考文献

稲葉振一郎 (1999)『リベラリズムの存在証明』(紀伊國屋書店).
笠井潔 (2001)『国家民営化論』(光文社知恵の森文庫).
塩野谷祐一 (2002)『経済と倫理 福祉国家の哲学』(東京大学出版会).
竹内靖雄 (2001)『「日本」の終わり 「日本型社会主義」との決別』(日経ビジネス人文庫).
立岩真也 (2002)「分配的正義論――要約と課題――」『季刊社会保障研究』38 巻 2 号.
橋本祐子 (2003)「福祉国家と平等」『同志社法学』55 巻 2 号.
森村進 (1995)『財産権の理論』(弘文堂).
森村進 (2002)「書評・塩野谷祐一『経済と倫理』」『一橋法学』1 巻 3 号.
Boaz David (1997), *Libertarianism: A Primer*, Free Press (邦訳・副島隆彦訳『リバータリアニズム入門』洋泉社).
English, Jane (2002), "What Do Grown Children Owe Their Parents?", in Hugh LaFolette (ed.), *Ethics in Practice*, Second Edition, Blackwell.
Friedman, M. and Friedman, R. (1979), *Free to Choose*, Harcourt Brace Janovich (邦訳・西村千明訳『選択の自由』日経ビジネス人文庫).
Hayek, F. A. (1960), *The Constitution of Liberty*, Routledge (邦訳・気賀健三＝古賀勝次郎訳『自由の条件 I―Ⅲ』春秋社).
Lomasky, L. E. (1987), *Persons, Rights, and the Moral Community*, OUP.
Nozick, Robert (1974), *Anarchy, State, and Utopia*, Basic Press (邦訳・嶋津格訳『アナーキー・国家・ユートピア』木鐸社).
Smith, Tara (1995), *Moral Rights and Political Freedom*, Rowman and Littlefield (邦訳・藤原孝ほか訳『権利の限界と政治的自由』サンワコーポレーション).
von Mises, Ludwig (1990), *Economic Freedom and Interventionism*, The Foundation for Economic Education.

第9章　分配論の構図[注]

立岩真也

1　分けることが支持される

　人の存在とその自由のための分配を主張する．つまり「働ける人が働き，必要な人がとる」というまったく単純な主張を行う．

　まずそのようには言わない主張を検討する．するとそれらは間違っている．そして，私がただ私であるというだけの存在を望むなら，人が人であるだけで存在していることはよいことだと思うなら，その双方が存在と存在の自由のための分配の規則を支持する．

1.1　自由による自由の剝奪

　自由を尊重すると言い，国家による税の徴収とそれを用いた再分配を不当な介入だと批判する人たちがいる．しかしその批判は自らを掘り崩す．同じ根拠から彼らの主張を否定することができる．

　その人たちは，納税は強制であり，その税は自らの労働の果実の一部なのだから，徴税とは強制労働に他ならないとする．この指摘自体はもちろん間違いではない．間違いは，自由の分配問題とでも呼ぶべき問題から逃れることはできないにもかかわらず，この問題がないかのように振舞うことにある．また自らが支持する制度の側には強制が不在であるかのように考えてしまうことである．そしてそれは特定の分配形態を支持するのだが，その規則のもとでは，できないからとれない人にはその自由は及ばない．だからそれは自由という根拠から支持されない．

　自由の主張からはむしろ分配が擁護される．得られることはよい．それは生きられるのがよいことの一部であり，そのことによって自由に生きていける．自由がよいものなら，それは誰にもあってよいとしよう．つまり自由が普遍的

に，誰にでも認められるなら，分配が支持される．だから自由を主張するなら，自由のための分配を主張する立場の方が一貫している．そしてこの論に対する批判，たとえば積極的自由と消極的自由を混同しているといった批判は無効である．

もうひとつ，自由という条件を満たした（それ以外の条件を外した）ゲームを行い，どのよう状態が現われるかを見ようという型の論がある．ゲームの初期条件とゲームの過程が正当であるなら，そこで決まった状態が，どんな状態に落ち着くにせよ，正当な状態と考えればよいのではないか．しかし第一に，ゲームの出発点，過程，そして結果が特定されそうにない．第二に，条件を特定すればある範囲の答が出る可能性はあるが，その条件が妥当なものだとは思われないし，生産物の私有という答に行き着く条件は限られている．第三の，より基本的な問題は正当性の問題である．仮にある状態に収束するとして，その状態が正当な状態であるのは，その状態をもたらしたものに正当性が付与されている場合だ．だが，検討してみると正当であることが説明されていない．

さらに，他人に迷惑をかけない限りの行いは自由であるという主張があるが，この主張は当たらない．ほかに生産物は生産者の一部としてあることを指摘する主張，努力や労苦に応じて報いられるべきであることを言う主張，寄与・貢献に対する報いがあってよいとする主張がある．その一部を受け入れるが，それは生産者による生産物の取得を支持することにはならない．

1.2 嫉妬という非難の暗さ

羨望や嫉妬やルサンチマンといった語を使ってなされる社会的分配に対する非難がある．他の人の不幸を望み喜ぶことが望ましくないことに同意しよう．自らが得られないものの価値を引き下げるのも暗い行いではあろう．しかし社会的分配についてはその批判は当たらない．むしろ怨恨を持ち出して分配を批判する側の方が怨恨の圏域に内属している．

存在とそのための手段との関係について．手段は生きて暮らしていくための手段であり，それが存在を凌駕することはない．しかし手段の生産によって存在の価値が示されるなら，この関係は転倒してしまう．そしてそれは一人一人に負荷をかける．できないことの否定，できるようになるための負担が大きく

なってしまう．さらにそれは，できることにかかわる羨望と負け惜しみを誘う．それもまた自身に対する負荷となり他者への加害となる．ならばこの価値を拒否すればよい．むしろ，できることと得られることとのつながり，できることと存在の価値とのつながりが弱くされた方が，すなおにできることは賞賛されることになるはずだ．羨望や負け惜しみを減らそうと思うなら分配を支持する側に付いた方がよい．さらに，人間が各々独自の存在であり多様な価値を持つ存在であることを平等主義が破壊するという主張も当たらない．

1.3 存在の肯定が肯定する

では必要に応じた分配の積極的な根拠はどこにあるのか．

まず私たちは，確かな根拠，誰もが合意し支持する根拠がなければならないとは考えず，むしろそんなものがなければならないと考えることに錯誤があると考える．ただこのことの確認の上で，何かが社会に実現し継続するのは，それが人々によって支持されるからだろうから，なぜ分配が支持されるのかを見ておくことには意味がある．そして，社会の成員の誰もが得られるという普遍性がどのように言えるのか，同時に，義務として引き受け負担を強制されることに同意するという一見矛盾することがどうして成立するのか，このこともまた説明を要するだろう．

普通に使われる語を使えばひとまず「利己」「利他」と分けることのできる二つの契機があり，この各々から考えることになる．

ひとつ，私の存在，存在の自由を大切だと考えるという前提からどこまでのことが言えるか．考えてみるとよく言われていることと別のことを言えることがわかる．第一に，私のために必要なものを要求する私に発する主張から，自分が作ったものは渡さないという規則の支持には必ずしも行かない．むしろこの規則のもとで多くを受け取れない多くの人が分配の規則を支持する可能性はある．第二に，自らの状態を知らないという条件を付加するとその支持はさらに強まるかもしれない．実際これが頻繁にこの社会で言われることである．つまり分配とは，何があるかわからない将来を思い，そのリスクに備えた「保険」だと言うのである．しかしこれらには限界もまたある．そこからは分配の普遍性には至らず，また権利性・義務性が導かれないのである．

第三に，私の存在が否定されないことを求めるから分配が支持される．それは，手段＝能力を私がどれだけ持っているかとは別に，私が生きていたいということであり，またそのような水準で私の存在を認めてほしいということである．そう思うにあたっては贈与を要する事態がわが身に現実に生ずることを必ずしも要しない．ここでは物質的に利得を得ず供出することになる側の人たちも分配に賛成する側にまわる可能性がある．

　そしてもうひとつ，他者の存在を認めることから分配は支持される．私の存在のために，私の存在の承認のために他者を要するというのではなく，ただ他者の存在が快であることがあることを述べた．そして，いくつかの主題について考えていくと，意外にもこのような他者に対する態度は強いものとしてあること，私たちの生にとって基底的なものであることがわかる．

　つまり，私がただ私であるというだけの存在を望み，人が人であるだけで存在していることはよいことだと思っているとするなら，この二つともが存在と存在の自由のための分配の規則を支持する．ならば分配の主張は，私たちのありようの相当に基本的なところに発するもので，格別の心情を要する困難な主張ではない．

　そして両者から誰もが得られることが要請される．つまり分配の普遍性が求められる．まず私の個別性からの主張は各々の属性や能力と別に自らを認めよという主張だからである．また他者に対しても，一人一人の差異とそれにかかわる好みの差が自らにありながら，同時にただ他者であることにおいてその者を認めようとするのだから，ここにも普遍性は内在している．そして両者ともが人の存在が私や他者たちの恣意によらずに支持されるべきことを言うのだから，やはり両者から，各人の存在は権利として認められ，その権利の支持が義務とされるべきであることが言える．

　以上のように私たちは普遍性を言い，さらに，分配の範域を限ることによって分配，したがって生存は困難になるのだから，その範囲を拡大すべきであると主張するだろう．それに対して，人は具体的な関係の中で共感し同情するのに，そうしたあり方を捨象し，空想を語っているだけだという指摘がありうる．国家の大きさやさらに国境を超えた距離があるなら贈与の動機が欠如することにならないかと言われる．だが，わからないではないこの指摘も距離を抽象し

てしまっている．むしろ現実は距離と関係とが反比例するといった単純なものではないことを示すことはできる．

　そして分配を支持する契機と回避したいと思う契機，この二つの契機の並存を前提にしたとき，強制の必要性もまた現われてくる．また，自らが厭う強制に自らが同意するという一見不思議な事態も説明される．他の人たちが負担を担う限り，自らは負担せずに自らと他者との存在が肯定される．つまり「ただ乗り」ができる．強制への同意をただ乗りを自らに禁ずる行いと解することができる．相反する二つの望みが並立してあって一方が他方を打ち消すことがないとき，それでも基本的にはその一方をとろうとするなら，それを確保し他方を抑制するために，自らへの強制に自らが同意することがある．これが，贈与・供出への支持には自発性を要するはずであり，自発性が存在するなら強制は過剰であり不要ではないかという問いに対する答になる．

　だから分配を抑止する要因は常にあり，だからこそ制度としての分配が要請されもする．このことは，平等の定義にせよ，貧困の規定にせよ，ニードの測定にせよ，本来必要なものでなく，やむなく必要とされるものであることをも示している．基準，上限の設定は，ひとつに，生産はたしかに一方では労苦でもあるから，また生産し消費し廃棄することにともなう好ましくないことも多々あるから，設定される．ひとつに，労なくして得られるなら多く得ようとすることに対応する必要から，やむなく行われる．私たちが間違えることのひとつは，基準を規定せねばならず，一貫した基準を設定することができなければ分配についての議論も失敗してしまうと考えることにある．

2　分かたれないもののために分ける

　自らの論をより明確なものにしようとするためにも社会改良派のリベラリズムを考察しておく必要がある．その立場は，一人一人がよいとするものを尊重しゆえにそれに立ち入らず，自らは無色だと言う．しかしそれは望ましいことでなく，不可能なことでもある．このように言うことと，私たちもまた人々の多様性を尊重すべきだと考えることとは矛盾しない．むしろ私たちの考えでは，存在の多様性を尊重しようとすれば，特定の立場に加担せざるをえないのであ

る.

　実際，分配を現実に行うときにはリベラリズムもまた基準を設定している．それは，一律の基準を外から規定しまうのでなければ，個人に帰せられる部分とそうでない部分とを分ける．それは結局は自らの生産物の自己取得という範式に内属している．それを私たちは，基本的には，否定する．

　人は欲し，生産し，そして取得する．まず第一のもの，人の欲求・価値がどのように捉えられるのかを検討し，批判し，自らの立場を対置する．次に，リベラリズムは，私たちのように単純に生産と取得とを別に考えようとは言わない．生産する能力を等しくすることによって平等の側へ行こうとする．しかしこれはうまくいかないことを説明する．そして，世界にあるものの何がその人のもとに置かれるかについて，つまり所有権の付与のあり方について，リベラリズムが間違ってしまうことを言い，別の基準があることを確認する．

2.1　価値を問わないという価値を採らない

　ひとつに一人一人の選好，価値にどう対するか．一方に僅かを得るだけで満足していると語る慎ましい人がおり，他方にどれだけあっても満足しないと言う贅沢な人がいる．とくに前者，より多くを得ている者の傍で自分はこんなものだと僅かしか食べない人がいて，それは辛いし，その状態は不当だろうと他人事ながら思うのだが，そんな人に何が言えるのか．これは，文化相対主義，自民族中心主義，パターナリズムといった言葉も知りながら，また知らなくとも感じながら，援助の場にいる人にとっても大きな問題だ．

　この問いに対し，効用，満足度を基準にすることに問題があるのだと，だから本人の評価を基準に使うべきでなく，客観的な基準によるべきだと言われることがある．また，社会的に形成された選好については社会の側に責任があるとし，それ以外については自己責任の領域にあるとする主張がある．しかしこのいずれも問いにうまく答えられない．

　一律になされる分配は慎ましい人に受け取られないだろうし，そもそもその分配は，少なくしか受け取らない人がいて当然でその人たちはその状態で満足のはずだという社会では認められることがないはずだ．また，私にある欲求と社会の作った欲求という線引きによる対処もうまくいかない．そもそもこの境

界線を確定することなどできそうにない．そして，この不確かなこの境界線をどう引くかによって議論は分かれるのだが，その現実の適用においては，自分が取り下げられる要求については自分で引き受けさせられることになってしまうことにもなる．

　私たちは，そこに存在する価値の内実を問題とし，それの是非について考え，評価するという応じ方しかないのだと考える．そのことによって，慎ましい人の言も，贅沢な人の言もそのまま受け入れてしまうべきでないことが言えると考える．そして，そこで問題にされるのは，たとえば女性の劣位を当然とするような「旧来」の価値規範だけではない．多くを生産できない者は多くを得られなくて当然で，だからその状態で満足して当然だという価値もまた，当然に問われることになる．出自が出自だから欲するものが少なくて当然だと考える人たちをリベラルな分配派は問題にするのだが，それとまったく同じに，自らのできることの多寡によって受け取りの多寡を当然としてしまうこと，それを当然とする社会にいるために自らの自己決定として受け取らない人がいることをそのまま認めることもまた批判されるべきだとする．

2.2　機会の平等を第一に置かない

　次に，生産とその能力にかかわる部分について．リベラルな社会改良派は「機会の平等」を掲げる．本人が努力してなんとかなる部分については自分で，それ以外の部分について社会が担当すると言う．そうして「環境」が皆同じになったら残りの差異は「努力」だけによってもたらされ，同じだけ努力すれば同じになる．ならばよいではないかとも思える．しかしそうか．

　考えてみると，そうはうまくいかない事情があり，その策が常に正当ではないと考えられる理由があることがわかる．そしてこれは基本的な場所のとり方の問題でもある．問題は，分配の基本的な位置づけ，基本的な立場とやむなく必要とされる部分との関係の把握に起因する．リベラリズムは，業績原理を基本的に前提した上で，本人の力の及ばない部分を整序し，揃えることによって平等に近づけようとする．しかしこの機会の平等策は必然的に不十分であり，少なくともいくらかは不適切であることを説明する．それに対して，私たちは基本的に分配を肯定し，その上で，生産を促す手段として，また苦労に報いる

という意味で，努力に報酬を対応させることを部分的に肯定する．

　その上でなお私たちは労働の分割・分配を主張できるし，すべきだと考えるのだが，このときにはこの主張の位置もまた変わってくる．私たちは，機会の平等が結果の平等よりも価値として優れていると考えるのではなく，まず結果として得られるものが得られてよいとし，そこから発しながら，より望ましい方向として労働自体の分配・分割を主張することになるのである．

2.3　世界にあるものの配置

　改良主義的リベラリズムは，結局，作ったもの／与えられたものを，その人に帰されるもの／そうでないものという対に対応させようとする．私たちはそれはおかしいと考える．それはひとつに，私が作ったものが私のものであることを認めることができないから，また，私が作り表出するものが私をそのまま示すとする価値を支持できないからである．財のすべてが，またその人の生産した財のすべてがその人の存在にかかわるというアニミズムを認めない．むしろ切り離せるものがあることを言う．他方，既にあるもの，自分が作ったものでないものについてもその人のもとに置くべきことがあると考えるなら，リベラリズムの対応のさせ方はこのこととも整合しないからである．

　私たちは世界に様々にかかわる．そのかかわりのあり方がその帰属のあり方にかかわる．ごく簡単にすると，資源・手段であるものとそのように対することのできないものとがある．その人の生産物についても人が譲渡の用意のあるものについては徴収と分配の対象になる．他方，その人にそのものとのかかわりがあって，それを譲渡の対象にできないものはその人のもとに置かれ，社会的な徴収と分配の対象にはならない．むしろ他の人たちが譲渡を求めることが制限される対象となる．その事態を受け止めてしまった人，最も単純に言えば，そのものがあることを大切にする人に優先が与えられる．そしてそのことは，ただそれを大切にするという言明によってではなく，それを実際に譲渡しないという事実によって確認されなければならないものとする．

　その際，重要な条件のひとつは，その人が譲渡しがたいものを譲渡せずにすむように，基本的な生活資源・手段の分配がなされることである．この条件のもとで，その人が譲渡の対象としようとするものはその人から徴収してもかま

わないとする.

　もうひとつの条件は，生産と分配，それと人との関係についての価値・規範のあり方である．問題にされ批判される規範には，リベラリズムも容易に抜けることのない，人の力とその産出物と人の存在とを結びつけてしまう規範が含まれる．既にその人が存在していることで十分であることを認め，その上で自らを作っていく自由がある，あるべきだと言えばよい．自らを作り，表象することが自分が世界に在ることと同じ位置にあるのではない．同時に，帰属をとりたてて神聖なものにすることもなく，否定することもない．解体された代わりに何かが作られなければならないのではないし，作られることにおいて人であることができるといったところに拡張されてはならない．こうして，1で取り上げ批判した規則，価値を否定した上で，その人における世界とのかかわり方によって，財の配置が決まることになる.

3　さらに言えるだろうこと

3.1　分配する最小国家？

　分配を肯定することは政治の領域が今行っていること全般を肯定することでなく，今ある「福祉国家」を護持することではない．実際，国家は権利を強制力によって保障する活動——分配はその重要な一部である——だけを行っているのではない．様々なものに租税から支出がなされる．政治が何をするかしないかにもかかわり，またどれだけを供給するかその基準の設定の問題にもかかわり，どのように分配を実現するかという方法・機構を巡る問題がある．このことについても十分に議論がなされてきているとは思われない．考えていくと，現在なされていることの大きな部分についてその正当性が疑われることになる.

　経済学では，公共財については政府支出がなされるべきだとされる．公共財とは個々人から個別に料金を取れない，そして／あるいは，取るべきでない財とされる．しかし，取れないのか取るべきでないのか，いずれの理由によるのかはっきりしないものもあり，それぞれについても理由が明らかでない場合がある．また取れない場合には技術がそれを変化させる可能性もある．次に取るべきでないと言えるもの，費用を強制的に徴収すべきものがどれだけあるか.

何かがなされてよいことであることと，それに強制力が用いられるべきであることとは同じでない．国家は今行っている少なくない部分から撤退しうるし撤退すべきかもしれない．

　まず供給の機構を再考することができる．ひとつに，税を用いて必要なものを用意し，それを無料で供給するという手段がある．費用を払わなくてすむから個々人の手持ちにかかわらず利用できる．一人一人について測って各々別々に分配する必要がない．しかしこれは，その利用が膨張するのを防ぐことが難しい．また何に使うかについて個々人が決定することができない．税を使える用途は有限だから選択が当然行われることになる．これは何が社会的に供給されるかが政治的に決定されるということであり，何を得て暮らすかは一人一人が決めることだという考え方からは批判されることにもなる．

　とすると，現物を給付するのでなく，個人には貨幣が渡り，何を得て暮らすかは個々人が決め，営利・非営利の様々な供給組織から選んで利用するという方法がある．そうなっていなかった一つの理由は供給の独占を維持したい供給側の利害である．また一つに，使途を限定し給付物であると印づけ，低く押さえること，抑制がめざされた．そして一つ，生を方向づけることが目指された．これらを批判し，国家は資源を徴収し供給するが，具体的な財の供給からは手を引いた方がよい場面があるとする．そのもっとも簡潔な形態は，世界の財を人数分で割ってしまうことである．ここでは，政府は徴収と割り算と各人の口座への振込をすればその仕事が終わることになる．ただ同じ状態を得ようとしても，その人の身体のあり方やその人が置かれている状況によって必要なものが異なる．また違いがあるからこそ分配が要請される．だから均等割りという単純な方法の全面的な採用は難しい．ただ，考える基点としてこれを置き，どこで均等割りが不可能になるのか，どのように個々の事情に対応すべきかを考えていくことはできる．

　そして，分配のために全体を分割し一人一人に対応すべきことと，分配の基準を設定すること，また個々の違いを測定しそれに応じた基準を定めることとは別のことである．2の終わりに，基準，上限の設定はやむをえずなされると述べた．このことは，比較したり基準を設定する必要がない場合がありうることを示してもいる．たとえば制限しなくても需要がそう膨張することがなけれ

ば，予めの「ニーズ」の査定はつねに必要なのではない．その人が必要と思うだけを受け取ること，実際に使った分について費用を支給することも可能であり，実際行われてもいる．

　所得保障や社会サービスのあり方の再考が促されるだけではない．たとえば地域間の格差がある．都会との格差の存在がこの国の「公共事業」の現実性を維持してきた．しかしこのままではよくはないとするとどう考えたらよいか．また国際援助もその多くは事業に対するものであり目的を定めたものだった．また多くは政府や組織を介したもので，直接に個人に渡ることは多くない．そしてその多くは現物の支給だった．もっと直接的な分配の方が望ましいと言えないだろうか．

　これらを考えていくと，むしろ政府の行うべきことは少なくなるはずである．「分配する最小国家」という言葉を使ったことがある．それが本当に望ましいのか．それをこれから考えようと思うが，考える上でのひとつの準拠点にはなる．

3.2　不足・枯渇という虚言

　とくにこの国で語られるのは，正当性の問題ではなく分配の制約条件，「財政」の問題である．少子化，高齢化で「今のままの福祉」を続けていけば——これらの何がどう問題なのかはよくわからないのだが，けれども，ともかく——財政が破綻すると言う．引き締められるところを引き締めつつ，いっそうよく働かねばならないと言う．攻撃的な人たちだけが攻撃的なのではなく，優しい多くの人に漠然とした不安・悲観がある．

　資源が分配を制約するというのは一般的にはその通りだが，しかしここには多くの誤解がある．まず，同じものをどのように分割しても総量は同じでしかない．こんなことで間違えるはずはないと思うのだが，たとえば，家族によって無償でなされていることを有償にすることを巡る議論にはこの間違いがある．なされてきたことを社会的な負担のもとに置くこと，有償化し，社会化すること自体は負担の総量の増大を意味しない．次に，負担が増える場合にも負担と利得とが相伴って増える．負担という理由だけによって社会的分配への賛否を言うことはできない．これも当然のことである．

足りないものがある地域が世界に広大に存在することは認めよう．またこの国にも足りないものはあり，足りない人は明らかにいる．しかし，さしあたりこの国のような地域に限れば，総量として何かが足りないと言えないとしよう．次に働く人は，少なくともいま多くいて，余っていると言ってよい．このことは，簡単に言い切ってしまえば，失業の存在が示している．そしてその状態は今後もそう変わらない．だから人が足りないということはない．他方，人以外の資源に限界があるのは確かだろう．しかしその制約自体は社会がどんな社会であっても動かせない．私たちは次に，生産の総量の拡大を目的に置かず，あるものを分けることを主張するのだが，それは有限な資源の有効な使用が望ましいのであれば，むしろそれに適った主張である．

3.3 生産の政治の拒否

　放任，自由化策を支持する人たちがおり，他方に公共事業といった策を支持する人たちがいて対立しているのだが，それは基本的な立場を共有しつつ，そのための手段としてどちらがよいのかという争いである．「小さな政府」を主張し，税金を減らし，市場に委ねた方が経済が「活性化」するという議論と，そうではなく「公共投資」の方が有効だという主張，政策とがあった．しかしこれを対立と言えるのか．どちらが「経済」に有効かという観点から議論がなされ，そして実際の政策の選択がなされてきたのだが，いずれが有効なのかという問いはよい問いだろうか．景気が悪くなれば政府が批判され，税金が増えれば野党が議席を増やす．有権者の一人である自らにしても，「政府に期待することは」と世論調査で問われれば「景気対策」と答える一人ではあるのだが，しかし一方でそんなものではないのではないかと思っている．「生産」という場を共有した曖昧な対立があるだけなのだ．環境派からの批判だけではない．こうした対立の中では，自由の主張とされるものは具体的には経済活性化のための政府の縮小という主張なのだが，そんなものを自由と言うのだろうか，そんな疑念を多くの人が抱いている．

　だから強制力を用いた経済政策，成長に向けた政策自体が基本的に正当化されうるかを考えることになる．生産は，定義によるが，定義上このましいことではある．ただ，それに伴って費消され排出されるものがあり，なにより，人

は働かなければばならない．少なくとも生産と消費の水準が一定に達した地域において，生産とともになされなければならない労働，また世界から失われ世界に排出されるものを考えたとき，全般を一緒に括ったものとしての成長が必要がないと考える人がいるなら，その人にも強制し加担させて生産全般を増やそうとする政策的介入は正当化されない．そして，人はこれ以上はそういらなくなっていて，消費への呼びかけに応えなくなっており，この状況における労働はなお意義を減じ辛いものになる．また，分配が生産の増大に結びつかない場合，増大に結びつく部分が優先されることによって分配が排されることがある．成長をもたらす部門に集中的に労働と財が投下され，たんに生活を維持するための活動が切り詰められることがある（資源の制約や枯渇とは，さきに述べたように絶対的な制約などではなく，この場所から言われることである）．だからその方向に社会を導くことを放棄すべきであるとする．

この場所から，私たちは「生－政治」と漠然と呼ばれることもあるものの一部，生産する／しない人口を巡って発せられてきた言説，なされてきた行いを批判し，否定することになる．生への介入は，やはり漠然と，「福祉国家」に結びつけられることがあるのだが，その曖昧に一体化された全体から不要な部分を差し引くことを提案する．

3.4 労働の分割

ここしばらく分配は消費点での分配としてもっぱら考えられてきた．これまでの議論もまたそのように受け取られたかもしれない．しかしそのようでしかありえないのではない．どの場所を問題にするのかは開かれている．この主題についても満足な議論が行われてきたように思えない．

人の配置原理としての能力主義と，また市場に生ずる労働への価格の差異とを否定しないとしても，それは雇用・労働の場をそのままにし，その上での租税の徴収とその「再」分配だけが唯一の分配の手段であること，それが最善の方法であることを意味しない．労働市場，雇用に対する介入の正当性について考え，そのあり方を考える必要がある．たとえば，労働の分割，ワークシェアリングというアイディア自体はずっと前からあったのだが，見向きもされない時期が長く続き，それがこの状況で，どうもこれしか残らないようだという消

極的な理由で導入するしかないとされるのだが，私たちは，消費の場面での分配と別に，あるいは消費の場面での分配と同時に労働の分割・分配が正当化されるかを考え，次に具体的にその機構について考えるべきである．

　雇用政策が正当化されるのは，働こうとする側にとっては，第一に分配だけで暮らす人が得られるものの水準が最低限になってしまうからである．第二に，労働・生産の場に参画することのその当人にとっての意義がある．第三に，再分配とその具体的内容は政治的決定に依存することになる．私たちはそれが機械的に作動する機構であるべきことを主張するのではあるが，それでも根本的な不安定性から逃れることはできない．関連して第四に，これまでの論からはその人が市場で得た所得に対する所有権が本来その人にあるのではないのだが，しかし「再」分配の機構からそのように思わせてしまう要素を払拭できないとするなら，利害が対立し分配のための徴収が困難になりうる．ならば生産の場面での所有を分散した方がよく，そこから労働とその対価のあり方も考える必要がある．そして最後に，働かせる側にとっては，労働に就かない（就けない）人に所得の保障だけで対応するより，労働を分割し，分配した方が適切である．

　この社会は生産・消費の総量を増加させることによって雇用を確保しようとしてきた．しかし，とくにこの社会にあってこの方法はよい方法ではない．生産物が全体として不足しているのではない社会においては，失業があることは，その水準の暮しのためにすべての人が働かなくてよい状態にあるということであり，それは基本的にはまったく喜ばしい状態である．しかしもちろん，失業で暮しが成り立たないのは困る．そこで，労働市場自体はそのままにして対応を別に行うという答がひとつある．つまり失業者には所得保障で対応する．もうひとつ，労働の分割，分配がある．前者を肯定するその前提となる分配派の立場に立つなら後者もまた肯定され，その上で右記した理由から政策としてそれを行う正当性が得られる．

　こうして労働の分配・労働の分割も面白い主題としてある．しばらく私たちは消費社会を語ってきたのだが，とくにこれから何十年かは労働がもっとも大きな主題のひとつとなるだろう．

3.5 生産・生産財の分配

　繰り返せば，分配とは消費における分配だけに限られない．いま労働の分配・分割について述べたのだが，これに関連して，生産へのかかわり方，生産財の所有の編成を考える必要がある．

　なぜ生産の場における決定の形態，生産のための財の所有の形態を問題にされてきたのか．ひとつに生産・労働における自律が目指された．ただ，私たちは（政治の主体であるべきこととともに）経済の主体であるべきことを相対化する視点をもっておいてよい．ともかく消費される財が行き渡るのであればそれでかまわないのかもしれないと，ひとたびは考えてもよいのだ．労働にせよ，生産にせよ，政治にせよ，それらを特別に価値のあるものにせねばならない理由は考えてみればとくにない．それでもなお生産について自らが考え決めたいことはあるだろう．そうした場から生産の運営のあり方，その権限のあり方を考える必要がある．

　次に，前項に述べた市場と政治的分配の並存という方法を使うときの問題がある．さらに市場における価格をいったんは認めることにかかわる厄介さがある．財を分配したとしても，生活に必須なものについて誰かに独占的な権利が認められているから，その独占者はその供給と引き換えに世界の大方を所有することもできるかもしれない．これはとくに技術を考えるときそう極端な仮定ではない．生産財の独占をそのままに所得の分配を行っても限界のある場合がある．

　いわゆる知的所有権の問題は，その保護の側面だけがもっぱら論じられ主張されるが，動機付けを与える手段として権利の付与，保護を一定認めつつ，生産財，とりわけ規則の設定によっては独占が可能になる技術については，独占されてはならず，その共有が支持される．私たちの立場からは，開発者・生産者による独占的な技術の所有は認められない．たとえば薬をうまく使えばエイズは今亡くなる病気ではないのだが，世界で1日約8000人が死んでいる．問題は薬，薬にかかわる技術の所有のあり方である．生産財としての技術の所有のあり方を考えざるをえない．開発者による利益の取得の部分的な許容すなわち部分的な制限を行ってよいし，行った方がよい．

　たとえばこれらのことを考えなければなうない．これは生産点の編成，生産

財の所有のあり方として何が望ましいのかというまったく古典的な問題である．しかし，ここしばらくはともかく，かつては膨大な量の言説がこの領域についてあったはずであるにもかかわらず，議論が尽くされているように思われない．私たちの世代が 30 年ほど怠ってきた経済体制の問題を，もう一度，ただいくらかは以前と異なった視座からも，考えるとよいのだし，その必要を多くの人は感じている．

3.6 持続させ拒んでいるもの

　こうして見てくると，不要であるようにも思え正当性が疑わしい様々なことが行われてしまっているのはなぜか，また事態の変更が容易でないのはなぜか，その理由の検討に促される．もちろんこのことについてもいくらも語られてきたはずなのではある．だがやはりよくはわからない．

　負担の総量の増加ではなく，負担と利益の各人への配置が変わることへの抵抗が分配への反対をもたらしている．分配がなされる前に比べ，負担より受け取りが大きくなる人がいるのと同時に受け取りより負担が大きくなる人たちがいる．資源の絶対的な制約というより，この人たちが負担を避けたがっているという単純な事情がまずある．この心性はそれ自体として否定されない（ただ，その同じ人がまた別のことを同時に思っていることがあることも 2 で述べた）．そして，たんに出し惜しんでいるだけであることを，あたかもそれ以上のことであるかのように言いなすことを私たちは批判するし，その批判に意味があると考える．そのためにも，何が誰に利益を生じさせていると言えるかを確定する作業が必要になる．

　いくつかの場合には不当な利益を得ている人たち，不当な不利益を被っている人たちを特定することができるはずなのだが，それは従来漠然と名指されてきた人たちと同じではないことがある．たとえば家族が行っていることが「社会化」されないことによって不利益を被っているのは，家族全般でなく，家族の一部であると言えるだろう．また，ある労働市場からある範疇の人たちを排斥することによって利益を得ているのは，排斥する側にいる労働者でもあるだろう．そうした事々を確認していく必要がある．

　そして，人々の利害の布置と別に存在するのではないが，しかしそこからあ

る独立性を有して存在する事態の構造がある．競争と格差とを強化しないとこれからの社会を維持できないという論は基本的には間違いである．しかしそれに現実性があるのは，私たちの社会で行われているゲームの性格による．負けるとすべてを失うゲームに参加させられてしまっているのであれば，そこから降りることができない．生産・成長にどれだけかを，できるだけたくさんを取っておかなければならない，ということになっている．それで未来に利益を生み出さないだろうところ，たとえば死んでいくだろう人々にはかけない．そしてこの生産・競争への圧迫が存在することに国境が関係し，国家が分立し国境が存在することが分配に対する大きな制約になっている．

3.7　むしろ国境が制約する

　たとえば自由を認めるという言い方で技術の独占が支持されることがある．そしてそれはたんに私的な主体によって行われているのではなく，そこに国家が介在し，より積極的に保護・育成したり，さらには国家自体がその主体として活動している．それはひとつに，国家が国境を接して分立して存在し同時にその間で財や人の移動が存在することに由来する．

　国境があり，閉じられながら開いており，開きながら閉じている．分配を制約する要因として残るのが，この半透膜のように機能する国境の存在である．分配は国家を単位としてなされている．そして輸出輸入で財が出入りする．ただ資源や作物のある場所はまずは固定されている．資本は移動可能，人はそれに比べれば少し不自由だが，移動できる，等．移動しようとする人もおり，やむにやまれず移動せざるをえない人もおり，その場にとどまろうとする人たちもまたいる．移動や定住についてもっと事態に即して考えるべきだ．もちろん私たちは人が移動する自由を言うべきである．だが同時に移動は，多くの場合に移動する人，せざるを得ない人たちにとって無償でないこと，望まれないものでもある．移動について生ずる摩擦は人とものとで異なる．グローバリゼーションと呼ばれる事態を，世界全体を均質にしていく自由化の過程と捉えるのは間違っている．いま起こっている事態は摩擦のあり方の異なりのもとで，ときにそれを利用して，進行している．

　こうした条件が存在するとき，なくてよい競争に乗らざるをえずそれを止め

られず，分配が十分に行われない．ひとつに勝者による利益の独占が認められているなら，国家間の格差を維持しようとする力が働く中で開発，成長が優先されてしまう．競争に乗らざるをえず，開発に予算を重点的に配分し「国際的地位」の確保をはかる．追い越されないよう気にかけ，「国際競争力の維持」のために，「科学技術立国」を目指し，金をかけるところにかけ，かけないところにはかけない．このようにこの国を含む多くの国々ではことは進んでおり，他方こうした場に参入することを最初からほとんどあきらめるしかない国々があり，人々がいる．これらによって分配が困難になる．むろん，ある国では高くつくものを他の国では安く生産できる等々のことは様々に存する．しかし事態を楽観できるとするそれらすべての論点をふまえた上でも，なお基本に問題は残っている．

　ひとつに，国境を移動することにより一方では負担を逃れられること，また一方では分配を求める者がより条件のよい場に移動することが，むろん多くの要因が絡むからことは単純に推移しないのではあるが，分配を困難にする．その意味で，福祉「国家」には本質的な限界がある．そして，私たちが論じてきたことの中に分配が国境内に限られることを正当化するものは何もない．現実には内側にいる者たちの労働と分配とを維持するために流入を制限することがなされてきた．だが，とくに貧窮にある人たちのよりよい生活を求める流入についてそれを拒んでよい理由はない．

　このように考えるなら「地域」を対置すればよいということにならないのは明らかである．「地方分権」をただ肯定し推進すればよいなどということにならないのは明らかである．採るべき一番単純で筋の通った方法は，徴収と分配の単位の拡大であり，徴収と分配の機構が国家を越えて全域を覆うこと，国境の解除あるいはそれに近い方向を目指すことである．むろんそれは困難だが，財の流れがしかるべく整序されれば同様の効果をもたらすことはできる．明らかなのは一国的な解決には限界があり，世界同時決定的な動きが要されることである．それはすぐに思うほど荒唐無稽なことではなく，普通に考えれば議論はそこに落ち着くしかないのだし，そこから見たとき，その当然の方向に事態を進めようとしている動き，それに加担しようとする動きはそこここに見出される．

所有のシステムを前提とし，国境を前提とすれば，毎日いたるところで語られている暗く慌ただしい話になる事情はわかる．だが，前提を所与として受け入れるしかないのかを考えればよい．受け入れない方向を基本的には採るべきだと考える．

3.8 分配されないもの／のための分配

　分配を基本的に否定する立場と別に，問題を分配の問題として語ることに懐疑的な立場がある．問題を分配の問題として語ることが楽観的であると，あるいは現実とその問題を看過していると感じられる．それは一つに，分配だけで問題が解決されると考えているように受け取られることから来るのだろうか．たしかに私はいま，右から左，下から上，上から下に行き渡るもの，AからとってきてBに渡せるもの，渡すべきものについて考えている．それは分配的正義をめぐる議論だ．簡単な問題と難しい問題があって，私は簡単な問題，考えれば解けそうな問題について，分配可能なものをいかに分配するかについて考えようとしている．しかしそんなものしか世の中にはないと言うのではない．分配したり交換したりできないもの，あるいはすべきでないものがある．

　たとえば，取り返されない危害を加えてしまうこと，それにかかわる責任の問題をどう考えるか．やはり徴収し分配することができないとされる関係やその関係の中にあるもの，また帰依や帰属をめぐる事々をどう考えるか．これは別の経路から同時に考えるべき大きな主題群として残される．私もここまで述べてきた簡単な方の仕事を10年か20年して，それが終わるなら考えてみたいと思う．

　ただ，それにしても，一つにまったく素朴に利害について考え，そこから何が言えるかをまず言ってみることだろう．たとえば差別という行いにはたいてい「いわれのない」という言葉が前に被せられ，それはその通りなのだが，同時にそこに生じているのは一方の側のはっきりとした利益，そして不当な利益の取得である．また起こっているのは，範疇の区分けにかかわって見出された微細な差異に由来する，あるいはそれを理由に発動される，ある「合理性」を有する差別の増幅過程であったりもする．とすればまず，考えるに簡単な側から考えられるだけのことを考えておいてもよいと思う．

そして一番基本的なところに立ち返れば，譲渡したくないものを譲渡せずにすむように，分配が要請される．存在は代替されないし交換されない．存在のための分配，譲渡されないもののための譲渡，交換されない存在のための交換が求められる．だから，両者は独立してもいるが，つながってもいる．楽な方から考えていっても考えていくときっと別のところに出ることになる．

注

　本章の 1 と 2 は『思想』に 2001 年から 2003 年にかけ 6 回に亘って掲載された「自由の平等」を改稿して 2004 年の初めに刊行される拙著『自由の平等』(岩波書店) で述べたことの概要になっている．また 3 は一部は別稿で述べたこと，大部分はこれから考えて述べようとすることの概略である．紙数の制約もあり，注・文献を省いたが，本章の内容にほぼ対応するその本の序章「世界の別の顔」には，注を付し参照文献を掲載した．なお，国立社会保障・人口問題研究所の研究プロジェクトを受け「福祉国家の規範理論」を特集した『季刊社会保障研究』38 巻 2 号所収の拙稿「分配的正義論——要約と課題」は，3000 字程の加筆・修正を施した上で，山口定・佐藤春吉・中島茂樹・小関素明編『新しい公共性——そのフロンティア』(2003 年，有斐閣) に同じ題の文章として収録された．

第10章　福祉にとっての平等理論
―― 責任―平等主義批判 ――

盛山和夫

1　はじめに

　一般に福祉の思想は平等主義と結びついていると理解されている．確かにある意味ではそうだ．多くの人が，福祉とは再分配政策のことだとみなしており，再分配とは人々の間での財の分布をより平等化するものだと考えている．しかし，厳密に言えば，福祉のさまざまな諸制度は必ずしも平等主義や平等化と明確に結びついているわけではない．たとえば，今日の福祉制度で国民経済にとって巨大な部分を占めている年金制度においては，同世代の内部での所得再分配機能は非常に限られたものであるし，世代間では，持たざる中年層から持てる高齢層への所得移転が起こっている面もある．医療保険でも似たような構造があるし，まして労災保険や雇用保険は損害保険と同じようなものであって，リスク分散の制度ではあるけれども平等化の制度ではない．純粋に再分配に焦点がある生活保護制度にしても，それは非常に限られた一部の生活困窮者を救済するものであって，その再分配機能は著しく小さい．R. E. グッディンが言うように，「福祉国家は実際にはそれほど平等主義的ではない」（Goodin 1988: 51）のである．

　にもかかわらず，福祉とは「パイを分け合う」政策であって，「パイを大きくしよう」とする成長重視の政策とは真正面から対立するものだという通俗的な見方が根強い．これは明らかな謬見なのだが，この背景には，福祉の思想と平等主義との関係についてこれまで十分な議論がなされてこなかったことがある．

　公共哲学の分野において，ロールズの『正義論』とりわけ「格差原理」こそは，福祉の論理を新しく切り開いた画期的な著作として高く評価されることが多い．ここにも誤解がある．ロールズの理論が画期的であることは否定できな

いけれど,それは「福祉の理論」といえるほど福祉の制度や政策について論じているわけではない.その上,その「格差原理」は通常理解されているほどには平等主義的なものではないのである.

ところが,ロールズの「格差原理」をきっかけとして,今日,公共哲学の分野において平等主義理論が華々しく展開されてきている.そこには,社会主義が凋落したあとのそれに取って代わるべき新たな平等主義理論として,多くの論者からの熱い期待がある.(ここにも誤解があって,社会主義は決して平等の望ましさを理論的に説いたことはなく,ただ,平等主義を自明視した上で平等を達成する手段として産業の国有化や共同所有を主張したものである.)しかし,そこで展開されている平等主義がはたして福祉というより一般的な社会的価値にかなうものになっているかについては,大きな疑問がある.本章はその点を明確にしたい.

2 ドゥオーキンとレーマーにおける責任―平等主義

今日の平等主義理論の中心をなす二人の論者は,リベラリズムの法哲学者であるR.ドゥオーキンとマルクス主義的数理経済学者のJ.レーマーだと言っていいだろう.この二人の理論は,英語でLuck Egalitarianism,邦語ではむしろ「責任―平等主義」と呼ばれるものを代表している.この理論は,もともとはロールズが『正義論』(Rawls 1971)の「格差原理」の説明で用いた短い平等主義的論述に端を発し,さらにA.センが「何の平等か?」(Sen 1980)として論じた問題に触発される形で展開されてきたものだが,明確な「責任―平等主義」の立場をとる理論としてはロールズとセンは含めないほうが適切であろう.

2.1 ドゥオーキンの資源平等論

ドゥオーキンの平等論は最初1981年に二つの論文で発表され(Dworkin 1981),その後さまざまな形で論じられているが,基本的に「資源の平等論」として特徴づけられる.「資源の平等」という考えは,「効用welfareの平等」と対立している.効用の平等は,センによって,「主観的だ」と批判されてい

るが，ドゥオーキンもそれにならうのである．すなわち，ある人にとっての効用とは，その人の人生の全体としての主観的成功の度合いだと考えられるが，その度合いは，どういうことを達成したかにだけではなく，いかなる資源の配分のもとで達成したかに依存する．少ない資源しかもっていない人は，小さな達成でも大きな満足を得てしまう傾向があるだろう．したがって，資源の配分を考慮しないで効用だけを平等化するというのは，道徳的に望ましいとはいえない．

こうした上で，ドゥオーキンは資源の平等主義を以下のように展開していく．まず，状況を単純化したつぎのような基本モデルが述べられる．人々の集団が，なんの前提もなしに市場的社会に放り出されて生活を始めるとしよう．とりあえず基本的な才能のレベルは同一であって，好みやリスク選好や善き生の構想などが異なるだけだとする．もしも人々が資源と才能に関して平等であれば，彼らが市場的社会の中で自律的に生活したとき，結果として生じる不平等は，ドゥオーキンにとっては道徳的に許容しうるものだとみなされる．ただし，実際の市場社会では，(1)才能や能力にさまざまな違いがあるし，(2)運の問題もある．これらの要因への対策のない社会は正義にかなっているとはいえない．

ドゥオーキンはこれらの問題にも対処できるようにモデルを拡張する．

第一の工夫はオークション（競り）である．全員が等しい量の賭け札を持って資源の競り市場に集まる．競売人がある価格体系を提示し，そのもとですべての賭け札が差し出されて，すべての資源が売り切られたとすると，その結果として生じる資源の配分状況が，単に形式的に資源を平等に配分するよりも実質的な意味で資源の平等な配分になる，とドゥオーキンは考える．というのも，彼は，誰もが他人の配分を自分のものより羨ましく思うことはないという「羨望テスト」の基準をみたす配分は，実質的に平等だと考えるからである．

第二の工夫は，保険である．彼は，生まれつきの能力の違いや環境の違い（ハンディキャップの問題）を，自分自身ではコントロールできない災害や事故と同様に「過酷な不運 brute bad luck」の問題だと考える．そこで仮想的な原初状態を考える．そこではまだ誰も自分がどのような不運に見舞われるか分からないが，不運に対する平均的なリスクと適切な補償額が分かっているものとする．たとえば重度の障害を持って生まれるという不運を考えたとき，そ

の確率が分かっていれば,それに対する補償給付金の額に応じて一人当たりの保険金は自動的に決まる.どの程度の補償給付金が適切であるかは,この仮想的な保険市場において,人々が「一人当たりの保険金をそれ以上に増やすのであれば,保険をかけない方がましだ」と考えるようになるぎりぎりの額として定まる.

ただしこの保険制度は現実に設けられるのではなく,あくまで仮設的なものである.この仮設的な保険市場においてさまざまな過酷な不運に対する適切な補償が定まるとき,それと同等の補償を現実の社会における実際のさまざまな過酷な不運に対して施すと考えるのである.むろん,給付金に対応するものは,所得税の形で徴収される.

こうしたドゥオーキンの理論は平等主義ではあるものの全体として市場経済モデルをベースとしていることがわかる.市場における競争は,もしも人々が同等の資源をもって自律的に参加するのであれば,基本的に正義にかなうものだと見なされているのである.これはドゥオーキンによってとくには強調も論証もされていないけれども,彼の理論にとっての暗黙の基本前提である.参入時において平等であって,かつ,個人の責任によらない過酷な不運に対する補償が用意されているならば,各人がそれぞれの才覚で生きていくような競争的市場が社会にとって良い制度なのだ.なぜなら,他の事情において問題がないならば,自己責任原則は正しい原則だと考えるからである.

このように,ドゥオーキンの資源平等論はリベラリズムの原則の下で自由と平等という二つの価値を両立させようとする大変創意に富んだ理論になっている.これを出発点として,その後さまざまな責任―平等主義理論が展開されることになった[1].

2.2 レーマーの機会の平等——努力性向という環境

自己責任の範囲にはない生まれつきや環境のような偶然的要因による格差は不当なものであって,本来,平等であるべきだとする「責任―平等主義」は,「何を平等化すべきか」という問題に対して一見するときわめて道理的な答えを与えてくれるように思われる.しかし,この考え方は新たな課題を生じさせることになった.この理論が有効であるためには,いったい何が個人の責任の

範囲内にあって，何が運や環境に帰着できるかの区別が確立していなければならないのだが，それについてはさまざまな議論がありうるのである．

たとえば R. J. アーヌソン（Arneson 1989）は，個人の選好や価値に基づく行為選択であっても，そうした選好や価値の形成に対して本人の統制がおよばない場合には，その行為選択に基づく不利益に対して補償がなされるべきだと主張している．したがって，もしもある人が経済的に恵まれない生活を送っていてその理由が自分で努力しなかったためであり，さらに努力しなかったのは育てられた環境のせいであったならば，その人には経済的な補償をすべきだということになる．

「努力」という要因について，この手の議論を徹底させたものが，J. E. レーマーの『機会の平等』という短い書物である（Roemer 1998）．彼は，「努力」を「努力のレベル」と「努力の度合い」の二つに分ける．競争的市場の中で人々の達成の度合いを直接的に左右するのは「努力のレベル」である．しかし，これは，アーヌソンの議論にもあるように，育てられた環境によって影響を受けている．恵まれた環境に育った者はそれだけの理由によっておのずから高い努力を払う性向を身につけているだろう．この環境の影響を識別するために，「環境のタイプ」というものを考える．異なる環境のタイプで生まれ育った者は，それによって「努力の性向」が異なりうる．努力の性向には個人の責任はない．それに対して，同じ環境のタイプの中でも，個人によって「努力の度合い」に違いが生じうる．この違いは，環境の違いには帰せられないのだから，まさに個人の責任に属している．したがって，図式的には次のような関係が成立する．

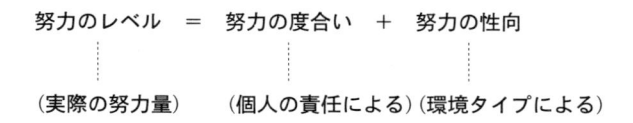

努力のレベル ＝ 努力の度合い ＋ 努力の性向

（実際の努力量）（個人の責任による）（環境タイプによる）

このときレーマーは，人々の社会経済的な境遇の不平等のうち，最終的に「努力の性向」に帰せられる部分によって生じている格差について社会的に補償することが「機会の平等」だと考える．

具体的にレーマーが考えているのは，学歴を通じて人々の地位や所得に不平等が生じるという地位達成メカニズムにおける「努力」の影響である．より詳しくは「出身の環境→努力のレベル→学力→学歴達成」というメカニズムについて考えている．学歴達成の違いは学力の違いに起因し，それはまた努力のレベルの差に起因する．そして，努力レベルの差のうち，努力性向による違いが出身の環境によるものだ．この出身環境の違いから生じる影響部分を補償することが機会の平等である．

こうした機会の平等を達成するためにレーマーが考えていることは，補習授業とアファーマティブ・アクションである．まず，環境のせいで努力が足りない生徒には補習授業を施して学力を向上させる．それでもなお残る教育水準の格差は，アファーマティブ・アクションによって，すべての環境タイプの出身者が，平均としては同一の教育水準に到達できるように強制する．このようにして，教育水準にかかわる機会の平等が達成できる，とレーマーは考える．

3 責任—平等主義の批判

3.1 スティグマと強制

責任—平等主義は，人々の境遇のうち，本人の責任によらない部分に関しては平等化することが正義にかなっていると考える．この考えの基底にあるのは，「責任のあるものについては責任を問われるべきだが，逆に責任のないものに対して責任を問うことは不正義だ」とする一般的な道徳理論である．この道徳理論はきわめて広くゆきわたっており，ほとんどの時代や文化において，「当人の過誤でないことや，当人の手に負えない要因によって引き起こされたことのために，人々を道徳的に評価することはできないということは，直観的に当然のことのように見える」(Nagel 1979: 訳41) のである．しかし，こう書いたネーゲルの論文のテーマがそうであるように，実は「運—責任」の区分を道徳的判断の基底におくことはかなり大きな理論的困難をはらんでいる．

だが，この問題について論じる前に，もっと直接的な形での責任の平等主義の問題を考察しておこう．責任—平等主義が強力に展開されるのにともなって，それに対する批判もさまざまに提示されてきている．なかでも，E. S. Anderson (1999) は，責任—平等主義がもともとは正義としての平等を打ち立てることをねらった理論でありながら，実際にはむしろさまざまな不正義をもたらすものだとして，徹底した批判論を述べている．彼女によれば，責任—平等主義が現実に行われた場合には，自分に責任があるので補償の対象とはならない選択的な不運（optional unluck）として扱われる人々にとってはもちろんのこと，それとは逆に過酷な不運に見舞われた人々にとっても次のような不正義がもたらされる．

まず，選択的な不運の被害者は，自分の過失による自動車事故で死亡や重い障害を負ったとしても何らの救済も与えられない．このことは，同じ障害や同じ被害を受けた人々を，「自己責任ないし自発的行為の結果」なのかそうでないのかによって「差別」することを意味する．他にも差別が生じる要因が含まれている．たとえば，かりに保険制度があったとしても，リスクを見通して保険をかける分別のない人やその費用をまかなうだけの金銭的余裕のない人は，結局救済されないことになるのである．

次に，過酷な不運の被害者にとっては，基本的に「スティグマ」という問題が生じることになる．というのも，責任—平等主義は自分ではいかんともしがたい不運に見舞われた人を救済するために彼らを同定しなければならないのだが，そのような同定は彼らが内的に恵まれていないことを社会的に確認する作業になるからである．アンダーソンは，責任—平等主義の体制のもとでは国家平等委員会というような機関ができて，そこから次のような手紙が来ることになるだろうと言う．

　　「障害者たちへ：あなたの劣った生来の素質と現在の無能力さとは，悲しいことに健常者と比べてあなたの生を生きる価値の劣ったものにしています．この不幸を補償するために，われわれ健常者は，あなたの生きる価値を十分に良いものにすべく，あなたに追加的な資源を供与いたします．」

このようなスティグマの危険が生じる根本的な理由は，アンダーソンは十分に気づいてはいないが，責任—平等主義が表面的には人々の自律性と多様性を尊重しているように見えながら，実は，「何が善き生であるか」について何ら

かの一元的な尺度の存在を前提していることにある．この点は，レーマーの平等論で明確に現れている．この理論は，異なる環境タイプにとって，学歴達成や学力が一元的に価値のある尺度であると想定しているのである．この理論では，かりに学力の面では必ずしも恵まれないとしても，何か別のことで善い生がいくらでもありうるという風には考えない．だからこそ，たとえ学力の面では恵まれない資源の環境タイプに属する子どもでも，平均的に他の子供たちと同等の学力を身につけることが正義にかなったことだと考えるのである．たとえ勉強がどんなに嫌いであっても強制的に補習授業を受けなければならず，高い学歴を望んでいなくても，他の人と同様にそうしなければならないのである．こうした強制が正義だと言えると論者たちが考えているのは，すべての人に共通の単一の価値尺度を想定しているからである．

　スティグマと強制とは，責任—平等主義が典型的に基礎づけ主義的であって，帰結に対してほとんど配慮していないことにも由来している．平等主義理論には一般にこの傾向があって，そのために従来から「自由」という別の価値と激しく対立してきたのだが，それは「平等」を理由づけるしかたが基本的に公理主義的だからである．すなわち，何が平等であるべきかの理由が疑うべからざる自明の前提（とみなされたもの）の上にいったん打ち立てられたならば，あとはそこからの論理的な演繹にしたがってすべての制度的構造の正しいあり方が導かれる．

　責任—平等主義はとくにこの傾向が強い．というのも，この理論は一般的な道徳理論において自明視されている「責任主義」に依拠して組み立てられているからである．これは，人々の行為や状態はその責任のあり方を参照することによって，そしてそれのみによって道徳的に判断されるべきであり，そうすることが道徳的に正しいことだと考えている．逆に，もしも責任において等しいならば，人々の処遇は等しくあるべきだ，というのもこの責任主義の柱をなしている．責任—平等主義はこの一般的な道徳理論に沿って展開されているので，その理論としての原理的な正しさがまったく自明視されてしまっている．そのため，その理論の帰結として現実に何が生じるかについての配慮は，理論そのものの原理的な正しさにとっては副次的なものだとしか考えられていないのである．

平等論に責任主義を導入した張本人はロールズである．彼は格差原理を説明するところで，「富と所有の分配が能力と才能の自然の分配によって決定されている」ことは，「道徳的視点から見て恣意的である」ことを強調している (Rawls 1971: 72, 訳 56-7)．ここでのロールズの意図は，せいぜい，「生まれつき資源に恵まれた人は，それだけの理由によって分配上の利益をうることが正当化されるのではない．」と主張することにあったと思うのだが，その後の論者たちは，より原理主義的に「責任のないところには平等を」と主張するようになってしまったのである．

3.2 道徳理論一般における責任主義の誤謬

道徳理論における責任主義は時代と文化を超えて，理論としても日常知としても疑いえない自明の理であった．しかしそれは理論としては決定的に誤りである．このことを本格的に明らかにするためには膨大な紙幅を要するだろうから，ここではその骨子を論述するにとどめよう．

責任主義が誤りである根本的な理由は次の通りである．道徳理論において，責任の概念は人々の行為や状態を道徳的に評価する際に「説明項」として機能している．すなわち，ある道徳的評価にとって，そのように評価する理由を説明するものとして責任の同定がなされる．その際，同定された責任はあたかもそこに本来的に存在するものであるかのように扱われる．それが「説明項」としての役割である．しかし，実際には責任とはそれ自体が制度的で理念的な概念であって，われわれの道徳的判断において何らかの責任が同定されるときには，実はその責任は「作り出されている」のである．道徳理論はそのことを完全に見逃している．

言うまでもなく，これは法において権利概念や義務概念につきまとっている構図とパラレルである．権利基底主義的な法理論は，法的判断の根拠としての諸権利が本来的なものとして存在していると見なすことによって成り立っている．権利の存在を同定する作業は「すでに在るものを突き止める」ためのものであって，「何もないところに新しく作り出す」作業だとは考えられていない．これは法的実践としてはやむを得ない構図であるが，法の哲学理論としては間違っている．

責任主義の問題に立ち返ると，これについては従来から「因果的決定論」との折り合いをどう付けるかが難問としてつきまとっていたことがよく知られている．責任は，「因果的に決定されていない自律性のもとでの自発的選択」というものの存在に依拠せざるをえない．ところが，「因果的に決定されていない」ということは，単に確証できないだけではなく，そもそも据わりの悪い考えなのである．この据わりの悪さは，例の「自由意志」のそれとまったく共通しているが，それはわれわれの概念図式に内在する問題である．端的に言えば，それらは，「決まりようのないものが決まる」という概念なのである．

　周知のようにカントは自律性を道徳的法則と結びつけることで，この困難の解決を図った．しかし，それは規範的な意味での自律性であって，経験的な自律性ではない．カントの道徳理論は，すでに受け入れられている道徳的判断を説明するには役立ちそうに見えるところがなきにしもあらずだが，経験的世界でさまざまに生起する出来事にそのつどの道徳的判断を与えるだけの能力は備えていない．経験的な人々の諸行為や状態について，どこに誰の自律性と責任とが存立するかを判定しうるかどうかが問われているのだ．諸行為がとられたということはあることが決まったということだ．それを道徳理論は「決まっていないものとしての自律性」の概念と両立させなければならない．

　「決まっていない」という概念を，「自己以外の何ものによっても決まっていない」と限定的に考えれば問題は切り抜けられそうに見えるかもしれない．「自己が決める」ことは自律性の本質だ．何も問題はない，かのようだ．ところが，この方向に考えを進めていくと，「何ものにもとらわれず，すべてから遊離した自己」という概念に辿り着いてしまう．これもまたきわめて据わりが悪い．そもそも経験的に間違っているし，（なぜなら，自己は実際さまざまなものによって影響されているから），自己アイデンティティすなわち世界の中に有意味に自らを位置づけることで自己が自己でありうるという本質的機制とも両立しない．

　これまで千年以上もの間，こんな問題が道徳理論を悩ませてきたのだが，実は話はいたって簡単なことだ．まず，「自律性」とは，他の何ものからも独立しているということではなく，「自己の判断を再帰的に内省しうる能力」が存在し，かつ「その能力を活かして自己の行為を決める能力」あるいはそのよう

にして行為することだと考えればいい．これらの能力は道徳的なものであって，それが因果性とどう関連しているかはどうでもいい．「自由意志」も基本的に同じことだ．これらの能力は，人格の道徳的な能力として推定されたものであって，必ずしも経験的に確かめられたものではない．ある行為が「自由意志によるものだ」と判断するということは，すなわち，その行為がそうした道徳的能力を有する人格によってとられたものだと判断することであり，その行為者にそうした能力があったと判断することなのだ．この判断は，道徳的な判断であって純粋には経験的なものではない．精神障害とかアルコールや麻薬の作用とかをデータとしてカウントするにしても，それらをどうカウントするかは，それ自体として制度的な道徳的判断の中で行われるのである．もしかすると，10歳未満の子供でもあるいは賢い飼い犬にもそうした能力のいくらかはあるかもしれないにもかかわらず，われわれの社会が彼らに法律上の責任を課すことがないのは，制度としてそうしているだけなのである．

　自律性も責任も究極的にはそれ自体が道徳的判断の内部で決められていることであって，何か客観的ないし本来的に存在するものではない．確かに，われわれは自分の交通事故の責任をアメリカの大統領に帰したりはしない．そのような帰責ができないことは，何か客観的に決まっていることであるかのようにみえる．しかし，ある従業員が単独でなした会社としての不法行為の責任を経営者が問われることは珍しくはない．こうした違いには何らいわゆる客観的な基準などというものはないと考えるべきなのだ．

　この節の冒頭のところで，責任主義の内容として「責任のあるものについては責任を問われるべきだが……」とトートロジカルに記述せざるをえなかったのも，責任概念のこの制度性を反映している．同じことは，ネーゲルの「当人の過誤でないことや当人の手に負えない要因によって引き起こされたこと」という文章にもあてはまる．「過誤」とか「手に負えない」とかの概念はすでに「責任を帰しうるか否か」の判断を含んでいるのだ．したがって，責任主義とは結局のところ「責任を帰しうるところに責任を帰す」ということにすぎない．それはつまり，「どこに誰の責任を帰するかをそこで決めている」ということを意味しているのだ．

　道徳理論にとって，責任の概念は欠かせないものであった．それは，道徳的

判断を理由づける上でなくてはならない説明概念であり続けてきた．しかしここには私が別のところで「一次理論の疑似二次理論化」と呼んだ現象が起こっているのである（盛山 1995）．現実の社会において道徳的判断は欠かせないし，「どこに誰の責任を帰するか」の判断によって生起した出来事の道徳的評価が導かれることは事実だ．それは社会の道徳的秩序の根本原理を構成している．この実践的に遂行されている日常的道徳理論にとっては，責任の同定はもはやそれ以上遡る必要のない根拠として機能する．このため，この日常的一次理論を生きている理論家たちは，学知としての道徳理論もそれと同じ構図を利用しうると考えた．それ以上問うことのできない，あるいは問う必要のないものとして「責任」なるものが存在すると考えたのである．しかしそれは錯誤である．本当は「責任」なるものは日常的道徳理論がその内部で創り出したものであって，その外部に根拠を持つものではない．

　責任—平等主義が依拠している「責任」も同じである．この理論はあたかも自らの努力性向に責任があるかないか，自らの選好に責任があるかないか，などが何か客観的に同定できるものだと考えている．社会的世界の内部を環境と自己責任との境界線で区分することが何か客観的に可能だと思っている．しかし，そんなことはまったくの幻想にすぎない．したがって，責任の有無を同定し，それに基づいて，責任のないところあるいは等しい責任のところに平等をという基礎づけ主義は，根本的に成立しようがないのである．

4　共同生産システムにとって平等をどう考えるべきか

　責任—平等主義に限らず，多くの平等主義理論は平等が望ましいことをアプリオリに想定している傾向がある．アメリカの独立宣言において「すべての人は平等に造られ，造物主によって，一定の奪いがたい天賦の権利を付与され」ていると表明されて以来，人々が本来的に平等であることは自明の真理であった．それは現実社会のいたるところに不平等や差別が厳としてあるという経験的事実によっても何ら揺らぐことのない信念であった．ただし，この信念からただちに「すべての面においてすべての人々を平等に」と主張する理論が導かれたのではない．この信念は，社会のある特定の側面についての平等化を主張

する際に，その平等化がなぜ望ましいかの理由づけを基底において支える役割を果たしてきた．この信念によって，特定の平等化の主張は，あらためて「なぜ平等でなければならないのか」の理由づけを免除されてきたのである．

もっとも，近代の社会理論にはもうひとつ「自由」あるいは個人の権利という強固な理由の一群が存在している．平等と自由とは多くの個別の領域においてあからさまに衝突してきただけではなく，原理的な対立をはらんだものとして，近代の社会理論を不安定にしてきた．

ロールズの『正義論』が脚光を浴びた要因のひとつは，多くの読者に，この対立を原理的に解決しうる理論構成を与えてくれると，あるいは少なくともその展望を与えてくれると期待されたことにあった．そのことは，第一原理で「平等な自由」が，そして第二原理で「社会経済的な一定の平等」がうたわれたことで明白である．そして，ロールズ理論に刺激される形で展開されてきた責任―平等主義も，「運の道徳的な恣意性」という観念をてこにして，自由と平等との領域区分を整序することを目指したものだといえる．すなわち，「責任の存するところは自由の原理で，運によるところは平等の原理で」という区分けである．しかし，一見すると大変明解なこの理論は，責任―運の区分の客観性に依存しており，それが実際には社会的に構築されるしかないものだと判明するやいなや，その壮大な虚構が崩れてしまう．

われわれはもはや責任―平等主義のように，基礎づけ主義的な論理に頼って平等主義を理由づけることは不可能なのだと知るべきである．基礎づけ主義は，われわれの道徳的判断にはわれわれが構築したのではないような外的な根拠があるべきであり，そのような根拠に基づいてこそ道徳的判断が下されるべきだと考えるが，この考えは次の三つの理由によって無効にならざるをえないのだ．第一には根拠の探求は常に無限遡及に陥らざるをえない．第二に，提示される根拠は一見すると客観的で絶対的であるかのように見えながら，実は常に恣意的であって，他の競合する根拠の登場を許してしまう．異なる根拠の間を調停する能力は基礎づけ主義にはない．そして第三に，基礎づけ主義は必然的に結果を無視する．責任―平等主義が，スティグマや強制の問題を看過するのはこのためである．

4.1 独立農民か共同生産システムか

　責任─平等主義がもっともらしく思われてきた背景として，さらに，論者たちが「独立農民型経済」ともいうべき社会モデルを念頭においていたことも指摘しなければならないだろう．いうまでもなくこれはロックの社会理論の前提にあったものである．この社会モデルでは，人々は固有の資源をもって単独で経済活動を営んでおり，その生産高の責任とそれに対するすべての権利は彼個人のみに属す．ドゥオーキンが資源平等論で想定していたのもこのモデルであり，それゆえに彼は資源と市場での過酷な不運のリスクとを平等化することが可能であるし，またそうすべきだと考えたのである．

　しかしながら，現実のわれわれの経済社会は，それとは違ってきわめて複雑な「共同生産　joint production」システムである．もしも，生産されるものとして経済的な財だけではなく，秩序や安全，名誉，発展などの社会的な公共財を考慮するならば，より一層そうである．

　基礎づけ主義的平等論は，何らかの平等主義的根拠に基づいて，社会に存在している財や資源あるいは広義の社会資本などがどのように配分されるべきかを論じるが，それらが誰によっていかにして生産されるかについてはまったく論じることがない．それらはあたかもマナのように外部から社会に恵みとして与えられるかのようである．これは，基礎づけ主義的平等論の根本的な欺瞞性を表している．なぜなら，生産面を無視した平等論は，広義の財が人々の間にどのように相対的に配分されるかだけに関心を持つのみで，それぞれの人々が実際にどの程度の量の財の配分を受けとるかには関心を示していないからである．しかし，財が総量としてどれだけ生産されるかという問題だけではなく，それらを生産し配分する社会的しくみという制度的な社会資本がどれだけ十分供給されるかという問題も含めて，社会における諸価値の生産局面を無視することはできない．

　重要なことは，社会とは人々が共同に生きることによってお互いに価値あるものを産み出していくシステムであり，その際，そうした社会的諸価値の生産が生産されるものの配分のしかたに規定されているということである．それは単に，人々が受けとる分け前が人々が従事する生産活動にとってのインセンティブになっているからだけではなく，配分のしかたとそれを支える理念とが社

会的協働としての生産活動に意味を与えるからである．人々は独立農民のように孤立して労働しているのではなく，自分の社会的活動が社会の中でどのように評価され意味づけられるかに関する観念に導かれながら社会的協働に参加する．配分のしかたとは，外からの恵みとしてすでに目の前にある財に関わるものではなく，財の生産のしかたにとっての不可欠の構成部分をなすものである．

　実はこのことは，あまり気づかれていないが，ロールズ『正義論』のもっとも中核にある思想でもある．もともと彼の「正義の原理」とは，「共同作業によって産み出されるより多くの便益」とそれを産み出すための「負担」との「適正な分配」のしかたに関する「一組の原理」である（Rawls 1971: 4, 訳 4）．それはお互いに自由で平等だと認めあっている人々が自発的に協働に参加するための公正な条件だとして合意するであろうような基本的な規範原理である．そして「格差原理」もまた，決して単なる配分だけにかかわっているのではなく，社会的協働における社会経済的不平等に関する原理であってそれは，社会のもっとも恵まれない立場にある人々が，その原理のもとで営まれる社会的協働によって最大の利益を得られるようにと規定したものである．残念ながら，正義の原理の公正さを強調するために，原初状態における無知のヴェールのもとでの原理の選択という契約論的構図にロールズが頼ったので，ロールズ理論は基礎づけ主義的に解釈されることが多い．また前述のようにロールズがさらに格差原理の平等主義を擁護するために運の道徳的恣意性を説いたことも，こうした解釈を助長した．しかし，ロールズ理論の中核にあるのは，共同生産システムとしての社会における社会的協働のための公正な条件とは何かという問いであり，社会経済的不平等のあり方に関する格差原理は，生産と配分とを同時に見据えた原理なのである．

　あるべき配分のしかたに関する平等主義的理論の多くが，配分のしかたの規定が人々の協働への参加のしかたに影響することによって，人々およびその社会が最終的に享受する諸価値の大きさを左右していることに何ら考慮を加えていない．その代わりに，平等化すべきものとそうでないものとを分かつ神学的論議にふけってきた．責任—平等主義はその理論的極致にあるとも言えるだろう．しかし，いまや，平等に関する理論は，そうした状況を脱して，よりバランスのとれた真に公正な理論をめざさなければならない．その際，もっとも重

視すべきは,提案される配分の理念とそれに基づく配分のしかたとが,実際に人々にどのような諸価値の分布をもたらすか,ということでなければならないだろう.この点に関する配慮が少しでもあったならば,スティグマや強制のような負の価値を生み出すような平等主義が主張されることはないはずなのだ.

福祉という価値がどんなものであるのかということそれ自体が必ずしも明確に決まっているわけではないとしても,それはスティグマや差別や理に合わない強制とは対立するものであるはずである.もっと言えば,福祉とは社会の全成員にとって,しかも単に現存する成員だけではなく将来の成員も含めた人々からなる共同的社会にとって,何らかの意味で公共的な価値を現実化することにかかわっているはずである.もしそうだとするならば,基礎づけ主義的な理由づけに基づく責任―平等主義は決して福祉の基盤になるようなものではなく,むしろそれとは対立する理論であると考えなければならない.

注
1) スペースの関係で,ここでは現代の平等理論の全体像に触れることができない.これについては,竹内(2001)や井上(2002)を参照されたい.

文献

Anderson, E. S. 1999. "What Is the Point of Equality?" *Ethics*, 109 (2): 287–337.

Arneson, R. J. 1989. "Equality and Equal Opportunity for Welfare," *Philosophical Studies*, 56 (1): 77–93.

Dworkin, Ronald. 1981. "What is Equality? Part 1: Equality of Welfare" *Philosophy and Public Affairs*, 10, No. 3: 185–246, and "What is Equality? Part 2: Equality of Resources." *Philosophy and Public Affairs*, 10, No. 4: 283–345. Reprinted in his *Soverign Virtue: The Theory and Practice of Equality*. Cambridge, Mass.: Harvard University Press. (2000).(小林公他訳,2002,『平等とは何か』木鐸社.)

Goodin, Robert E. 1988. *Reasons for Welfare: The Political Theory of the Welfare State*. Princeton University Press.

井上彰.2002.「平等主義と責任」佐伯啓思・松原隆一郎編『〈新しい市場社会〉の構想』新世社:275–333頁.

Nagel, Thomas. 1979. *Moral Questions*. Cambridge University Press.(永井均訳,1989,『コウモリであるとはどのようなことか』勁草書房.)

Rawls, John. 1971. *A Theory of Justice*. Harvard University Press.(矢島鈞次監訳,1979,『正義論』紀伊国屋書店.)

Roemer, John E. 1998. *Equality of Opportunity*. Cambridge, MA: Harvard Univer-

sity Press.
盛山和夫. 1995.『制度論の構図』創文社.
Sen, Amartya. 1980. "Equality of What?." *The Tanner Lectures on Human Values 1*. University of Utah Press.(大庭健・川本隆史訳, 1989,『合理的な愚か者』勁草書房, 所収.)
竹内章郎. 2001.『平等論哲学への道程』青木書店.

第11章　福祉国家の改革原理
―― 生産主義から脱生産主義へ ――

新川敏光

1　生産主義の終焉？

　福祉国家の危機が叫ばれて久しい．1980年代福祉国家は新自由主義攻勢に対して予想以上の抵抗力を示したとはいえ（cf. Pierson 1994; 1996），これによって福祉国家改革の動きが止んだわけではなく，各国において福祉国家を再編し，将来的安定性，持続可能性を実現するための試みが相次いでいる[1]．各国の個別具体的な制度改革をみれば千差万別であって，そこに収斂傾向や共通性を見出すことは容易ではないが，各国の抱える問題には明らかな共通性がみられる．すなわち，福祉と労働の関係の再編という課題である．

　これまでいかなる福祉国家も労働本位の福祉提供，すなわち生産主義を原理としてきたといってよい．エスピン－アンダーセンの福祉国家の三類型にそって敷衍すれば，自由主義的福祉国家は「福祉ではなく労働」（work, not welfare）を原則とする体制であり，公的福祉は市場を通じての福祉実現に失敗した場合にのみ，例外的に提供される（Esping-Andersen 1990）．保守主義的福祉国家においては，労働市場における位置に応じた職域別社会保険制度が中心であり，「労働を通じての福祉」（welfare through work）が原則となる．スウェーデンのような社会民主主義的福祉国家では，社会権として市民に平均的生活水準を保障する普遍主義原則が導入され，一見労働と福祉の分離が実現しているようにみえるが，実はスウェーデンでは積極的労働市場政策による余剰労働力の再訓練，再配置が福祉国家政策の中に組み込まれている．すなわち完全雇用が，スウェーデン的な普遍主義原則の前提としてある．したがって社民モデルは，「福祉と労働」（welfare and work）を共に提供するシステムであるといえる（Goodin 2001, pp. 13-4）．

　自由主義的福祉国家においては，福祉が個人の市場パフォーマンスと直接に

結びつけられるのに対して,保守主義においては,個人の能力が職域集団への帰属を通じて評価され,それに基づいて家族を単位とする福祉が提供されるという点で,市場と個人との間に集団が介在している.他方社会民主主義においては,国家による再分配機能が支配的であるため,個人の労働能力と福祉との関係は最も希薄化しているが,既に触れたように,このモデルはあくまで完全雇用を前提としている.このように,類型の別を問わず,福祉を労働と結びつける,あるいは労働を福祉提供の前提と考える生産主義原則は各類型に共通に認められるのであり,昨今の福祉国家改革の動きは,実は労働と福祉との結びつきを再確認するものといえる.

たとえば,自由主義的福祉国家の間ではワークフェアが提唱されているが,それは資産や所得調査に基づく最低限の公的保障においてすら,就労条件を課そうというものである (cf. Peck 2001).そこに教育や訓練によって就労可能性を高めようとする奨励的側面があることを認めるに吝かではないが,福祉依存への罰則を強化し,「福祉ではなく労働」原則を再確認しようとする動きであることは間違いない.就労可能性を高め,失業者を労働市場へと再統合しようという動きは今日では保守主義的,社会民主主義的福祉国家においても共通にみられる.大陸ヨーロッパの保守主義的福祉国家では早期退職の選択肢を狭め,ワーク・シェアリングを導入する動きが顕著である.スウェーデンにおいてみられる年金改革や各種手当ての所得代替率の引き下げなども,やはり個人の労働と福祉との関係を再確認するものである.

しかしこうした流れに抗し,生産主義的福祉国家,労働本位の福祉提供という考えそのものを問い直す動きがある.いかに国家が教育や再訓練の機会を提供し,各人の就労可能性を高めようと努力しても,技能習得能力は各人異なり,したがって各人の労働市場価値には当然格差が生まれる.それを前提として,なお労働本位の福祉政策が有効であるとすれば,それは完全雇用が現実的前提となっている場合である.完全雇用下では,最低限の技能習得者すら雇用機会が与えられ,市場を通じて生計を維持する機会が生まれると考えられるからである.しかし完全雇用がもはや非現実的であるとしたら,たとえば,夙に指摘されるように,新たなテクノロジーと産業が必ずしも安定的雇用創出に結びつくものではないとしたら,教育・再訓練にもかかわらず,相対的に技能レベル

の低い労働力が恒常的に労働市場から排除される事態が予想されよう．結果として国家は，教育・再訓練と市場から排除された者たちへの福祉，両方のコストを負担せざるをえなくなる．

それでは完全雇用が再び実現すれば問題は解決されるかといえば，事態はさほど単純ではない．経済成長によって完全雇用を実現しようとする生産主義は，エコロジー的観点からの批判に直面する．生産主義は，原材料，土地，エネルギー消費を増加させ，環境破壊を一層深刻化する．また完全雇用政策は，市場内での労働を当然のものとみなすことによって市場外の労働を軽視，差別するという問題を生んできた．完全雇用が単に不可能であるというだけではなく，望ましくもないという観点から，今日少なからぬ論者が，就労から切り離された個人の所得資格，市民への最低所得保障を主張している (Offe et al. 1996, pp. 209–11; cf. Van Parijs 1995; 1996; Beck 2000; ゴルツ 1993; 1997)．こうした声は，現在のところ福祉国家改革の中にあって支配的潮流とはいい難いが，福祉国家を原理的に問い直す動きとして注目される．このような脱生産主義原理による生産主義の超克，もしくは相対化の可能性を探るのが本章の課題である[2]．

脱生産主義原理に基づく改革案として取り上げるのは，最低所得保障案である．最低所得保障案は，一定の所得が事前に与えられる基本所得案と，勤労所得額が一定以下の場合事後的に与えられる「負の所得税」案に分けられる[3]．前者は，さらに福祉を労働から完全に切り離し，全ての市民に基本所得を提供しようという無条件基本所得案，生産労働に限定しないながらも，一定の条件（社会参加）下に基本所得を与えようという参加所得案に弁別できる．以下順次検討する．

2 基本所得

2.1 無条件基本所得

無条件基本所得（unconditional basic income，以下 UBI と略記）とは，政府によって社会のフル・メンバーに（個人単位で）無条件に支払われる移転所得を意味する．無条件とは，(1) たとえ就労意欲がなくとも，(2) 貧富にか

かわらず，(3) 誰と生活を共にしていようが，(4) 国のどこに住んでいようと，支払われるということを意味する (Van Parijs 1995, p. 35). UBI の中には，児童・未成年をも給付対象とし，給付額を年齢比例とする案などもみられるが (Robertson 1996, p. 54)，ここではそうしたヴァリエーションには言及せず，基本原則のみを検討する．

　無条件の基本所得保障という考えは，従来の労働中心の福祉国家モデルと鋭く対立する．ただしそれは，UBI が生活の基本的ニーズをカバーするに足る水準を保障する場合に限られる．ゴルツが強調するように，不十分な部分的所得保障は，失業者に低賃金，劣悪な労働条件の雇用を強いる，換言すれば雇用主が安価で周辺的な労働力を調達する手段となりかねない．基本所得は，非人間的労働条件を拒否することを可能にする水準を確立して，初めて労働市場の制約から市民を解き放つ (Gorz 1999, pp. 80-2)．労働を強制されないということの意義は，市場の論理（交換価値）から解放されるという消極的な次元を超えて，自らの生にとって意味ある労働（活動）を行うことを可能にする点にある．むろん基本所得プラス・アルファの所得を求める行動が禁じられるわけではない．要は市民自らが，利潤追求とそれ以外の自己実現や余暇活動に費やす時間の配分を決めることにある (Gorz 1999, p. 83)．

　こうした理念とともに，UBI の背後には冷徹な現実認識が存在することも見逃せない．労働による社会的包摂を促進するための教育や再訓練のコストは，それ自体決して小さなものではなく，しかもケインズ主義的な国内需要管理による完全雇用が不可能であるとすれば，無駄に費やされるコストとなる．これに対して，基本所得は直接の生活維持費であり，しかもある者たちが良好な雇用機会を剥奪されている状態を，積極的にではないにしろ，承認し，正当化することになる．それによって政府は，人的資本への投資や雇用創出の義務とコストを免れる．雇用主側からみても，雇用保障という社会的責任が軽減され，柔軟な生産体制に見合った労働戦略が可能になる．制度的には，資格要件の煩雑な審査が一切必要ないことによる行政的簡素化が期待される．こうした簡素化は，失業手当や年金，生活保護など，その他の所得保障制度，税制上の所得控除などの廃止によって促進されるが，制度の合理化によるコスト削減を生む[4]．

また社会経済的効果としては，資力調査に伴うスティグマ，「貧困の罠」の解消が期待される．「貧困の罠」とは，資力調査等を条件とする給付においては，一定の所得を得ると受給資格が取り消されるため，勤労意欲が削がれることを指すが（「福祉の罠」ともいう），基本所得の場合，その他の所得にかかわらず提供されるため，こうした罠が回避されると考えられる（cf. Little 1998, pp. 127–30）．

　制度的合理化・簡略化による行政コストの一定程度の軽減は期待できるにせよ，UBIの財政負担は大きすぎるのではないかというのが，考えられる直感的反応であろう．ヴァン・パライスは，この問題を，自然や社会的に共有される財（外在的財）への課税によって解決しようとする．彼によれば，本来全てのものが同等の権利を有する外在的財を排他的，独占的に使用するものは，その対価として使用料を支払うべきである．これ自体私有財産制の根幹にかかわる問題提起であるが，とりわけ注目すべき点は，ヴァン・パライスがレントの発生する外在的財の中に，雇用を含めていることである．これについて，彼は以下のように正当化する．雇用はわれわれの生活機会を決定する重要な要因であるが，たとえ雇用のために必要とされる技能と意欲があっても，雇用機会に恵まれないことがしばしばある．しかも失業が一時的循環的ではなく長期化する傾向がある場合，職にあるインサイダーと失業中のアウトサイダーとの関係は構造的な格差となる（インサイダー側の一方的な富，技能，経験の蓄積）．こうした点を考えれば，雇用はそれ自体が多大なレントを生む外在的財と考えるべきである（Van Parijs 1995, p. 89ff.）．

　しかし外在的財という概念に雇用を含めることには，反発が強い．ただちに考えられるのは，労働意欲を欠き，いかなる社会的貢献を行おうともしない市民が，社会的財を生産する市民にフリーライドすることはアウトサイダーによるインサイダーの搾取となり，公正ではないという批判である（cf. White 1997, pp. 320–5）．これへの反論として，ヴァン・パライスは富や社会遺産と雇用との区別は，実はあいまいなものであるから，これらを分ける必然性はないという．たとえば，ある土地に自然資源が豊富にあったとしても，それを実際に生産に利用するためには，社会的協力や労働が必要である（Van Parijs 1997, pp. 327–30）．しかしこの例は，必ずしも説得的ではない．労働と土地や

社会的遺産との結びつきが密接不可分のものであるとしたら，むしろ後者を外在的財として捉えるべきではないという主張の論拠にもなりうるからである．

ホワイトに対して，ヴァン・パライス擁護の立場から周到な議論を展開しているのが，ウィダークイストである．彼は，外在的財が私有される市場経済の発展が物質的豊かさをもたらしたことを認めるが，他方において，それは，一部の独占者を除けば，自らのために働くという選択肢を消失させ，餓えないためには他者のために働かねばならない状態を創り出したという．このように労働の強制から一部の者だけが逃れている状態は，互恵性原則の侵犯であると，ウィダークイストは考える．基本所得保障は，多くのものが外在的財を利用して自らの生存のために働く機会を奪われていることへの代償であり，これによって全てのものが労働からの自由を得ることができる（Widerquist 1999, pp. 390-2）．

無条件所得保障は，ホワイトの主張するように，そもそも非就労者の就労者に対する搾取になるのであろうか．ウィダークイストは，外在的財の所有者とそれ以外の者たちとの関係にこそ搾取が存在すると指摘する．後者は，生計のために後者の都合のよい条件で働かざるを得ないのであり，無条件所得保障は，労働の強制をなくすことによってこうした搾取をなくすことにつながる．また基本所得導入後に，それ以前と比べて所得の減少する層は確かに存在するであろうが，そのような層は外在的財を所有する高額所得者に限られるのであって，ほとんどの者は基本所得導入によって純収入が増加すると考えられる．従って単純に非就労者と就労者との間に，搾取関係がうまれるとはいえない．無条件基本所得は，既に確認したように，外在的財の所有者だけでなく，全てのものに働かないという選択肢を与えることによって，互恵性を実現するのである（Widerquist 1999, pp. 394-7）[5]．

ウィダークイストの議論は，私的所有制そのものの中に互恵性原則の侵害をみ，そこから無条件基本所得を正当化するという点で真にラディカルなものといえる．しかしそのラディカル性が，私的所有制誕生以前においては各人が自己の（生存）のために外在的財を自由に利用できたという牧歌的イメージに基づくものである限り，広く共有される可能性は少ない（Widerquist 1999, p. 390）．基本所得論への広範な合意を求めるのであれば，私的所有制を前提とし，

その上で現行の税制や福祉政策の問題点を論じるほうが生産的であろう．そもそも資本主義経済が互恵性原則を侵犯していると論じるウィダークイストの主張に理を認めるに吝かではないが，それはイデオロギー的対立をいたずらに誘発する惧れがある．

2.2 参加所得

　従来の福祉国家にみられる互恵性原則とは，公的福祉を受け取る資格要件として，可能であるならば，生産的貢献をなす相応の義務があるということである．福祉国家を正当化する議論として T. H. マーシャルの社会権論が広く援用されるが，彼の社会権論は無条件の権利保障を意味するものではなかった．マーシャルの社会権論は義務としての税・保険料納入は当然の前提とし，間接的には就労義務を示唆している（cf. White 2000, p. 511）．そこにおいて普遍主義原則とは，市場のリスクに対する社会的保護と給付資格や水準にかかわるものであって，義務からの解放を意味するものではない．

　互恵性原則を厳格に適用すると，個人が受け取る便益と生産的貢献の価値との間の相関性を強く求めることになるが，個人の責に帰すべきではない理由による生産能力の違いを考慮すれば，これは著しく反平等主義的な結果を生む．そこでホワイトは，受け取る便益と等価の生産的貢献を求めるのではなく，各人の生産能力の違い，ハンディを考慮した最低限互恵性を提唱する（White 1997, pp. 318-9）．これは，ワークフェアを根拠づける議論といえるが，労働という対価を受益者に求めることは，ワークハウス時代への逆行であり，社会的連帯を解体させるものであるという批判がある（cf. Cattacin and Tattini 1997）．雇用の低迷，完全雇用の不可能性という現実を鑑みれば，就労条件が苦役となる可能性は否定できない．

　これに対して，互恵性をより広く社会的貢献の枠で捉えようというのが，アトキンソンの参加所得である．そこでは労働市場への参加の他に，認定された教育や訓練プログラムに参加するもの，若年者，高齢者あるいは障害者のケアを行うものやヴォランタリー・ワークといった広く社会貢献と考えられる活動への参加も，基本所得資格要件を満たすものと考えられる．また病気やけが，障害，加齢によって就労不能な者たちも，当然基本所得を受ける資格がある．

ただしアトキンソンの場合，参加所得は資力調査を伴う生活保護に代わるものと考えられており，福祉国家の中核的な制度，たとえば社会保険に取って代わるものとは考えられていない（Atkinson 1996）．

アトキンソンが資力調査プログラムへの代替として参加所得を提唱するのは，社会保険の場合，強い権利意識がみられるため廃止が困難であるのに対して，こうした制度の廃止については比較的政治的合意が得られやすいという現実的判断があるためである．なぜなら，これらのプログラムには「貧困の罠」が存在し，かつ多くの有資格者が単なる無知ではなく，社会的スティグマゆえに，実際には給付申請しないという問題もあり，さらに家族を単位とするため個人の自立を促すという点でも問題があるからである（Atkinson 1996, pp. 67-8）[6]．参加所得のメリットは，市民活動を通じて協同主義，社会資本の形成，翻って国家に代わる福祉提供主体の育成に貢献する点にある[7]．他方，参加所得は就労と福祉の結びつきを緩和しているとはいえ，無条件基本所得ほどに完全な労働市場からの解放を約束するものではなく，脱生産主義的なインパクトが弱まっていることは否めない．

ところで脱労働主義論を長年にわたって展開してきたアンドレ・ゴルツは，近年条件付基本所得論から無条件基本所得論へと立場を転じ，注目された．はたして彼の「転向」の中に，条件付所得論を放棄すべき正当な理由が見出されうるのであろうか．ゴルツの基本姿勢は，いわゆる有償の交換価値としての社会的分業，すなわち労働というものを必要悪と捉え，この領域をできるだけ縮小し，自己実現につながる自立的活動領域を拡大することにあるという点をまず確認しておきたい．彼は，エコロジストではあるが，科学技術を積極的に評価し，テクノロジーの革新，オートメーション化などが，自立的活動領域の拡大に向けた改革を可能にすると考える（ゴルツ 1993；1997；Gorz 1982）．

有償の労働時間の短縮は，必然的に賃金低下を伴うため，損失補塡として所得保障が必要になる．しかし労働を否定的に捉えるゴルツが，かつては所得保障の条件として労働の必要性を強調していたのである．それは，所得権というものが，労働量の多寡を問わず，労働の義務と結びついていなければならない，義務のない権利というものはありえないからである（ゴルツ 1997, pp. 343-8）．まさに上述のホワイトの主張と響き合う議論であるが，その後ゴルツは立場を

変える．その理由として，彼は，脱フォーディズムの中で労働が根本的に変質し，生産される価値と労働時間とが無関係になり，知識・情報産業における労働を労働時間で評価することができなくなったことを指摘する．

基本所得資格の条件として，自発的社会奉仕活動への参加を求める案については，ゴルツは，それは自発的活動の強制という矛盾を生み出すと考える．また自発的活動を基本所得資格と結びつけることは，真に無償な行為を貶めることになるという．さらに若年者や高齢者，障害者などへの家庭内におけるケア労働を広く社会的貢献とみなすことについては，生産的労働と再生産労働とを交換可能なものとみなすものとして退ける．そのような案は，家事活動の私的な性格を否定し，親の子への義務，老親への成人の義務を社会的義務とすることによって，結果として私的生活を公的監視下におくことになる．「自発的な」行動は，行政的にモニターされ，標準化される（Gorz 1999, pp. 85-6）．

これらのゴルツの議論が，どこまで彼の「転向」を正当化しうるであろうか．第一に，労働時間量と交換価値生産量との関係についてみれば，両者の関係がますます希薄になっていることが事実であるにせよ，そのことが，労働量の多寡ではなく労働すること自体が権利獲得の必要条件であるという議論を覆す論拠とはならないであろう．第二に，ヴォランティア活動への参加を基本所得要件とすることは，ヴォランティア活動を強制することではなく，義務遂行の選択肢を広げることであり，様々な活動の中からヴォランティア活動を選択する個人の自由，自発性は損なわれない．それが，真の無償行為を貶めるかどうかは社会的文化的文脈にもよるであろうし，最終的には主観的な問題であろう．最後に，家事労働を私的な活動と考え，その社会化に反対するのは，ゴルツ理論の大きな特徴であるが，少子高齢化，女性の労働市場参加率の上昇等を考えれば，それは牧歌的イメージに拘泥した時代錯誤的な議論といえまいか．公的権力のプライヴァシーへの介入，統制への警戒は傾聴に値するが，それをケアの社会化の否定と直結させるのは短絡的であろう．以上を要するに，ゴルツの「転向」の中に参加所得案を放棄すべき説得的論拠は，見出せないように思われる．

3 負の所得税

C. オッフェは，基本所得保障を「負の所得税」によって導入することを提唱する[8]．基本所得を前払いするのではなく，課税手続きのなかで一定水準にまで所得を増加させるほうが運営コストを抑えることができると考えるからである．「負の所得税」とは，一定の就労所得水準（最低所得水準）を設定し，それを下回る場合当該者は負の税金を払う，すなわち税給付を受け取ることができるという案であるが，周知のように，この案はもともと右派ミルトン・フリードマンによって提唱されたものである（Friedman 1962, p. 192）．オッフェは，自らの案をフリードマンとは全く異なると主張するが，その根拠は「負の所得税」の内容にではなく，制度的な組み合わせにある．フリードマンは，市場の働きを阻害する社会福祉政策や労働立法，最低賃金法などを全て廃止し，その見返りとして「負の所得税」を提唱した．これに対しては，「スピーナムランドの再来」であり，雇用主の賃金カットに利用され，貧困問題をむしろ悪化させるものであるとの批判が，左派の間で強かった[9]．

そこでオッフェは，現行の社会保険を解体せず，「負の所得税」による所得保障の上に社会保険給付を積み上げることを提唱する（Offe et al. 1996, p. 202）．また「負の所得税」が事後的救済であるため，生活困窮者救済のため一時的な前払いが必要であることを認める（Offe et al. 1996, p. 220）．しかしオッフェには，残念ながらそれ以上「負の所得税」の内容に踏み込んだ議論はみられず，基本所得一般を論ずるに止まっている．そこで次に，より具体的に「負の所得税」案を展開しているブロック&マンザの議論を取り上げることにしたい．

ブロック&マンザは，雇用と福祉の問題への取り組みとして，従来二つのパラダイムがみられるという．雇用パラダイムと移転パラダイムである．雇用パラダイムとは，完全雇用を実現し，就労によって貧困からの脱出を実現しようというものである．労働市場が逼迫していれば，最も技能の低い労働者といえども雇用主との交渉力を確保し，貧困線を超える賃金を獲得できると考えられる．しかし労働需要を喚起するためには，政府が最終的な雇用主となること，あるいは訓練プログラムによって就労可能性を引き上げることが考えられるが，

第11章 福祉国家の改革原理

どちらを選んでもコストほどには労働市場の逼迫を実現することはできないとブロック&マンザは考える (Block and Manza 1997, pp. 478-80).

他方雇用ではなく移転政策によって貧困問題を解決しようというのが移転パラダイムであり，本章で検討している基本所得保障案はこれに含まれる．しかしブロック&マンザは，従来左派が主張してきた基本所得案には勤労意欲の維持，財政的負担への配慮が欠けていると批判する．他方「負の所得税」を提唱する M. フリードマンの場合，勤労意欲の問題をより真剣に考えているが，「スピーナムランドの再来」という問題に対しては鈍感である (Block and Manza 1997, pp. 478-82). ブロック&マンザは，完全雇用提唱者（雇用パラダイム擁護者）がめざす目的（労働市場の逼迫）を，移転パラダイムを通じて達成することによって，両者の弱点が克服できると考える．つまり移転政策を通じてより逼迫した労働市場を実現し，低賃金労働者の市場交渉力を強化しようというのである（結果として賃上げにつながる）．

ブロック&マンザは，「負の所得税」を既に労働市場内にある者たちの労働時間短縮を促進する経済的保障として用い，より多くの者の労働市場参入を促すことで，逼迫状況を創りだすことが可能になると考える．ここで現実的に考えられるのは，パートタイム雇用の拡大である．パートタイム労働の場合，相当の余剰労働力を労働市場に吸収することが可能なだけでなく，就労者が子育てと有償労働とを両立可能にする労働時間の柔軟性が生まれる．むろんパートタイム労働には，雇用保障を含め様々な問題があるが，これらの問題は法的規制によって相当程度軽減されると，ブロック&マンザはいう (Block and Manza 1997, pp. 483-85).

彼らは「負の所得税」が貧困線に近い水準まで所得保障するならば（たとえば8割から10割），たとえ労働市場の逼迫が生じなくても，低技能労働者はあまりに低賃金の労働を拒否でき，結果として市場内での交渉力を強化するので，「スピーナムランドの再来」を防ぐことができるという．そのような「負の所得税」は寛大にすぎ，勤労意欲を減少させるのではないかという疑問に対しては，貧困線レベルの所得保障は決して快適な生活を約束するものではなく，消費欲求を満たすための有償労働への意欲が殺がれることはないとブロック&マンザは考える．では労働市場逼迫は，インフレを惹起しないのか？　ブロック

&マンザは，むしろそれは生産性向上によって価格上昇を抑制しようとする強い誘引になるという (Block and Manza 1997, pp. 484-5).

「負の所得税」は成人全てに適用される普遍主義制度でありながら，真に公的補助を必要とする者のみを対象とする，つまり普遍主義原則適用による選別を可能にするという利点がある．しかも本来反福祉国家主義者の提唱する案であるため，程度の差はあれ，左派色の強い他の案に比べて超党派的合意形成が比較的容易であり，したがって実現可能性が高いように思われる．「負の所得税」は既にアメリカ，カナダなどでは部分的に導入されており，カナダでの所得格差がアメリカに比べ小さいのは，前者が相対的に大規模な「負の所得税」を導入していることによるとの指摘もある (Myles and Pierson 1997).

しかし「負の所得税」には，なおいくつかの課題が残る．ブロック＆マンザは，「スピーナムランドの再来」を避けるための制度的措置として最低賃金制度を考えているが，「負の所得税」という所得保障の存在そのものが，社会的に容認される最低賃金水準を引き下げる可能性がある．こうした事態が生ずれば，最低賃金制度は貧困の増大を阻止する手段とはならない．たしかに労働者の交渉力が強ければ，こうした問題は回避されるであろう．しかしグローバル化の中で労働市場規制緩和が進み，労組が弱体化している先進諸国，とりわけアメリカやイギリスの場合，こうした交渉力強化がどこまで実現可能なのか，疑問が残る．

たとえ労働の組織化という問題を無視しても，ブロック＆マンザのいうように「労働時間の短縮→労働市場の逼迫→労働者の交渉力増強」といった積極的連鎖が生じる可能性は低い．労働時間短縮は，あらゆる産業部門において同様に生じ，同じような結果を生むわけではない．そもそも低技能者が集中する製造業の多くは衰退ないし低迷しており，雇用規模が縮小している．そのような部門でなされる時間短縮，ワーク・シェアリングが労働者の交渉力強化につながるとは思われない．また今日パート・タイム労働が支配的な低技能サービス部門（たとえばファスト・フードの店員など）では代替可能な労働力があふれており，労働市場の逼迫が賃金上昇を惹起する可能性は極めて低い．ブロック＆マンザは，所得保障が労働者の技能への投資を刺激し，企業もまた労働者の技能に投資するようになるというが，逆に所得保障が「低技能，低賃金労働」

を一層蔓延させることも考えられる．なぜなら労使が協力して帳簿外の低賃金労働を行うことは，労働者にとって「負の所得税」からの補助を大きしし，雇用主にとっては労働コストを下げるというメリットがあるからである（Howell 1997, pp. 535-7）.

4　結論

　今日の福祉国家改革において問われている根本問題は，労働と福祉との再調整である．従来の自由主義，保守主義，社会民主主義という福祉国家の三類型は，中心価値を各々効率，安定，平等に置き，福祉と労働との関係では，「福祉ではなく労働」，「労働を通じての福祉」，「福祉も労働も」をめざすという違いが認められるが，いずれも労働本位という点では共通であり，生産主義的な体制であるといえる．昨今の福祉国家改革をみれば，自由主義体制におけるワークフェアはいうに及ばず，国家主義によって労働と福祉との対応関係を緩めてきた社会民主主義体制においても，個人レベルでの労働と福祉との対応関係をより強調する傾向がある．すなわち生産主義原則の再確認がなされている（Goodin 2001, pp. 13-5）.

　しかし今ひとつの改革の可能性が存在する．脱生産主義，すなわち「労働なしの福祉」体制である．脱生産主義の価値は市民の自立に置かれ，労働を条件としない基本所得を提供することによって，市民の自立的活動領域を拡大する．こうした傾向は無条件基本所得論において最も強く，「負の所得税」案において最も弱いといえる．しかし「負の所得税」案といえども，労働をなさない，あるいはなしえない者への所得移転を，資産調査や教育・訓練プログラムへの参加を義務付けずに認めるという点で，労働本位の福祉提供と一線を画している．また時短によるワーク・シェアリングが労働市場の逼迫から労働者の交渉力向上を生むという仮説は疑わしいにせよ，それが労働と私的生活の両立をより容易なものにするという点は認めてよかろう．脱生産主義原理は，生産主義原理に基づく完全雇用がもはや実現困難であり，またたとえ可能であったとしても環境破壊等の問題を考えるなら望ましくないという認識が共有されるなら，生産主義原理に代わる有力な代替肢となりうる．

基本所得保障に対しては，そのコストゆえに非現実的であるという批判がなされることが多い．しかし脱生産主義的改革は，単なる絵空事ではない．たとえば，グディンは，市民の自立が達成される条件として，主要な政策が十分な所得を保障しているかどうか，十分な自由時間が確保できるかどうか，資格要件が最低限かどうかを検討し，オランダがコーポラティスト（保守）類型から脱生産主義モデルへ移行しつつあると論じている（Goodin 2001）．また小沢修司はわが国において8万円の無条件基本所得を国民全員に配分する場合，現行の所得控除を全て廃止し，50％の所得税率で運営可能となると試算している．50％の所得税率は直感的には相当高く感じられようが，小沢の試算では，平均的家計（男子稼得者，専業主婦，子ども二人，給与収入700万円）の場合，基本所得導入によってむしろ可処分所得が増える．もちろん減るケースもあるが，それは大多数の国民にとって耐えがたい負担を生ずるものではない（小沢2002, p. 167以下）．

　しかし基本所得保障への批判は，このような技術レベルに止まらない．(1)「労働なしの福祉」は，労働を特権的なものとし，排除された者たちとの社会的分岐を深刻なものとする，(2) 最低限保障を失業者に与えることで，雇用への国家の責任を免罪し，結局雇用関係が全て市場に委ねられることを許す結果となる，すなわち基本所得保障は市場原理主義を補完するものに過ぎない，(3) 基本所得保障は国家の再生産への責任を増し，個人の国家への依存性を高める，といった批判が左右から浴びせられている．しかし既にみたように，基本所得保障は労働時間の短縮，ワーク・シェアリング，市民活動の活性化といった政策と一体をなすものと考えるべきである．個人の能力差を考えれば，第一の問題が完全になくなることはありえないが，労働時間短縮の結果，正規雇用とパート・タイム労働の差が小さくなっていけば，能力の等しい者たちの間では労働の平等な配分が可能になる．労働時間の短縮はさらに市民活動の活性化，経済外的な社会的協力の領域の拡大に通じる．それが国家の縮小に直接つながるかどうかは別にして，少なくとも市民の国家への依存性を弱め，自立性を高めるということはできよう[10]．「労働なしの福祉」を通じて市民活動領域の拡大が実現されれば，それは市場関係の生活世界への無制限の侵入を食い止めるだけでなく，市場交換に代わる社会的ネットワーク網の形成にもつながる

(Offe 1996, pp. 212-7).

とはいえこれらの批判の背景には，思想的な対立が存在する以上，基本所得保障の導入は，結局のところ社会の構成原理を問い返す作業抜きにはありえないであろう．そして構成原理としての互恵性原則を対象化することは，労働観の問い直しを必然とする．労働と社会とのあり方を再編する構想を不可避とすること，これこそが基本所得保障案を真にラディカルな試み，思想的挑戦となしているところのものである．

注
1) 福祉国家への挑戦は，主にグローバル化，脱フォーディズム，脱工業化（サービス経済化）という三方向から展開されるが，これらの点については，拙稿「福祉国家の危機と再編——新たな社会的連帯の可能性を求めて」斉藤純一編『社会的連帯の理由』（ミネルヴァ書房，近刊）所収，において詳論しているので，参照されたい．
2) 誤解を避けるために一言すれば，脱生産主義といっても，生産活動そのものを否定するわけではない．価値の生産なくして，その分配・再分配はありえないわけであるから，その意味において労働が福祉の前提となるのは当然である．脱生産主義において問い直されているのは，生産そのものではなく，生産とその他の活動とのバランス，人間と自然との関係である．
3) 「負の所得税」は，もともとはミルトン・フリードマンが福祉国家への代替肢を解体するために提起した案であるが，後述のように，ここで注目するのは，労働時間短縮とワーク・シェアリングを組み合わせた「負の所得税」の修正版である．
4) 現実の雇用機会の不平等（インサイダー／アウトサイダー問題）を放置したままで，分配の改善を行おうとすること，賃労働からの強制的排除を財政的補償によって正当化することは，急進的左翼によって次のように批判される．「能力のハイアラーキー，その再生産メカニズムを変えることなく，周辺化され，排除され，あるいは階統制の底辺に置かれるものたちに補償を与えることで足れりとするのではなく，こうした階統制のどこに位置しようと相応の職を保証し，全てのものを社会的に包摂する制度が必要なのである．つまり富の再分配だけではなく，労働の再分配が求められる」(Little 1998, p. 110)．ではいかに「労働の再分配」を実現するのか．筆者には，残念ながらユートピア主義に陥らず，この問題に答えることは困難であるように思われる．
5) ウィダークイストは，働かない選択肢は労働するものの外在的財の利潤に寄生する者たちに対する交渉力を高め，搾取の可能性を小さくすると考えるが，実際にこうした選択肢を採る者が社会に蔓延するとは考えない．倫理や価値の問題以前に，外在的財の所有者は利潤を生む労働力を必要とし，労働の提供が減れば高賃金で労働力を確保しようとするので，労働が魅力あるものになると考えるからである

(Widerquist 1999).
6) たとえば賦課方式年金の変更がいかに困難であるかについて，マイルズ＆ピアソン（2001）を参照されたい．
7) こうした点については，新川（近刊）を参照されたい．
8) ここで言及する論文，"A Basic Income Guaranteed by the State: A Need of the Moment in Social Policy" は，C. Offe, U. Mueckenberger, and I. Ostner の共著論文であるが，Offe（1996）所収であり，ここでは便宜上オッフェ論文として扱う．
9) スピーナムランド制度は，18世紀末イギリス・バークシャー州のスピーナムランドとして知られる地区の中心地スピーンにおいて生まれた制度であり，パンの価格と家族規模に応じて賃金補助を行うものである．その「良き意図」にもかかわらず，それは実質的に雇主への補助金となり，低賃金が合理化され，かえって貧困は増大し，労働意欲は減退したといわれる（樫原朗，1973，101頁）．
10) 市民活動と国家との関係は単に対抗的に捉えるのではなく，相補的に捉える必要がある．Cf. Skocpol 1997; Hall 1999.

文献一覧
邦語文献
小沢修司（2002）『福祉社会と社会保障改革』高菅出版．
樫原朗（1973）『イギリス社会保障の史的研究 I』法律文化社．
ゴルツ，アンドレ（1993）『資本主義・社会主義・エコロジー』（杉村裕史訳）新評論．
——— (1997)『労働のメタモルフォーズ』（真下俊樹訳）緑風出版．
新川敏光（近刊）「福祉国家の危機と再編——新たな社会的連帯の可能性を求めて」斉藤純一編『社会的連帯の理由』ミネルヴァ書房．

英語文献
Atkinson, A. B. 1996. "A Case for a Participation Income." *Political Quarterly* 67 (1): 67–70.
Beck, Ulrich. 2000. *The Brave New World of Work*. Cambridge: Polity.
Block, Fred and Jeff Manza, 1997. "Could We End Poverty in a Postindustrial Society? The Case for a Progressive Negative Income Tax," *Politics and Society* 25 (4): 473–511.
Cattacin, S. and V. Tattini. 1997. "Reciprocity Schemes in Unemployment Regulation Policies: towards a Pluralistic Citizenship of Marginalisation?"*Citizenship Studies* 1 (3): 351–364.
Esping-Andersen, G. 1990. *The Three World of Welfare Capitalism*. Princeton: Princeton University Press（岡沢憲芙・宮本太郎監訳『福祉資本主義の三つの世界』ミネルヴァ書房，2001年）．
Friedman, Milton. 1962. *Capitalism and Freedom*. Chicago, Ill.: University of Chi-

cago Press(熊谷尚夫・西山千明・白井孝晶訳『資本主義と自由』マグロウヒル好学社,1975年).
Goodin, R. E. 2001. "Work and Welfare: Towards a Post-productivist Welfare Regime." *British Journal of Political Science* 31: 13-39.
Gorz, Andre. 1982. *Farewell to the Working Class* (translated by M. Sonenscher). London: Pluto Press.
―――. 1999. *Reclaiming Work : Beyond the Wage-Based Society* (translated by Chris Turner). Cambridge: Polity.
Hall, Peter A. 1999. "Social Capital in Britain." *British Journal of Political Science* 29: 417-461.
Howell, David R. 1997. "Block and Manza on the Negative Income Tax." *Politics and Society* 25 (4) : 533-539.
Little, Adrian. 1998. *Post-Industrial Socialism*. London: Routledge.
Myles, John and Paul Pierson. 1997. "Friedman's Revenge: The Reform of 'Liberal' Welfare States in Canada and the United States." *Politics & Society* 25 (4) : 443-472.
―――. 2001. "The Comparative Political Economy of Pension Reform," in P. Pierson, ed., *The New Politics of the Welfare State*, pp. 305-333, Oxford: Oxford University Press.
Offe, Claus. 1996. *Modernity and the State: East, West*. Cambrdige: Polity.
Peck, Jamie. 2001. *Workfare States*, NewYork: Guilford Press.
Pierson, Paul. 1994. *Dismantling the Welfare State*? Cambridge: Cambridge University Press.
―――. 1996. "The New Politics of the Welfare State." *World Politics* 48 (January) : 143-179.
Robertson, James. 1996. "Towards a New Social Compact: Citizen's Income and Radical Tax Reform." *Political Quarterly* 67 (1) : 54-58.
Skocpol, Theda. 1997. "Building Community: Top-down or Bottom-up?" *Brookings Review* (fall) : 16-19.
Van Parijs, P. 1995. *Real Freedom for All*. Oxford: Clarendon Press.
―――. 1996. "Basic Income and the Two Dilemmas of the Welfare State." *Political Quarterly* 67 (1) : 63-66.
―――. 1997. "Reciprocity and the Justification of an Unconditional Basic Income. Reply to Stuart White." *Political Studies* 45 (2) : 327-330.
White, Stuart. 1997. "Liberal Equality, Exploitation, and the Case for an Unconditional Basic Income." *Political Studies* 45 (2) : 312-326.
―――. 2000. "Review Article: Social Rights and the Social Contract-Political Theory and the New Welfare Politics." *British Journal of Political Science* 30: 507-532.

Widerquist, Karl. 1999. "Reciprocity and the Guaranteed Income." *Politics and Society* 27 (3) : 387–402.

第12章　就労・福祉・ワークフェア
――福祉国家再編をめぐる新しい対立軸――

宮本太郎

1　はじめに

　欧米福祉国家では近年，グローバル化と脱工業化のインパクトを受けて，雇用政策や所得保障政策における再編がすすんでいる．そこでは，福祉国家が人々の自立と就労を促進する機能を高め「就労なき福祉」から脱却することが焦点となっている．こうした方向での政策展開は，ワークフェア Workfare やアクティベーション Activation と呼ばれる．あるいは，福祉国家をとおしての社会的包摂 Social Inclusion が語られる背景にも，こうした福祉国家再編の動向がある．

　こうした政策展開は，希望と警戒の交錯する，少し込み入った議論の状況をつくりだしている．一方では，ギデンズのように，このような福祉国家再編の道筋を「第三の道」と名づけ，ここに新しい社会民主主義のあり方を見出す考え方が欧州に広がった（Giddens, 1998）．アジアでも，たとえば韓国において「「第三の道」を発展的に受け入れる」立場から「生産的福祉」が提起されている（金，2002, p. 21）．さらに，わが国では塩野谷祐一が，ワークフェアをめぐる動向をもひとつの契機として，人々を能動的参加と自己実現，すなわち「卓越」に導く福祉国家の構想を提起し，これが反響を呼んでいる（塩野谷，2002）．

　だが他方において，ワークフェアに対しては，これを逆に福祉国家の解体であると見る立場から強い警戒心も表明されてきた．ジェソップは早くから，ウェルフェアとワークフェアとの緊張関係を強調し，ケインズ主義的福祉国家が解体された後に出現するものが「シュンペーター主義的ワークフェア国家」であると主張してきた（Jessop, 1993）．あるいは斎藤純一は，ワークフェアの展開に人々を「能動的な自己統治」に導く権力を見出し，ワークフェアを，市

場社会に対して能動性を示すことができない人々を事実上社会の外に放逐する仕掛けとしてとらえた（斉藤，2001）．

　本章は，こうした議論の状況をふまえつつ，まずワークフェアをめぐる異なったアプローチを明らかにすることを試みたい．さらに，いずれのアプローチであるかを問わずワークフェアそのものを原理的に批判する議論として，ベーシックインカムをめぐる問題提起を検討したい．ワークフェアをめぐる異なった評価は，それぞれその異なったアプローチにかかわるものかもしれない（第一の対立軸）．あるいは議論は，就労と福祉を連携させること自体の是非を問うものかもしれない（第二の対立軸）．いずれにせよ，この二つの軸が交差するところに，福祉国家再編の新しい対立軸が存する，というのが本章の認識である．

　以下，第1節においてこのような新しい政策的対立軸の前提となる福祉国家の環境変容について整理し，第2節においてはワークフェアの二つのアプローチを整理する．その上で第3節においてベーシックインカムについて述べ，最後に第4節において二つの政策的対立軸が交差するなかですすむ，福祉国家再編の動態を考える．

2　ワークフェアの構造

2.1　リスク構造の変容

　福祉国家の所得保障がいかなるリスクに対処するかは，福祉国家ごとに一様ではない．だが，従来その基本的な考え方には共通点もあった．すなわち，あるリスク構造を所与として社会保険制度などで受給資格を設定し，想定されたリスクが顕在化した場合に給付を行う，併せて所得調査つきの社会扶助によるセーフティネットを張る，というものである．これをグロートとファン・デル・フェーンの概念をやや拡張しつつ，条件型福祉 Conditional Welfare と呼んでおこう（Groot and Van der Veen, 2000, p. 19）.

　ところが，グローバル化と脱工業化の進展により，これまで福祉国家体制が前提としてきたリスク構造には大きな変化が生じている．まず労働市場においては，リスクの局在化がすすんでいる．相対的に安定した雇用を確保した競争

セクター労使は，しだいに各種社会保険のコスト負担を重荷と感じ始め，外国人労働者などを含めた不安定就業層や各種受給者団体との潜在的対立が強まる (Rosanvallon, 2000, pp. 16-9; Clayton and Pontusson, 1998). 3分の2社会と呼ばれるような，リスク構造が階層化した社会が現れる．

　他方において，一見今述べた事柄と矛盾するようであるが，リスクの遍在化とでもいうべき現象も拡がっている．グローバルな市場競争のもとでは，競争セクターの雇用が安定しているといっても，それはあくまで相対的にである．競争セクターを含めて，生涯をとおしての安定した就労はしだいに困難になっている．他方において，高齢化などのデモグラフィックな変化もあり，これまで多くのリスクを吸収してきた家族が揺らいでいる．家族の揺らぎもまた，労働市場の中心―周辺を問わず，遍く社会に拡がる (Esping-Andersen, 1999).

　新しい環境のもとでは，従来の条件型福祉のあり方では，コストの負担者と受給者が分化し固定化しがちである．所得調査つきのセーフティネットは，市民を「失業の罠」や「貧困の罠」に追い込み福祉の恒常的な受給者としてしまう場合が多く，その結果，コストの負担者の反発を招く．同時に，条件型福祉において想定されていたリスクの切り取り方の多くは，しだいに現実に合わなくなっている．競争セクターの労働者やその家族でさえ，条件型福祉が想定した安定した雇用や家族はもはや保障されえない．

　こうした背景のもとで，ワークフェアが有力な選択肢として浮上する理由は理解できる．ワークフェアのより具体的な定義は次節で試みるが，ここではとりあえず，福祉の受給資格として就労を強く打ち出し，福祉の目的のひとつとして就労支援を重視する考え方としておく．このような政策は，雇用と家族の流動化のなかでは不可欠のものとなるし，またそのコストを負担する者の理解を得ることも比較的容易である．だが，他方においてワークフェアは，福祉の権利を剥奪するものであり，権力的であるという見方も根強い．そしてこのような見方をとるものは，条件型福祉に代えるオプションとして，ワークフェアとは逆に，福祉と就労を徹底して切り離す方向を提起する．つまり，特定のリスクとむすびつけることなく最低限の所得保障を無条件に行う，という考え方であり，ベーシックインカムあるいは市民所得などと呼ばれる．

2.2 ワークフェアの制度と類型

　前節の終わりで述べたワークフェアの定義は，従来のワークフェアの定義に比べると，緩やかな定義である．この言葉は，もともとはアメリカにおけるAFDC（要保護児童扶助）改革に際してニクソン大統領のスピーチライターによって造語されたといわれるものである．こうした出自からも，ワークフェアとは，当初，社会扶助や失業手当などセーフティネット的な所得保障に限定されて用いられ，しかも福祉受給者に就労を強制する，というニュアンスが濃厚であった（Peck, 2001, p. 90）．近年ワークフェアにかんする国際比較研究を組織したレーデメルとトリッキーは，ワークフェアを，「人々に社会扶助給付の見返りとして就労を求めるプログラムあるいはスキーム」と定義する（Lødemel and Trickey, 2001, p. 6）．この定義は，比較の対象を限定する必要から狭義の定義を行った例であるが，ワークフェアについての元来の理解に近いものでもある．

　しかし，今日ワークフェアが論じられる場合，公的扶助あるいは失業保険にかんする強制的プログラムに限定されるわけではない．より多様な制度領域において，かつ非強制的あるいは誘導的に作動し，人的資本の高度化に繋がるワークフェアが発見され，あるいは期待が寄せられるのである．こうした傾向は，とくに日本において強いようである（神野，2002；埋橋，1997, p. 190）．本章の冒頭にも述べたように，異なったワークフェアに関して異なった評価や議論が行われていくことになる．それでは，ワークフェアの類型はいかにとらえられるのであろうか．

　ここではまず，ワークフェアがすすめられる制度領域と，ワークフェアの制度としての多様性をとらえる指標について整理をしておきたい．まずワークフェアが論じられる制度領域として，次の三領域が区別できよう．

　第一に，従来のワークフェア概念に近い領域で，失業保険や社会扶助の給付に際して，公的雇用を含めた就労や職業訓練を義務づけ，就労忌避に対しては何らかのペナルティを与える制度調整である．この領域のなかでも，イギリスやオランダ等の場合は失業保険を中心にしたワークフェアであるのに対して，アメリカではワークフェアと言えば，AFDC改革から始まったものであり，公的扶助をめぐる改革理念に他ならない．

第二に，労働者の就労可能性 employability を高めるための諸政策で，主には職業訓練，リカレント教育，職業紹介などである．いわゆる積極的労働市場政策と呼ばれている政策領域とほぼ重なる．スウェーデンなど北欧諸国がこの領域に力を注いでいることは知られている．さらにもう少し視野を拡げれば，主に女性労働力の就労可能性を高めるための育児，介護などの社会サービスなども関連しよう．

　第三に，第一，第二の領域のように直接就労にかかわるものではないが，年金，医療，あるいは育児休暇期間中の所得保障等の領域で，職域ごとに独自のプログラムを発展させることで，あるいは給付を従前の所得と比例させていくことで，これを就労や労働についてのインセンティブ強化とむすびつけていこうとするものである．

　さて，以上の制度領域のなかでも，とくに第一の領域あるいはその第二の領域との連携がワークフェアの中心となるが，この領域に限定したとしても，制度のあり方によってワークフェアの意味は大きく異なっていく．次に問題となるのは，その相違をとらえる指標である．ここでは，トリッキーの整理を参考にして，それに指標を加えるかたちで議論を整理しておきたい．

　トリッキーが第一の領域を対象とした国際比較を行っていく上で，その指標として挙げるのは，プログラムの設計上の理念はどのようなものか（支出の削減か権利の拡充か，「依存」の一掃か「社会的排除」との闘いか等），プログラムの対象の設定にあたりミーンズテスト等で選別するか，執行過程における裁量の余地などプログラムは集権的か分権的か，いかなる就労措置が準備されるか，クライアントと行政の交渉の余地はどれほどあるか，サンクションを受けて給付が止められた場合の代替給付の可能性はあるか，といった諸点である（Trickey, 2001）．

　以上に加えて，第二の領域との連携が強まっている事情を考慮して，職業訓練あるいはリカレント教育の規模，訓練サービスへのアクセス可能性，サービスの供給主体などの違いに注目するべきであろう．さらに第三の領域についても，スウェーデンのように，政府が普遍主義的な年金制度や医療制度を構築した上で，その給付を従前所得に高い置換率で連動させ，就労インセンティブを高めていくか，あるいは日本やアメリカのように，企業・職域別の社会保険や

私的年金によって給付を就労上の地位にむすびつけるか，という相違が大きな意味を持つ．

以上のような枠組みでワークフェア改革の動向とそこから立ち現れてくる制度についての比較をすすめていった場合，どのような制度類型が見出されるのであろうか．ワークフェアには，既述のように，福祉給付の条件として就労を課すという面と，福祉の目的を就労支援におくという面と，二つの契機がある．この二つの契機は不可分のものであるが，それでも前者に力点をおく制度と後者に力点をおく制度の相違は重要である．実際のところ，現在現れているいくつかの類型モデルは，この相違にかかわっている．

労働力拘束モデル labor-force attachment model あるいはワークファーストモデルと呼ばれるのは，就労を福祉の条件とすることを重視し，就労支援のサービスが相対的に弱いモデルである．これに対して，人的資本開発モデル human-capital development model あるいはサービスインテンシブモデルとは，福祉が就労を支援することを重視し，職業教育などの社会サービスで失業手当などの受給者の就労可能性を高めることを目指すモデルである（Peck, 2001, p. 90）．

ここではこのモデルに，先に検討したワークフェアの三つの領域という視点および制度の内容をとらえる多角的な指標という視点を加味しつつ，より包括的な二つのモデルとして設定したい．

本章がいう労働力拘束モデルは，まず三つの制度領域のなかで，第一の領域，すなわち失業保険や公的扶助の給付に際する就労義務を最重視する．その理念としては社会的排除との闘いよりも依存の一掃が強調される．クライアントと行政の交渉の余地は小さく，就労をせずペナルティを加えられたときに制度的に代替しうる所得保障はほとんど存在しない．第二の領域の職業訓練は，同時に追求されるとしても，そのプログラム規模は小さく，また民間のイニシアティブに期待し，あるいは雇用主の関与を重視する場合が多い．また第三の領域に関しては，民間の職域ごとの労使協約や企業福祉が制度の中心となる．典型的なケースはアメリカに見出すことができる．

これに対して，本章がいう人的資本開発モデルは，三つの領域のなかで第二の領域，すなわち積極的労働市場政策における職業訓練やリカレント教育を最

表1 各国における積極的労働市場政策への支出（対GDP比・%）

	アメリカ	オランダ	イギリス	スウェーデン	日本
公的雇用とその管理	0.04	0.29	0.13	0.28	0.11
職業訓練	0.04	0.34	0.05	0.48	0.03
若年層向けプログラム	0.03	0.04	0.15	0.03	n. a.
補助金つき雇用	0.01	0.40	0.01	0.45	0.13
障害者向けプログラム	n. a.	0.57	0.02	0.52	0.01
総計	0.15	1.64	0.38	1.82	0.28
消極的労働市場政策	0.23	2.29	0.58	1.68	0.54

注：イギリス，アメリカ，日本は1999-2000年度．スウェーデン，オランダは1999年度．
　　消極的労働市場政策とは，失業給付と早期退職手当の総計．
出所：OECD, Employment Outlook, 2000, より作成．

重視する．ここでは制度の公共性が重視され大きな財政資金が投入される（表1参照）．第一の領域では，就労に向けた権利拡充や社会的排除と闘いが制度の理念となる．クライアントと行政の交渉，協議の可能性があり，ペナルティがあってもそれは最終のセーフティネットを除去するものではない．第三の領域では，公的なプログラムのなかでの所得比例原理の徹底で労働インセンティブを高めることが目指される．人的資本開発モデルの典型はスウェーデンである．

3　ワークフェアの展開

3.1　アメリカの労働力拘束モデル

すでに触れたように，1996年のTANF導入以降のアメリカは労働力拘束モデルを代表するが，ここに至るまでには，アメリカの中でも人的資本開発モデルに近い考え方を採る潮流もあり，二つのモデルの対抗があった．福祉の基軸がAFDCなどの社会的扶助プログラムであるアメリカでは，その財政コストの肥大化のなかで，すでにニクソン政権の時期から労働力拘束モデルに基づく改革が唱えられていたが，とくに80年代に入ると，マレイ（C. Murray）やミード（L. Mead）ら共和党周辺の保守派知識人が発言を始め，これに対して民主党の側でも，エルウッド（D. T. Ellwood）らが就労支援に力点をおいた代替構想の検討に入るなど，二つのモデルがイデオロギー的に整序されていっ

た (Heclo, 2001, p. 182). 両モデルの最初の妥協点がレーガン政権のもと1988年に導入された家族支援法であった. ここでは, 各州に対して, 95年までに AFDC の受給者の5分の1を就労させるあるいは職業訓練プログラムへ参加させることを義務づけた. このように具体的目標にも余裕があったが, 他方で各州は, 就労を支援する JOBS プログラム (職業機会および基礎技能プログラム) を92年までに導入して基礎教育や職業教育を準備することを要請された (Schweber, 1999, p. 109). また就労への移行にあたって必要な場合は, 児童ケアサービスなどの供給も求められた.

共和党政権が続くなかで, クリントンは, 福祉改革のブレーンとしてエルウッドを擁し,「我々にとってお馴染みであるような福祉を終わらせる (Ending Welfare as We Know It)」ことを訴えて中間層をつかみ, 政権に就いた. クリントンらニューデモクラットが掲げるリベラルなワークフェアモデルが, ブレア英首相の「福祉のニューディール」政策やギデンズによって体系づけられた「第三の道」論にインスピレーションを与えていくことは周知のとおりである. たしかにクリントンは共和党の労働力拘束モデルとは一線を画するつもりであったし, エルウッドは, 最低賃金制などの整備や職業教育の拡大などを改革の重要な構成要素と考えていた (Lynn, 1993).

しかしながら, 結果から言うならば, この異なったワークフェア路線の対決においてクリントンは当初目論んだイニシアティブを発揮できなかった. 連邦規制を棚上げにして, 各州独自のワークフェア改革を追求させそれを評価する方法が採られたが, ここでは就労支援サービスを強化する方法は, 時間とコストがかかることから敬遠される傾向があった. さらに, 94年の中間選挙でギングリッチ率いる共和党勢力が議会多数を制すると, クリントンはますます中間層向けに戦略を修正し, 自縄自縛に陥り, 結果的に共和党に妥協を重ねることになった (Heclo, 2001, pp. 191-3; Peck, 2001).

最終的に96年8月にクリントン自身が署名した「個人責任および労働機会調和法」は, 労働力拘束モデルの勝利を象徴していた. 同法は, AFDC の廃止と TANF (貧困家族一時扶助) の導入を決めたが, それによると, 各州は2002年までに受給者の5割を週30時間以上就労させなければならない. また, 通算5年以上の受給は認められない. こうした基準を達成できなかった州は連

邦のブロック補助金を減額される (Haskins and Blank, 2001). 職業訓練などの積極的労働市場政策の実態は州ごとに多様であるが，表1からも窺えるように財政規模の点では限定されており，また雇用主のイニシアティブが優先されてきた.

3.2 スウェーデンの人的資本開発モデル

　スウェーデンの社会保障制度を包括的に検討したフリーマンらハーバード大学のグループは，そこに福祉と就労との強い関係を発見してこれをワークフェアと呼んだ (Freeman, Topel, and Swedenborg, 1997). これに対してエスピン・アンデルセンは，北欧諸国のケースは就労のための資源を提供することに力点があることを強調して，これを「生産主義 (Productivism)」と呼び，アメリカのワークフェアと区別しようとした (エスピン・アンデルセン，1999, p. 123). 同様に，北欧などの就労支援型福祉を，アメリカ的な福祉削減志向のワークフェアとはっきり区別をするため，「アクティベーション (Activation)」という表現も用いられる (Larsen, 2001). 本章は，スウェーデンもひとまずワークフェアという枠で括った上で，アメリカとは異なったモデルとして位置づける.

　スウェーデンの人的資本開発モデルでは，ワークフェアの第二の領域，すなわち積極的労働市場政策が他国に比べて突出している（表1参照）．戦後スウェーデンは，高コストの財政出動と決別し，生産性の低いセクターの労働者を職業訓練によって不断に競争セクターへ送り込み続けることで完全雇用を維持した．その就労支援サービスの中枢となったのが労働市場庁 (Arbetsmarknadsstyrelsen) であった．94年に政権復帰した社民党は，保守中道政権が労働市場庁の廃止を目論んだことをふまえて，積極的労働市場政策の分権化とネットワーク化に着手した．95年には，地域の雇用政策調整機関である雇用調整委員会 (Arbetsförmedlingsnämnder) に自治体代表や地域労使を組織し，ここを基盤として多様な就労支援策を展開することを決めた．また，政策のメニューについては，30年代以来の伝統がある公的雇用は98年度で廃止し，職業訓練や就業補助などの供給志向型のプログラムを拡大した (宮本, 2000).

　他方では，これまで職業訓練と交互に受給することで限りなく延長すること

ができた失業保険給付(これはメリーゴーランドと呼ばれた)について,求職者登録を義務づけ,さらに提供された仕事を拒否した場合に,給付を減額したり打ち切ったりする措置を決めるなど,第一の領域での懲罰的な制度の展開もあった.しかしその一方で,2000年には「アクティビティ保障」という名のもと,長期的失業者を対象としてマンツーマンのケアを行う新しいプログラムが導入され,カウンセラーの判断によっては,失業手当の給付期間が終了しても,このプログラムを受けることで代替的な所得保障を受けることが可能となっている.つまり,スウェーデンのワークフェアは,あくまで第二の領域の公的な就労支援サービスを軸に展開されていると同時に,第一の領域においても手厚いセーフティネットを張った上でのワークフェアが展開されているといえる(宮本,2002).

加えてスウェーデンでは,各種社会保険をとおしてのワークフェア,本章でいうワークフェアの第三領域も重要な役割を果たした.スウェーデンの年金や医療,あるいは育児休暇期間中の所得保障は,所得調査ぬきにすべての市民を対象とした普遍主義的な制度であり,同時に給付額を従前の所得に対して80%の置換率で対応させている.これは,中間層の労働パフォーマンスを給付に反映させ,労働インセンティブを高めるとともに,福祉国家に対するその支持を調達する仕組みであった.スウェーデン福祉国家の財政規模が巨大化したのは,社会的扶助のような受動的福祉のための支出によるのではなく,中間層の現行所得水準に合わせた高い所得置換率のためであった(宮本,1999).

4 ワークフェア批判と対案

ワークフェアの考え方に内包された二つの異なったアプローチは,決して小さな相違点ではなく,体制を分かつ重要な分岐点と考えられる.しかし,その一方で両者がワークフェアとして括られるのは,やはりそこには共通する志向があるからである.そしてこの志向については原理的な批判が存在する.ワークフェアは基本的に生産の拡大と完全雇用を目指すが,生産の拡大をとおしての社会的公正の追求が環境面から考えて望ましいことなのか,あるいはそもそも完全雇用は,今日の労働市場の諸条件からして可能なことであるか,というの

第12章　就労・福祉・ワークフェア　　　　　225

は十分に問うに値する事柄である．また，ワークフェアには，就労規範を高めていくためのある種の管理主義への志向が窺えるが，この点も問題となりうる．

　今日の所得保障改革においては，ワークフェアとは対照的な，ベーシックインカム（あるいは市民所得）と呼ばれる考え方が新たに注目されつつある．こうした動向は，各国におけるワークフェア改革の展開やそれに対する上述のような批判と無関係ではなかろう（Fitzpatrick, 1999, pp. 40-3；小沢，2002）．
　ベーシックインカム論は，先進工業諸国のリスク構造の変容が，従来の条件型福祉の機能不全を招いているという認識をワークフェア論と共有する．しかし，ワークフェアが再建を試みる完全雇用は，今日の社会的・技術的環境のもとでは，もはや可能ではないし望ましくもない，とベーシックインカム論者は考える．ワークフェアの雇用政策が，雇用創出の争点をディマンドサイドからサプライサイド（すなわち個別労働者の「就労可能性」改善）に移すならば，就労可能性を高めても労働需要がなくて就労が遠のく，というディレンマが生じる．その一方でベーシックインカム論者の一部は，公共事業等によるケインズ主義的需要管理に対しても，産業主義の遺物として批判的である．
　これに対してベーシックインカムは，ワークフェアとはまったく逆に，所得保障を労働市場参加から切り離すことで事態に対処しようとする．ベーシックインカムの定義の典型をヴァン・パライスに求めると，それは，個人を対象として，所得調査ぬきかつ就労義務ぬきで，一括にではなく定期的に行われる最低保障水準の現金給付である（Van Parijs, 2000）．ベーシックインカムは，所得調査をしないことで従来型の社会扶助と異なるし，就労義務を切り離すことでは，ワークフェア的な最低所得保障，たとえば勤労所得税控除（Earned Income Tax Credit）等とも一線を画す．
　このように，正規の労働市場における雇用関係への参加を市民権の基礎とは見なさない点で，ベーシックインカム論には脱労働中心社会への志向が窺われる．その限りにおいて，ワークフェア論に見られる勤労倫理主義あるいは産業主義との間に明らかな規範上の緊張関係が見出せる．欧州の多くの環境政党が政策プログラムにおいてベーシックインカムを掲げているのはこのような理由からである．また，ワークフェア型の制度に伴いがちな（左右の）管理主義に対して，ベーシックインカムによって「左翼リバタリアン」的な反管理主義を

掲げる場合もある (Offe, 1992).

しかしながら，ベーシックインカムは，その原理から言えば経済効率を度外視した考え方であるわけではない．所得調査を行わないのは失業の罠を除去して就労を促進する狙いがあり，就労義務を排するのも，インセンティブを欠いた就労と劣悪な内容の労働市場の組み合わせを防ぐ効果が強調される (Van Parijs, 2000). 労働市場の柔軟化を支え，ライフチャンスの拡充を人的資本形成にむすびつけることを期待する議論もそこには含まれる．そしてこの方向をさらに徹底していくと，(広義の) ベーシックインカム論のなかでも，負の所得税のような方法を用いながら，低賃金部門への就労インセンティブを高めることにより高い優先度を置こうとする議論も現れる (Mitschke, 2000). ただし負の所得税論については，いくつかの点でベーシックインカムの定義から外れ，またその理論的出自はフリードマンのような明らかな市場主義にあることから，これをベーシックインカムに含めることには消極的な議論も多い (Friedman, 1962; Fitzpatrick, 1999, pp. 94-6).

さて，ベーシックインカムに関して問題となるのは財政上のフィージビリティであるが，各種の所得保障をベーシックインカムで置き換えるとして，今日の社会保障支出の総計に社会保険や所得調査にかかわる行政経費を加えれば，これが十分可能であるという主張もある (Fitzpatrick, 1999, pp. 38-40; cf. 小沢, 2002, pp. 167-83). これに対して，より部分的なかたちでのベーシックインカムの導入を目指す議論もある.

部分的導入論の第一として，既存の所得保障制度との組み合わせを提案する議論がある．たとえばアトキンソンは，イギリスを念頭に，税控除の全廃などによる財源調達で，現行制度の枠内でこれに18歳以上の市民に対する週18・25ポンドの所得保障を加えることを提案している．これによって，公的扶助の受給者は約50万人減少するとされる (Atkinson, 1995, pp. 301-3). 第二には，給付期間を限定した上での給付を主張する議論がある．オッフェの提唱するサバティカルアカウントはその例であるが，これはたとえば18歳から退職年齢までの市民に対して，教育や育児・介護などの必要に対応して，長期（一例として総計10年間）にわたって公的扶助水準をやや上回る程度の給付を行うものである (Offe, 1997, pp. 100-1). 第三には，受給資格に，狭義の労働市

場参加を超えた緩やかな受給条件を課すものである．実はアトキンソンも，ベーシックインカムの受給資格を完全に無条件と考えているわけではなく，通常の労働市場参加，退職年齢に達していること，労災認定などの他，介護，育児，ボランティア活動などへの参加を条件として挙げており，かかる観点からこれを「参加所得」と呼んでいる．同様にベックも，ベーシックインカムを，とりわけ労働市場の外の多様なアンペイドワーク＝「市民労働」に対する「シヴィックマネー」と位置づける（Beck, 2000, pp. 143-5）．

5 交錯と展開

5.1 二軸の交錯

以上の考察に基づいて，所得保障をめぐる福祉国家再編の政策的対立軸を整理すると図1のようになろう．政府か市場かという対立軸が意味を失ったわけではない．しかし，リスク構造が変容し，完全雇用が困難となり，さらには労働（生産）中心主義への批判が拡がるなかで，対立軸は多元化した．現実の改革において焦点となっているのは，ワークフェアである．政府のコミットメントの強さをめぐる対立は，ここでは，ワークフェアの二つのモデルをめぐる対抗というかたちで現れ，これが第一の対立軸（縦軸）を構成する．

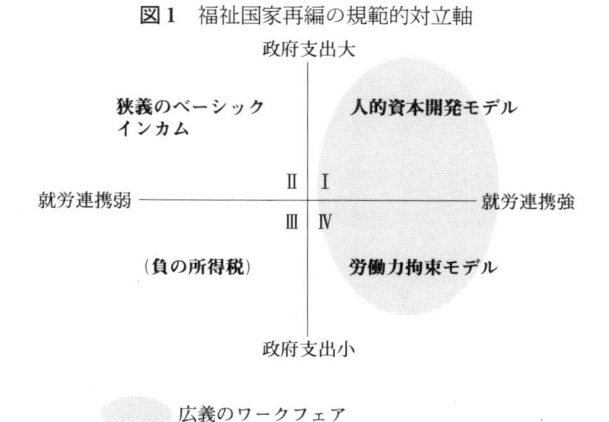

図1 福祉国家再編の規範的対立軸

```
                    政府支出大
                        │
   狭義のベーシック      │    人的資本開発モデル
      インカム           │
                    Ⅱ   │   Ⅰ
   就労連携弱 ─────────┼───────── 就労連携強
                    Ⅲ   │   Ⅳ
                        │
      （負の所得税）    │   労働力拘束モデル
                        │
                    政府支出小


            広義のワークフェア
```

上述のトリッキーの研究は，この軸について各国の配置を試み，デンマークを人的資本開発モデルの，アメリカを労働力拘束モデルの，それぞれの極に近いところに配置した上で，イギリス，オランダ，フランスを両者の中間に位置づけている（Trickey, 2001, p. 283）．本章ではデンマーク以上に人的資本開発モデルの性格が強いと思われるスウェーデンを採りあげた．トリッキーの研究は，前述のように，ワークフェアの諸領域のうち，第一の領域のみを取り扱っている．ここでは第二の領域に関して各国の積極的労働市場政策への支出（表1）を参考にするならば，この指標からも，やはりスウェーデン，アメリカが両極となり，イギリスやオランダが両者の中間に位置するという関係が浮き彫りになる．

　その一方で，こうしたワークフェアに生産主義を看取することは可能であるし，また「ニンジン（アメ）」的な手段を採るのであれ「ムチ」的な手段を採るのであれ，生産と福祉を連携させるための誘導をすすめようとすることは，ある種の管理主義にも通じる．このようなワークフェア批判はわが国における議論にも見られるものである．したがって，ワークフェアに対して逆に就労と福祉を徹底して切り離すことで対処しようとする立場が現れ，ここから第二の対立軸（横軸）が構成される．

　ワークフェア批判に基づくベーシックインカムの構想も，これを広くとらえるならば，労働市場の役割を相対化することを狙う無条件給付のタイプ（狭義のベーシックインカム）ばかりではなく，負の所得税のようなかたちをとって労働市場への動員効果にプライオリティを置くタイプも含まれる．ただしベーシックインカムに関しては，現実の事例はまだ現れてはいない．フランスのミッテラン政権のもとで導入された「参入最低限所得（RMI）」がベーシックインカム的な制度と言われたり，あるいはアイルランド政府が設置した調査委員会がベーシックインカムについての緑書をまとめていたりするが，実際の政策展開はまだこれからである．

　図1の四象限のうち，第二象限（負の所得税）と第三象限（労働力拘束モデル）は，制度的にも両立可能であり，また規範的にも市場志向という点では対立があるわけではない．ここには「新自由主義」的連携の余地がある．これに対して，第一象限（狭義のベーシックインカム）と第四象限（人的資本開発モ

第12章　就労・福祉・ワークフェア　　229

デル）は，政府責任を強調する点で旧来の区分で言えばともに左翼的であるが，共に大きな財源を必要とするがゆえに全面的な両立は困難であり，規範的にも，産業主義や勤労倫理への態度という点でははっきりと異なっている．両陣営の政治的連携には，ある種の困難が伴うであろう．

5.2　展開

現実の福祉政治においても，福祉改革の方向性をめぐってこうした対立軸が顕在化するケースが現れている．スウェーデンでは，既述のように，第二領域つまり積極的労働市場政策に加えて，第三領域つまり所得保障政策におけるワークフェアの徹底で中間層の支持を獲得することに重点が置かれてきた．すなわち，年金，医療，失業保険，あるいは育児休暇期間中の所得保障における所得比例の徹底である．ところが近年の労働市場の変容から，大きく二つの変化が生じた．一方において，経済成長のなかで中間層の所得が増大し，100万人以上が所得比例給付の算定上限を超えてしまい，結果としてワークフェアの統合力が減じた．他方では，安定した就労を確保できずにワークフェアの恩恵に与ることのできない層が増大している．

こうした事態に対して，社民党の主流は算定所得の上限を大きく引き上げることを目指す．これに対して緑の党や中央党は，ワークフェア型の所得保障制度の改革を提唱し，ベーシックインカムに近い主張を掲げている．2001年春の予算編成では，医療保険および育児休暇期間中の所得保障に関して，その算定所得上限の引き上げを主張する社民党とこれに反対し最低限保障の拡充を主張する緑の党が左派政権内部で対立し，結局，育児休暇期間中の所得保障（両親保険）のみ，上限を2万6,000クローナから3万クローナに引き上げることで妥協した．

スウェーデン労組連合（LO）で長い間社会政策を担当してきたリンドベリは次のように述べる．すなわち，「福祉政策はある重要な分岐点に立っている．一方の道は，基本保障（たぶん市民所得というかたちを採る）である．もう一方は所得保障であり，おそらくは拠出と給付をよりストレートに対応させるものとなる」と（Lindberg, 1999, p. 291）．リンドベリ自身は，ワークフェアがすくい上げることのできない低所得層の増大に危機感を抱きながらも，ベーシ

ックインカム的な基本保障への一本化は，中間層の所得水準を保障する私的保険の増大を招き，福祉の二重構造をうみだすと考える．したがって，既存の制度をベーシックインカム的な制度で補完することで，活路を見出そうとする．たとえば，オッフェのサバティカルアカウントに似た「教育アカウント」が提案されるが，これは教育期間中の所得と教育費の保障を行おうとするものである（Lindberg, 1999, pp. 299-303）．

実はスウェーデンでは，必ずしも教育目的に特化したものではないが，こうした方向への政策展開として，2002年から，フリーイヤー実験（Friår）が行われている．これは，イエテボリ，ルンドを含むスウェーデンの12の自治体が参加した新しい所得保障制度の実験で，様々な事情を抱えた申請者について1年を上限として所得比例型の失業手当の85%を給付する，というものである．その期間は，申請者が就いていた職には代替要員として失業者などが就業する．2005年まで続けられるこの実験には，3年間で1億5,900万クローナが投入され，約2,500人が給付を受けている．

この実験にきわめて積極的な緑の党は，1年目の評価のなかで，フリーイヤーが当事者の生活の質の改善に貢献したばかりか，傷病手当などの給付を抑制し，失業者の就労に道を開き，また企業にとっても労働コストの軽減や人材の発掘という点で利益をもたらしていることを強調している（Miljöpartiet de Gröna, 2003）．ここからは，ワークフェア型の政策とベーシックインカム型の政策がなんらかのかたちで共存していく可能性も見て取れる．

6 結びに代えて

福祉国家の再編をめぐる対抗は，ワークフェアとベーシックインカムの問題に還元できるものではもちろんない．しかし，同時にこの対立軸は，分権化，多元化，ジェンダー主流化等，他の問題領域に対する強い浸透力を持っている．

ワークフェア改革は，福祉と雇用を地域の状況に応じて密接に連動させる必要から，福祉国家の分権化を促している．「ナショナルに組織されたウェルフェア体制」が「ローカルに組織されたワークフェア体制」に道を譲りつつある，というペックの議論は，事実認識として誤っていない（Peck, 2001, p. 11）．そ

して,ワークフェアは,その執行上,自治体と民間の営利,非営利組織との間での緊密なネットワーク形成を求め,社会サービス供給体制の多元化をすすめる (OECD, 1999). これに対して,ベーシックインカムとくに参加所得の場合もまた,非営利組織の活動を支援する効果があるが,こちらの場合はより小規模のヴォランタリーな組織を押し上げるであろう (Beck, 2000).

ジェンダー主流化との関連も興味深い.ワークフェアは女性の就労を促し,労働市場のなかでのジェンダー平等を争点化していくであろう.その場合,どちらかと言えばそのジェンダー平等の基準を,男女がともにフルタイムの賃金稼得者として自立する方向に求めるであろう.フレーザーがジェンダー平等化戦略を分類したモデルに従えば,「普遍的稼得者モデル」という方向である (Fraser, 1997, pp. 51-5). これに対して,(狭義の) ベーシックインカムも,労働市場内部での家族賃金の解体をもたらす可能性があるが,基本的には労働市場の外での,アンペイドワークの社会的評価に資することになろう (Fitzpatrick, 1999, p. 175). こちらは,男女がともにアンペイドワークを担うという方向,すなわち「ケア活動の分担モデル」に繋がるであろう (Fraser, 1997, pp. 55-9).

したがって,ワークフェアをめぐる対抗は,分権化,多元化,ジェンダー主流化といった福祉国家再編をめぐる課題の拡がりと絡みつつ,同時に,政府と市場という伝統的な「左右」対立(図1の縦軸)をも再生産しながら展開していくであろう.

引用文献

Atkinson, A. B. (1995) *Incomes and the Welfare State: Essays on Britain and Europe*, Cambridge University Press.

Beck, U. (2000) *The Brave New World of Work*, Polity Press.

Clayton, R. and Pontusson, J. (1998) "Welfare-State Retrenchment Revisited: Entitlement Cuts, Public Sector Restructuring, and Inegalitarian Trends in Advanced Capitalist Societies", *World Politics* 51.

Esping-Andersen, G. (1999) *Social Foundations of Postindustrial Economies*, Oxford University Press (渡辺雅男・渡辺景子訳『ポスト工業社会の社会的基礎——市場・福祉国家・家族の政治経済学——』桜井書店, 2000 年).

Fraser, N. (1997) *Justice Interruptus: Critical Reflections on the "Postsocialist" Condtion*, Routlege.

Fitzpatrick, T. (1999) *Freedom and Security: An Introduction to the Basic Income Debate*, Macmillan.

Friedman, M. (1962) *Capitalism and Freedom*, University of Chicago Press (熊谷尚夫・西山千明, 白井高昌訳『資本主義と自由』マグロウヒル好学社, 1975年).

Freeman, R. B., Topel, R. and Swedenborg, B. (1997) "Introduction", in R. B. Freeman, R. Topel, and B. Swedenborg (eds.), *The Welfare State in Transition: Reforming the Swedish Model*, The University of Chicago Press.

Giddens, A. (1998) *The Third way : The Renewal of Social Democracy* Polity Press (佐和隆光訳『第三の道』日本経済新聞社).

Groot, L. and Van der Veen, R. (2000) "How Attractive is a Basic Income for European Welfare States?", in R. van der Veen, and L. Groot (eds.), *Basic Income on the Agenda: Policy Objectives and Political Chances*, Amsterdam University Press.

Haskins, R. and Blank, R. M. (2001) "Welfare Reform: An Agenda for Reauthorization" in R. M. Blank and R. Haskins, (eds.), *The New World of Welfare*, Brookings Institution Press.

Heclo, H. (2001) "The Politics of Welfare Reform", in R. M. Blank and R. Haskins, (eds.), *The New World of Welfare*, Brookings Institution Press.

Jessop, B. (1993) "Towards a Schmpeterian Workfare State?: Preliminary Remarks on Post-Fordist Political Economy", *Studies in Political Economy*, Vol. 40.

Larsen, J. E. (2001) "The Active Society and Activation Policy", *Paper presented at Conference: Social Policy, Marginalisation and Citizenship.* 2-4 November 2001, Aalborg University, Aalborg, Denmark.

Lindberg, I. (1999) *Välfäldens idéer: Globaliseringen, Elitismen och välfärdsstatens framtid*, Atlas.

Lynn, L. E. Jr. (1993) "Ending Welfare As We Know It", *The American Prospects*, Fall, 1993.

Lødemel, I. and Trickey, H. (2001) "A New Contract for Social Assistance," in I. Lødemel and H. Trickey, (eds.), *An Offer You Can't Refuse: Workfare in International Perspective*, The Policy Press.

Mitchke, J. (2000) "Arguing for Negative Income Tax in Germany", in R. van der Veen and L. Groot (eds.), *Basic Income on the Agenda: Policy Objectives and Political Chances*, Amsterdam University Press.

Miljöpartiet de Gröna (2003) *Friår: Ett år efter starten*, Miljöpartiet de Gröna.

OECD (1999) *The Local Dimensions of Welfare-to-Work : An International Survey*, OECD.

Offe, C. (1997) "Towards a New Equilibrium of Citizen's Rights and Economic Resources?", in OECD, *Societal Cohesion and the Globalising Economy: What*

第12章 就労・福祉・ワークフェア　　　233

does the Future Hold?, OECD.
―――. (1992) "A Non-Productivist Design for Social Policies", in P. Van Parijs (ed.), *Arguing for Basic Income : Ethical Foundations for a Radical Reform*, Verso.
Peck, J. (2001) *Workfare States*, The Guilford Press.
Rosanvallon, P. (2000) *The New Social Question : Rethinking the Welfare State*, Princeton University Press.
Schweber, H. (1999) "Teaching Work : Vocational Education, Workforce Preparation, and the Future of Welfare Reform", in C. J. E. Hansan and R. Morris (eds.), *Welfare Reform, 1996-2000 : Is There a Safety Net?* Auburn House.
Trickey, H. (2001) "Comparing Workfare Programmes : Features and Implications" in I. Lødemel, and H. Trickey, (eds.), *An Offer You Can't Refuse : Workfare in International Perspective*, The Policy Press.
Van Parijs, F. (2000) "Basic Income : A Simple and Powerful Idea for the 21st Century", in http://www.etes.ucl.ac.be/BIEN/BerlinCongress/Berlin2000_papers/VAN_PARIJS.doc
埋橋孝文（1997）『現代福祉国家の国際比較――日本モデルの位置づけと展望――』日本評論社.
小沢修司（2002）『福祉社会と社会保障改革――ベーシック・インカム構想の新地平――』高菅出版.
金大中（2002）（田内基訳）『生産的福祉への道』毎日新聞社.
斎藤純一（2001）「社会の分断とセキュリティの再編」（『思想』2001年第6号）.
塩野谷祐一（2002）『経済と倫理――福祉国家の哲学――』東京大学出版会.
神野直彦（2002）『人間回復の経済学』岩波新書.
宮本太郎（1999）『福祉国家という戦略――スウェーデンモデルの政治経済学――』法律文化社.
―――（2000）「スウェーデンにおける雇用政策の分権化――「自由選択社会」への新構想――」『都市問題』第91巻第5号.
―――（2002）「社会民主主義の転換とワークフェア改革」日本政治学会編『三つのデモクラシー――自由民主主義・社会民主主義・キリスト教民主主義――』岩波書店.

第 13 章　福祉国家とケアの倫理

——正義の彼方へ——

今田高俊

1　福祉国家への敵意

第二次世界大戦後に推進された，ケインズ的完全雇用政策とベバリッジ的社会保障制度を柱とした福祉国家の見直しが急である．その論点は以下のごとくである．経済成長を梃子にして推進されてきた福祉国家の構築は，人口構造の高齢化と経済の減速によって大きな財政的負担を強いられており，このまま放置すれば，国家の財政破綻はまぬかれない．また，社会保障の整備を含む手厚い福祉サービスの供給は，人々の依存体質やただ乗り意識を高め，みずからの責任でリスク回避する能力を低下させてしまう．これは「良き生」の向上をめざす福祉の理念に逆行するものである．さらに，こうした状況が続けば，経済社会の活力が損なわれ，結果的に福祉国家の挫折をもたらすことになる．必要なことは，水膨れした福祉サービスを見直して，自己責任にもとづいた自助の原理を拡大することである．

1970 年代に進んだ大衆民主主義化の流れと福祉国家の充実は「大きな政府」をもたらし，公助への依存体質の高まりにより財政赤字を膨らませた．1980 年代に入るとこれが深刻な問題となり，「政府の失敗」と位置づけられるようになった．こうして，米国のレーガン大統領，イギリスのサッチャー首相，日本の中曾根首相らにより，「小さな政府」を掲げる新保守主義がその影響力を増していった．規制緩和や民営化路線が声高に叫ばれ，肥大化した福祉の縮小が話題にされた．

1990 年代に隆盛となった，市場原理主義をスローガンに掲げる新自由主義（ネオリベラリズム）は，新保守主義の延長線上にあり，競争原理によって規制緩和や民営化および福祉への公共支出の削減を徹底しようとする．その特徴は，新保守主義が抱えるイデオロギー的側面，すなわち社会の規律を回復し，古き良き家族やコミュ

ニティの復活をはかるべきだとする旧秩序へのノスタルジーを払拭したことにある．新自由主義が規制緩和と民営化を特徴とするのは，新保守主義と変わらないが，教育や健康保険などの福祉サービスへの公共支出を削減し，環境保護や年金問題や労働現場での安全対策など，企業の利益低下につながる可能性のあるものについても，政府による規制を緩和すべきだとする．

　新自由主義の際立った特徴は，公益および公共の概念に代えて「自己責任」を強調する点にある．そこには，市場原理を導入して福祉を切りつめる意図がある．福祉国家は市民社会の秩序を破壊しており，個人の自律的活動を原動力とする市場こそが社会に福利をもたらすとする．新自由主義の真骨頂は「福祉国家への敵意」にあり，市場主導の経済成長こそが福祉の原点だとすることにある．しかし，自己責任という美名のもとに，さまざまなリスクを個人へ転嫁することは，社会的弱者に医療・教育・社会保障を自分でどうにかせよと圧力をかけることであり，そうできない場合は自業自得とみなすことである．世界の人々のうち新自由主義からの利益を享受するのは少数であり，大多数は「痛み」に耐えるだけの生活が待っている．

　手厚い福祉による財政赤字という「政府の失敗」を市場によって肩代わりすることは，再び「市場の失敗」による困難を招くことになりかねない．さらに市場経済のグローバル化は，少数の勝ち組と多くの負け組を世界的な水準で生み出す可能性が高い．弱肉強食型の競争原理を掲げる市場主義は，公共性の問題を競争の公正さと敗者のためのセーフティネット（安全網）に矮小化することに注意が必要である——もっともセーフティネットの提唱は新自由主義からのものに限定されないが．公共財の配分や公益サービスの提供など，市場メカニズムによって処理できない外部（不）経済の問題を安易に棚上げすることは，「市場の失敗」に対して見て見ぬ振りをすることである．それは公益性ひいては公的福祉を閉ざす力学を容認することである．公益性を欠いた社会運営は，人々から連帯と共生の観念を奪い取り，殺伐とした人間関係を強いることを忘れてはならない．

2 新しい福祉国家像の模索

こうした趨勢に対して，新たな福祉国家像を提供したのが，イギリスのブレア労働党政権による「第三の道」であった．その特徴は，再分配の福祉からリスク管理の福祉への転換にある．「第三の道」の理論的支柱を提供したアンソニー・ギデンズは，新自由主義でもなく旧来の社会民主主義でもない政治経済体制として，福祉国家に代わる「社会投資国家」という概念を提示し，これにもとづいた「積極的福祉」を唱える．

新たな福祉レジームを構想するギデンズは「個人ならびに非政府組織が，富を創造するポジティブ・ウェルフェアの主役」であるとし，経済的給付や優遇措置ばかりに依存しない福祉を構想する．「資金ではなくリスクを共同管理しようというのが福祉国家である．」[1] そして従来の福祉国家は，技術進歩や単身世帯の増加等に起因する新しいリスクにはまったく無力であるとし，リスク回避に焦点をあてるのではなく，リスクを積極的に引き受けてこれを共同管理することが必要だとする．いわく，「有効な（個人または集団の）リスク管理は，リスクを最小限にしたり，リスクへの自己防衛を意味するだけではない．リスクのポジティブでダイナミックな側面を活用すること，リスクの引き受け手に対して報奨金を供与すること等を，リスク管理の一環と心得るべきである．」[2] そして，とくにベバリッジが掲げた消極的な福祉の対象を積極的なそれに置き換えるべきであるとする．すなわち，不足を自主性に，病気を健康に，無知を教育に，惨めを幸せに，怠惰をイニシアティブに．その指針となるのが，可能な限り人的資本に投資する「社会投資国家」構想である．

社会投資国家の特徴は，(1)企業家イニシアティブの支援体制を通じた雇用創出，(2)生涯教育プログラムの充実と自己開発のための投資の誘導，(3)公共事業への私企業の参加，(4)教育の標準化と年金のポータブル化による人のポータビリティ（移動可能性）の向上，(5)家族に優しい職場づくり（チャイルドケア，育児，在宅勤務，長期休暇等）による仕事と家庭の両立支援，(6)市民社会の復活をはかるボランティア活動やNPO・NGOなど社会奉仕活動の積極的推進にある[3]．要するに，福祉を弱者救済として位置づけるのではなく，それ以上に個々人がリスクに能動的に挑戦するための能力や機会の開発として捉えようと

いうものである．このプログラムは，市場経済と社会的連帯，個人主義と共同体主義，効率と公正の対立を克服し，能動的な市民社会を構築することをねらったものである．

　こうした発想は社会民主主義の新自由主義への歩み寄りをあらわす．しかし，福祉国家の再建のためには，経済社会評価の主要な価値理念である「効率」と「公正」をどのように調停ないし乗り越えるのかの原理を解明する必要があろう．というのも，福祉（厚生）については，「パレート最適」（効率）か「分配における正義」（公正）か，をめぐる深刻な議論が存在するからである．「第三の道」が旧来の再分配へのこだわりを超えるのだとしたら，これらに代わる論理の提示が不可欠である．「第三の道」に示された新しい福祉国家の具体的処方箋が，社会民主主義と新自由主義の折衷案ないし妥協案であるとの印象を拭えないのは，「効率」と「公正（正義）」をどう止揚するかの考察を欠くためである．より具体的には，「市場」を通じた自助と，国の「社会保障」による公助とをどう調停するかの問題である．

　また「第三の道」では，市民社会の再生を担うものとして，共同体（コミュニティ）を重視している．1970年代以降，大衆民主主義の浸透と福祉国家の充実により個人主義化が顕著に進み，個人と社会を媒介する中間集団が弱体化した．個人主義化が進んで他者に依存しなくても生きていけるようにするには，手厚い福祉サービスが必要であり，また福祉サービスの充実はますます個人主義化を加速するという循環構造ができあがる．その過程で中間集団の機能喪失が進む．これでは能動的な市民社会が衰退する．かくして「第三の道」では，ボランティアやNPOなど第三セクターによる公的領域の保全，コミュニティを基盤とした犯罪防止など地域主導の生活共同体の再生が強調される．この問題は1980年代に民主主義の政治哲学をめぐって展開された，自由主義（リベラリズム）と共同体主義（コミュニタリアニズム）の論争における，「正義」対「共通善」の問題とかかわらざるをえない．この点にかんして，ギデンズは親共同体主義の立場をとっているが，自由主義の「正義」と共同体主義の「共通善」は対立しあっており，安易に同盟を結べない状況である．

　要するに「第三の道」は，福祉にかんして効率・公正（正義）・共通善という三つ巴の争点に深入りせずに，三者同盟を結んでいることである．これは安

易な妥協にすぎない，とする批判は可能である．しかし，この書物が社会民主主義の現実的な政治路線のために書かれたものであること，および1980年代以降の福祉国家にかんする主要な争点を背負っていること，の二点において意義のある問題提起だったといえる．しかし，この問題提起の理論的吟味は開かれたままである．

3 正義論と福祉国家

　資本主義的市場経済の弱みはすべての価値が「効率」に従属することにある．そこからさまざまな不公正（市場の失敗）が生み出され，これを是正するために，政府が社会的正義のもとに，医療・年金・介護など福祉充足のための資源配分を試みてきた．

　1970年代以降の福祉国家に理念的基礎づけを与えたのは，社会契約論の立場にある自由主義者，ジョン・ロールズによる「公正としての正義」である[4]．とりわけ，自己がもっとも不利な立場に立たされることを恐れて，不遇な人が有利になる分配を誰もが承認せざるをえないとする「格差原理」である．彼は社会が公正な仕組みを保持するためには，(1)基本的自由の平等な保障，(2)公正な機会均等の保障，(3)社会的・経済的な財の公正な分配，の三条件が必要であるとする．これらのうち，(1)は「平等な自由原理」としてもっとも優先されるべきものである．(2)の「公正な機会均等の原理」は，不平等が許容されるのは，公正な機会均等の条件のもとで，すべての人に開かれた職務や地位にともなって発生したものでなければならないことをあらわす．そして(3)が「格差原理」である．福祉による再分配は，持てる者からそうでない者への財の移転をともなうが，これが許されるのは，もっとも不遇な立場にある人々にとって有利になる場合に限られること，をこの原理は要請している．こうして，不遇な人々の待遇を改善する福祉に正統性が与えられたのであった．

　ロールズが考える具体的な再分配の対象は，自由，権利，機会，所得，富などの社会的基本財であるが，格差原理はこれらが才能の偶然の偏りによって不平等な状態にあることを矯正する論理である．またこの原理は，「平等な自由原理」と「公正な機会均等の原理」によって万人に社会参加が保障されること

で,「自尊心の維持」にも貢献できるとする.従来の福祉国家は,福祉を救済的で消極的なセーフティネットと位置づけてきたため,福祉を受ける者の自尊心について配慮を欠く難点を有していた.正義の原理は市民が平等な条件のもとで相互の敬意を持って社会参加することを保障するから,市民の政治的・社会的な自立を脅かすことなく,不遇な人々への有利な処遇を正当化するという.

1970年代以降,ロールズによる正義論を背景に,政府による社会経済的不平等の是正が進められ,福祉国家の充実がはかられた.しかしながら,これにより政府セクターが肥大化し,社会保障費が増大して財政の悪化を招く結果となった.また,救済的な社会保障の矛盾としての「モラル・ハザード」(倫理の欠如)や「モラル・ディレンマ」も解消されることがなかった.前者は社会保障制度に便乗して必要以上にサービスを受け取ろうとする精神的態度をあらわし,後者は他者から救済を受ける弱者として烙印される(尊厳を傷つけられる)心理状態をあらわす.これらは社会保障にともなう「道徳的矛盾」であり,残念ながらロールズ的正義によっては払拭できていない.

3.1 財から潜在能力へ——共感とコミットメント

アマルティア・センは,自律的で合理的な個人を前提とした自由主義に依拠して公的判断(社会的決定)ひいては公共の福祉を導くことは不可能であるとするリベラル・パラドクス(自由主義とパレート原理との両立不可能性)を証明し,財の再分配にとらわれるロールズの自由主義的正義論は正当化されないと批判する.そして効用や財の概念に代えて,「潜在能力」(capability)アプローチを提唱する.彼は,人の福祉は財や効用で測ることができず,財と効用のあいだにある「生き方」の機能(functioning)が重要であることに着目し,これを「潜在能力」と呼んで,その平等を福祉の原点に据えるのである.潜在能力とは各人の生き方の幅(選択の機会集合)を指し,これがどの程度確保されているかで福祉が評価できるとする.また,自由主義における正義の概念は,ロールズのように抽象的で普遍的な原理から導出されるべきではなく,個別で具体的な不正義を明るみに出し,その除去に努めることに求められるべきであるとする[5].

人の福祉は財貨やサービスの多寡だけでは測定できない,というのがポイン

トである．平等な所得を得ていても，障害者は健常者と同じようには活動できない．格差原理では基本財の保有量で不平等が測定されるため，障害者には適切な配慮を払うことができない．正義の原理は自律的で標準化された個人を想定しているため，処遇の改善が一律であり，性の違い・年齢の違い・健康状態の違い・労働条件の違いなど，人が置かれた立場に配慮した処遇が無視されてしまう．ロールズの正義論は，人間存在の多様性を犠牲にして，正義の普遍的なルールを構築した点で高く評価されるが，個別の事情を背負った人々の福祉を考える際には有効でない．これに対し，センは人間存在の多様性に配慮した平等を考えようとする点で，自由主義の正義論に生身の人間が持つ温かな生命を吹き込むものである．

　センは基本的には自由主義に依拠しているが，その立場は微妙である．というのも，彼は伝統的な経済学に対し，「単一の万能の選好順序の後光を背負った合理的な愚か者（rational fool）に占領され続けてきた」と痛烈な批判を浴びせ，その代替案として「共感」と「コミットメント」を備えた人間像を提出しているからである[6]．川本隆史によれば，この共感とコミットメントは，従来の経済学が仮定してきた「選好と選択（さらには厚生）の同一視の上に成り立つ『ホモ・エコノミクス』のモデルを根底から揺さぶるもの」であり，狭隘な「合理性」概念を克服するためにきわめて重要な視点である[7]．共感とは他者への関心が自分の効用に影響を及ぼすことをあらわす．たとえば，他人が虐待されていたり，危険にさらされていることを知って心を痛める（自己の効用が減少する）ことがこれにあたる．この共感にもとづいた行動は単純な利他主義を意味するのではなく，私的な効用が他人への関心によって左右されることをあらわすという点で，自己主義の範疇にある．また，コミットメントは，他人が虐待されたり危険にさらされていることを知って，これらに援助の手を差し伸べる用意があることを示す．

　共感を通じたコミットメントの議論は重要である．しかし，このことは自由主義が依拠する個人主義と合理性から距離をとることを意味しよう．というのも，コミットメント（関与）は原則として他者指向を前提とするからであり，「階級やコミュニティのような媒介集団（中間集団）が，コミットメントを含む多くの行為の焦点を提供している」ことを認めることになるからである[8]．

この論点は，1980年代に，自由主義と共同体主義とのあいだで闘わされた論争に関係する．

3.2 多元的正義と複合的平等——「負荷なき自我」への挑戦

共同性の価値を重視する共同体主義が台頭した原因は，家族や地域社会の崩壊および公共精神の弱体化が進んだことへの危機意識にある．その直接的原因は個人主義の高まりにあるが，その背景要因として自由主義による福祉国家の推進が否定できない．これらにより国家が肥大化してその権限が強化され，公共心を持たず社会に対して受動的で無関心な個人が増えたために，個人と社会を媒介し社会連帯と他者への配慮を培う中間集団（共同体）の崩壊が進んで，薬物使用，少年非行，家庭内暴力，幼児虐待など深刻な病理現象が産み出されることとなった．その反動として共同体主義が登場したのである．

共同体主義の主張はかいつまんでいえば次のようである．個人はみずからの意図とは関係なくある家族に生まれ，地域社会のなかで育ち，社会へと参加してゆく．各個人は，自由主義のように抽象的自由意志や排他的個人権を持った個人ではなく，つねに具体的で特定の文化的・歴史的文脈に埋め込まれた存在である．とくにその場として，共同体（家族や学校を含む）が重要であり，成員に共有された善（共通善）が人々の紐帯をもたらし，徳も共同体の伝統や慣行のなかで育成される．

共同体主義の代表的論客であるマイケル・サンデルは，人間は共同体から遊離した原子論的個人という「負荷なき自我」ではありえず，他者との関係のなかで自我や友情を育む「状況づけられた自我」であることを強調する．いわく，

> 私の人生の物語は，私の自己同一性が導き出される，そのような共同体——家族であれ都市であれ，種族であれ国民であれ，党派であれ大儀であれ——の物語のなかにつねに埋め込まれている．共同体主義的な見解では，このような物語によって，たんに心理学的相違ではなく，道徳的相違がもたらされる．その物語によって，われわれはこの世界に状況づけられ，われわれの生活に道徳的な固有性が与えられる[9]．

第 13 章　福祉国家とケアの倫理　　　　243

　共同体主義が自由主義を批判する構えは，おおむねこのサンデルの表現に集約される[10]．しかし，文化と歴史に埋め込まれた個人という発想は，社会学では常識に属する見解である．政治哲学でこれほど争点となったのは別の理由からである．それは「分配的正義の本質と射程」をめぐる問題である．なかでも，自由主義の正義論に真正面から挑んで展開したマイケル・ウォルツァーの「複合的平等」論は，議論が嚙みあわず不毛になりがちなリベラル－コミュニタリアン論争における実りある成果のひとつである．

　ウォルツァーは「社会的財」と「複合的平等」の視点から正義の多元性を強調する．その基盤となるのが，文化と歴史によって意味付与がなされた地域共同社会の財と平等についての考え方である．彼によれば，「無知のヴェール」に覆われた合理的な個人であれば，ロールズが述べるように，必要な財についての普遍的な平等原理を選択するかもしれないが，「この公式は，ひとたび人々が彼らがだれでありどこにいるかを知った場合，人々はどのような選択を行うのか，行うべきなのかを決める助けにはあまりならない．稀少で良い資源・財源，とらえどころがなく広範囲にわたる要求(ニード)が競合している，特定の，文化の世界では，普遍的に適用可能な単一の公式は存在しないであろう」とする[11]．そもそも社会的財は各政治共同体のメンバーによる意味理解から成り立っており，それらは地域的で個別的である．そこを無視して，一律に財とその配分を議論しても現実味がない．事実，これまでの歴史において，社会的財すべての配分が管理されるような「単一の決定場所」や，「単一の意思決定機関」があったわけではない．「社会的財は社会的な意味をもち，私たちはそれらの意味の解釈を通して配分的正義への道を見いだす．それぞれの配分的領域の内部にある原理を私たちは探す」のである[12]．配分的正義がかかわる財はすべて社会的財であり，財の動きを決定するのは財の意味であり，その意味は人々のアイデンティティを反映し歴史的に変化する．財はそれぞれ別個の意味を帯びているから，各財の配分は意味の違いに応じて互いに自律していなければならない．

　具体的に述べてみよう．文化的・歴史的に意味付与される社会的財とは，組織や団体や国家などへの成員資格(メンバーシップ)，安全と福祉，貨幣と商品，公職，辛い仕事，自由時間，教育，親族関係と愛情，承認，政治的権力などである．ウォルツァ

ーはこれらの財の配分的正義は多元的であり，各配分の平等性が他のそれに従属してはならないという．従属した場合には，特定の財（の配分）による専制と支配が生じるからである．「複合的平等とは，一つの領分に立つ市民，あるいは一つの社会的財にかかわっている市民は，他の領分に立ち，他の財にかかわることで，地位が低下させられることはない」ことを意味する[13]．金にものをいわせて愛情を牛耳ったり，国籍の違いによって安全と福祉を差別したり，あるいは学歴にものをいわせて承認を得たり，さらには公職や政治的権力によってクラブ会員の資格を得たりなどが許されてはならないことである．単一の正義を求めることは，特定の財による専制を招く危険性があり，平等な民主社会の構築にとって望ましくない．貨幣の専制は金権政治の温床である．売春は貨幣による愛の専制である．政治権力は富と拮抗力を保ち，愛は富から自立しなければならない．非集権的な社会民主主義者を自任するウォルツァーは，複合的平等社会のデザインを次のように描く．

　少なくとも部分的には地域のそして素人の公職者によって運営されている力強い福祉国家．制限を課せられている市場．公開された非神秘的な公務員制度．自律した公立学校．辛い仕事と自由時間の共有．宗教生活と家族生活の保護．身分的，階級的配慮から自由な，公的名誉と公的不名誉の体系．労働者による会社と工場の管理．政党，運動，集会，公共的討論の政治[14]．

　ウォルツァーによれば，福祉と安全の給付は，共同体による，必要への「関心の喚起」と「必要の承認」と「成員資格の平等」にもとづくべきであるという[15]．問題は必要に応じて分配することがどのようにして許容されるかである．そこには先に述べた福祉国家の「道徳的矛盾」の問題が潜んでいる．共同体による安全や福祉の給付は，私的な施しとは区別されるべきものである．私的な慈善は，一方で給付を受ける者の依存性を高め，「服従，受け身，卑下」を生み出すとともに，他方で給付者の「尊大さ」を生み出す．共同的給付が成員資格を尊重するには，こうした堕落は克服されねばならない．しかし，私的な施しを単に公共的な分配に置き換えただけでは，それは実現しない．にもか

かわらず，必要なものであれば給付せざるをえない．もちろん救済するだけでは自立は生まれない．卑下と尊大という古い構造が生きのびる．社会復帰や，再訓練，仕事の創出など自活のための計画が必要になる．「しかし，これはまた集中化された計画立案と行政化を必要とし，計画立案者と行政官の介入を招く．どんな共同的用意の計画も多様な形の地域的自助と自発的な結合の余地を残しておくことが大切である．目的は共同的な活動(コミュナル・アクティヴ)への参加，成員資格の具体的な実現である．」[16]

この点が，複合的平等をめざす政治共同体のポイントである．複合的平等は慈善や愛他的行動にともなって生じる矛盾した構造（「卑下」対「尊大」）を除去する視点を提供する．福祉サービスの提供には官僚制は避けられないが，専門の世話人と無力な被保護者という二元論は，ボランティアやNPOや地域コミュニティの人々による仲介がなければ，民主主義の危険を招く可能性がある．「福祉がふつう必要(ニード)の領域において貨幣の優越の克服をめざすように，福祉そして安全への市民の積極的な参加は，貨幣の優越がそのまま政治権力の優越によってとってかわられるのではないことをはっきりさせようとする」ものである[17]．

多くの共同体論者が，ロールズのいう「無知のヴェール」に覆われた合理的・自律的個人を批判して，《共通善の虚構》に埋め込まれた道徳的個人を対峙させるのに対し，ウォルツァーはあくまで正義と平等を問題にし，それゆえ自由主義の懐に入り込んで，共同体論的視点からそれらの脱構築を試みている点で説得的である．彼の議論には，生活世界における少数派や弱者の目線にあわせた正義や平等の在り方がリアルに伝わってくる[18]．

3.3 正義の彼方へ

さて，ロールズの正義論の意義を認めながらも，これに対して痛烈な批判を展開し，その代替案を提出したセンとウォルツァーの議論は，福祉国家の在り方について貴重な視点を提供する．それは，潜在能力や複合的平等のアプローチの背景にある人間観である．

センが財や効用に着目するだけでは不十分であり，これらの中間に位置する潜在能力の重要性を主張するのは，福祉は一律にローラーでならして財の再分

配をはかるのではなく，人それぞれの生き方や都合にあわせておこなわねば意味がないこと，言い換えれば福祉は個々人の状況にあわせた「テーラーメイド」でなければならないからである．このためには，共感にもとづいた「コミットメント」が人間行動の基礎にあることを前提にせねばならない．このコミットメントは，自分ではない他の具体的な対象に，何らかの《関心》を持って《関与》することである．関心を持って関与することが，他者性へ向かうことの基本である．格差原理は，わが身を省みて，もっとも不利な立場に置かれた人にもっとも有利になるような判断を下すことであるから，他者への配慮が含まれるとする議論が可能である．しかし，こうした他者性は，「負荷なき自我」が勝手に自分の頭のなかに描いた他者でしかない．そこには他者への具体的な関与がない．わが身を案じるがための仮想的な他者でしかない．

　ウォルツァーが主張する，多元的な正義にもとづく複合的平等は，他者への卑下や従属を引き起こさない福祉の給付の在り方として重要である．専門の世話人と無力な被保護者という図式が残る限り，福祉はかえって民主主義を蝕むことになる．福祉に含まれる贈与や利他的な側面が「卑下－尊大図式」に陥らないためには，貨幣（経済的な施し）や政治的権力（お上としての公）の優越を克服することが必要であり，そのためにはボランティアや地域の支持者などからなる中間集団の関与と仲介が不可欠である．したがって，彼が強調するのはいわゆる従来の意味での閉じた「共同体」ではない．救済する人とされる人，世話人と被保護者といった「支配－従属」関係に陥らないための媒介機能を果たす，共同的な介助である．援助を必要としている個人は無力である．その無力さを，卑下の心や依存心に転換するのではなく，力強く生きるための支援の仕組みを共同性に求めることである．

　共同体主義の福祉国家像は，福祉サービスの提供を国家による再分配に委託する（公助）のではなく，また市場原理に委ねる（自助）のでもなく，共同体のなかでの支えあい（互助・共助）に求めることにある．それは単に，自己責任による自助やお上による公助を否定することではない．富める者・強者の優越を排して，貧しき者・弱者がみずからの生き方に誇りを持てる救済を模索することにある．

　ロールズ的自由主義における「正義の倫理」は，正義を貫くという表現があ

るように，自律的で強い意志を持った普遍主義的な強者の倫理である．そして，これまでの社会保障は，強者の善意によって弱者を救済する戦略として正当化されてきた．しかし，センの見解によれば，それは「合理的な愚か者」に成り下がる危険性を孕む．他者に関心を寄せ関与することが社会を成り立たせる原点であり，他者の置かれた立場に配慮した合理性を考える必要がある．これまでの自由主義に欠けているのは他者配慮的な合理性である．

ロールズの正義論は，同じ陣営のセンからおよび共同体主義のウォルツァーからの批判にあって，骨抜きになった観がある．しかし，普遍主義的な正義の原理による平等の確保と福祉の提供は，人間の多様性とはかかわりなく必要なサービスを分配するには不可欠である．とくに財の不平等が有無をいわせないほどの社会問題となっている場合には有効であろう．しかし，生き方が問題になり，自己の尊厳が関与してくる場合には話が変わってくる．良き生とは何か，より良く生きるとは何かが問題になる場面では，「正（正義）の善に対する優越」などとはいっていられない．福祉国家が「正しく良き生」の実現をめざすには，正義の倫理と補完しあうもうひとつの倫理の導入が不可欠である．

以下では正義の倫理に対しケアの倫理の重要性を論じることにしよう．私見では，ケアの倫理こそは，センやウォルツァーが指摘した問題に答えるもっとも有力な倫理である．それはケアが他者への関心と関与と応答を示す基本原理だからであり，しかも人間社会を成り立たせる原点だからである．

4　ケア論の射程

「効率」と「正義」の理念に頼るだけでは，福祉国家の存続を正当化できない状態にある．良き生とは何か，善き社会とは何か，という根本的なところから考え直さなければ，福祉国家の再建はありえない．

先に述べたように，自由主義はセンが提起したリベラル・パラドクスによりその限界が指摘された．自由主義は「公正としての正義」の原理によって自由至上主義(リバタリアニズム)による市場原理主義の欠陥を補い，社会保障を基礎づけてきた．しかし，それは「無知のヴェール」の仮定により他者性を消去しているため，リベラル・パラドクスを根本的に脱する試みにはならない．リベラル・パラド

クスが現実の社会関係において生じるのは，各人の自由の尊重がしばしば他者の自由に干渉してこれを損なうからである．数土直紀によれば，このパラドクスの本質は，「自由主義原理とパレート原理を同時に満足する社会的決定関数が論理的に存在しない」ことにあるというよりも，社会的決定が前提にしている「『自由である』ことが他者を媒介にして自己否定されることにある」と理解すべきであるとし，自由の意味を深く掘り下げる必要があるとする[19]．この意味では，各人の自由な選択がなんら干渉しあうことのない「原初状態」から導出されたロールズ的正義は，パラドクスを真に解決したことにはならない．これに対し，センは福祉を考察するに際して，個人の選択の背後に，他者の境遇に共感を抱き，関与をおこなう資質を想定している点で，他者性を意識しており，より現実的である．その背景には，障害者や開発途上国などが置かれた立場への配慮という「弱者の視点」が存在する．しかし，彼の潜在能力がリベラル・パラドクスの脱出とどういう関係にあるのか，セン自身議論していないし，はっきりしない．

　私は自由主義の立場からこのパラドクスを脱出することはできないと思う．また，あえてそうする必要はないと考える．パラドクスから脱するためには，別の論理からアプローチすべきである．といって，それを共同体主義に求めることもしない．というのも，多くの共同体主義者が持ち出す「共通善」は「無知のヴェール」と同様に虚構だと考えるからであり，また共同体の眠りに就いた個人を想定することになるからである．現代は，その良し悪しは別にして，個人主義化が大衆的規模で進んでおり，《共通善の虚構》に包まれた個人を想定するのは，「無知のヴェール」と同じように非現実的である．そこでの個人は他者性が濃厚すぎる．求められることは，共同体レベルではなく，ミクロな行為レベルでの他者性の導入である．

　正義の倫理の限界を補強するには，権利と正義を振りかざす強者の倫理ではなく，他者の置かれた立場に目線をあわせる人間像と倫理が必要である[20]．とくに弱者の立場にみずからの視線をあわせ，そこから福祉や社会保障を発想することが求められる．このことは単に弱者を哀れむことや救済することではない．たとえば，みずからを障害者や要介護老人や女性の位置に置き換え，そこから何が自己実現であり望ましい生き方であるのかを発想してみることであ

る.「第三の道」に示されているように,福祉を能力開発と自己実現機会の創出に求める「積極的福祉」の試みに,私も賛成である.けれども,こうした福祉国家の再建は,ともすれば生活が安定した中産階級向けのものになりがちである.また,リスクを積極的に引き受けてこれを共同管理する「社会投資国家」の指針が,可能な限り人的資本形成に投資することであるならば,新古典派経済学の「人的資本論」と変わらなくなってしまう.

　上記の視点を考慮した福祉国家の論理のためには「ケアの倫理」の整備が不可欠である,と私は考える.そうすることで「正義の倫理」と「ケアの倫理」の補完性を樹立し,正義論の限界を乗り越えることである[21].ケアの倫理については,かつてキャロル・ギリガンが『もうひとつの声』で,正義の倫理とケアの倫理を男性と女性との対比で問題提起して論争を呼んだが,ケアの倫理はジェンダーに固有のものではなく,人間本性にかかわる普遍的な問題である.ケアの倫理からジェンダー・バイアスを取り除くことで,正義とならぶ倫理的基準として位置づけ直すことが重要である.とくに,福祉や社会保障を考える上でそうである.

4.1　もうひとつの声

　ギリガンによれば,これまで人間の道徳意識の発達について,男性モデルが支配してきたという.このため,正義の倫理が道徳的な成熟を示す指標と考えられ,女性に特有な(?)ケアの倫理は道徳的に未成熟で劣るものと位置づけられてきた.というのも,思いやり,気づかい,配慮といったケアは,文脈依存的であるため何が正しいことであるかの判断を鈍らせ,意思決定における優柔不断や不透明さを引き起こす原因となるからである.これに対し,彼女は,それは男性中心の発想に汚染されたものでしかなく,ケアはそれなりのしっかりした道徳的基準となりうるものであり,両者の統合によって,人間として十分な成熟が果たされるとする.

　ケアの倫理がいかに不当に扱われてきたかを理解するには,ローレンス・コールバーグが道徳性の発達段階の違いを解明するために試みた面接報告が有効である[22].それは「ハインツのジレンマ」という道徳的ジレンマを与えてこれの解決を求めたもので,11歳になる二人の男女——ジェイクとエイミー

——が被験者である．状況設定はこうである．ハインツという名の男が，自分では買う余裕のない高価な薬を，病気の妻の命を救うために盗むべきか否か，という問題である．

　面接では，ハインツの窮状，妻の病気の重さ，薬局の値下げの拒否を説明した後，「ハインツはその薬を盗むべきか」と質問される．男性のジェイクは「盗むべきだ」と答えた．薬局にある「財産」（薬）と人間の「生命」のあいだの価値について，後者「生命」の方が「論理的な優越性」を持つと判断したからである．ジェイクは「道徳的ジレンマの解決にたいして演繹的な論理をくわえたり，道徳と法律を識別したり，法律がいかにまちがい得るかということを考えられる」能力を持っており，何が正しいことか（正義）を法律に優先させる判断力を備えている[23]．これに対し，エイミーは「ハインツは薬を盗むべきでない」と答えた．その理由を尋ねられた際，彼女は責任を回避するような，しかも自信なげな答え方をする．ハインツは薬を盗むべきでないが，妻を死なせてもいけない．薬を盗めば捕まって監獄に入ることになるから，それを知った妻は気を病んでますます病気が重くなるかもしれない．だから，人に事情を話して，薬を買うお金を工面する別の方法を見つけるべきだと述べる．エイミーはジレンマのなかに数学的な論理の問題ではなく，人間関係の物語を見ている．彼女の世界は，「人間関係と心理的な真実の世界であって，それは人びとのつながりを知ることが，おたがいにたいする責任の認識や，おたがいに応答しあう必要性の知覚をひき起こすような世界」である[24]．そこにはケアの倫理の中核をなす洞察が含まれる，とギリガンはいう．要するに，ジェイクはハインツのジレンマを論理的演繹によって解決できる「生命」と「財産」の葛藤として受け止めているのに対し，エイミーは人間関係に焦点をあて，適切に手当しなければそれが破綻するという問題として受け止めているのである．

　ハインツのジレンマに対するジェイクとエイミーの対照的な反応は，自由主義と共同体主義の主張に類似する．ロールズが「無知のヴェール」の状況下にある個人から正義の論理を導いたのに対し，サンデルやウォルツァーは共同体の歴史や文化に埋め込まれた個人と共通善を問題にしたように．また，ジェイクは世界を自立した個人と規則からなるものとみなす点で自由主義に，エイミーは世界を人間関係のネットワークからなるとみなす点で共同体主義に類似す

る．男性中心の道徳発達モデルでは，「正義のケアに対する優越」が前提にされるが，これも自由主義における「正（義）の善に対する優越」と対応しよう．

このようにいうと，正義とケアのあいだの問題は，結局，リベラル−コミュニタリアン論争の不毛さを引き継ぐのではないか，という疑念が生じるかもしれない．しかし，そうではない．むしろ，その不毛さを別角度からの有意義な議論に置き換えることが可能になる，と私は考える．というのも，ここで提起された正義とケアの問題は個人の行為レベルにかかわる問題であり，しかも登場する個人は，自由主義のように「無知のヴェール」に覆われていないし，共同体主義のように《共通善の虚構》に埋め込まれてもおらず，より現実的だからである．問題は，ケアの倫理が正義の倫理と肩を並べる程度にきちんと定式化できるか，および両者が別個のものではなく補完関係にあることを論証できるかにかかっている．

ギリガンは正義の倫理と同様にケアの倫理にも明確な発達段階があるとする．このモデルを構築したことが彼女の最大の功績である．このために採用した研究戦略は，子どもの中絶決定にかんするカウンセリングである．15歳から33歳までの異なる人種・社会階層出身の女性29人が，このカウンセリングに参加した．カウンセリングの際の聞き取り資料をもとに，ギリガンは三段階（これらとは別に二つの移行段階がある）のモデルを構築している．最初の段階では，彼女たちは自己の「生存を確保」することにだけ関心を向け，「自己へのケア」を示すことに焦点があてられる．しかし，移行段階では，こうした判断は「自己中心的」であると反省するようになり，自己と他者との関係の新たな理解である「責任」への志向を持つようになる．そして責任感を，他人に依存して生きている者や，不平等な扱いを受けている者への思いやりに結びつけるようになる．そして第二段階では，人を世話（ケア）する「自己犠牲」としての善が主要関心となる．しかし，他人と自分を不平等に扱うことの不合理さに直面して，世話（ケア）と自己犠牲が混同されている状況を整理する必要に迫られる．そこで，第三段階への移行期には，自分が持っている現実の欲求に正面から向きあうようになり，最終段階では，一方的なケアではなく，自己と他者の相互依存性にもとづいたケアの倫理を発達させる．かくして，ケアの倫理が伝統的な女性の美徳に止まるのではなく，ケアと責任の捉え直しによって，

「誰も傷つけられるべきでない」という，普遍的な非暴力の道徳的基準に到達する．

要するに，ケア倫理の発達は，自己中心的な「自己へのケア」に反省的な目が向けられることで「責任」の意識が生まれ「自己犠牲としてのケア」があらわれるが，その矛盾から再び自己へまなざしが向けられて，自分も傷つけられるべきでないという自覚に達し，自己と他者の相互性にもとづいた「ケアの倫理」に到達することを示している．ギリガンは，正義の倫理とケアの倫理がともに普遍的な道徳的基準を持つことを次のように述べる．正義が「平等」を普遍的原則とするのに対し，ケアは「非暴力」（誰も傷つけられるべきでない）を普遍的原則とすることである．いわく，

> 正義の倫理が平等の前提——すべての人間は同じようにとりあつかわれるべきであるということ——から出発する一方，ケアの倫理は，非暴力の前提——何人も傷つけられるべきではないということ——にもとづいている．成熟の表象のなかで，両方の見解が収斂して，明らかになったことがある．それは，不平等が，同等でない関係にある者たちにたいして不利にはたらくように，暴力は，関係者すべてに破壊的にはたらくというものである[25]．

さらに，ギリガンは正義（公正）とケアにかかわる道徳の概念を次のように整理する．正義の道徳問題が発生するのは「諸権利」が競合関係にある場合であるのに対し，ケアのそれは「諸責任」が葛藤関係にある場合である．それぞれの解決は，正義が形式的・抽象的な考え方にもとづくのに対し，ケアは前後関係を考えた物語的思考にもとづく．また，各道徳の発達基準は正義が権利や規則の理解であるのに対し，ケアは責任と人間関係の理解である．正義では自立し他者から分離した個人が重視されるのに対し，ケアでは人間関係と結びつきが重視される．こうした対比のなかでもっとも重要なことは，正義が権利とペアになり，ケアが責任とペアになっていることである．ここに正義とケアの関連を考える場を設定できる．

権利と責任は民主主義の根幹にかかわる問題である．自由主義の正義は自由

や平等の権利を強調するが、責任については明確な理論的位置づけがなされていない。というのも、自由主義は他人の権利を尊重することで、自身の安全および達成の権利を他者から守るという意味での不干渉主義に注目するが、他人に対する責任については消極的である。権利に対しては義務がともなうことでお茶を濁している嫌いがある。また、自由な振る舞いに対する責任が議論されることがあっても、それは「他者への責任」ではなく「自己責任」である。であるからこそ、他者への応答を欠いた自己の権利主張がはびこる結果となる。これに対し、ケアは責任を強調することで自己を見失ってしまうリスクを背負っている。成熟したケアの倫理を獲得するには、自己犠牲的な責任に終始する状況を乗り越えなければならない。こうした状況を克服して自他相互性の視点を確保したケアに至るためには、自己の欲求と真正面に向きあってそれを引き受けること——それをギリガンは「自己への責任」と呼ぶが——、すなわち権利を自覚しみずからに取り込むことが不可欠である。「責任の言語は人間関係に関して網目のようなイメージをもたらして、平等という考え方をすればたちまち瓦解してしまう階層的秩序にとって代わる。ちょうどこれと同じように、権利の言語は、ケアのネットワークのなかに、他者のみならず、自己をも含めることが重要であることを強調する。」[26]

　これだけでは正義とケアを統合したとはいい難いが、少なくとも正義とケアの双方を取り込む橋頭堡は築かれたというべきだろう。センが潜在能力アプローチを提唱し、共感とコミットメントの重要性を指摘したことは、「だれもが、他人から応えてもらえ、仲間としてみなされて、だれひとりとり残されたり傷つけられたりしてはならない——という見方」としてのケア倫理に呼応する[27]。ケアはまずなによりも他者への《関心》を重視し、必要ならば他者へ《関与》することを前提とする。他者への関与がおこなわれる場合には、他者の反応に応答する責任が発生する。かかわっておきながら無関心を決め込むわけにはいかない。応答的（responsive）になることは責任（responsibility）を引き受けることである。また、ウォルツァーのいう多元的な正義にもとづく複合的平等は、弱者の立場にある人が他者への卑下や従属を引き起こすことなく、みずからの権利を主張できる原理である。それは「何人も傷つけられてはならない」というケアの道徳律を制度レベルで保障するものであろう。そこに

は，正義を語りながら，ケアの倫理が組み込まれている．

4.2 ケアをかたちに

　自由主義が掲げる正義の倫理の難点は，それが抽象的で普遍主義的であって，人間存在の多様性に配慮した福祉を提供できないことにある．これに対し，共同体主義の共通善はあまりにも濃厚な他者性を前提にしているため，人間存在の自由を尊重した福祉を見失う恐れがある．

　私は拙著『意味の文明学序説』で，来るべき社会の編成原理として，《ケアとエンパワーメントを通じた相互実現としての支援原理》を指摘し，これにより「私」を活かしつつ「公」を開く公共性の再構築を試みた[28]．ケアはその際の戦略的な概念であり，ケアが社会編成の原点となることを強調した．ケアは自己実現や人生における活力の源泉であり，この活力を獲得するという点では，自己中心的ないし利己的な権利意識が存在する．しかし，ケア力を発揮するには，他者へ開かれていること，および他者をエンパワーすることが求められる点で，他者中心的ないし利他的である．このようにケアは利己的と利他的という二元論を超えた概念であり，自己犠牲に陥ることなく他者に開かれた，それゆえ「公」を開く契機を持つ．したがって，ケアは私的個人を活かしつつ多様な福祉を考察する上での最重要概念である．ケアの発想を欠いた社会は，人間関係を貧しくし，殺伐とした弱肉強食の社会を帰結する．ケアという考えに含まれる他者との共生を基礎にした福祉国家が不可欠である．

　ケアという言葉は，配慮や介護の他に，世話，看護，介助，あるいは気づかいなどと訳されている．ここで考えるケアは，これらを含んでより一般的な人間関係のあり方を示すものである．また，日本でしばしばいわれる，他人への気配りや気がねと無関係ではないが，これらとは別ものである．

　ケアの原型は親子関係に見られる．親は子の世話をし，子どもが育つことを，見返りを期待しないでおこなうが，ケアすることで親は喜びを感じる．親子関係のほかに，ボランティア活動や人材の育成もケアが前提になる．このように，ケアは人と人をつなぐ原点であり，他者をケアすることで，人は生きている実感を獲得する．人間は他者をケアすることで，自己実現ないし自己の存在確認を得る動物なのである．また，ケアは人間が真に他者に開かれた存在になるた

第13章　福祉国家とケアの倫理　　　255

めに不可欠な条件である．自分自身であるためには，ケアされる他者や対象を必要とする．学生は教師を必要とするが，教師も自己実現のためにケアする学生を必要とする．子どものいない夫婦にとって，ケアの対象となるペット動物を必要とする場合が多い．ケアする対象をまったく持たない状態は，人生における最大の苦痛である．

　ケア学を構想している広井良典によれば，人間とは「ケアする動物」である．「人間はケアへの欲求というものをもっており，また，他者とのケアのかかわりを通じて，ケアする人自身がある力を得たり，自分という存在の確認をしたりする．」[29] 人が遺伝子プログラムに組み込まれた以上の行動様式を発達させるのは，コミュニケーションがあるからで，ケアはコミュニケーションによる応答的関係をもたらす要因である．このように社会性はケアを基礎としてはじめて生まれる．また，ミルトン・メイヤロフによれば，ケアするとは，その対象（人格であったり，アイディアであったり，さらには作品であったりする）が持つ「存在の権利ゆえに，かけがえのない価値を持っていると深く感じる」ことを前提とし，対象が成長したり，自己実現することを助けることである[30]．ケアの対象にそれが持つ「存在の権利」を認めることは，自分の欲求を満たすために，他人を利用することとは大きく異なる．ケアにおいては他者の存在が第一義的に重要である．

　エリク・エリクソンによれば，ケアは成人期に獲得される生きる力，徳を備えた力（virtue）である．このケア力が適切に獲得できないと，人は無力感および人生の停滞感に陥る．ケアとは，「愛や，必然や，偶然によって生みだされてきたものへの，広がっていく関心であり，それは不可逆的な義務に付着した心の葛藤を克服する」力である[31]．ケアは，人のためというよりは，自分の人生が停滞感に陥らないために獲得すべき力なのである．

　私は人間には《ケア衝動》が存在すると考える．他人や子どもが川に落ちたり自動車道に倒れて生死の危機に瀕しているとき，前後を省みずとっさに助ける行動を起こしたり，助けなければという観念がよぎるのは，ケア衝動のあらわれである．しかし，これまでこの衝動はなおざりにされてきた．成果ばかりを追い求める競争社会によって，素直にケア衝動を発揮できない仕組みになっている．人間にとって競争は不可欠だが，ケアを排除する競争社会は人間の存

在を貧しくし，生きる意味を奪いかねない．ジグムント・フロイトは，人間にケア衝動があることを見逃した．彼は，人間を突き動かす衝動として，また文化を含めた人間活動の源泉として，性衝動と攻撃衝動を指摘したに止まる．それは彼の理論が「大人」の「男性」をもとに作られたからである．「子ども」や「女性」の視点を加えると，ケア衝動も必要になるはずである．フロイトの理論は，家父長主義的な資本社会を基礎づけるといわれるが，まさにケアなき弱肉強食の社会像を提供する．

家族はケア衝動を満たす中心的な場だが，子どもの頃からこれを満たす訓練や学習がなされなかったり，過度なストレスによってこれが抑圧されたりすると，ケア衝動が攻撃衝動に転化する．親の幼児虐待や配偶者に対する暴力は抑圧されたケア衝動の歪んだ発現であって，単なる攻撃衝動のあらわれとはいえないだろう．暴力を振るう親や夫はケア衝動を適切に満たすことができないことへの苛立ちからそうするのであり，暴力により相手が極端に虐げられてはじめてケア衝動が素直に湧いてくるのである．実際，家庭内暴力の場合には，暴力を振るった後にケアの手を差し伸べるケースが多い．ケア衝動が素直に発揮できる社会づくりができていないことが，昨今の，家庭内暴力や幼児虐待や異常な少年犯罪などの原因である．そのためには教育のあり方を見直す必要がある．

ネル・ノディングスによれば教育の第一目標は，自分および自分に触れあう他者に対するケアリングを維持し，高めることにある[32]．知性を教え込むことは教育の最優先課題ではない．もちろん，教育機関が知性を訓練するという責任を放棄する必要はないが，知性を育む一方で，ケアリングを危険にさらす課題を課すことは本末転倒である．生徒へのケアなき教育は，知識を「教える」ことはできても，生徒を「育む」ことはできない．教えると育むがともに揃ってはじめて，教育である．しかし現状では，学校は知性の訓練を優先課題とし，ケアしケアされるという人間の基本目標が二の次にされている．

ケア力を獲得するためには，学校の構造改革が不可欠である．ノディングスによれば，ケアリングにとって重要な課題は，「対話」と「練習」と「奨励」の三つである．学校は生徒が関心を示すことがらすべて（性，愛，恐怖，希望，憎悪等）について開かれた議論がなされる場でなければならない．教育のすべ

ての局面で，互いに語りあい，傾聴しあい，応答しあえるような触れあいの場を設けることが重要である．また，ケア力を身につけるための職業活動や奉仕活動への参加を促進する必要がある．それには，年齢による学年区分を再考したり，教科の題材を人間経験の全範囲に拡張したりする必要がある．さらに，教師と生徒に対して，ケアしケアされる人の到達可能なイメージを明示することにより，ケアリングの動機づけを鼓舞することが求められる．これらのためには，親や他の大人を頻繁に教室に迎え入れること，熟練教師による若輩教師へのケアの練習機会の提供，管理的・訓練的な技能の見直し，そしてケアリングの視点からの法や秩序の再吟味が必要である．

近代社会は家族や共同体が担っていたケアを，社会保障制度として外部化してきた．教育をはじめ医療，福祉などはその典型である．家族や共同体が担っていた「ケア力」が社会に外部化され，「職業としてのケア」が成立した．しかし，ケアが職業化される過程で，他者への「かかわり」や「つながり」，不安や弱さに対する配慮などが切り捨てられてきた．教育は知性の習得のための「監獄」となり，教師による生徒たちの「規律訓練」の場となった．このため，ケアしケアされる営みの重要性が脇に退けられてしまった．また，医療は専門化した医学による治療（cure）となり，精神的な苦痛や不安を和らげる世話（care）から離れてしまった．ケアなき治療，ケアなき専門化は，人の不安や心配を取り除かない．医者に対する看護婦の意義が正当に評価されていないことも大いに問題である．

これらのことは，ケアが専門職業となりしかも社会保障として行政管理の対象とされて，人が生きる意味の問題を二の次にしたことに原因がある．個人主義化が進んだ社会で，他者にかかわらなくても生きていくには，ケアの職業化や制度化は不可欠であるが，それが市場効率や行政管理に従属したのでは，ケアの意義が歪められてしまう．これまで人間のケア衝動が抑圧されてきたのである．ケアほんらいの在り方を基礎とした教育，医療，福祉の再構築はいうにおよばず，分散しアトム（原子）化した個人を再び結びつける新たな社会原理として，ケアを位置づけ直す必要があるだろう．そのためには，福祉の在り方を，個人の自己責任としての「自助」か，それとも国の給付による「公助」か，といった二分法で捉える発想を考え直す必要がある．個人はアトムとして国や

社会と向きあって生きているのではなく,家族や地域コミュニティや諸団体などさまざまな中間集団を媒介にして社会とつながっている.問題は,従来の福祉国家がこの中間集団の果たす機能を低下させたことである.自助と公助の中間形態である,互助ないし共助(共同的な扶助)が損なわれてしまった.福祉国家の再建には,自助(市場)・互助(共同体)・公助(国家)のバランスを取り戻す必要がある.

互助というと,生活互助会という伝統主義的で保守的なイメージがつきまとう.しかし,人は他者との交わりのなかでしか生きていけないから,相互の支えあい,助けあいは重要であり,これを新たなかたちに生かしなおすことが重要である.希望が持てるのは,この十数年,ボランティア団体,非営利団体,非政府組織が急速に増えていることである.これらは市場でもなく政府でもない立場から,ケアを積極的に発揮しようとする中間集団であり,新たなかたちの互助システムとして期待できる.これらが福祉国家の再建に果たす役割を前向きに検討すべきだろう.

またケアの仕組みを制度化するには,市場を利用することも必要である.アジアの最貧国であるバングラデシュで福祉のために作られた,マイクロ・クレジットのグラミン銀行はその典型である.市場は効率的な利益追求を目的としており,福祉のためにあるのではない.しかし,ムハマド・ユヌスは市場を福祉システムに組み替えた.ケアを市場化したのではなく,市場をケア化したのである.バングラデシュは世界で最貧国のひとつに数えられている.毎年のように,洪水や飢饉に見舞われ,貧困が慢性化した国である.グラミン銀行は貧困層の主婦向けに,無担保で小口の融資をする銀行である.貧困ゆえに教育を受けられず,仕事に就く機会に恵まれない女性に自立する道を開くために設立された.わずかな資金を元手にビジネスを始めて,貧困を克服する効果があらわれている.また,ふつうの銀行では考えられないほどの融資の回収率(99%)を実現している.2000年には,融資先はおよそ240万人に達し,バングラデシュ最大の銀行に成長したほどである.利益追求を主たる目的としない企業組織がこれだけ成長しているのは,ODA支援も無視できないが,驚異的なことである.その成功の裏には,村人たちが連帯して返済を保証する仕組みがある.担保は財産ではなく村人たちの連帯である.信用を貨幣でなく人々の

第13章　福祉国家とケアの倫理　　　259

連帯と相互の支えあいに求めたところに，この銀行の最大の特徴がある．まさにケアの制度化による福祉システムの構築である．

　ケアすることが喜びであり，生きていく上での力となることが大きな課題である．現在，人々は弱肉強食の競争原理に翻弄されて，ケア力が萎えてしまいかねない状況にある．共生社会を作り上げるには，ケア力を前提にした競争社会の仕組みを考えるほかない．救済的なケアに偏する市場主義では連帯と共生を柱とする福祉国家は再建できない．社会をケアの倫理と弱者の視点から再構成することが，新しい福祉国家像を提供することになるだろう．

注

1) Giddens, Anthony, 1998, *The Third Way: The Renewal of Social Democracy*, Cambridge: Polity Press.（佐和隆光訳，1999，『第三の道——効率と公正の新たな同盟』日本経済新聞社.）訳 194-6 頁.
2) *Ibid.*, 訳 195 頁.
3) *Ibid.*, 訳 207-13 頁.
4) Rawls, John, 1972, *A Theory of Justice*, Oxford: Clarendon Press.（矢島鈞次監訳，1979，『正義論』紀伊國屋書店.）ここで自由主義と新自由主義の違いに言及しておくことは重要である．新自由主義が政府の機能縮小と効率重視の市場主義を称揚するのに対し，それゆえ国家の役割はもっぱら個人の自由と生命と財産の保護および国防に止めるべき（夜警国家）だとする自由至上主義（リバタリアニズム）に近いのに対し，現代の自由主義は公正や平等や福祉を重視する改革指向を持つ．
5) 潜在能力をはじめとしてセンの研究について体系的に論じた書物として，鈴村興太郎・後藤玲子，2001，『アマルティア・セン——経済学と倫理学』実教出版，が参考になる．
6) Sen, Amartya K., 1982, *Choice, Welfare and Measurement*, Oxford: Basil Blackwell.（大庭健・川本隆史訳，1989，『合理的な愚か者——経済学＝倫理学的探究』抄訳，勁草書房.）訳 146 頁．共感とコミットメントの議論については，訳 133-59 頁を参照.
7) 川本隆史，1995，『現代倫理学の冒険——社会理論のネットワーキングへ』創文社，83 頁.
8) Sen, *op. cit.*, 訳 158 頁.
9) Sandel, Michael J., 1982, 1998 2nd. ed., *Liberalism and The Limits of Justice*, New York: Cambridge University Press.（菊池理夫訳，1992，『自由主義と正義の限界』第 2 版，三嶺書房.）訳 20 頁.
10) たとえば，アラスデア・マッキンタイアは述べる，「私は誰かの息子か娘であり，別の誰かの従兄弟か叔父である．私はこのあるいはあの都市の市民であり，特定のギルド，職業団体の一員である．私はこの一族，あの部族，この民族に属している．

したがって，私にとって善いことは，これらの役割を生きている者にとっての善であるはずだ．そういう者として私は，私の家族，私の都市，私の部族，私の民族の過去から，負債と遺産，正当な期待と責務をいろいろ相続しているのである．」MacIntyre, Alasdair C., 1981, 1984 2nd. ed., *After Virtue : A Study in Moral Theory*, Notre Dame, Ind.: University of Notre Dame Press. (篠崎榮訳，1993,『美徳なき時代』第2版，みすず書房．) 訳270頁．なお，共同体主義については，すぐ後で取り上げるマイケル・ウォルツァーのほか，チャールズ・テイラー，ロバート・ベラー，アミタイ・エツィオーニなどがその代表としてあげられるが，共同体主義の思想的整理が本章の目的ではないので，関連する議論に限定し，本章では彼らの議論には関与しない．

11) Walzer, Michael, 1983, *Spheres of Justice : A Defense of Pluralism and Equality*, New York : Basic Books. (山口晃訳, 1999,『正義の領分——多元性と平等の擁護』而立書房．) 訳131頁．
12) *Ibid*., 訳43-4頁．
13) *Ibid*., 訳44頁．
14) *Ibid*., 訳478頁．
15) *Ibid*., 訳137頁．
16) *Ibid*., 訳149-50頁．
17) *Ibid*., 訳152頁．
18) ウォルツァーの立場について，彼はコミュニタリアンではない，あるいは左派コミュニタリアンであると論評されたり，さらには本人自身が共和主義ないし共和主義的リベラルと名乗ったりして，彼の位置づけについてあれこれと取り沙汰されるが，ここではこうした議論には関与しない．端的に，どのような主張をしているかが問題である．少なくとも，彼の議論には，従来の自由主義にはない共同体主義の発想が組み込まれていることが重要である．
19) 数土直紀，2001,『理解できない他者と理解されない自己——寛容の社会理論』勁草書房，79頁．
20) ロールズとセンの試みに依拠して福祉国家の新たな在り方を模索する後藤玲子は，自由主義の立場から「ポジション配慮的かつ普遍的な公共的判断」の可能性を試みている．彼女によれば，従来の経済学では，あまりにも単層的な個人の選考構造が前提にされてきたため，私的関心と公共的判断とのあいだの溝が埋まらないとして，「多層的な個人評価の枠組み」の必要性を説く．そのために，私的選好のほかに，障害の有無やジェンダーや年齢など，個人的問題に帰することのできないカテゴリーとしての「ポジション」に配慮した判断を重視している．後藤玲子，2002,「〈合理的な愚か者〉を越えて——選好構造の多層化」佐々木毅・金泰昌編『21世紀公共哲学の地平』東京大学出版会，165-93頁．なお，後藤玲子，2002,『正義の経済哲学——ロールズとセン』東洋経済新報社，も参考になる．
21) 川本隆史は，正義の倫理とケアの倫理の統合という視点から，現代倫理学の課題を論じており示唆に富む．川本隆史，1995,『現代倫理学の冒険——社会理論の

ネットワーキングへ』創文社, 第5章参照. また, 経済と倫理の再婚をはかり, 危機に瀕した福祉国家の哲学的再建をめざす塩野谷祐一は,「効率」と「正義」を乗り越える (補強する) 視点として, ギリシア倫理学の伝統における「徳」の概念から「卓越」(excellence or perfection) をキーワードとして抽出し,「効率」と「正義」と「卓越」の三点セットによって倫理学の体系化をおこなうとともに, 包括的な福祉国家像の提示を試みている. 塩野谷祐一, 2002,『経済と倫理——福祉国家の哲学』東京大学出版会. しかし, 福祉国家は人間の「卓越的存在」をめざすという主張よりも, 本章が対象とする「ケア」の倫理の方が福祉国家の再建には重要ではないか. もっとも, 塩野谷のいう卓越とはエリート主義的なそれではないが. この書物をめぐる私と塩野谷との論争, 今田高俊, 2003,「福祉国家の再建——塩野谷祐一『経済と倫理——福祉国家の哲学』に寄せて」UP, No. 363, 22-9頁; 塩野谷祐一, 2003,「『福祉国家の再建』について——今田高俊氏の書評に答える」UP, No. 364, 30-4頁, を参照.

22) コールバーグの道徳性の発達にかんする議論については, 下記を参照.
Lawrence Kohlberg, 1981, *The Philosophy of Moral Development*, San Francisco: Harper and Row.
23) Gilligan, Carol, 1982, *In a Different Voice: Psychological Theory and Women's Development*, Cambridge, Mass.: Harvard University Press. (生田久美子・並木美智子訳〈岩男寿美子監訳〉, 1986,『もうひとつの声——男女の道徳観のちがいと女性のアイデンティティ』川島書店.) 訳44頁. なお, 翻訳書の「です・ます調」は「である調」に変えてある. 以下同様.
24) *Ibid.*, 訳49頁.
25) *Ibid.*, 訳305頁. なお, 訳文ではケアを「心くばり」と訳している.
26) *Ibid.*, 訳304頁.
27) *Ibid.*, 訳109頁.
28) 今田高俊, 2001,『意味の文明学序説——その先の近代』東京大学出版会, 第5章「公共性の脱構築——ケアと支援の社会編成」を参照.
29) 広井良典, 2000,『ケア学——越境するケアへ』医学書院, 16頁. 広井はケア学を中心に, 社会保障や経済の在り方を意欲的に展開している.
30) Mayeroff, Milton, 1971, *On caring*, New York: Harper & Row. (田村真・向野宣之訳, 1987,『ケアの本質——生きることの意味』ゆみる出版.) 訳20頁.
31) Erikson, Erik H., 1964, *Insight and Responsibility: Lectures on the Ethical Implications of Psychoanalytic Insight*, New York: W. W. Norton, p. 131.
32) Noddings, Nel, 1984, *Caring, A Feminine Approach to Ethics & Moral Education*, Berkeley: University of California Press. (立山善康ほか訳, 1997,『ケアリング——倫理と道徳の教育: 女性の観点から』晃洋書房.) 訳266頁.

第14章 正義とケア[1]——ポジション配慮的〈公共的ルール〉の構築に向けて——

後藤玲子

1 はじめに

〈正義〉は人と人との関係性に目を向け,「等しいものを等しく,異なるものを異なるものとして扱う」ルール(公共的ルール)の構築を,〈ケア〉は個人そのものに目を向け,本人のライフ・ヒストリーの文脈で個人をまるごと捉えることを要請する.通常,これら二つは相反する要請として理解されている.本章の目的は,公共的ルールの構築において,正義の視点とケアの視点が切り結ぶパースペクティブの可能性と意義を検討することにある.異なる社会的ポジションやカテゴリーに属する人々の個別的状況を理解するとともに,それらを不偏的(impartial)に秤量し,適正に重みづける(weighing)ような公共的ルールを構築することは,はたして可能なのだろうか.ただし,ここでいう公共的ルールとは,公共政策に関連する様々な実践のあり方を規定するルールであり,個々の実践的行為に先立って取りうる行為の範囲を予め制約する力をもったルールである[2].本章は,異なる属性をもつ個々人の声なき声を聞き,彼らの証言や告発の中から普遍的な人間的意味を汲み上げる作業,それをポジション配慮的な公共的ルールの構築へと結びつける作業について,その可能性を探るものである.

1.1 考察の前提

現代民主主義社会においては,諸個人の私的目的やライフコースが多様化しているのみならず,システムの望ましさを評価し設計する際の基準や価値判断もまたきわめて多様化している.はじめに,現代民主主義社会に見られる次のような3つの多元性に注目しよう[3].
①目的の多元性:異なる複数の目的をもつ個人と集合体(ポジション・カテゴ

リー,組織・団体,地域共同体,社会,万民の社会)が存在する.
②規範や道徳の多元性：異なる複数の規範や道徳判断が存在する.
③自我の多層性：各個人は,異なる複数の集団やカテゴリーに属し,異なる複数の規範理論に直面することによって,異なる複数の目的と異なる複数の道徳判断を併せもつ.

　これらの多元性を前提するとき,公共政策の課題は次のようにまとめられる.
1) 資源分配システムのあり方（経済メカニズム）
①多元的な目的,規範的判断をもつ集合体（個人,集団,組織）に対して,（たとえおせっかいだとしても）共通に保障すべき善・財（以下ではそれを公共善と呼ぼう）があるとしたら,そのリストをどのように確定するか.それらが複数あるとしたら,それらをどのように重み付けしたらよいか[4].
②公共善（関連する諸財の生産・配分）を保障するにあたって,メンバーの間にどのような権利・義務関係（便益・負担関係）を形成したらよいか.
2) 集合的な意思決定手続きのあり方（政治メカニズム）
　1)の①,②の問題に関する〈社会の判断〉をどのような手続きで決定したらよいか.各集合体の相対立する判断をいかにまとめ上げて,〈社会の判断〉を導出するか.社会を構成する各集合体の自律的な決定は尊重されなければならないとしても,集合体相互の自律的な関係を維持するためには,また,各集合体に所属するメンバーを集合体自身の圧力から保護するためには,それを保証する高次ルールが必要となるだろう.それは異なる複数の集合体から構成される上位集合体（たとえば,異なる国家の集まりである国際社会,異なる組織・集団・個人の集まりである国家,異なる宗派から構成される宗教団体,異なる個人から構成される共同体など）に対して,共通に適用される最小限の基本的ルールに他ならない.はたして,それはどのような性質を備えたものだろうか.それは,各々の集合体が独自に有する内的原理とどのような関係性をもつのだろうか.

1.2　問題関心

　留意すべきは,公共善の配分（経済）システムおよびその決定（政治）システムに関する判断は,かならずしもメンバーの私的利益と整合的であるとは限

らない点である[5]. ある種の公共善は, 特定のポジションあるいは社会的カテゴリーに属する人々に対してのみ価値をもつ可能性がある. たとえば, 福祉サービスの本質は, 能力に応じた拠出と必要に応じた給付を基本とし, 必要性のあるすべての個人に対して共通の品質を提供すること (拠出や給付あるいは両者の対応関係の相違に応じて品質が差別されないこと) にある[6]. それは, 個々人の相対的な欲求 (需要 (demand)) を, 当事者間の目的最大化行動の均衡結果として実現する市場とは異なり, 人々に共通に保障すべき善の種類と品質を, それぞれの社会的文脈において, 人々の公共的合意のもとに特定化することを要請する[7].

このような文脈で重要となるのは, 公共善の配分 (経済) システムおよびその決定 (政治) システムに関して形成される〈社会の判断〉の性質であり, それを支える個々人の公共的判断それ自体の性質である. 結論的には, 本研究は, 社会の公共的判断に関して, 各集合体に属するすべてのメンバーが一定のかたちで, 一定の条件のもとで自律的かつ理性的に承認しうるような判断であることを要請する (手続き的な要請)[8]. そして, そのためには, 公共的判断の内容が正義の観点とケアの観点を併せもつものであることを要請する (実質的な要請). だがはたして, そのような〈社会の判断〉は構成可能なのだろうか. 可能だとしたら, それはどのようなかたちと条件において, 可能となるのだろうか.

2 本研究のアプローチ

2.1 モデル・ビルディングとしての経済学

経済学にはモデル・ビルディングの伝統がある. たとえば, 近代経済学の中心には自己の利益の最大化を動機として行動する合理的個人と, そのような個人の間でもたらされる自発的な均衡を尊重するような経済メカニズム (市場) を整合的に捉える理論モデルがある. そこで想定される合理的個人とは, かならずしも現実の個人を——たとえば心理学的な——事実として記述するものではない. あくまで市場という経済メカニズムを滞りなく動かすために必要な (そして十分な) 性質として考えられている. ここでは経済学のモデル・ビル

ディングの伝統を取り入れながらも，その具体的な中身を，公共善に関する資源分配メカニズムおよびそのあり方を定める政治メカニズムを捉えるモデルへと拡大したい．その中心的アイディアは次のように記述される．

いま，現実に諸個人の生活に浸透し，諸個人の習慣やハビットを規定している制度を〈事実的〉制度，諸個人が習慣や慣習を越えて理念的に構想する規範やルールの集合を〈理念的〉制度と呼ぼう．〈事実的〉制度の形成と浸透は，諸個人が現有する私的利益や関心によって説明可能である．諸個人は，現実の制度を所与としその制約のもとで，私的目的を追求しながら諸活動に従事し，相互依存的に一定の帰結をもたらすと考えられる．それに対して，〈理念的〉制度は，諸個人の私的利益を相対化する理性的・公共的活動によって構想される．諸個人は，〈事実的〉制度の形成と浸透，そしてそのもとで展開される個々人の多様な活動を見据えながら，歴史的に存在する既存の理念的規範や法を再解釈し，あるべき理念的規範や法を発見する活動に従事する．そのような活動を通じて，〈理念的〉制度はときに〈事実的〉制度とコンフリクトを引き起こしながらも，〈事実的〉制度としてひとびとの間に浸透し，諸個人の習慣やハビットを規定していく（概念図参照）．

このようなモデル・ビルディングの手法は決して，個人の存在や意識が現実の制度を超越することを仮定するものではない．〈現実的〉制度が個人の存在や意識を深く規定することは容易に観察される事実である．だがそのような事

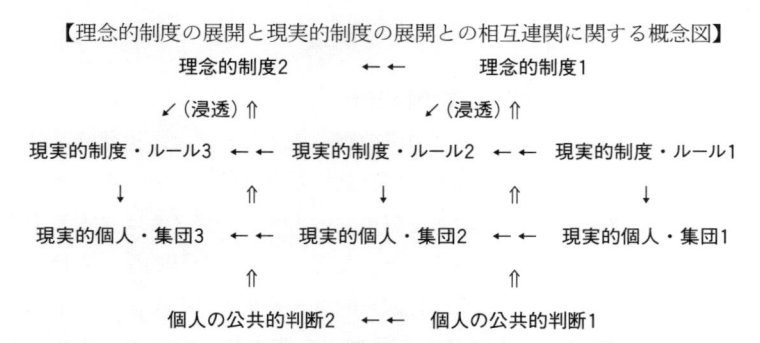

【理念的制度の展開と現実的制度の展開との相互連関に関する概念図】

```
            理念的制度2        ←←        理念的制度1
           ↙(浸透)⇑                    ↙(浸透)⇑
現実的制度・ルール3 ←← 現実的制度・ルール2 ←← 現実的制度・ルール1
      ↓           ⇑           ↓           ⇑           ↓
現実的個人・集団3  ←←  現実的個人・集団2  ←←  現実的個人・集団1
                    ⇑                        ⇑
            個人の公共的判断2  ←←  個人の公共的判断1
```

（ただし，⇑は個人の判断が集約される理念的な政治プロセスを表し，←は制度の歴史的・自主的変化を表す）

実は,〈現実的〉制度によって規定されている自己や他者を反省的に理解し,〈理念的〉制度を構想する個人の営みを否定するものではない.また,個々人のそのような営みがいつの日か〈現実的〉制度を変容させていく可能性を否定するものでもない.本研究は後者の側面に注目するものである.

2.2 個人の選好の多層性への着目

従来,経済学では個人の選好は単層的な枠組みで扱われてきた.選択可能な対象を望ましさの観点から比較評価し序列化するという意味では,消費行動のベースとなる選好も,政治活動のベースとなる選好も変わるところがないからである.ケネス・アローの社会的選択理論も基本的にはそのような枠組みのもとで構成されている.アローは,あらゆる任意の選択肢ペアに対する評価(二項関係)が,一人の個人のなかで整合的な順序となる状態をもって個人の(合理的)選好と理解し,その内的な構造や葛藤,整合化プロセスそのものは分析の対象とはしなかった.経済学において,選好の単層性の枠を最初に打ち破ったのは,「合理的愚か者」という言葉を鍵として,政策や判断の情報的基礎を問題としたアマルティア・センである[9].彼は,異なる性質をもつ個人の選好を質的に区別して,個人の評価構造を多層的に捉えるための分析枠組みを提示した.公共政策の文脈でとりわけ重要となるのは,私的選好と公共的判断という2つの区別である.後述するように私的選好とは,通常の経済学で想定されている私的利益への関心に基づく判断である.それに対して公共的判断とは,私的関心から離れて個人が理性的・反省的に形成する判断である.

通常,〈経済システム〉と呼ばれているものは,個人間の私的利害の調整がなされる場であり,所与のルールや慣習のもとで,個々人が私的選好に基づく最適化行動をとる点に特徴がある.そこでの個々人の行動は主体的・自律的であるとともに,相互依存的・制度負荷的な性質をもつと考えられる.個々人は,自己の私的選好をもとに,自己の資源(時間,能力,所得・資産)を合理的に割り振ろうとするが,個人の私的選好はその形成において,他者や既存の制度からの影響を免れえないからである.また,個人の私的目的がどのくらい達成できるかは,他者の選択する行動によって制約されざるをえないからである.したがって,合理的な個人は,合理的であればあるほど,もたらされる均衡結

果を適切に予測するために，他者の選択やその背後にある選好に配慮すると考えられる．ただし，経済システムで活動する個人の関心はあくまでも私的目的にあり，他者や制度それ自体への関心は私的目的に影響を与える限りに留められる．私的目的を離れた不偏的関心から社会状態のあり様を観察しているわけでは決してないという点は確認される必要がある．

それでは，社会状態のあり様を不偏的に観察する主体は何か．ここではそれを政府や官僚といった特定の主体ではなく，社会を構成する一人ひとりの個人が有する公共的な観点であるとしたい．公共的ルールは，その決定プロセスに参加した人々のみならず，すべての社会構成員に対して，また地理的にも時間的にも遠く離れた人々に対して広く影響を与えるものである．したがって，公共的ルールの決定プロセスに参加する個々人は，本人の善の空間を超えた多元的空間を定義域とし，私的選好とは異なる性質をもった判断を——たとえば，私的選好に基づく互いの行動がもたらす社会状態を予想しながら，また，ルールそれ自体が備える規範性や有効性を考慮しながら——形成することが要請される．また，そのような個々人の判断の形成を促し，適切に集約する集計手続きの存在が要請される．

3 個人の公共的判断とは

厚生経済学の一分野である社会的選択の理論においては，個人の選好は考え得るすべての社会状態，すなわち諸個人の選好に影響を与えるあらゆる要因を軸とした無数の多次元空間上で定義可能とされる．たとえば，私的目的や人生プランを追求する場合，個人は，自己の善のみに関連する空間（消費空間など）のみを定義域として自己の選好を形成すると考えられる．それに対して，公共的ルール——憲法・立法・政策など——の制定・改訂プロセスに参加する場合，個人は自己の善のみに関連する空間から隣のひとの善をも含む空間へ，あるいは空間的にも時間的にも遠く離れた人々の善を含む空間，すべての社会構成員の善を一望しうる空間へと判断の定義域を拡大していくことが要請される．このように，異なる多様な社会に在る人々，異なる歴史的時点に在る人々から構成される空間を仮設的に想定しながら，あらゆる社会構成員の善を判断

しうるような，より一般的な判断枠組みを獲得していくとしたら，それは当初の選好とは質的に異なるものとなるだろう．

たとえば，特定の文化的・宗教的条件下にある社会の特定のひと――自分自身や隣人――が自由を享受しえているかという観点から，異なる文化的・宗教的条件をもつ多様な社会の人々がそれぞれ自由を享受しえているかという観点へと拡張されるとき，ひとは自己の善の観念に留まり続けることは困難となるだろう．およそひとにとって自由はいかなる意味をもつかという普遍的な善の観念について，あるいは，自由に関する個人間の不平等や格差をどう評価すべきかという公正の問題を考えざるをえなくなるだろう．しかもこのとき，個人の関心が評価する客体としての他者のみならず，評価する主体としての他者に向かうとしたら，「（自分自身の善や正の観念に照らして）人々の状態が望ましいか」という問いのみならず，「異なる善の観念や正の基準をもっているかもしれない他者を，互いにどう扱うことが正当か」という問いにも直面することになるだろう．かくして，個人の選好は，個人的な嗜好（taste）や慎慮（prudence）に留まらず，普遍的な善や正義（個人間の公正）（justice as fairness）を志向する公共的判断へと質的な転換を遂げることになる．

個人の私的な選好は，快苦の感情，欲望の充足，目標の達成，人生プランの慎慮的な（prudent）追求，幸福，さらには宗教心や道徳感情などから派生する経験的・事実的観点をベースとする．それに対して，公共的判断は次のような性質を共通に満たすと考えられる．

①様々な環境のもとにある多様な人々に等しく適用される公共的ルールに相応しい一般性・普遍性を備えている．

②どのような公正基準を受容するかが明示的に説明可能であり，広く検証可能であるように公示化されている．

③自己（あるいは自分が代表する集団・組織・カテゴリー・ポジション）の主観的選好や個別的特徴を相対化し，その普遍的意味を確認する反省的熟慮を通じて形成される．

④異なる多様な人々の個別的状態に等しく関心を寄せ，人々の等しい扱いに関心を寄せるという意味で不偏性をもつ．

〈正義〉はこのような性質をもった公共的な関心と判断をその本質とするも

のである.

4 ケアの視点

　さて,ひとが正義の観点のもとに視野の広がりと不偏性を備えた公共的関心を獲得したとしよう.ここで問題となるのは,人々の個別的状態に向かう関心のレベルである.個々人の生来的な,また歴史的・社会的な境遇は多様である.また,個々人が何をもって幸福と感じるかもまた,それまでに本人が体験したライフ・ヒストリーや心に描くライフ・プランに応じて多様である.社会的責任においてコミットメントすべき〈善きもの〉を確定する際に,はたして,これらの個別性をどこまで,どのように配慮したらよいのだろうか.直観的には,視野の広がりと不偏性の程度が高まれば高まるほど,多様な個々人の個別性の追究が抑制されると考えられる.それに対して,個々人の個別性への関心こそを本質とするものがケアの観点であり,それをもって公共的ルールに豊かな内実を与えようとしたら,はたしてどのような点に留意すべきだろうか.

　たとえば,稼得手段をもたない人に対する公的扶助のあり方を例にとろう.近年,厚生労働省が行ったアンケート調査からは,同程度の所得をもつ世帯に比べて,生活保護受給世帯は,就職を希望したものの採用されなかった,あるいは,就労を継続することが困難であった経験をもつ人が多いこと,身体的・精神的な不調を訴える人が多いこと,家族が眠るに十分な布団の数が足りない,雨漏りやすきま風を防ぐことができない,友人や親戚・近所との交流が少ない,晴れ着をもたないなどの生活実態が浮び上がって来た[10].だが,その一方で,そのような調査では捉えられない姿もある.1970年代末になされた原爆被爆者調査[11]では,1対1の個別的な訪問調査を通じて次のような姿が浮き彫りにされた.たとえば,原爆被害による顔一面のケロイドと後遺症をもつ当時50歳代の未婚でビル清掃を行っている一人暮らしの女性がいた.古く薄暗い持ち家には1台のテレビがあり,彼女の現在の楽しみはテレビでプロレス観戦することであるという.小さいころから住み慣れた地域社会で暮らすことには,ある種の気安さがあるとともに,自分の若いころを知る近所の人々の「あんな狐のごた顔になって」という囁きに悩まされてもいた.

はたしてそのような彼女に対して公共的に配慮すべき〈善きもの〉とは何だろうか．住居の補修費用，晴れ着を購入する費用，栄養と品数のある食事を可能とする費用，加齢とともに限られていく体力・健康状態のもとであっても可能な仕事・活動を用意すること，あるいはそのための再教育の機会など，それらはまずもって必要とされるだろう．だが，それだけでは不十分であることが回を重ねた面接調査の中で次第に明らかにされていく．彼女にとっていま何よりも必要であるのは，原爆被害のもたらした身体上・精神上・生活上の影響（様々な種類の後遺症）を総体として捉えることと，それに抗して生き続けてきた彼女自身の生の軌跡を価値あるものとして認知すること，そしてそのような構造と歴史をもつ自己の生について人々から広い理解と共感を得ることだった．このような作業は，二度と原爆を落としてはならないという普遍的なルールに，名前の付された理由と主張を刻み込むことを可能とするとともに，本人自身の生に確かな意味と方向性を与えるものである．彼女にとって社会から受ける援助は過去に自分が受けた被害に対する補償であるばかりでなく，未来の人々へとつながる普遍的な保障を意味するものでもあったのである．

5　ケアと依存性

「はじめに」で言及したように，本章で主題とする公共的ルールとは，個々の実践に先立って人々の取りうる行為の範囲を規定する"力"をもったルールである．ルールの選択にあたっては，公正な手続きのもとで，異なる多様な角度——たとえばそれはよい帰結をもたらす，あるいは，それ自身よい性質をもっているなど——から検討される必要があるとしても，ひとたびルールとして制定されたなら，「それはルールだから」という理由で，いわば受動的に遵守されることがある．それに対して，ルールを介さず，個々の文脈において，共感や同情心に突き動かされながら他者の境遇に直接コミットする行為には，個人の自発性・能動性がより顕著であるという印象がある．ケアの観点を強調する従来の議論は，その背後に，カントの道徳哲学そしてロールズの"カント的側面"が有する，理性的な反省のプロセス，普遍的な論理，理性と感情の二分などの理論に対する痛烈な批判を伴っていた．

だが，その一方で，ケアには依存性の問題が付随しがちである点が指摘されている．たとえば，「依存者の介護に専ら従事することによって，自ら経済的依存者となっている女性」[12]の存在の指摘は，まずもってケアに従事する人々のケア労働を賃金として正当に評価することの必要性を明らかにする．だが問題は経済的依存に留まらない．ケアが特定の個人への関心という形を取り，特定の個人への関心がケア従事者自身の私的な目的と不可分に結びつくとき，ケア従事者の精神的依存の問題が浮上する．

個別的文脈へのコミットメントは，特定の個人へ発せられる一方向的ベクトルの形をとる．そこには，市場的交換とは異なり，〈対価〉というリアクションが存在しない．ケアの送り手が期待するものは，自己の発したベクトルが相手にリーチし，そこで意味を獲得することである．もしそれが，何がしかの〈意味〉へとリーチするならば，彼自身の目的が実現されたことになるが，リーチできずに終わるとしたら，ベクトルは行き場を失う恐れがある．さらにここで，個別的文脈へのコミットメントが私的な次元に留められるならば，ケアする個人がケアの受け手に，精神的に依存する構造が生じかねない．

加えて，対価を伴わないコミットメントは個人間の対等性を阻むおそれがある．通常，ケアの受け手はケアの提供を拒否することができない，またケアの内容を選択することができない．しかも，ケアの送り手との等価性が市場的サービスや公共的サービスのように明確には観察されない．市場的サービスの場合は，売り手と買い手の等価性が価格によって表わされる．公共的サービスの場合もまた，たとえば政治過程を通じて示される人々の公共的承認によって，提供者と利用者との対等性が表現される．たとえば，市場価格ゼロで提供されるサービスであっても，それが人々の承認に基づくものであるとしたら，市場的な公正性とは異なる理由に基づく公共的評価の存在が対等性の根拠とされるだろう．それに対して，提供者の個人的共感，憐憫，愛情に基づくインフォーマルなプライベート空間においては，対等性が成立しにくい．そして，対等性の成立が困難な場合には，ケア従事者と受け手との間の相互尊重の念が失われる恐れがある．

公共的判断の特徴は，個人の私的な目的や関心の延長としてではなく，それらとは異質な関心に基づいて形成される点にあった．特定の個人の文脈に分け

入ることがあるとしても，その意図は，〈同様のケースを同様に扱う〉ルールを形成するという関心に基づいて，異なるポジションやカテゴリーが有する特殊性・個別性の中から，ある種の普遍性を抽出しようとする点にある．公共政策の文脈においては，特定の個人に向かう関心のベクトルもまた，緩やかな形であれ，人々に広く適用される普遍的ルールに結晶化することが期待される．ここでケアの観点は，普遍的ルールに，特殊で個別的な諸条件を反映しうるような内実を与えること，そして，抽象的な意味での一般ルールではなく，複数の具体的ルールを整序化するような一般ルールの形成を促すのである．ただし，不偏的に配慮すべきポジション・カテゴリーのなかには本人自身が属するものも含まれるから，特殊性・個別性に潜む普遍的な人間的意味を探る作業は，自分自身の私的目的や関心に対しても要請されることになる．はたして，公共性・反省性を備えたケアの観点は可能だろうか．

6　個人の主体性と公共性

確かに，ルールを守る背後に，ルールを主体的に承認するプロセス（ルールの決定・改訂に参加する自由，個々人の意見を集約する公正な手続き，社会的に選択されたルールに対する個々人の批判を公示的な記録に残し，改訂へつなげるような仕組み）が存在しないとしたら，公共的ルールや施策を要とする社会に個人の自発性や能動性は期待できないかもしれない．だが，ルールを承認するプロセスに個々人が主体的に参加できるとしたら，自分が（もまた）承認した公共的ルールを仲立ちとして，自発性や能動性をもつことが可能となるのではないか．たとえば，自分の私的な嗜好や選好を大切にもったまま，それが他者や社会に与える影響の範囲や内容を自分自身でコントロールすることができるようになるのではないか．以下では個人の主体性との関係でケアの観点と公共性との関連を考察してみよう．

両者を関連づけるひとつの鍵は，他者の境遇を目の当たりにし，その声に耳を傾けた個人の経験が，特定の他者に対する個別的な「共感」に留められないという点にある．特定の他者の境遇に深く共感した彼女は，まずもって〈彼〉にとって必要なもの，個別的に価値あるものを理解しようとするだろう．でも

すぐに，〈彼〉にとって必要なもの，個別的に価値あるものとは，彼と同様の境遇にある人々に共通する必要に他ならないことに気づくだろう．そして，〈彼ら〉に共通する必要を社会的に保障したいと願うかもしれない．だがその一方で，すべての財はかならずしも社会的に移転可能ではないこと，しかも社会的に移転可能な財には上限のあることを知る彼女は，社会的に保障すべき財の種類と水準を見定めようとするだろう．このとき彼女は，〈彼ら〉の境遇を，彼らとは異なるポジションやカテゴリーに属する人々，異なる必要をもつ人々の境遇と比較対照する作業を余儀なくされるのである．かくして，何であれ真に〈必要〉をもつ人々に対して等しい関心を向けつつ，同時に，彼らの〈必要〉の質的相違に配慮した資源配分方法を考案することが課題として設定される．これらの作業を経てはじめて彼女は，目前の他者に対する自らの共感を公共的ルールに反映させるための説得的な理由と方法を獲得することになる．

　両者を関連づける他の鍵は，他者の声を誠実に受けとめるということは，かならずしも彼女自身の私的選好や目的，人生プランの直接的な変更を強要するものではない点にある．自分の嗜好や選好を自己の人生プランや目的と照らして慎慮的に反省すること，自己の善の観念と私的目的との整合性に配慮すること，自己の人生の異なる各時点に対して不偏的関心を抱くことなどは，彼女が負うべき個人的責任である．他方，他者の発する声を注意深く聴きとること，そして彼の発する声の中から，彼自身の近視眼的・外部的選好（羨望やルサンチマン等など）と慎慮的選好とを選り分けること，彼自身の公共的判断の形成を助けながら，彼自身の必要を公共的ルールに反映させる方途を考察すること，そのような営みを通じて彼女自身の公共的判断を形成していくことは，彼女も請け負うべき「われわれの責任」である[13]．他者の境遇を知り深く共感した彼女が引きうけるべき責任は，これら二つの責任であって，彼女自身の効用（幸福）を他者の効用（幸福）へと拡張することではない．あるいは，他者の境遇の改善を彼女自身の私的目的とすることでもない．

　公共的ルールを制定することの意義は，個人が多層的な評価主体・行為主体であることを保証しながら，同時に，一定の社会的目標の実現を可能とする点にある．公共的ルールの制定・改訂あるいは再解釈プロセスへの参加を通じて個人は，自らの私的目的や選好を大切に持ち続ける一方で，自らの幸福や傾向

性とは異なる動機に基づいて,判断し活動することが可能となる.また,自分が(もまた)承認した公共的ルールに従う限り,たとえ,自分の私的目的をはばかることなく合理的に追求したとしても,公共的ルールが体現する徳性から離れることのないことを,すなわち私的利益に基づく相互依存的な行動が同時に,一定の公正性を満たすことを互いに了解し合うことが可能となるのである.そのことは他者の境遇への配慮を優先しようとするあまり,自分自身の私的な目的を見失う,あるいは逆に,自分自身の私的な目的を追求しようとするあまり,他者の境遇への共感を封じ込めてしまうという,不自然な心的反応を回避する助けとなるだろう.また,自分が立てた法則で自分の関心を適正に制約するという,個人の自律的な自由を促すだろう[14].また,結果的にもたらされる個々人の境遇の違いを,互いに承認し合ったルールのもとで尊重し合うことを可能とするだろう.これらのことは,個々人が自尊の念をもち相互に尊重し合うための,確かな社会的基盤(the social basis of self-respect and mutual respect, Rawls, 1971)を提供すると考えられる.

7 結びに代えて

以上の議論をまとめよう.正義とケアの観点の切り結びは,異なる多様な境遇にある人々が受けるべき公正な扱い――複数の個別的な特徴を等しく配慮する不偏的な扱い――の内実をより豊かなものとするだろう.それは,公共政策や実践を規定するポジション配慮的な公共的ルールの制定を促進する.すなわち,個々の社会的ポジションやカテゴリーの請求の「要約(summary)」として経験的に生成されるルールではなく,それらを公正にかつ効果的にバランス付けるようなルールを可能とするだろう.そのようなルールとは,ロールズがいうように,「特殊なケースをルールの例外とするのではなく,ルールの一つの特定化の仕方として(内的に)位置づける」[15]ような,具象かつ一般的なルールに他ならない.

ロールズによれば,理性の公共的使用とは,自己の足場から,たえず検証可能な方法で,つまり,いかなる他者からもアクセス可能な状態で,より公共的な認知・承認を求めて理性を駆り立てていくダイナミズムをさす.それは,個

別的なポジションの特殊性に深くコミットしながら,その普遍的・人間的意味を解釈していくプロセスでもある.そのダイナミズムにおいては,既存の組織や制度,法や慣習,常識,さらには人々の認識を主導する原理や憲法もまた,吟味され,検証され,乗り越えられていく.このような個々人の理性の公共的使用を等しく保証するシステムこそが,高次原理と公共的討議の場を備えた民主主義制度に他ならない[16].重要なことは,このような民主主義的な権能が人々によってどのように行使されていくかであり,本章で考察した問題は,公共的ルールの内容とその制定プロセスに,正義の観点とケアの観点を組み込むことの意味と方法であった.

最後に,「はじめに」で述べた多元性との関係で考察すべき論点を挙げて結びに代えたい.

第一に,社会的コミットメントに伴う弊害について.公共的ルールや政策は,その適用範囲の拡大とともに,異なる多様な個別性を整合的に評価する高次の基準をもつことが要求される.そして,市場的な等価性や形式的な平等を越えて異なるポジションやカテゴリーの質的相違に配慮した評価を形成しようとするとき,本来,通約不可能であるはずの価値をを互いに比較秤量しなくてはならないことになる.このことは,各ポジションやカテゴリーに対して情報の開示が強要されることのみならず,統一的に評価することを通じて個別性に対する統治と管理が強められることを意味する.さらに,公共善の保障という社会的目標の遂行は,資源の提供者のみならず,資源の受給者にとっても,本人自身の私的目的とその実効範囲において抵触する恐れをもつ.「はじめに」で挙げた個々人の価値や目的,利益や関心の多様性・不可測性を十分に考慮するとき,社会的コミットメントは包括的なものとはなり難いだろう.とりわけ個人の行動様式やモラルに関与する政策をどこまで容認するかはそれ自身,公共的に討議される必要があるだろう.

第二に,個別的請求の中から普遍的意味を捕捉することの難しさについて.通常,個人はかならずしも自分自身の必要を正しく認識しうるわけではない.むしろ自分の必要が特殊なものにすぎないのではという懸念から,社会的な請求を自ら控える場合がある.逆に,自己の必要をいたずらに主張して,他者の請求を抑圧することもある.ここで意味をもつのが同一ポジション・カテゴリ

ーの有する社会性である．たとえば，障害者，母子世帯，戦争被害者，移民・マイノリティなど特定の社会的ポジションやカテゴリーにある人々をターゲットにした公共政策は，（既に普遍的権利として認知されているはずの）市民としての基本的自由や公正な機会の実質的な保障という側面をもつ．個人が自己の多様な個別性をひとまず捨象して，ある社会的カテゴリーやポジションに共通する問題を捉え，その解決を共通の方法に求めようとするとき，彼らは「われわれ」の観点の獲得を獲得する．そして，たとえば一定の公的施策が求められたとしたら，彼らは公的施策の制定と受給を通じて，本来ならばすべてのひとに保障されるべき市民的自由や機会の普遍化を促進する担い手として，自己の属する社会的カテゴリーやポジション，そして自分自身を認知することが可能となるのである．

それに対して，公的扶助の受給者は，生活困窮という帰結においては一致しても，そこに至る経路はきわめて多様である．しかもその経路には，自然的・社会的偶然と，個人的な態度や行動様式や個別的・自己責任的な要因が複雑に絡まりあっている．したがって，彼らは，公的施策の制定や受給に関して「われわれの観点」を獲得すること，たとえば，それを普遍的権利として認知されているはずの基本的自由や機会の実質的保障によって意味づけること，公的施策の制定や受給を通して政治的主体者として自己を形成することは困難な状況にある．むしろ，公的扶助それ自体が，「福祉への依存者」という選別的・固定的カテゴリーを創出する危険があるために，彼らは他者から自己を遠ざける傾向にある．はたして，公的扶助が個々人の多様な活動・生の展開を促進するという本来の目的を達成するためには，彼らの必要をどのように意味づけたらよいのだろうか．おそらく，基本的自由や機会の普遍化とは異なる観念，たとえば〈基本的福祉の保障〉をより直截に正当化するとともに，彼らの必要を緩やかに束ねる観念が要請されるのではないか．このような文脈で，生存権あるいは福祉権の観念が意味をもつと考えられる[17]．

第三に，判断能力それ自身の形成それ自体の困難さについて．現代社会では事実として公共性と個別性の境界があいまいになっている．たとえば，様々なメディアを通じて流れ込む情報は，絶えず個人の認識に揺さぶりをかけてくる．個人が真摯に向き合っている問題，容易には答えがでないものの考え続けてい

たはずの問題が，たまたま報道された事例のひとつに瞬時に引き寄せられ，論理飛躍的な「解決」を個々人にもたらす．だが，そのような「解決」は，個々人の直面している問題とそれに向かう個々人の取り組みのもつ個別性をかき消す恐れをもつ．論理的推論や事実的根拠に基づきながら，自己の個別性に含まれた普遍的意味をつかむのではなく，個別性を一挙に捨象することによって，一般性を獲得しようとする．それは，個人の主体的・自律的な取り組みの意志を弱めるのみならず，「思考の公共的枠組み (a public framework of thought)」，すなわち「相互に認識し合った基準や証拠を手掛かりとして自己の判断を形成する」営み，あるいは，「個別的な事情に広く配慮しながら，かつ理性的であり真実であろうとする」判断そのものを縮減する恐れをもつ[18]．

このような状況においては，受動的に認知された様々な事例が喚起する印象的・直観的認識を，自己の反省的・熟慮的考察によって捉え返す作業が重要になってくるだろう．現代多元的社会において，異なる複数の価値や目的，必要をもった集合体に深く関与する一方で，広く開かれた情報空間に身を置くことを余儀なくされた個々人が，自分自身の私的目的を見失うことなく，同時に，ポジション配慮的な公共的判断を形成するためには，自分自身が直面するひとつひとつの問題への取り組みにおいて，何ものにもよりかかることのない自律性・主体性を発揮することがことのほか重要となるかもしれない．おそらくそのことは，個々人の公共的判断が他者との広い討議の中で少しずつ形成され，変容していくものであることと矛盾するものではなく，むしろ，そのようなプロセスを内側から支えるもっとも基底的な資質として必要不可欠な意味をもつと考えられる．

注
1) 草稿に関して埼玉大学経済学部学術講演会 (2002. 11. 27) および立命館大学先端総合学術研究科設立準備連続講演会 (2002. 12. 11) で報告する機会を得た．貴重なコメントを下さった主催者の方々と参加者の方々に心から感謝したい．なお，本章で用いる「ポジション配慮的」という語は，アマルティア・センのいう「ポジション依存的客観性 (position depending objectivity)」という観念にヒントを得ている．それは，特定のポジションの個別性を反映しつつも，普遍的に受容可能な評価を意味する．Sen, 1993, 後藤 2002, pp. 186f, pp. 241f, 後藤 2003a, pp. 120–124 参照のこと．

第14章　正義とケア

2) ジョン・ロールズによればルールは二つの概念に区別される．ひとつは「要約的観念」，すなわち，個々人の多様な行為の集成としてのルールであり，他のひとつは「実践的観念」，すなわち，個々の行為に先立って定められ，出現可能な行為の範囲を規定するものとしてのルールである．本章は，前者の意味でのルールが事実として存在することを認めつつ，それらも含めて人々が認知し，制度化しようとするルール，すなわち後者の意味での「ルール」に着目する．Rawls, 1955, p. 37, 引用ページは1999より．

3) ロールズはこれを多元性の事実 (the fact of reasonable pluralism) と呼んだ．Rawls, 1993, p. xix.

4) 本章では一貫して，集合体が単一の個人から構成される場合も含むものとする．その場合，善のリストと配分に関する問題は自己のライフ・プランの作成方法の問題として，また，公正性の問題は，異なる目的・選好をもつ複数の自我間のバランス付けの問題として解釈される（ひとつの自我における複数の善の最大化問題とは異なる）．

5) 経済学の公共財概念は，財の技術的な性格——消費における非競合性と非排除性——に基づくものであり，公共財から引き出される効用は，私的財から引き出される効用とまったく同様に，個々人の私的な選好体系の中に組み込まれると考えられている．それに対して，ここでいう公共善とは，個々人の私的関心とは異なる関心（たとえば個々人の公共的判断に基づく社会の公共的判断）によって評価される点に本質的特徴がある．Musgrave, R. A. and P. B. Musgrave, 1973, pp. 56-7 参照．

6) これは私的利益と選好を関心として品質を選び，費用を自己負担する消費者の受益パターンに着目したうえで，どのように価格（受益・負担関係）を差別化すれば社会的余剰が最大化されるかを課題とするユニバーサル・サービスとは，根本的に異なる問題を提起する．

7) 品質の良さは先験的に確定されるわけではない．限られたコストのなかで，人々はどのような特性を譲れないとするか（たとえば給食ならば栄養価，十分な品数，良い器）という問題は，各社会の歴史的・文化的背景をもとに公共的討議で決定される．

8) 「承認のかたちや条件」をいかなるものとするかについても多様な見解が存在する．すべての個人の意見を形式的に等しくカウントする多数決主義，高次原理に関する理性的・公共的な解釈を基盤とする立憲的民主主義，さらには真理の存在とその認識可能性を前提とするプラトン主義 (correctivism) など．

9) 鈴村・後藤，2001／2002 参照．

10) 厚生労働省社会・生活援護課・「社会生活に関する調査検討委員会」報告書，2003.

11) たとえば石田忠，1973／74 参照．

12) Fraser, N. and L. Gordon, 1994 参照．

13) 鈴村・後藤，2001／2002, pp. 265-72 参照．

14) ここでいう「自由」についてはロールズの次の言葉を参照のこと．「自由で情報

化された理性と反省のもとで確信することは,自由に確信されたといえるだろう.そして自由に確信しえたことを表現する限りにおいて,われわれの行為はその実現の程度に応じて自由であるといえるだろう」(Rawls, 1993, p. 222n).また,後藤 2002, p. 292 参照のこと.
15) Rawls, 1955, p. 37(引用ページは1999より).
16) 諸個人の現実的選好によってではなく,諸個人の公共的判断によって理念的制度を設計する.各個人の主体性に基づく理念的活動を「人々(社会)の理念的活動」へいかにまとめ上げるかが民主主義一般の課題である.まとめ上げの手続き(各個人の認識的条件および集計方法)を,歴史的観念として抽出された高次原理や憲法で制約することによって,この課題に答えようとしたものが,「立憲的民主主義」の構想である.後藤,2003a 参照.
17) 後藤,2003b 参照.
18) 以上の引用は,Rawls, 1993, pp. 110-12 から.彼はこれらを正しい判断と合意の形成を支える客観性の基礎として挙げている.

参考文献

Musgrave, R. A. and P. B. Musgrave (1973) *Public Finance in Theory and Practice*, Singapore: McGraw-Hill Book Company (fifth edition 1989).
Fraser, N. and L. Gordon (1994) " "Dependency" Demystified : Inscriptions of Power In a Keyword of the Welfare State," *Social Politics*, 1, 4-31 (reprinted Goodin, R. E. and Pettit, P. 1997, *Contemporary Political Philosophy*, Cambridge: Blackwell).
Rawls, J. (1955) "Two Concepts of Rule," recorded on *Collected Papers* (ed. by Freeman, S., 1999, Cambridge, Harvard University Press).
Rawls, J. (1971) *A Theory of Justice*, Cambridge, Mass.: Harvard University Press.(矢島鈞次監訳,『正義論』,紀伊国屋書店,1979.)
Rawls, J. (1993) *Political Liberalism*, New York: Columbia University Press.
Sen, A. (1993) "Positional Objectivity," *Philosophy and Public Affairs*, Vol. 22, pp. 126-145.
石田忠 (1973／74)『原爆と人間』,未来社.
後藤玲子 (2002)『正義の経済哲学——ロールズとセン』,東洋経済新報社.
後藤玲子 (2003a)「多元的民主主義と公共性」山口定編,公共研究会叢書『新しい公共性を求めて』,有斐閣
後藤玲子 (2003b)「ニーズ基底的相互提供システムの構想」『シリーズ 福祉国家の行方 第5巻』,斉藤純一編,ミネルヴァ書房.
鈴村興太郎・後藤玲子 (2001)『アマルティア・セン——経済学と倫理学』実教出版,(2002年2月改装新版).
社会生活に関する調査検討会「社会生活に関する調査／社会保障生計調査」結果報告書,2003.

補論 1　福祉公共哲学をめぐる方法論的対立
―― コミュニタリアニズム的観点から ――

小林正弥

1　福祉問題と福祉政策 ―― 政策的対立と最小限の一致点

　1970 年代からの政治哲学の再生の起点となったロールズの「正義論」にとって，格差原理がその中核をなす「正義」のひとつであり，このリベラリズムを批判したノージックらリバタリアニズム（自由原理主義）との対立も，福祉の必要性・妥当性を巡るものだった．したがって，いわゆるリベラリズム対リバタリアニズムの論争は，正に福祉公共哲学に関する論争そのものである．

　この論争の主要論点は，「福祉国家や社会民主主義が擁護してきた福祉やそれを実現する分配政策・再分配政策を，いかなる論拠によって肯定するか否定するか」，そしてもし一定の福祉政策を肯定するならば「どこまで，そしてどのような方法で福祉を実現するか」というようなところにあろう．これは，いわば「福祉問題」と呼ぶことができよう．そして，ここで結論として論じられているのは福祉の可否やその度合いであり，いわば「福祉政策」のあるべき姿である．

　本書には，何らかの意味における福祉ないし福祉国家の必要性を擁護する「福祉擁護論」が多い．しかしながら，他方では過剰な福祉ないし福祉国家に反対する，いわば「（過剰）福祉批判論」も存在する．したがって，本書には，福祉政策について統一的な結論は存在しない．

　ただ，ハイエクや森村のようなネオ・リベラリズムやリバタリアニズムに近い論者[1]ですら，最小限の福祉（以下では「最小限福祉」と略）を認めていることは確認しておく価値がある．嶋津によると，ハイエクは勿論（市場の機能を損なうような）強制的手段による弱者保護を否定するが，さらに徹底した市場主義者からは「軟弱な社会主義者」と見做されるように，豊かな社会が均一の「セーフティー・ネット」として福祉の網を張ることは容認している．ま

た，森村は，リバタリアニズムが福祉国家を批判する理由を7点に整理して彼自身の重視する論拠（非効率的，政府権力の強化，移民の自由との非両立）を明らかにしつつ，他方で（アナルコ・キャピタリストのような急進論を除くと）大部分のリバタリアンが最小限の社会保障サービスを容認する理由についても説明する．彼によると，例外はあるものの，その論拠は主として人道主義的考慮ないし古に言う「惻隠の情」に求められる．

ハイエクないし嶋津の議論は，経済の効率性を重視する帰結主義的な側面が強いのに対し，森村のリバタリアニズムは自己所有権論を重視しているので，市場の重視という点では立場が近いこの2人の論者においても，その論理の重点は必ずしも同一ではないように思われる．それだけに，最小限福祉は認めるという一致は印象的である．

福祉擁護論者は勿論最小限福祉は前提として認めるから，最小限福祉を容認する点では，本書には，（過剰）福祉批判論者までも含めて最低限の一致ないし合意が存在するように思われる．ネオ・リベラリズムの風潮がなお強い中では，この点はいわば「重なり合う合意」として特筆される価値があろう．

さらに，嶋津がその論稿の末尾で「ハイエクが当時の共産主義・社会主義を論敵として作り上げた理論を，戦後の社会民主主義のように，その当時存在していなかった全ての相手を論駁するものとして扱うのは危険である」という趣旨の指摘を行っているのは，注目に値する．ハイエクは，『隷従への道』（原著1944年）で，生産手段の国有化・生産の計画化を意味する社会主義は自由を抑圧することを主張したが，スウェーデンのような社会民主主義や福祉国家は政治的自由を抑圧するということにはならなかった．このように，ハイエクの共産主義・社会主義批判が社会民主主義や福祉国家にそのまま当てはまるとは限らず，その適用可能性は個々に吟味されなければならない，というのである．

つまり，ハイエク研究で知られる嶋津はここで，社会主義・共産主義批判を前提としつつ，社会民主主義や福祉国家については単純な否定論を避けている．他の（過剰）福祉批判論者が，皆この結論に賛成するかどうかは定かではない．しかし，本書の執筆者に関する限り，殆ど全員が，国有化を意味するような共産主義や社会主義を否定しつつ，社会民主主義的政策や福祉国家を全否定するのではなく，少なくとも最低限の福祉政策は容認していることになる．そして，

その上で，福祉政策の規模や種類について，理論的な対立が存在しているのであり，福祉政策の度合いを巡って論争が存在している．この意味において，本書の諸論稿では，共産主義没落後の，その次の局面における福祉公共哲学を巡る議論が展開されている，と言って良いであろう．ソ連崩壊後 10 年以上が過ぎ，共産主義崩壊後の，新たな福祉公共哲学への模索がなされるべき段階に入ったと思われるのである．

2 原子論的／全体論的理論連合——福祉擁護論の中の方法論的対立

しかし，嶋津や森村の議論は，最低限の福祉を容認する理論的根拠については，人道的考慮を挙げるに留まっており，この点では積極的な展開が存在しない．福祉の拡大に消極的である以上当然かもしれないが，ここには理論的弱点が指摘できよう．先進国を考える場合には，人道的考慮によって最低限の福祉が容認されるという感覚が存在するからこの弱点は目立たないが，発展途上国で福祉の問題を考える時にはこれは重大な欠陥になる．何故ならば，飢餓がしばしば起こるような貧困地域では，人道的考慮により最小限福祉を実現するためにすら，先進国から莫大な資金援助などを行う必要がある．リバタリアンの多くは，単に人道的考慮というだけでは，このための莫大な財政的支出に賛成しないだろう．だから，地球的な視座で福祉問題を考える場合には，やはり人道的考慮という以上の哲学的・理論的根拠が福祉政策には必要になるのである．

このような福祉の理論的根拠を積極的に展開しているのは，やはり先述の福祉擁護論者の側である．しかし，ここには，いわゆるリベラル—コミュニタリアン論争という大きな方法論的対立が存在している．ロールズ，ドゥオーキン，センといった論者が基本的にはリベラリズムの立場に属するのに対して，（今田高俊が言及している）ウォルツァーはコミュニタリアニズムに分類されるし，今田や後藤が重視するケアの論理も，基本的にはコミュニタリアニズムの側に近い．この双方の議論は，いずれも福祉擁護という点では一定の一致点があるが，その哲学的・理論的根拠について鋭く対立しているのである．

この方法論的論争を正面から取り上げて自らの独創的な理論と関連させているのが，第 2 章の塩野谷論文である．塩野谷は，現在のリベラル—コミュニタ

リアン論争と19世紀末の経済学における方法論争（理論経済学対歴史派経済学）とを類似したものとして捉え，この二つの論争における四つの理論を，「個人主義／全体主義」「制度内秩序（善の理論）／制度の基本構造（正の理論）」という二つの軸によって4象限に分類する．塩野谷によれば，「リベラリズム／コミュニタリアニズム」論争における「正義論（社会契約主義）／共通善論（共同体主義）」の対立は，方法論争における「市場均衡論（理論経済学）／制度進化論（歴史派経済学）」の対立と同じように不毛であり，これらは「異なったレベルの規範を説明するための道具的手段」であるから，この間の現実性や優劣を争うのは「筋違いの論争」である．だから，これらを「整合化」し「共存」させて，両者を「統合」する方向が重要である．

塩野谷の独創的で壮大な『経済と倫理——福祉国家の哲学』（公共哲学叢書1，東京大学出版会，2002年）で展開されている議論については，書評を既に執筆しているのでここでは繰り返さない[2]．塩野谷がリベラル—コミュニタリアン論争と19世紀の方法論争との間の方法論的共通性を指摘するのは，さすがに炯眼である．特に，筆者は「原子論／全体論」という観点からの方法論的整理を重視しており，これは塩野谷の言う「個人主義／全体主義」という方法的対立と同一である[3]．

福祉に関する限り，最大の問題は，福祉を不要と見做す種類の市場均衡論（理論経済学，第1章第1表のA）とリバタリアニズムのような規範理論であり，この双方が連合して市場を絶対化することである．塩野谷においては，個人主義的な「制度の基礎構造（正の理論）」たる「正義論（社会契約主義，B）」としてロールズ的な正義論に重点が置かれているが，正義論にはノージック的な理論も存在する．だから，市場均衡論（A）とリバタリアニズム的な正義論（B）とが連合して市場を絶対化する場合が存在するのであり，この理論的連合は典型的な福祉否定論となるのである．リバタリアニズム的な正義論の方がロールズ的な正義論よりも，より徹底した個人主義的理論だから，この「市場均衡論—リバタリアニズム」連合こそ，典型的な「原子論的（個人主義的）理論連合」と見做すことができる．

コミュニタリアニズムが市場均衡論と正義論に対立する理由は，方法論的には，この二つが原子論的構成を取っているところにある．自己論においては，

この点が，ロールズの「遊離した自己（disencumbered self）」へのサンデルの批判として現れる．しかし，コミュニティーの文脈で培われる共同性や道徳を否定する個人主義という点では，ロールズ以上に，「市場均衡論—リバタリアニズム」連合の方が顕著である．

もっとも，市場均衡論にせよ，リバタリアニズムにせよ，「市場を擁護するとともに，私的生活を尊重するから共同性や道徳性を必ずしも否定しない」と論じることが純論理的には可能である[4]．また，もともと規範理論として提示されているリバタリアニズムとは異なって，こと市場均衡論に関する限りは，塩野谷のように純道具主義的に捉えることも可能であろう．しかし，リバタリアニズムのみならず，市場均衡論も現実的な政策論において市場の擁護にしばしば援用される．そして，現実には市場の過度の擁護は，その圧力に晒される共同性や道徳を弱体化させる方向に働くことが多い．だから，蓋然性の高いこの現実的帰結を前提とすれば，コミュニタリアニズムは原子論的理論（連合）と対立することになるのである．

このように，コミュニタリアニズムは原子論的理論（連合）と方法論的にも現実的帰結においても対立しているから，塩野谷が挙げる各種の規範理論の統合は，彼が主張するほど容易ではない．特に，「原子論／全体論」（塩野谷の言う「個人主義／全体主義」）には大きな方法論的緊張関係が存在する．これに比して，塩野谷の言う「制度内秩序／制度の基礎構造」には，「原子論／全体論」の場合ほどの理論的対立は存在しないように思われる．例えば，「市場均衡理論—リバタリアニズム」連合がこの点を例証しているし，コミュニタリアニズムと制度進化論（塩野谷の言うCとD）との間にも殆ど緊張関係は存在しないであろう．塩野谷自身が，歴史学派の主導者シュモラーの進化論的経済学を「共同体の動態理論」として説明しており，彼自身の極めて示唆的な論述が示すように，これをコミュニタリアニズム的な動態的理論として捉え，「コミュニタリアニズム—制度進化論」連合を構想することは可能と思われる．これは，いわば「全体論的理論連合」と言えるかもしれない．しかし，これと「市場均衡論—正義論」という原子論的理論連合との間には無視できない溝が存在する．

この二つの連合関係に限定して述べれば，原子論的理論連合においては，あ

くまでも原子論的個人を基礎としてその個人の参加する市場経済を擁護する余り，他人への福祉に対する顧慮は最小限に限定される．これに対して，全体論的理論連合においては，コミュニティーの共通善を実現しようとするから，その構成員の福祉へと配慮する．だから，少なくとも福祉に関する限り，この双方の理論的伝統を整合ないし統合するのは決して容易ではない．しかし，塩野谷の掲げる理論的統合という目標自体は重要であり正当だ，と筆者も考える．そこで，これを遂行するために必要な論理について考えてみよう．

3　ロールズの「魔術」を解く ── 方法論的対立の背後の共通性

筆者は，塩野谷のようにコミュニタリアニズムの共通善論（C）とロールズ的な正義論（B）との対立を不毛とは思わないが，これは方法論的対立であり，福祉政策に関してはこの双方が福祉擁護論であってその政策的帰結においては確かに大きな対立は存在しない．現に，「アメリカの文脈では，かつては福祉政策はリベラリズムによって正統化されていたのに対し，近年ではコミュニタリアニズム的な議論によって正統化されるようになった」という議論も存在する．ロールズ自身においては『政治的リベラリズム』（1993年）に至って格差原理の比重が後退したように見える[5]のに対し，サンデルらのコミュニタリアニズムは自己論から共和主義的な政治論へと転回し，福祉政策がかかわるような政治的左右対立軸においては，かつてのロールズの立場を占めるようになった，というのである[6]．

コミュニタリアニズムの観点からすると，このように見える事態が生じた一因は，ロールズ自身の正義論の理論構成の中に，実はコミュニタリアニズムの重視する共同性の要素が存在していたことに求められる．本書においても，塩野谷の第3章の前半部では，ロールズの理論が標準的に説明されているのに対し，渡辺の第4章では，それとは相当異なった側面が強調されている．渡辺は，ロールズの契約論を，リバタリアニズムのように自然法学あるいは自然権論の伝統に属するのではなく，共和主義的伝統に属するものと見做す．そして，政治社会はひとつのコミュニティーであり，格差原理は社会的な協働のシステムにおける互酬（reciprocity）ないし相互性（mutuality）の原理である，とす

る．つまり，塩野谷の説明するロールズ理論は，「個人主義的」な方法による「制度の基礎理論（正の理論）」であるのに対し，渡辺がここで説明するロールズ理論は，むしろコミュニティーにおける協働や互酬に注目する共和主義理論なのである．

この説明の相違は，ロールズの福祉論についての理解にも相違点として現れている．ロールズ自身は「福祉国家資本主義（welfare-state capitalism）」を批判して，自らの立場は「財産所有制民主主義（property-owning democracy）」である，とする．福祉国家資本主義は，社会的・経済的制度の基本構造をそのままにして事後的に「矯正」して再分配を行うものであるのに対して，彼自身の財産所有制民主主義ないしリベラル社会主義は，自由かつ競争的市場や生産手段の私的所有を前提としつつも，それを民主主義的に統御し，財産・資本や人的資本の所有を分散させて，経済や政治の独占的・寡占的管理を防止するものである．

塩野谷がロールズの理論を福祉国家の哲学的基礎付けに用いているのとは対照的に，渡辺は上記の二つの概念の差違を強調してロールズの福祉国家批判に焦点を当てている．ここでの問題は，「民主主義的統制を政治的領域だけではなく資本主義そのものに対して及ぼして，福祉政策を事後的な再分配よりも深化させて事前の分配にまで進めるかどうか」という点である．だから，「ロールズの正義論を福祉国家論として捉えることができるかどうか」という論点は，単に用語法の問題ではなく，主張する福祉や社会保障の実質的内容に深く関連している．

渡辺によれば，ロールズは，社会の基本的構造の変革を考えずに各人が私的目的からのみ社会を考える点において，福祉国家資本主義をホッブズ以来の「私的社会（private society）」と位置づけ，原子論的な存在論的個人主義などをその特徴としている．ロールズはこの「私的社会」を「幸福のリベラリズム」と呼び，これに対し，彼自身の主張する「自由のリベラリズム」として，コミュニティーとしての「政治社会」を対置する．ここにおける財産所有制民主主義は財産や資本の広範な分散を主張する点で古典的な共和主義の伝統に連なっていることをロールズ自身が自認しており，これは，ホッブズ以来の「私的社会」とは対照的で，ルソーの「一般意志」やヘーゲルの「国家」と通底す

る.つまり,「福祉国家資本主義／財産所有制民主主義」は「分配／再分配」「私的社会／コミュニティー」「アンチ共和主義／共和主義」「合理的多元主義／理性的多元主義」「全体利益／一般利益」「暫定協定／重なり合う合意」とそれぞれ対応する,とされるのである.

　ロールズを個人主義的でリベラルな思想家としてのみ捉えていると,彼を共和主義的と見做す渡辺の描像は,意外で衝撃的ですらあるだろう[7].しかし,実際にロールズにはこの双方の側面が複合的に存在する.彼の理論は,方法論的には原子論的ないし個人主義的な契約論的構成を取っているが,実質的結論として「コミュニティー」における福祉を正統化する点においては共和主義的ないし全体論的側面も有している.塩野谷のように方法（論）に着目すれば前者のような個人主義的側面が現れるが,福祉という内容について考えれば渡辺の指摘するような共同性の側面が浮かび上がる.そして,福祉政策を可能にしているのは,前者というよりも実質的な後者の側面である.

　そして,実のところ,いわゆるコミュニタリアニズムの起点となった,サンデルの有名なロールズ批判は,この二つの側面の間に存在する緊張関係に焦点を当てるものだった.彼は,後者の「コミュニティー」の側面（協働や,社会的共通資産という発想など）を肯定しつつ,それと矛盾する原子論的定式化,特にその自己観（「遊離した自己」）を批判したのである[8].だから,コミュニタリアニズムのロールズ批判は,原子論的な方法論にのみ向けられているのであり,渡辺が強調するような「コミュニティー」の側面はむしろ肯定されているのである.

　したがって,福祉政策という観点から見れば,かつてのロールズの政策的位置をコミュニタリアニズムが占めるようになったのも当然である.また,サンデルをはじめコミュニタリアンの多くは,近年政治的には共和主義的側面を強調するようになっているから,この点でもコミュニタリアニズムとロールズとの間には共通点が存在することになる.サンデルらはいわば「コミュニタリアニズム的共和主義」と位置づけることができるのに対し,ロールズの思想は「リベラリズム的共和主義（リベラル・リパブリカニズム）」と見做すことができよう.

　福祉政策という観点から見れば,福祉を根拠付けるものとして,コミュニテ

ィーやそこにおける共同性が重視されるのは，むしろ当然である．ただ，これらを強調して福祉を擁護するのは，アメリカのような個人主義的文化が強いところでは，必ずしも容易ではない．だから，ロールズのいわば天才的な着想は，「原初状態」における「無知のヴェール」の下の契約という仮設的状況を想定することによって，原子論的な個人という方法論的仮定を置きつつ，実質的にはコミュニティーの構成員における共同性を確保して，福祉政策を正統化する格差原理を提示したところにあった．

つまり，「無知のヴェール」の下では自分の状態についてわからないから，もしかすると自分は最悪のもっとも惨めな状態にいるのかもしれない．だから，現実の自分の貧富の状態とは離れて，最悪の状態にいる人でも同意できるような「契約」に合意することになる．こうして彼の「正義の2原理」は「普遍化可能性」を持つ．「無知のヴェール」という理論的装置を除いて考えれば，これは実際には，より豊かな人々がもっとも惨めな人の立場にも立って考えることによって「格差原理」を定めることに等しい．だから，ここにおいては，富者と貧者との間における共通性の存在が，理論的に仮定されている．簡単に言えば，「無知のヴェール」を脱いでみれば，相対的な富者は，最貧者のためになる原理に，同胞として同意したことを発見するのである！

こうして原子論的方法論から全体論的でコミュナルな福祉政策を導出するのだから，これは一種の理論的魔術とすら呼べるかもしれない．『リチャード・ローティ ポスト・モダンの魔術師』という渡辺の著書[9]の題名に準えて言えば，ロールズにこそ「魔術師ロールズ」という呼称が適切なのである．

コミュニタリアンとされるサンデルのロールズ批判は，この魔術を解き，福祉政策を導出するためには原子論的な自己観や方法論が不適切であることを指摘したもの，と見做すことができる．コミュニタリアニズムの観点から見れば，ロールズの論理は福祉政策の正統化という点においては巧妙だが，方法論的に原子論的でありそれが自己観にも反映しているだけに，それは共同性や道徳性一般を妨げるという点において，やはり問題を孕んでいる．だから，やはり個人主義的文化に影響された原子論的方法論は捨てて，実質的なコミュニティーの論理を素直に展開すべきである，ということになる．こうしてロールズの仕掛けた巧妙な魔術の呪縛を解こうとしたのがコミュニタリアニズムのロールズ

批判であり，その論理によれば，魔術からの解放によって，ロールズ的正義論はコミュニタリアニズム的ないし共和主義的な福祉理論へと転生することになるのである．

4　コミュナルな福祉公共哲学へ——倫理的個人・潜在能力とケア

　このような観点から再考すれば，福祉擁護論は，仮に個人主義やリベラリズムの衣を着ていても，その中に，何らかの点で他者への配慮やそれを基礎付ける共同性ないし共通性に関する理論的装置を内包している．仮にコミュニティー内部の他者の状態について完全に無関心な個人を想定すれば，福祉の必要性は導出されないからである．福祉を正統化するためには，リバタリアニズムのような人道的考慮にせよ，ロールズのような「魔術」にせよ，他者への配慮を理論化することが必要である．人道的考慮も，結局は貧困者に対する人間としての共通性に基づくから，ここには共通性の認識が働いていると言えよう．

　ある意味では，素朴に考えると，福祉の根拠として「共同性」が現れるのはむしろ当然である．歴史的に福祉は愛や慈悲といった宗教的・倫理的観念によって始まり発展してきたことを考えれば，これは明らかであろう．そこで，筆者としては，次のような仮説を提示してみたい．

「福祉擁護の方法論についての仮説的命題：
① 論理的に統一性のある福祉擁護論は，他者への配慮を正統化するために，何らかの形で共同性（コミュナリティー communality）や共通性（commonality）を内包するような概念化や理論化を必要とする．このようなコミュナルな論理を完全に否定すると，福祉擁護論は成立しない．
② 共同性・共通性を理論的に明示していなくとも，純然たる原子論的・個人主義的概念とは異なった別の概念化がなされ，それについては共同性・共通性が実際には大きくかかわっている．そして，このように共同性・共通性に関する理論的装置が不明確な場合には，その議論には弱点や不明確な点が残る．」

長谷川が論じるドゥオーキンの倫理的責任論について考えてみよう．長谷川がドゥオーキンと対照させるローマーのように，「道徳的責任」と「答責性」を区別するならば，個人の「道徳的責任」があったとしてもそれに還元できない環境がある場合には，「答責性」がない（否定的責任は問われないし，肯定的責任については補償がなされる）．この場合は，社会的な共同性は，個々人の道徳的責任とは区別される答責性の概念によって扱われている．

これに対して，ドゥオーキンの場合は，人生におけるチャレンジという倫理的人格観に基づいて個人の倫理的責任を重視するから，ローマーのような区別は行わない．しかし，チャレンジを可能にするために基本的資源は保障されるべきであり，人生における決定的利益に即して，人々の「等しい尊重と配慮」に基づいて資源の平等が図られるべきだ，とする．

この「倫理的リベラリズム」においては，ローマーに比して，個人主義的観点が貫かれているように見える．しかし，ドゥオーキンは，経済学的な選好の観念には批判的であり，「意志的利益（volitional interest，あるいは経験的利益）」と「決定的利益（critical interest）」とを区別する．意志的利益が選好のように単に欲求の実現を表すのに対して，決定的利益は人生にとって重要で基底的であり，批判的・理性的判断が介在して，（健康・資源・家族・友情などのように）誰にとっても共通の意味を持つ．これが福祉の根拠とされている．

したがって，決定的利益は，個々人の選好とは異なって，誰にでも共通の利益であり，したがってここには共通性・共同性の契機が存在している．ここには，ロールズ理論と同様の構図が存在する．ロールズ理論が方法論的には個人主義的でありながら実際にはコミュニティーにおける協働を理論化していたのと同様に，ドゥオーキンの倫理的責任論も，個人主義的な責任論でありながら，実際には決定的利益という観念の中に共通性の契機を導入しているのである．チャレンジを中心にする人生観も，美徳の涵養というコミュニタリアニズム的な観念とさほど遠くはない．だから，ドゥオーキンも，リベラルでありながらコミュナルな観点も持っていることになる[10]．それでは，センの場合はどうだろうか？

鈴村が第5章で扱ったセンの潜在能力アプローチの場合は，財を用いて人が

達成できる「機能 (functioning)」の概念を提起した．この概念を情報的基礎とすると，個人的「良 (good)」[11] は，人が選択の自由を行使できる機能の束の集合たる「潜在能力 (capability)」として概念化できる．新古典派経済学ないし新厚生経済学が依拠する「効用」の場合はあくまでも主観的「好 (良, good)」の概念であるのに対し，機能と潜在能力の概念においては，その「良」の「評価 (evaluation)」を概念化することが必要になる．

　問題は，公共的な「良」の評価が"私的「好」と独立した客観的「善」としてなされるのか，それとも私的「好」に基づいてなされるのか"という点である．鈴村によれば，センもこの点では，前者のようなプラトン的発想ではなく，"公共的「良」は私的「好」の合成（関数）"とするベンサム以来の功利主義的伝統に則して，後者の道を取る．私的「好」の合成として公共的「良」が成立するという考え方は，功利主義以来の原子論的構成だから，ここで問題となっているのは，「経済学が原子論的構成の範域内に留まるか，それとも何らかの全体論的概念を導入せざるを得ないのか」という重大な論点である．

　そもそも，客観的には虐げられた人々が諦観から主観的には不満を感じなくなっている状況について，主観的な効用概念だけでは「満足」と見做しかねない．だからこそ，センは，個人主義的な主観的効用（「好」）の概念の限界を乗り越えるべく，「機能―潜在能力―評価」という新しい概念構成を提起した．そこで，これらが個人的「好」を超える共通の価値ないし客観的な価値を表しているかどうかが改めて問題となるわけである．センは「コミットメント」（自らに対してはより低い厚生しかもたらさない可能性を熟知しつつ，引くに引かれない義務感から，ある行為を選択すること）の概念も提起して，いわば「反選好的選択」の存在を意識しているから，この問題はさらに鋭いものになる．

　経済学において厚生主義（的帰結主義）は，ベンサムの功利主義以来，ピグーらの旧厚生経済学・バーグソン＝サミュエルソンらの新厚生経済学・アローの社会的選択理論などの長い伝統を持つ．だから，セン・鈴村が効用概念だけに頼ることを止めて選択の機会や手続きといった非帰結主義的観点を（再）導入したことは，「厚生主義のパラダイム転換」と言うことができるような極めて重大な意味を持っている．ただ，センはなお原子論的構成を維持しうると考

えている点において厚生主義の範域内に留まっており，その意味でこのパラダイム転換は（非帰結主義的側面を導入する）「厚生主義内部のパラダイム転換」であって，「厚生主義からのパラダイム転換」ではない．

鈴村自身は，さらに制度制定段階を考慮するモデルを提示している．このモデルにおいて，制度を前提とする場合には「効用―主観的選好」が用いられるのに対して，制度制定段階においては，「機能・潜在能力―（個人的）評価―社会的評価」という概念が用いられる．だから，ここでは，厚生主義内部において 2 元論的構成が導入されており，いわば「2 元論的（非帰結主義的）厚生主義」が提起されていることになろう．

これは，上述のドゥオーキンと類似する方向を示している．ドゥオーキンが経済的選好概念に代えて，倫理的な個人を想定するリベラリズムを提起したのと似て，セン・鈴村は，経済学における「合理的な愚か者」の想定を批判して，潜在能力の発展を軸にする人間観の下に，その向上を制度的・政策的課題にする考え方を提示しているからである．そこで，ドゥオーキンの「決定的利益」の場合とやはり同様に，「機能や潜在能力も個人個人で全く異なっているのではなく人間としての共通性が存在するのではないか」という問いが生じてくる．セン・鈴村自身はこの点については必ずしも認めていないが，センと共同研究を行ったヌスバウムは，現に最近は，アリストテレス＝マルクス的観点から共通性の存在を明示的に主張するに至った．彼女は，人間としての普遍的な価値を擁護し，（重なり合う合意が異文化間でも成立する）「中心的人間的潜在能力」のリストを呈示しているのである[12]．

今田は，第 13 章でこの点をさらに積極的に主張している．センが「単一の万能の選好順序という後光を背負った〈合理的愚か者〉」という経済学の想定を批判して「共感」と「コミットメント」を備えた人間像を提出したことを，今田は高く評価しつつ，センが基本的に依拠している自由主義との関係は微妙だ，と指摘する．共感を通じたコミットメントという発想は，自由主義の基礎にある個人主義や合理主義から逸脱する，というのである．今田は，このセンの提示した方向はさらに進めばコミュニタリアニズムへとつながるとして，特にマイケル・ウォルツァーの複合的平等論を評価する．

確かに，コミュニタリアン左派と見做されるウォルツァーは，財に注目して

平等の問題を論じているから，コミュニタリアニズムの福祉公共哲学として彼の理論はもっとも重要なもののひとつであろう．彼によれば，コミュニティーの構成員に対する財（goods）の配分は，その地域的な政治的コミュニティーの文化や伝統の中で，構成員の意味理解に基づいて決定され，それは財のかかわる領域によって異なる．だから，分配的正義は領域に応じて多元的であり，それに基づく複合的平等が実現されるべきなのである．

今田は，ロールズの格差原理で想定される他者は「わが身を案じるための仮想的な他者でしかない」とし，その正義論は「自律的で強い意志を持った強者の普遍主義的な倫理」であると批判して[13]，次のように論じる．自由主義には「他者配慮的な合理性」がないのに対し，センにはそれを超える「弱者の視点」があるが，自由主義ではセンが明らかにした「リベラル・パラドクス」を超えられないから，自由主義や正義論を超える必要がある．もっとも，コミュニタリアニズムで重視される「共通善」も「無知のヴェール」と同様の虚構であり，そこで想定される他者性は濃厚すぎるから，共同体レベルではなくミクロなレベルでの他者性を導入する必要がある．だから，福祉国家の論理として「ケアの倫理」を導入すべきであり，「そうすることで，『正義の倫理』と『ケアの倫理』の補完性を樹立し，正義論の限界を乗り越える」べきである．このように主張して，今田は，ギリガンが（男性とは異なる）女性の心理的・道徳的発達段階として提示した「ケアの倫理」を紹介しつつ，エリクソンなどを媒介してそれを男女の別を超えて一般化し，人間には「ケアの衝動」があるとして，それを基礎にして教育・医療・福祉を再構築するべきである，というのである．

後藤も第14章で同じく「正義」と「ケア」の問題を扱っているが，この関係について，彼女は今田とは若干異なった方向を示している．後藤は，鈴村と似た観点から「個人の選好の多層性」を指摘して，次のように論じる．通常の「経済システム」では個々人が私的選好に基づいて最適化行動を取るが，多元性の中における公共政策として，「①資源配分（経済メカニズム）における公共善（共通に保障すべき善・財），②集合的意思決定手続き（政治メカニズム）」については，私的選好・関心によってではなく不偏的な公共的観点から決定されるべきである．そして，このような「①一般的・普遍的，②基準など

の公示，③主観的選好などに対する反省的熟慮，④多様な人々を等しく扱う不偏性」というような性格を持つ公共的関心・判断が「正義」である．多様な個別性への関心を本質とするケアの観点は，反省的熟慮によって複数の具体的ルールを整序するような普遍的ルールへと結晶化する必要がある．だから，公共的討議などによって，多様な境遇にある人々に対して「複数の個別的な特徴に等しく配慮する不偏的な扱い」を可能にする「ポジション配慮的〈公共的ルール〉」を形成することを目指すべきである．

　今田も，「『正義の倫理』と『ケアの倫理』の補完性」について言及しているから，必ずしも「正義」の観念を否定するわけではないかもしれない．しかし，「正義の彼方へ」という副題が示すように，議論の重点は，明らかに正義論を超えて「ケアの倫理」を主張するところにある．これに対して，後藤は，私的観点を超えた「正義」の観点を擁護しつつ，「ケア」の重要性を受け止めてその観点を「公共的ルール」の中に組み入れ，「公共的ルール」自体を発展させてゆくことを主張している．こうして形成されるべき「ポジション配慮的〈公共的ルール〉」は，やはり「正義」と呼ばれうるのだろうか？　この点について後藤の意見は明言されていないように見えるが，もしこれを「正義」と呼ぶのならば，2人の方向性は次のように集約できるだろう．今田が「正義からケアへ」と論じているのに対し，後藤は「ケアを考慮に入れた正義を」と論じているのである．

　ドゥオーキン・長谷川やセン・鈴村の場合，一見原子論的・個人主義的なリベラルな構成を維持しつつも，彼らの理論の中には純然たる原子論的概念とは異なった別の概念が重要な役割を占め，共同性・共通性との関連が明言されるか（「決定的利益」の場合），有力な論者（ヌスバウム）によって主張されるようにその存在が論じられうる（潜在能力の場合）．他方，今田の場合，センに共感を示しつつも自由主義の範域内では十分には他者・弱者の立場を組み入れた理論化はできないとして，ケアの倫理を福祉国家の機軸にすべきだ，と主張する．今田が主張するように（ミクロな他者性にかかわる）ケアの倫理は共同体倫理ではないにしても，他者との間の共同性にかかわる倫理であることは確かだろう．実のところ，ケアという概念は儒教で言えば「仁」に近く，むしろ伝統的な宗教的倫理との共通性を感じさせるのである．

本節冒頭の仮説的命題に即して述べれば，今田の立場がもっとも典型的な福祉擁護論であり，その第1項（①）を明確に表現しているのに対し，その前に論じた他の福祉擁護論は第2項（②）に相当しよう．後藤の立場は，ケアの倫理を前提にしている点でドゥオーキンやセン以上に明示的に共同性の要素を理論の内部に摂取しながら，それをリベラルな「正義」の観点へと組み入れていることになる．これは，批判的に評すれば「正義」の中に「ケア」を回収ないし統合していることになるだろうし，肯定的に評すれば「ケア」を媒介して「正義」を発展させていることになるだろう．いずれにしても，以上の福祉擁護論に関する限り，本節冒頭の仮説的命題は反証されなかった．そこで，以下では，この命題を前提として管見を簡単に述べてみよう．

5　リベラル／コミュナルな善と美徳——二元論の新対抗法的統合

仮説的命題①で述べたように，筆者は福祉擁護論においては何らかの形で共同性にかかわる概念装置が必要だと考えている．それだけではなく，福祉に限らず公共哲学一般においても共同性にかかわる要素が必要であり，人間にとって他者との間に共同性・連帯性が存在するからこそ，困窮した他者は無関心に放置されるべきではなく，他者に対する配慮としての福祉は擁護されるべきである，と考えるのである．この点で，筆者は共同性を重視するコミュニタリアニズム的な公共哲学に親近感を持っている[14]．共通善・公共善の観念は，そもそも公共政策を嚮導する理念だから，現実の世界では確実に一義的な形で実体として存在するわけではなく，従って敢えて「虚構」として斥ける必要もない．人々が公共善の理念に向かって熟慮や討議を重ねて，よりその理念に接近する決定を目指せばよいのである．

ただし，今田が指摘するように，今日の社会では濃密な共同性からなる共同体を想定できない場合やそれが望ましくない場合も多い．だから，封建的・家父長的共同体を連想させやすい「共同体」という訳語を避けて，本稿では「コミュニティー」「コミュニタリアニズム」という表記を用いている．さらに，実体としてのコミュニティーないし共同体は，ややもすると抑圧性を帯びる危険を孕むので，むしろその本質的要素として「共同性（コミュナリティー）」

そのものに焦点を当てたほうがよいであろう．今田が主張する「ミクロなレベルでの他者」に対する関係についても，「共同性」ならば適用できる．そこで，筆者自身はコミュニタリアニズムの中に含まれる有意義な内容には，「コミュナリズム（共同性主義）」という用語を用いる方が適切だろうと考えている．

　第1節で触れたように，財産の共有や国有化を柱とするような共産主義（コミュニズム）の思想的誤謬は明らかになった．しかし，だからといって，共産主義の中に含まれていた「共（コミュ）」の要素が全面的に否定されるべきではなく，この側面は，共産主義という誤った理論的定式化とは別に，人類にとって普遍的に必要なのである．だからこそ，伝統的には，この側面は宗教的な形式の下に「愛・利他・慈悲・仁」などの観念として強調されてきた．そこで，私達は，「ケア」であれ，「共感」であれ，「コミットメント」であれ，「決定的利益」であれ，どのような観念を用いるにしても，この「共」[15]の側面を公共哲学の中に再生させる必要がある．

　共産主義崩壊の反動として，その後の政治哲学や経済学では，リバタリアニズムやネオ・リベラリズムのように，私的・個人的利益や関心を擁護することにのみ力を注いでこの共同性・共通性を等閑視する思想が流行した．この結果，貧富の格差の増大や道徳的崩壊・環境破壊などの問題点が現れるに連れ，それに対する批判として北米で現れたのがコミュニタリアニズムであった，と言えるだろう．

　「共」を再生させるにあたって，この公共哲学は現存するコミュニティーに手がかりを求め，コミュニティーやそこにおける道徳の再建を訴えている．ただ，現存するコミュニティーに依拠する結果，コミュニタリアニズムの中には，過去のコミュニティーの再現というような復古的ないし保守的な色彩を帯びるものも存在しうる．そこで，筆者自身は，先述したように共同性という本質に焦点を当ててコミュナリズムとして理解し再定式化するとともに，コミュニティーについては国家だけではなく地域的・地球的なコミュニティーを重視し，特に生成しつつある「地球的コミュニティー」の観念を強調して「将来志向的コミュニタリアニズム」「地球的コミュニタリアニズム」という表現も用いている[16]．

　このような観点から，リバタリアニズムなどに抗して，コミュナルな観点か

ら福祉公共哲学を再建し，福祉政策を再生させるべきであろう．コミュニタリアニズムにおいて福祉はさほど中心的に展開されている主題ではないが，現に，前述したウォルツァーだけではなく，多くの主要な理論家はリバタリアニズムに反対して何らかの形で福祉擁護論を展開している．アミタイ・エツィオーニは，権利に対して責任を強調するため福祉に厳しいと思われがちであろうが，彼ですら，ネオ・リベラルの政策に反対して，全ての人間を目的それ自体として扱うが故に「行為とは無関係に，全ての人が豊かで基礎的な最低限生活水準に値する」と論じて福祉政策を擁護しているのである[17]．

　また共和主義的なサンデルは，自治の観点から公共的施設の再建を主張する．ネオ・リベラルな政策が経済的な貧富の差を拡大し，自治の基礎となる共通性（commonality）を崩壊させることを批判している．彼によれば，公園や図書館をはじめ公共的な施設が衰退して，富者は私的な施設（スポーツのクラブなど）に行き，公共生活から退いて自分達の同質の世界に閉じこもる．これは，富者と貧者が共に構成する公共的アイデンティティーを不可能にするから，階級横断的な公的施設（公立学校，図書館，コミュニティー・センター，公共的鉄道・道路，軍隊）などを再生させて，人々が共に集まって経験を共にし，公共民としての習慣を涵養する公共的空間を増やすことが必要である．福祉国家リベラルとは異なった理由によって，配分的正義よりもむしろ自治に必要なアイデンティティー形成のために，彼は不平等に反対する[18]．

　このようにサンデルの福祉論は，例えば，ドゥオーキンの責任—平等論とは論理構成において異なっており，もし盛山が第10章で述べるような平等論批判が正しくとも，福祉を擁護する論理を提供している．もっとも，コミュニタリアニズムの福祉論においても，コミュニティーの構成員に対する同胞愛からの福祉という論理と，コミュニティーにおける自治のための公共的施設再建という論理では，相互に排他的ではないものの，論理構成には差が存在するように思われる．このような様々な論理構成の差は具体的な福祉政策の差に反映する可能性もあるが，この点についてはまだ十分に議論が深化していないように見える．いずれにしても，リバタリアニズムに対して，リベラルとコミュニタリアニズムが，論理構成は異なりながら福祉擁護という点で政策的には共通していることが確認できよう．

ただし，コミュナルな観点を強調するからといって，個人主義的側面を忘却してよいというわけではない．理論的にはリベラルな思想が今日では強力だから筆者はコミュナルな観点を強調しているが，逆にコミュナルな観点を強調し過ぎてリベラルな価値の重要を軽視すると，正にリベラルな思想が強調している通りに独裁・抑圧や同調強制という問題点が現れる．

この点は，コミュニタリアニズムの思想家自身も自覚しているところであり，例えばコミュニタリアンを自称する社会学者アミタイ・エツィオーニは，『新しい黄金律』(1996年)[19]において「自律と秩序」の均衡（バランス）を強調している．彼によれば，コミュニタリアニズムは，秩序だけを過度に強調する社会的保守主義とは異なり，社会的保守主義とリベラリズムとの中間にある．例えば，アメリカでは自律が強調されすぎているのでコミュニタリアニズムは秩序の重要性を訴えているが，中国（や日本）では秩序の方に比重がありすぎるので，逆に自律の必要性が主張されなければならない，というのである．

筆者自身はこの点をさらに明確に定式化し，方法論的には「原子論／全体論」という2元論を基にして，公共哲学は「リベラル（自由）／コミュナル（共同）」という二つの契機の緊張関係を機軸に構成されるべきである，と考える．いわば，これは原子論の一元論的公理系でもなく，全体論の一元論的公理系でもなく，その双方からなる2元論的公理系であり，したがって個人の自律と他者との共同性の双方が等しく重視されるのである．これは，エツィオーニらの主張を理論的に発展させたものであるが，これをコミュニタリアニズム（あるいはコミュナリズム）とだけ呼ぶと，コミュナルな側面のみを強調する思想という誤解が生まれるかもしれない．だから，筆者自身の思想については，歴史的な共和主義との親近性を意識して，むしろ新公共主義（ネオ・リパブリカニズム）と呼んでいる[20]．

この観点から見ると，共産主義は全体論的一元論であって，コミュナルな契機のみを重視して個人の自律性を軽視した．それに反発して生まれたリバタリアニズムは，これと対称的に，原子論的構成に殆ど純化しているので原子論的一元論であり，コミュナルな要素を軽視している．この双方は，一元論という点では鏡像のような相似性を持っている．

これに対して，他の福祉擁護論は，いずれかに軸心を置きつつも，他の要素

にも一定の配慮を示している．ドゥオーキンやセンは原子論的な自由・自律を基本にしながら共同性の契機も導入している．逆にその限界を指摘する今田も，「ケアの倫理」という共同性の契機を強調しながらも「正義の倫理」との補完性に言及していた．後藤は今田とは逆に，「正義」の重要性を前提としつつ，「ケア」の観点を明示的に摂取しようと試みているので，やはり自律・共同の双方の契機を直視しつつ「正義」の側で統合しようと試みている，と言うことができよう．

2元論の構成を認め，その双方の要素の存在を認めるならば，さらにその先に現れる重要な問題は，「この両極の緊張はどのようにして解決されるのか」という点であろう．本章で扱った論稿の中では，後藤論文がこの重要問題にもっとも本格的に挑戦している．

筆者自身は，この両極を認識すると共にその緊張関係をどこまでも直視して，その統合を目指しつつもその困難を常に自覚することが必要だ，と考えている．これは弁証法的な発想ではあるが，本当の「止揚」の困難さを明示するためにも筆者は「新対理法」と呼んでいる．両極間の緊張関係を媒介する方法として，弁証法の原型たる対話法・問答法に遡ってdialecticsを「対理法」と訳し，さらにヘーゲル的な絶対知を否定して安易な「止揚」の誤謬を回避するためである．いわば，「止揚」は夢ではあるが，多くの場合は「見果てぬ夢」なのである．

このような観点からすると，「正義」と「ケア」とは自律／共同という両極の緊張関係を象徴しているから，この統合や止揚は容易ではない．少なくとも，そのような統合を「見果てぬ夢」として目指すためには，この緊張関係の中から，「正義」も「ケア」も，より高次な「正義」と「ケア」へと変容しなければならない．こうして変容した「正義」や「ケア」は，このような緊張関係を潜り抜ける以前のそれらとは異なった質を持っているであろう．後藤論文では，個別的な「ケア」は熟慮や反省を経て公共的ルールへと普遍化される必要性が指摘されているし，普遍的な「正義」は「ポジション配慮的〈公共的ルール〉」へと発展する必要性が主張されている．このように高次化された「ケア」と「正義」の像が十分に結晶すれば，そこには少なくとも緊張関係を媒介した統合の「夢」が具体的になるだろう．

補論1　福祉公共哲学をめぐる方法論的対立　　　301

　最後に，公共哲学一般との関連で，本稿で論じ得なかった重要な点を一つだけ指摘しておこう．福祉が考えられるべき単位は，単に「福祉国家」だけではなく，家族・地域的コミュニティーや NGO・NPO など中間集団や，国家を超えたコミュニティー（アジア的，そして地球的コミュニティー）など，多元的で多層なコミュニティーであるべきである．第9章の立岩論文が末尾で指摘しているように，国境の制約を超える必要がある．

　筆者は新公共主義において，これらの様々なコミュニティーにおける政治的・制度的側面を「公共体」と呼んでいるので，その用語法を用いれば，21世紀における福祉のシステムは「福祉国家」だけではなく「福祉公共体」として構想されるべきであろう．「福祉公共体」には上述の様々な単位が存在し，「福祉国家」はその内の重要な一部分と位置付けられる．そして，分配ないし再分配もこれらの諸種の単位で考えられるべきである．特にネオ・リベラリズムないしリバタリアニズムや，（それらが正統化している）グローバリズムによって拡大している南北の格差や構造的不均衡問題は深刻なので，「地球的福祉問題」に正面から取り組む必要がある．地球的公共体においては「地球的（再）分配」を真剣に検討するべきであろう．

　いつか，「地球的福祉問題」をも考慮する「地球的福祉公共哲学」や，「新公共主義的社会保障論」を展開する日が来ることを望みつつ，本稿をここで擱筆することにしたい[21]．

注
1) ノージックや森村のように，自己所有権を根拠にする議論が典型的なリバタリアニズムの議論である．だから，経済的効率という帰結主義に重点があるハイエクをリバタリアニズムに分類するかどうかは，リバタリアニズムの定義によるであろう．そこで，ここでは「リバタリアニズムに近い思想的立場」と表現している．
2) 拙稿「書評　塩野谷祐一著『経済と倫理──福祉国家の哲学』（公共哲学叢書1）」財団法人　家計経済研究所『季刊　家計経済学研究』2002, autumn, no.56, 64-69 頁．なお，塩野谷の返答「小林正弥氏の書評に答える」が，同じ号の 70-71 頁．
3) この方法論的対立を軸にした理論的構図の整理として，とりあえず拙稿「新公共主義の基本的展望──戦後日本政治理論の観点から」『公共哲学10　21世紀公共哲学の地平』（東京大学出版会，2002年），特に図1，122 頁．
4) 森村，本書第8章参照．
5) ロールズ自身は格差原理の後退を認めていないが，『政治的リベラリズム』では

格差原理への言及は少なく,このような印象が生まれている.論理的にも,福祉をめぐっては現に大論争が行われているから,「重なり合う合意」はアメリカ内部にすら成立しないと言わざるを得ないであろう.

6) 中野剛充「共和主義における『哲学』と『政治』: *Michael J. Sandel, Democracy's Discontents* を読む」相関社会科学編集委員会『相関社会科学』7号,1998,117-121頁など.

7) 経済・福祉に関しては,財産・資本の所有の分散に焦点があり,この点はサンデルの考えている共和主義の内容と一致する.Michael J. Sandel, *Democracy's Discontent: America in Search of a Public Philosophy* (Cambridge, Mass., The Belknap Press of Harvard University Press, 1996), especially, part 2.

8) Michael J. Sandel, *Liberalism and the Limits of Justice* (2nd ed., Cambridge, Cambridge University Press, 1982, 1998) (M.J. サンデル『自由主義と正義の限界』三嶺書房,1999年), especially, "Three Conceptions of Community," pp. 147-154.

9) 渡辺幹雄『リチャード・ローティ ポストモダンの魔術師』(春秋社,1999年).

10) このような側面は,彼の近年の代表作『法の帝国』における法概念に,さらに明確に現れている.「純一性」という法の基本価値を説明する際に,コミュニティーの観点が重視されているのである.ロナルド・ドゥオーキン『法の帝国』(小林公翻訳,未来社,1995年),第8章第3・4章.

11) 鈴村論文では,goodが【善】と表記されている.筆者は,主観的効用のようなgoodと客観的・倫理的なgoodを訳語においても区別するために,前者を「好」(好悪における好),後者を「善」と訳し,この双方をまとめて呼ぶときには「良」と呼ぶ.また,この「良」を双方に付して,主観的goodと客観的goodを「好良」「善良」と呼ぶこともできよう.私的な「好」の選択が,「選好」である.

12) Martha C. Nussbaum, *Women and Human Development: The Capabilities Approach* (Cambridge, Cambridge University Press, 2000), pp. 11-15, 34-86.

13) このロールズ批判に関連して,次の論争が興味深い.今田高俊「福祉国家の再建——塩野谷祐一『経済と倫理——福祉国家の哲学』に寄せて」『UP』2003年1月号,363号,22-29頁,塩野谷祐一「福祉国家の再建について——今田高俊氏の書評に答える」『UP』2003年2月,364号,30-34頁.

14) この概説としては,坂口緑・中野剛充「現代コミュニタリアニズム」有賀誠・伊藤恭彦・松井暁編『ポスト・リベラリズム——社会的規範理論への招待』(ナカニシヤ出版,2000年),第5章.

15) 金泰昌は,「共同性」という概念に対しては(「同」が「同質化」のような含意を持つから)批判的で,「公共哲学」の中の「共」の概念の重要性を強調している.筆者は,"日本語の「共同性」は広い意味に使われており,必ずしも「同質化」を含意するとは限らない"と思うので,「共同性」をも用いるが,その趣旨は「共」と全く同じである.

16) 例えば,拙稿「マッキンタイアの美徳-小共同体主義——西洋的倫理-政治理論

の歴史主義的再生とその限界」『千葉大学法学論集』第13巻第4号，1999年3月，41-88頁．
17) Amitai Etzioni, *Next: the road to the good society* (N.Y., Basic Books, 2001), pp.53-55.
18) Sandel, *Democracy's Discontent*, op.cit., pp.329-333. なお，筆者が司会をおこなって監訳したテイラー・サンデルとの質疑応答において，中野剛充の質問に答えてサンデルはこの点を極めて情熱的に語ったので，ご覧頂きたい．「第3の道」との相違を明言している点でも注目に値する．彼はそれを妥協と見做して"価値を語っても現実の政策を欠いている"と批判し，リベラルや社会民主主義は"個人主義的過ぎる上に，底辺の人には訴えても数の限界で敗北した政治的言語である"として，コミュニタリアニズムの観点から「民主主義的生活の公共民的基礎構造（civic infrastructure）の再建」を訴えている．さらに，テイラーは福祉問題に積極的に触れたわけではないが，以上の点を正当化する観念として「共通善」の重要性を強調したので，サンデルの福祉論にも基本的には共感しているように思われる．小林正弥監訳，坂口緑・神島裕子他訳「チャールズ・テイラー及びマイケル・サンデルとの質疑応答──地球的公共哲学ハーバード・セミナー朝食会」『千葉大学法学論集』第16巻第1号，2001年6月，103-147頁，該当箇所は125-128，136-137頁．
19) Amitai Etzioni, *The New Golden Rule: Community and Morality in a Democratic Society* (N.Y., Basic Books, 1996（アミタイ・エチオーニ『新しい黄金律──「善き社会」を実現するコミュニタリアニン宣言』（永安幸正監訳，麗澤大学出版会，2001年）．
20) 新公共主義については，とりあえず拙稿，前掲「新公共主義(ネオ・リパブリカニズム)の基本的展望(ビジョン)」を参照．
21) なお，字数の関係で本稿から割愛した箇所を中心に，研究ノート「『福祉の公共哲学』をめぐって──論評補遺」を『千葉大学法学論集』第18巻第3・4合併号に掲載予定である．

補論2　規範理論の整合化と重層的福祉保障の構想

後藤玲子

1　はじめに

　ある規範理論がある事実のみに注目してひとつの規範的判断を導出しているとしたら，その事実もさることながら，それ以外の事実に対してもまったく目をつぶることのできない人はその判断を受け入れ難いと感ずるだろう．そもそも規範理論がこれぞ事実だと断定する姿勢に，何か問題を感じるかもしれない．あるいはまた，ある規範理論がある規範的判断のみに依拠してある議論を展開しているとしたら，その判断もさることながら，それ以外の判断をもまったく無視することのできない人はその議論を受け入れ難いと感ずるだろう．だいたいひとつの規範的判断が，あらゆるケースに関して優位的な判断を下せるといわんばかりの勢いに，懸念を抱くかもしれない．

　それに対して，ある規範理論が，自分たちの注目する事実は，重要ではあるもののひとつの局面にすぎず，他の諸事実との関係においては理論的に開かれていることを認めるなら，あるいは自分たちが依拠する規範的判断は重要ではあるものの考慮すべきひとつの観点にすぎず，他の重要性をもつ諸規範的判断とバランス付けられる用意があると注記されるなら，各規範理論の受容可能性はずいぶんと広がるのではないだろうか．

　本書には，専門分野も問題関心も異なる複数の書き手によって，複数の規範理論が紹介されている．各規範理論は少しずつ重なりをもちながらも，異なる問題に光をあて，異なる事実に依拠しながら，異なる規範的判断を提出している．もしこれらの間に対話（会話）がなされるとしたら，各々が依拠している事実や注目する問題を，異なる複数の角度から吟味し，それぞれの特性と限界をより明確化することができるだろう．そして，それぞれの理論が効いてくるケースを見極めながら，一定のバランスでそれらを整合化することができるな

ら，それを重層的な福祉保障システムの構想に役立てることができるだろう．

規範理論間の対話は，本書の執筆に先立つ度重なる研究会を通じて，部分的になされてきた．それぞれの規範理論の中に，一定の事実や規範を別の角度から批判的・反省的に熟慮した跡が残されているとしたら，そこに研究会を通じた対話の成果を見てとるができるかもしれない．補論として編まれた小林論文は，これまでなされてきた対話を踏まえたうえで，コミュニタリアニズムの視角を鮮明にしながら，規範理論間の比較対照を試みたものである．そこで提出された氏自身の新たな問題提起も含めて，これら規範理論間の対話をさらに進め，各々の特性と限界を明晰化する作業，あるいは現実の福祉保障政策への適用範囲や方法を考察する作業は，最終的には読者に委ねられているというべきだろう．この点を注記したうえで，以下では（小林論文への再コメントを中心に），異なる規範理論の整合化の意義と方途を探りたい．はじめに，福祉保障に関連する二つの論点に関して，リベラリズム[1]とコミュニタリアニズム[2]の重なりとズレの具合が確かめられる．続いて，両者の視角を合わせ鏡としながら，重層的な福祉保障の仕組みが構想される．最後に，規範理論の整合化のもつ意義と有効性が確認される．

2 共通性・共同性か，異質性・多様性か

本書で明らかにされたように，コミュニタリアニズムは個々人の中に共通性・共同性が存在することを事実としてのみならず，規範としても尊重する．彼らによれば共通善とは，個々人にとって事実，共通に価値があるとともに，共通性・共同性にとって不可欠な価値とみなされているものである．小林は，そのような共通善のひとつとして福祉を理解したうえで，「福祉を擁護」しようとする限り共通性・共同性の存在を承認せざるをえないことを論証しようとする．それに対して，リベラリズムは，個々人は互いに異なる目的主体であることを事実的な，あるいは規範的な前提としたうえで，妥当な福祉保障のあり方を明らかにしようとする．彼らによれば，福祉保障の目的は，個々人がまさに異なる目的主体であることを制度的に支えることにある．だが，個々人の福祉は，その内容においても，それに対する評価においても多様性をもつかもし

れない．リベラリズムの関心は，その可能性を踏まえたうえで，それでも福祉保障を正当化するためにはいかなる論理を構成すべきかという方法的な問題，あるいは一歩進んで，多様性を積極的に認知し尊重するためにはどのような仕組みを作ったらよいかという規範的な問題に向けられる．

確かに，小林のいうように福祉保障は内容的にも手続き的にも，共通性を前提とする．およそ社会的責任において保障すべき必要，提供すべき資源を決める際には，個々人の中にある共通性，あるいは個々人の間に存在する共同性がまずもって参照されなければならないだろう．たとえ特殊な文脈にのみ依存する必要が考慮される場合であっても，その意味は特殊な文脈を越えて広く了解されることが求められる．また，個々人の福祉を保障するためには，個々人に分離帰属する私的財のみならず，個人間の共同性に直接資する財，あるいは地域や共同体の改善そのものが必要とされるかもしれない．さらに，公共政策としての福祉保障それ自体の特性から，同様のケースを同様に扱うこと，そのためにケース間の共通性を確かめる作業が不可避とされるだろう．あるいはまた，そもそも福祉保障の決定にあたっては個々人の公共的な合意を基礎とすべきだと考えるならば，合意を支えるうえで基本的な政治的観念の共有とそれに基づく対話が不可欠とされるかもしれない．

ただし，これらの点を認めることは，個々人が異なる目的主体であることを否定することにはならない．リベラリズムは，個々人の中に存在すると同定された共通性・共同性の背後に，あるいは個々人の間で合意を形成していくプロセスの中に依然として残る異質性を見逃さない．例えば，ドゥオーキンが一方で決定的利益の保障を主張しつつ，他方で個人の倫理的責任を強調したのは，「決定的利益」の内容それ自体は決して決定されてはいないこと，本人たちの倫理的判断の前に開かれた問題であることを周知としていたためではないか．そこで退けられるのは，一定の共通性・共同性が見出されたとしたら，それに基づいてただちに福祉保障の内容や方法が決定されるという推論の仕方，ならびに，それらは異なる目的主体である個人の判断を飛び越えて正当化されるという考え方である．

福祉保障の内容や方法に関する個々人の判断，あるいは，それらの背景にある道徳や規範には，複数の異なる選択肢があるかもしれない．そうだとしたら，

それらの中から何を選び取っていくかという作業は依然として個々人に残されるだろう．しかも，個々人の判断を集約して結果的に合意が形成されたとしても，そこでの合意は，完全なものでも，安定的なものでもない可能性がある．福祉保障の内容や方法に関して部分的に一致した合意，あるいは，合意事項をただちに改定する契機を内に孕んだ発展的な合意であるかもしれない．

リベラリズムが主張する公共性とは，異質性を尊重しながら共通性・共同性を読み取り，異質性を担保する形で共通性・共同性を形成していくという，社会の中での主体的・反省的な個人の営為を意味するものである[3]．それは，一方で，私的な関心に基づく行為（小林が「原子論的」と呼ぶ行為）とは異なる性質をもつものの，他方で，事実的・経験的な共通性・共同性に完全には集約されることのできない独自の概念として理解される必要がある．このような視点の相違は，「相互性」（reciprocity）の概念においても現れる．

3 二つの相互性

福祉保障においては，「相互性」（reciprocity）の所在がしばしば問題とされる．それは，私的契約や交渉の場面で問題とされる「相互便益」（mutual advantage）とは似て非なる概念である．相互便益に基づく交渉は，当事者双方の利益の増加が期待されるので，私的効用最大化の延長として解釈できる．それに対して，相互性に基づく活動は，誰かの利益の減少が顕かであるにもかかわらず実行されるので，私的効用最大化とは異質の行為として理解されなければならない．現実の福祉国家で社会保険と呼ばれる仕組みには，不確実性下での期待効用最大化という側面があるので，個人別の衡平性（保険料の負担と期待効用との釣り合い）とともに相互便益の可能性がしばしば問題とされる．だが，すべての個人の基本的福祉の保障を目的とする仕組みにおいては立場の固定された個人間での資源移転が中心となるので，かならずしも相互便益にはつながらない相互性が主要な論点として浮上するのである．

ところで，相互便益とは異なる相互性の中にも，他者との直接的な関係性に基づくものとルールを媒介とするものがある点に注意しなくてはならない．前者は，自分が他者に対して在ることと引き換えに（あるいは，行うことと引き

換えに），他者も自分に対して在る（あるいは，同様の行いをする）という双方向性の成立，あるいは，それへの期待を要件とする．例えば，自分が貴方に干渉しない代わりに貴方も自分に干渉しない，貴方が困窮しているときは自分が資源を提供するから，自分が困窮しているときは貴方が資源を提供する，など．それに対して，後者は，直接的な関係性を介さずに，自分が在るように（あるいは，行うように）他者もまた在る（行う）という対称性の成立，あるいは，それへの予想のみを要件とする．例えば，「他者に干渉しない」，あるいは「困窮している個人に余った資源を提供する」という行為を，自分も他者も行う，など．このような対称性が成立する背景には，自他の行為に関する一定の了解があると考えられるが，それを明示化したものがルールである．例えば，「（誰であれ）困窮したときは，資源が提供される」というルールが制定可能であるとしたら，そのルールの受容を通して，事実的な関係性とは独立に，行為の対称性が保証されることになる．

留意すべきは，前者の意味での相互性の成立は，後者の意味での相互性の成立を要件とするが，その逆は成立しない点である．行為の対称性は，個人間の直接的な関係性においては行為の双方向性を期待できない状況においても想定可能である．例えば，余裕ある個人から困窮している個人への移転を考えよう．移転はそもそも一方向的な行為であるので，ここに双方向性が成立するためには，個人間の立場の互換性が要請される．だが，すでに立場（社会的位置やポジション）が確立された個々人に，それを期待することは一般的には困難だろう．ただし，例えば，持続的な関係性が存在する家族，友人，同僚であれば，（資源の移転という）同種の行為ではなく（例えば信頼や愛情などの）異種の行為の見返りが，もしくは，同時点ではなく異時点での行為の見返りが，広義の双方向性と解されるかもしれない．あるいは，共感・憐憫・反感・怖れといった感情に基づいて一方向的あるいは非対称的な行為が自発的に選択されるかもしれない．コミュニタリアニズムが問題とする相互性とは，まさに〈共同体〉という直接的かつ持続的な関係性に基づくものであるが，その広範性は関係性そのものの広がりと確かさに依存することになる．

それに対して，リベラリズムが問題とする相互性は，行為の対称性を保証するルールを媒介とした相互性に他ならない．例えばロールズはルールの制定と

受容を介して相互性が実現されるのであって,その逆ではないと主張する.ロールズのいう「無知のヴェール」は,直接的な関係性(自分自身との関係も含む)に依拠して相互性が成立されること(あるいは不成立に終わること)を回避するための装置である.ルールが直接的関係性に依存して形成されたとしたら,ルールを媒介とする相互性の範囲は,直接的関係性に依拠した相互性の範囲に還元されてしまうことになるからだ.

興味深い問題は,行為の対称性を保証するようなルールの制定に参加する,あるいは受容するという行為それ自体の性質である.個々人はなぜルールの制定に参加しルールを受容するのだろうか.それらは私的利益に基づく行為と同じものでないことは確かだ.それでは,まったく帰結を度外視した義務感に基づくものだろうか.そうではないだろう.ルールの制定に参加し受容する個人の行為を語るとき,ロールズはかならず条件節を付加する.「彼らは協同の公正な条件としての原理や基準を提案しようとするだろう,他の人々も同様に行為するという保証がある限り」[4] と.問題は,この条件節が,即,他者との直接的な関係性に依拠する相互性を表すものと解釈されるか否かである.はたして,他の人々もまたルールを制定し受容するという期待,行為の対称性への期待は何によって保証されると考えられているのだろうか.ここでロールズが持ち出すのが「社会的協同性」である.社会を構成する個々人はみな社会的協同性を実現したいという動機に基づいて,それを可能とするようなルールを進んで制定し受容するという.小林が指摘するように,このような記述に個人間の共同性の想定を見て取ることは容易である.そもそも正義原理を制定するという行為の中に共通善への合意があるのだと.ただし,留意すべきは,ロールズがここでいう社会的協同性とは通常理解されているような——そしてコミュニタリアニズムが前提としているような——個人間の直接的な関係性に依拠した概念ではないという点である.ロールズのいう社会的協同性の概念は,それ自体,ルール(より広くは政治的諸観念)を媒介として構想されるひとつの政治的観念に他ならない[5].人々は,実体として存在する社会的協同ではなく,(いまだその中身は十分に特定化されていないとしても)社会的協同性という観念に導かれながら,ルールを制定し受容しようとすると考えられている[6].

このように相互性の概念,また社会的協同性の概念を個人間の直接的関係で

はなく，ルール（政治的観念）を媒介とする観念として理解することには理論的な有効性がある．資源の移転などもともと一方向的な性質をもつ行為が，共感・憐憫，あるいは反感・怖れをベースに非対称的に実現するのではなく，また，想像上の立場の互換や広義の行為の双方向性を通じて対称的な行為へ変換されるのでもなく，ルールを媒介として対称性を獲得していくとしたら，成立する相互性に確かさと広がりが期待されるからである．ただし，ルールを媒介として成立する相互性の広範性はまさにルールの適用範囲および受容範囲，ならびに，それらを支える政治的諸観念に依存して決められる．はたして，いかなる内容の政治的諸観念がどのくらいの人々に了解されているのか，はたして，その視野は直接的な関係性を拡張していこうという試みを超えるものであるのかについての議論はオープンにされている．例えば福祉保障の内容と方法に関する一定の政治的諸観念が国境を越えて人々に広く了解されていくとしたら，国境を越えた福祉保障ルール（そのための資源移転ルール）の制定・受容が可能となるだろう．それは，国民という直接的な関係性を越えた資源移転を可能とする一方で，世界市民と呼ばれるような直接的な関係性に依拠するものでもない．ただルールの適用と受容の広がりに応じて，より広範な個人——将来世代も含めて——に行為の対称性が保証されることになる．

ただし，ひとたび直接的な関係性の視点と行為の対称性の視点を区別したうえで，再度，両者の重なりを捉えることにも意味がある．実践的には，ルールを支える政治的諸観念が，個人間の直接的な関係性を広げる努力を通じて広く了解されていく，あるいはルールを支える政治的諸観念の了解を通じて直接的な関係性がより深められていく可能性があるからだ．はたしてその可能性がどの位であるかは，おそらく理論的に決着すべき問題ではなく，実践的な課題として残してことが望ましいだろう．ところで，直接的な関係性を断ち切って形式的な行為の対称性のみを残したひとつの典型が競争市場メカニズムである．次節では，コミュニタリアニズムとリベラリズムの視点を合わせつつ，競争市場メカニズムとは異なる評価[7]と分配の仕組みをもった重層的な福祉保障の構想をスケッチしよう．

4 重層的福祉保障の構想

　個々人は多様な目的をもって多様な活動をなしている．いま，個々人による無数の活動の総体をメカニズムと呼ぼう．このとき，1人の個人の存在にとってメカニズムの存在は不可欠であることは間違いないとしても，メカニズムの存立にとって1人の個人の存在が不可欠だと言えるだろうか．もし，ここでいうメカニズムが個人の関係性を完全に断ち切り，メカニズムで活動するという行為の対称性のみに注目するとしたら，そして，そこでは匿名性（anonymity）と非個人性（non-personal）が保証されるとしたら，おそらく答えは否だろう．なぜなら，いかなる個人も特有の名前と意味をもちえず，相互に通約可能・代替可能な指標に還元されるとしたら，1人の個人の欠損はメカニズムの崩壊にただちにつながるものではないからだ．メカニズムにとって問題とされるのは，ただ，メカニズムそれ自体の機能を維持するに十分な数の個人が参加することのみだろう．

　競争市場メカニズムは形式的な対称性をもち，匿名性・非個人性を本質とするメカニズムの典型である．そこでは，あらゆる種類の財が人々の集合的な需給の均衡に基づいて評価される．個々人の活動もまた例外ではない[8]．個々人の異なる質の活動は相互に比較可能な一元的な指標——価格（賃金）——に還元され評価されることになる．そこでは，いかなる代替性をも凌駕する特権的な個人の存在が否定される代わりに，1人ひとりの価値を質的に区別する論理も否定される．

　コミュニタリアニズムが依拠する共同体の概念は，このような形式的な対称性，匿名性，非人称性を退けて直接的な関係性の観念を取り戻すことに貢献する．例えば，カップル，友人あるいは家族などは，1人の個人の存在を要件としてはじめて成立するといえるだろう．そこでは，個々人は互いの関係性において特有の意味をもち，1人の個人の欠損は，関係性それ自体の崩壊につながるだろう．また，共同体や組織においては，個人の活動は集団それ自体に実体的な価値をもたらすので，集団の目的と整合的な評価基準——貢献・功績基準——をもとに，内在的に評価されることになる．そこでの各人の活動は，集団の目的との関係で独自の意味を獲得するから，たとえ同種の活動であったとし

ても，集団を越えて相互に代替されるものではない．

さらに，コミュニタリアニズムが重視するメンバーシップの概念は，一定の共同体のメンバーであることそれ自体に価値を付与する．それは，個々人の異なる質の活動に関して共同体独自の評価基準を設定することを正当化するとともに，活動の相違を越えて，個々人を，共同体のメンバーとして等しく尊重する，より包括的な概念である．マイケル・ウオルツアーはこの概念をもとに，構成員が共通に必要とするものを，必要に応じて相互に提供し合う仕組みを正当化しようとした．すなわち，余裕のある人が必要な人に資源を提供することは共同体のメンバーシップの獲得との引き換えに，受容すべき構成員の義務であると．

このようなコミュニタリアニズムの構想は，市場の論理を超えて個々人の異なる質の活動を内在的に評価する一方で，すべての個人の必要に等しく配慮する道を開くものである．ただしそこには，次のような問題点がある．共同体は内的な絆を強めれば強めるほど，排除の論理を招きやすいという性質をもつ．共同体の境界の外に在るもの，あるいは共同体の境界の内にありながら異質なものと自分たちとを区別する基準が明確化されていくからだ．しかも，例えば，道徳や慣習，文化が他の価値を凌駕する支配的な力をもつ場合――例えば，勤労倫理，卓越倫理，忠誠倫理がすべての領域にスピルオバーする場合――には，それらの価値に同調しないことが，即，他の価値（例えば経済的資源）の配分を失うこと，あるいは共同体のメンバーシップそれ自体を失うことに直結するおそれがある[9]．さらにまた，そもそもメンバーシップという概念が他のグループとの区別を意味的に内包するとしたら，境界をつくること，誰かを排除することが論理的に帰結されるだろう[10]．そうだとしたら，競争市場メカニズムのもとでは十分な配分を獲得できないうえに，いずれの共同体や組織にも所属できないような個人の活動を内在的に評価し，その必要に等しく配慮するためには，はたして，どのような論理を構成したらよいのだろうか．

リベラリズムが核とする権利の観念は，このような文脈で新たな意味を帯びてくる．権利の概念は，所属する共同体や組織の相違，存在する時間と位置の相違を超えてあらゆる個人――いまだ存在しない個人，いまだ特定の共同体や組織に対する貢献・功績が明らかではない個人も含めて――の間の同格性を保

証する．それは，競争市場メカニズムがもつ形式的な対称性を尊重しながら，同時に，個人を他とは通約不能・取替え不能な存在として擁護する．しかも，権利の概念は，各々の共同体が依拠する直接的な関係性や特定の目的・評価基準——貢献・功績——から独立に，また，特定のメンバーシップからも独立に，すべての個人を等しく尊重することを可能とする．権利が付与されるための条件はただひとつ，同様に，他者の権利を尊重すること，換言すれば，自分自身を含めてあらゆる個人を異なる目的主体として等しく尊重することである[11]．競争市場メカニズムの論理に対抗して，リベラリズムが求めるのは，すべての個人に適用可能な抽象的な権利概念（例えば，福祉への権利）を確立した上で，あらゆる個人の活動と必要に配慮する仕組み，すなわち，あらゆる個人の異なる質の活動を内在的に評価し，それに見合う報酬を提供するとともに，あらゆる個人の基本的福祉を保障するために必要な資源を，必要に応じて提供し合う仕組みへのアクセスをすべての個人に保証することである．

　確かに，コミュニタリアニズムが指摘するように，個人の異なる質の活動を内在的に評価するためには，個人間の関係性や協働性を反映した評価基準——貢献・功績——が有用である．さらに，個々人に基本的福祉を保障するためには，文化や環境の相違を加味した福祉指標が望まれる．その意味では，共同体や組織などの媒介集団を福祉保障の基礎単位とすることには理があるだろう．そのうえで，リベラリズムの視点は，それらの集団を包含し，各々の仕切りを緩めるような上位システムを構想する[12]．それは，福祉と活動評価に関する各集団の自律性を尊重しつつも，集団間で必要に応じた資源移転（分配）を実行することのできる経済・財政システム，ならびに，個人は移動（職業や所属，集団間の移動も含めた）・精神・良心・表現・参加などの市民的・政治的自由を等しく保障されること，各集団はすべての個人を受け入れ，すべての個人に同一の基準を等しく適用することを保証する法・規範システム，さらには，道徳・宗教・哲学の多様性を認め，意思決定への実質的参加を図る政治システムなどから構成される．このような上位システムのもとで個々人は，緩やかに重なり合ったメンバーシップをもちながら媒介集団の間を行き来し，それぞれの集団が独自に掲げる評価基準に従いながら，活動の機会と基本的福祉を普遍的に保障されることになる．

5 結びに代えて

　近年注目されている地域通貨やバウチャーは，財や活動に対して，競争市場メカニズムとは異なる評価と分配の仕組みを提供する．地域共同体や企業，NGO/NPO などの個別的文脈における財や活動の意味の相違を反映しうるからである．このような評価と分配の仕組みは，福祉保障の観点からも注目される．例えば，競争市場では経済的報酬を受けられない個人の活動が，共同体や組織の固有の意味を反映して経済的報酬を受ける可能性が開かれるからだ．もしこの仕組みが競争市場と両立可能であるとしたら，個人は，市場において広範囲な対称性に基づく一般的評価を受ける一方で，それぞれの共同体や組織において個別的評価を受けるという重層的な評価の機会をもてることになる．

　だが，はたして，競争市場のただ中で，各集団は独自の評価と分配の仕組みを保持することができるのだろうか．また，上述したように，各集団の仕切りを緩め，固定したメンバーシップを退けるとしたら，各集団の評価と分配の仕組みを受容し，資源を相互に提供することへの合意と責任を人々に期待することができるのだろうか．はたして，各集団の仕組みを尊重しながら，集団間で必要に応じた資源移転をなすためには，各集団が形成する自律的な評価をどのような方法で再評価したらよいのだろうか．上述した重層的な福祉保障の構想は，それを支える合意形成プロセスのあり方も含めて，その具体化に向けてさらに検討される必要がある．この点を確認したうえで，最後に規範理論の整合化の意義と有効性を確認して結びに代えたい．

　いま，個人間で互いに分離可能であり，本人の選択のみに依存して物理的には実現可能となる行為の集合を考えよう．個々人が選択した行為の連なりはひとつの社会状態を構成するが，それが再び個人間で分離可能であるとしたら，個人の選択に介入すべき理由は見当たらないだろう．私的領域に関する個人の自律的選択を要請するリバタリアンの主張はこのような文脈で了解される．

　だが，通常は，構成された社会状態が，再び個人間で分離可能であるとは限らない．個々人が選択した行為が，分離不可能なひとつの共同性（信頼，友情，愛）もたらす，あるいは，当事者たちを超えて不特定の人に外部性を及ぼす場合がある．その場合には，帰結から遡って個人の選択に介入する必要が出てく

るかもしれない．あるいはまた，本人の選択である状態を実現することが物理的に不可能な個人がいる場合には，たとえ個人間で分離する自明な方法があるとしても，あえてそれらを個々人に帰属させないこと，むしろ個々人の間で積極的に再分配することが要請されるかもしれない．ここにおいては，個人の私的領域に対する選択の自由というリバタリアンの主張は自明の正当性をもたなくなる．はたして，どのような行為の選択肢を個々人の私的領域とするかは，それ自体公共的なイシューとして，評価されなくてはならないだろう．

問題は，評価の仕方にある．評価には一定の観点が伴い，観点には一定の価値が伴う．はたして誰が，どのような価値をもとに，どのような観点から評価するのか．帰結を広く評価するためには，個人の私的関心，あるいは特定の集団的関心に基づく評価が不適切であることは間違いない．だが，そうかといって，個人の関心をまったく超越したところに評価が形成されてよいものだろうか．

価値の多元性を特質とする現代社会は，諸個人を政策の意思決定主体として扱う仕組みを民主主義システムとして用意した．だが，そのことは，かならずしも個々人の私的選好や集団的選好を，そのまま尊重することを意味するものではないだろう．むしろそれは，自己の有する私的利益や集団的利益，特定の道徳や信条を対象化し，異なる時間や空間に位置する人々への影響を広く考慮する個々人の反省性・不偏性，あるいは，理性的には退けることのできない複数の異なる価値の両立を図ろうとする個々人の熟慮や討議に依拠するものである．その際に，個々人の常識を照らす鏡となるものが規範理論に他ならない．

本特集をひとつの素材として，福祉国家のあり方に関心を寄せるすべての人の間に，広く公共的討議が巻き起こるならば，編者の一人として望外の喜びである．

注

1) ここでいうリベラリズムはジョン・ロールズ，ロナルド・ドゥオーキン，アマルティア・センなどを指す．後述するように，それは，リバタリアニズムの着眼点（「私的領域」の保護・消極的な判断形式の採用）ハイエクの慧眼（結果の予測不可能性・理性の限界）に深く敬意を払いつつも，別個の観点から，彼らの理論の適用範囲を制約し，新たな理論展開を試みるものである．関連する各章を参照のこと．

なお,「規範理論の整合化」というテーマはロールズの「政治的リベラリズム」に着想を得たものである.
2) ここでいうコミュニタリアニズムの語は補論1(小林論文)に負う.
3) 異質性と共生に関する同様の関心は,社会学その他で多く共有されている.三重野,2000参照.
4) 例えば,Rawls, 1993, p.49 参照.同様に,「ある政治的権力が適切であるのは,相互性(reciprocity)の基準が満たされるとき,すなわち,政治的行動を正当化するために提供する諸理由が,人々によって理性的に受容されると真摯に信ずることができるときのみである」(Rawls, 1996, xlvi)という記述を参照のこと.
5) 「協同性は公共的に認知されたルールと手続きに導かれる」(Rawls, 1993, p.16)
6) reciprocity は通常互酬あるいは互恵と訳されることが多いが,それは,ここでいう直接的関係性としての相互性に相当する.藤村,1999参照.
7) ここでの課題は,市場以外の評価の難点を指摘する本書第6章嶋津・ハイエクの慧眼を踏まえつつ,「社会的評価」の必要性に関する本書第10章盛山論文の提起を受けてその可能性を追求することにある.
8) 本節で問題とする「活動」は,ハンナ・アーレントのいう3つの活動力,すなわち,労働(labor),仕事(work),活動(action)を含んだ活動力(activities)の概念に近い.ちなみにアーレントは活動(action)を次のように定義している.「活動とは,物あるいは事柄の介入なしに直接人と人との間で行なわれる唯一の活動力であり,多数性という人間の条件…に対応している」(1994,アーレント,p.20).この概念への注目は,労働と福祉の関係を政治的観点から問い直す本書第11章新川論文,第12章宮本論文に啓発されたものである.
9) 例えば,マイケル・ウォルツアーのいう複合的正義の概念は,本来,比較不可能であり,交換してはならないはずの諸価値が,単一の支配的な尺度によって比較評価されること,また,本来,異なる基準に基づいて配分されるべき諸価値が,単一の支配的な基準に基づいて配分されることを批判するものだった.本書第13章今田論文におけるウォルツアーの紹介は,彼の「正義」概念の真髄を抽出するものとして注目される.
10) 「一つの文化,歴史,成員資格を共有し,そして共有し続けることを心に決めている個人は何を選択するのであろうか」(Walzer, 1983,訳 p.22).メンバーシップとは「全体としての人類から自らを区別し,特定の共同体の中で諸力を結合させる」(Walzer, 1983,訳 p.44)ものである.
11) 「権利の本質はそれにふさわしい価値をもつことによって初めて権利が生まれるという点にある.…人間の言語は実質的に対話の約束(可能性)を含むように構成されている.しかしもし人間がこの約束の担い手たる他者の姿の真の意味を明らかにし,尊重するつもりならば,自身のなかに存在する他者の姿を認めようとしない性質,つまり自身の動物的本性を乗り越えなければならない」(Lyotard, 1993).
12) 近年,アマルティア・センは,緩やかな境界をもった集合の集まり,あるいはそもそも集合の境界が可変的であるような諸集合を包含する開かれた集合体をもと

に，ロールズの「万民の法」を批判的に展開しようとしている（セン＝後藤，近刊）参照のこと．

参考文献

Arendt, H. The Human Condition, *The Human Condition*, the University of Chicago Press（志水逸雄訳『人間の条件』，1994，筑摩学芸文庫）．
Rawls, J. (1993) *Political Liberalism*, New York: Columbia University Press.
Rawls, J. (1996) *Political Liberalism*, New York: Columbia University Press (reprinted paperback).
Walzer, M. (1983) *Spheres of Justice: A Defence of Pluralism and Equality*, Oxford, Martin Robertson.（山口晃訳，『正義の領分』，而立書房，1999）．
Lyotard, J. (1993)「他者の権利」（中嶋吉弘・松田まゆみ訳『人権について——オックスフォード・アムネスティ・レクチャーズ』所収，1998，みすず書房）．
アマルティア・セン＝後藤玲子共著『福祉と正義のダイアローグ』(仮)，東京大学出版会，近刊．
藤村正之 (1999)『福祉国家の再編成―「分権化」と「民営化」をめぐる日本的動態』，東京大学出版会．
三重野卓 (2000)『「生活の質」と共生』，白桃書房．
三重野卓編 (2001)『福祉国家の社会学』，東信堂．

人名索引

Agassi, J. 23
Anderson, E. S. 138, 183, 184
Arendt, H. 2-4, 13, 317
Aristotle 79
Arneson, R. J. 183
Arrow, K. J. 73, 85, 267
Atkinson, A. B. 203, 226

Bentham, J. 61, 80, 83-85, 105
Bellah, R. N. 1
Bergson, A. 73, 83
Berlin, I. 14
Beveridge, W. H. 7-9
Bismarck, Otto. von 31
Blair, T. 9
Block, F. 206, 208
Boaz, D. 144, 145
Brentano, L. 6, 10

Cohen, G. A. 121, 123, 127
Condorcet, J. A. 83-85
Coase, R. 26

Dworkin, R. 92, 97, 117, 121, 180, 182, 192, 291, 307

Eucken, W. 7
Esping-Andersen, G. 197, 216, 223
Etzioni, A. 12, 15, 298, 299

Fleurbaey, M. 121
Friedman, M. 96, 206, 211
Friedman, M. & Friedman, R. 146, 147
福田徳三 6, 10-12, 15

Gauthier, D. 63, 64
Giddens, A. 9, 15, 237, 215
Gilligan, C. 249, 251-253
Goodin, R. E. 1, 15, 179
Gorman, W. M. 75
Gorz, A. 204, 205

後藤玲子 16
Green, T. H. 8, 15
Groot, L. 216

Habermas, J. 2-4, 8, 10, 13
Hayek, F. A. 7, 9, 15, 101, 155, 281
Hegel, G. W. F. 2, 5, 6, 14, 61
Hicks, J. R. 83
広井良典 14
Hobbes, T. 60, 64, 105
Hutchison, T. H. 18

今田高俊 317
稲葉振一郎 154

Jessop, B. 215

Kaldor, N. 83
Kant, I. 37-39, 51, 188
笠井 潔 155
河合栄治郎 10, 11, 15
川本隆史 241
Kelsen, H. 106
金泰昌 13, 16
小林正弥 305, 306
Kohlberg, L. 249

Lancaster, K. J. 75
Lippman, W. 1
Locke, J. 64, 154, 192
Lødemel, I. 218
Lomasky, L. E. 154
Luhmann, N. 26

Malthus, T. R. 7, 14
Manza, J. 206, 208
Marshall, T. H. 10, 45
Marx, K. 2, 5, 79
Meade, J. E. 48
Menger, C. 17, 22, 23
Mill, J. S. 8, 14, 61

Mises, L. E. V.　7
宮本太郎　317
Müller-Armack, A.　7

Nagel, T.　189
Nozick, R.　12, 15, 58, 101, 147

Offe, C.　206, 226
大河内一男　10, 11, 15
大沢真理　13
Owen, R.　7

Pigou, A. C.　10, 12, 13, 15, 73, 83, 85

Rawls, J.　12, 15, 37-53, 73, 102, 115, 116, 136, 179, 187, 192, 239, 241, 245, 246, 248, 286, 309
Robbins, L.　73, 83
Roemer, J. E.　121, 123, 127, 180, 184, 291
Röpke, W.　7
Rousseau, J. J.　6, 65

斎藤純一　215
Samuelson, P. A.　73, 83
Sandel, M. J.　1, 242, 288, 298
佐々木毅　13, 16
Savigny, F. C. von　23
Scanlon, T. M.　124, 137
Scheffler, S.　138
Schmoller, G. von　6, 14, 17, 22, 27-32
Schpitohof, A.　32
Schumpeter, J. A.　18, 19, 30, 32, 93
盛山和夫　69, 317

Sen, A. K.　13, 16, 73, 240, 245, 247, 248, 253, 267, 291, 292, 317
嶋津　格　317
新川敏光　317
塩野谷祐一　13, 16, 149, 215
Sidgwick, H.　61
Saint-Simon, C. H.　106
Smith, A.　3, 4, 7, 14, 79
Sombart, W.　19, 32
Stein, L.　5, 6, 10, 14
Strachey, J　9, 15
Sullivan, W. M.　1
Sunstein, C. R.　61-63
Suppes, P.　73
鈴村興太郎　16

田村信一　14
Tönnies, F.　19, 24-26
Trickey, H.　218

宇沢弘文　14

Van Parijs, P.　201
Van der Veen, R.　216

Walzer, M.　15, 243-247, 253, 293, 317
Webb, S. & Webb, B.　8, 15
Weber, M.　18, 19, 32
White, S.　201
Widerquist, K.　202
Winch, D.　14

山脇直司　13, 16

事項索引

あ行

アクティベーション　215, 223
アデナウアー体制　7
アナルコ・キャピタリズム　141
アンペイドワーク　231
意志的利益　128, 129, 133
一般意志　65
移転パラダイム　206, 207
移民　153
医療保険　113
ウエルフェア・スティグマ　91, 92
ウエルフェア・フロード　91, 92
埋め込まれた自我　17, 21
オーストリア学派　17, 23, 151
オルド自由主義　7

か行

格差原理　41, 48, 49, 57-59, 67, 179, 187, 193, 239
過酷な不運　181
仮想的保険市場　117
過当競争　90, 97
活動　312-314, 317
関心　246, 253
完全雇用　198-200, 203, 206, 207, 209
関与　246, 253
機会の平等　165, 183
帰結主義　84, 102
　　厚生主義的——　83, 84
　　非帰結主義的——　85
帰結に関する衡平性　97
基礎づけ主義　191
機能の評価　75, 78, 95, 291
基本所得保障　202, 206, 210
基本的諸自由　41, 42
義務論的評価方法　84
【旧】厚生経済学　73
救命原理（the rescue principle）　132
給与所得者の心情　110
共感　3, 241, 273, 309
矯正の原理　57

競争市場メカニズム　87, 88, 312
競争政策　88
　　——サブ・システム　87, 89
競争のフラクタル構造　88, 89, 92-94
共通善　21, 22, 25, 59, 70, 242
共同性（コミュニティー）　290, 296
共同体　21, 26, 27, 28
共同体主義（コミュニタリアニズム参照）
共和主義　61-63, 66-70, 286, 290
グラミン銀行　258
グローバリゼーション　175
ケア　254, 294, 295, 300
　　——衝動　255, 256
　　——する動物　255
　　——の倫理　249, 251, 252
　　——力　256, 257
経済体制　174
経済的（不）平等　142
形式的な機会均等　42, 47, 48
決定的利益　128, 129, 135, 307
原初状態　39, 40, 45, 58, 289
原子論　283
厳密な選好に関する厚生主義　96
賢明な保険の原理（the prudent insurance principle）　132-134
権利　252
　　——と責任　252
原理説明　102
行為主体的自由　81, 86, 93, 94
公共財　107, 154
公共性　2, 308
公共善　80, 264
公共的判断　265, 267, 269, 272
公共的ルール　263, 268, 271, 274, 276
公共哲学（パブリック・フィロソフィ）　1
厚生主義　83, 84, 86, 292
　　——的帰結主義　83, 84
公正としての正義　41, 46
公正な機会均等　41, 42, 47-49
　　——の原理　89
功績主義　116

公的年金制度　154
公的扶助　111, 270, 277
公的領域　91
功利主義　11, 37, 38
効率　149
合理的多元主義　64-66, 70
合理的な愚か者　247
互恵（性）　57, 65, 202, 203, 211
　　──原則　202, 203
個人意志　24
個人主義　20, 117, 284-289
コスモスとしての社会　103
国家統制主義　142
国家独占　107
古典的自由主義　141
コミットメント　241
コミュナリズム（共同性主義）　297
コミュナル　290, 296
コミュニケーション　2
コミュニタリアニズム　11, 12, 17, 19-21, 25, 30, 238, 242, 246, 281, 284, 297, 298, 306-314
コミュニティー　288
雇用政策　172
雇用パラダイム　206, 207

さ行

財産所有制民主主義　48, 50, 55
最小限福祉　281
最低所得（保障）　199
再分配の道具　112
サバティカルアカウント　226
参加所得　203, 204
産業政策　90
シヴィックマネー　227
ジェンダー主流化　231
資源の平等　129, 133, 134, 180
思考の公共的枠組み　278
市場均衡論　22, 284
自然的偶然　47
自尊　43, 44, 48, 49, 51
失業保険　113
嫉妬　160
　　──心の問題　115
私的社会　60, 61, 68, 69
私的善　75, 76, 80

私的保険　149
私的領域　88, 91, 316
自動制御的システム　102
私法　106
司法審査　107
市民所得　225
社会意志　24
社会契約　40, 41
　　──主義　17, 20, 21, 25
　　──主論　37
社会権　203
社会的
　　──安全網　91, 93
　　──安全網サブ・システム　87, 91
　　──基本財　40, 43
　　──協働　193
　　──共同資産　47
　　──協同性　300
　　──偶然　42, 47
　　──厚生関数　96
　　──厚生評価の情報的基礎　83
　　──市場経済　7
　　──集計ルール　82
　　──正義　104
　　──包摂　200
社会投資国家　237
社会保険　45, 112, 309
　　──制度　149
社会保障　45, 48
　　──制度　48
社会民主主義　197, 198, 209
自由至上主義　17
自由主義（リベラリズム参照）
自由主義的福祉国家　197, 198
自由的秩序　19, 23
自由としての経済開発　96
自由の法（Freedom's Law）　131
消極的自由　143, 156
条件付基本所得論　204
条件付所得論　204
職業としてのケア　257
所産所有制民主主義　49
自律性　188
新公共主義（ネオ・リパブリカニズム）　299
【新】厚生経済学　73, 74, 96

新自由主義（ネオリベラリズム） 235, 236
新対理法 296, 300
人的資本開発モデル 220, 223
人道主義的 155
新保守主義 235, 236
信頼費用 26, 27
心理主義 23
スピーナムランドの再来 206-208
正義 239, 294, 300
　　──の二原理 41-45
　　──の倫理 248, 249, 252
　　──論 21, 284
生産財 173
生産主義 198, 199, 209
生産力主義 11
生存権 12
制度 28
　　──主義 23
正の理論 20
セーフティ・ネット 44, 45, 47, 50, 51, 111
責任 121-127, 129-136, 185, 252
　　──主義 186
　　──と補償 92
責任─平等主義 180
積極的福祉 249
積極的労働市場政策 223
選好 124-128, 134, 135
潜在能力 77, 95, 240, 292
　　──アプローチ 75, 86
全体主義 20
全体論 283
選択意志 24
選択空間 81
善の理論 20
相互性 308, 311
相互便益 308
相互扶助 145, 146
相対的地位の保障 101

た行
第三の道 215, 237, 238
卓越主義 50, 51
多元性 263, 309, 316
多元的な正義 246
脱生産主義 199, 204, 209, 210

脱フォーディズム 205
他人の期待を裏切る 103
多文化主義 153
地球的福祉問題 301
秩序ある社会 39, 45
知的所有権 173
地方分権 176
チャレンジ 129, 130, 133
調整政策サブ・システム 87, 90
手続き的衡平性 97
ドイツ歴史学派 17, 30, 32, 33
統合の失敗 90
答責性 122, 125, 127, 130, 135, 136
道徳的人格 39, 40, 45, 50, 51
徳 50
特性アプローチ 75
取引費用 26, 27

な行
内省的均衡 39
ノモス 105

は行
パーソナリティ 124, 127, 135
ハインツのジレンマ 249, 250
発展段階 19
　　──説 29
パレート派リベラルの不可能定理 92
パレート無差別原理 96
判断 122-125, 127, 128, 131-135, 305, 307
非帰結主義 84
　　──的帰結主義 85
等しい尊重と配慮 129, 130, 132
評価 78, 316
平等な基本的諸自由 49, 49
比例税 110
貧困の罠 201, 204
フェビアン社会主義 8
負荷なき自我 17, 21, 242
賦課方式 113
複合的平等 243, 244
福祉公共体 301
福祉国家 29, 30, 49, 167, 176
　　──（的）資本主義 48, 49, 55
福祉政策 281

福祉的自由　77, 79, 81, 86, 92–94
福祉問題　281
福祉への依存者　277
福祉擁護論　283
不人情　104
負の所得税　199, 206–209, 226
普遍主義原則　197, 203, 208
フリーイヤー実験　230
ベーシックインカム　217, 225
ベバリッジ報告　9
法と経済学　108
法の支配　108
方法論争　17–21, 284
方法論的対立　286
保険　45–47, 161
保護された領域　105
ポジション配慮的な公共的ルール　275
ポジティブな社会保障　50, 52
ポジティブな福祉　9
保守主義　198, 209
　　───的福祉国家　197
ホッブズ　60
本質意志　24
本有的価値　124

ま行

民間社会　141
民主主義　37, 45
　　───社会　44
無条型福祉　216
無条件基本所得　199, 200, 202, 204, 209, 210
無知のヴェール　40, 41, 46, 48, 289, 310
メタ倫理学　37
メンバーシップ　312, 313
目的論　28
最も不遇な人々　43, 45, 47, 50

や行

良き生　50
欲求（ニーズ）の体系　5

ら行

理性的多元主義　64, 66
理性の公共的使用　275
立憲的民主制（constitutional democracy）
　　130, 131
リバタリアニズム　11, 12, 281
リバタリアン　315
リベラリズム（自由主義）　19–21, 209, 238, 242, 281, 306, 314
　幸福の───　61
　自由の───　61
　政治的───　11, 12, 45
　倫理的───　130, 131, 135
リベラル―コミュニタリアン論争　283
リベラル・パラドクス　240, 247
リベラルな平等　121
累進課税　109
ルサンチマン　160
隷従への道　114
歴史学派　27
歴史派経済学　22, 28
労働なしの福祉　209, 210
労働力拘束モデル　220, 221
老齢年金　112

わ行

ワーク・シェアリング　198, 209, 210
ワークフェア　9, 145, 209, 215, 217, 218

欧文

Luck Egalitarianism　180
UBI　199, 200

執筆者一覧 (所属・肩書は執筆時／＊は編者)

山脇直司	東京大学大学院総合文化研究科教授	1章
＊塩野谷祐一	一橋大学名誉教授	2章／3章
渡辺幹雄	山口大学経済学部助教授	4章
＊鈴村興太郎	一橋大学経済研究所教授	5章
嶋津　格	千葉大学法経学部教授	6章
長谷川晃	北海道大学大学院法学研究科教授	7章
森村　進	一橋大学法学部教授	8章
立岩真也	立命館大学大学院先端学術研究科助教授	9章
盛山和夫	東京大学大学院人文社会系研究科教授	10章
新川敏光	京都大学大学院法学研究科教授	11章
宮本太郎	北海道大学大学院法学研究科教授	12章
今田高俊	東京工業大学大学院社会理工学研究科教授	13章
＊後藤玲子	国立社会保障・人口問題研究所室長／立命館大学大学院先端学術研究科教授（特別契約）	14章／補論2
小林正弥	千葉大学法経学部教授	補論1

［編者紹介］

塩野谷祐一　1932年生れ．一橋大学名誉教授．『価値理念の構造』(東洋経済新報社，1984年),『シュンペーター的思考』(東洋経済新報社，1995年),『経済と倫理——福祉国家の哲学』(東京大学出版会，2002年),『経済哲学原理——解釈学的接近』(東京大学出版会，2009年). 経済哲学専攻.

鈴村興太郎　1944年生れ．早稲田大学政治経済学術院教授. *Rational Choice, Collective Decisions and Social Welfare*, Cambridge University Press, 1983; *Competition, Commitment, and Welfare*, Oxford University Press, 1995,『厚生経済学の基礎——合理的選択と社会的評価』(岩波書店，2009). 厚生経済学専攻.

後藤玲子　1958年生れ．立命館大学大学院先端総合学術研究科教授.『アマルティア・セン』(共著，実教出版，2001/2002年),『正義の経済哲学——ロールズとセン』(東洋経済新報社，2002年),『新しい公共性を求めて』(共著，有斐閣，2003年),『福祉と正義』(共著，東京大学出版会，2008). 経済哲学専攻.

公共哲学叢書⑤
福祉の公共哲学

2004年 1 月16日　初　版
2009年10月 9 日　第 4 刷

［検印廃止］

編　者　塩野谷祐一・鈴村興太郎・後藤玲子

発行所　財団法人　東京大学出版会

代表者　長谷川寿一
113-8654 東京都文京区本郷 7-3-1 東大構内
電話 03-3811-8814　Fax 03-3812-6958
振替 00160-6-59964
http://www.utp.or.jp/

印刷所　株式会社理想社
製本所　牧製本印刷株式会社

©2004 Yuichi Shionoya *et al.*
ISBN 978-4-13-051119-3　Printed in Japan

Ⓡ〈日本複写権センター委託出版物〉
本書の全部または一部を無断で複写複製（コピー）することは，著作権法上での例外を除き，禁じられています．本書からの複写を希望される場合は，日本複写権センター（03-3401-2382）にご連絡ください．

公共哲学叢書

1	塩野谷祐一著	**経済と倫理** 福祉国家の哲学	5600 円
2	小林　正弥編	**丸山眞男論** 主体的作為，ファシズム，市民社会	3400 円
3	公共哲学 ネットワーク編	**地球的平和の公共哲学** 「反テロ」世界戦争に抗して	3400 円
4	佐々木　毅 山脇　直司編 村田雄二郎	**東アジアにおける公共知の創出** 過去・現在・未来	3800 円
5	塩野谷祐一 鈴村興太郎編 後藤　玲子	**福祉の公共哲学**	4200 円
6	稲垣　久和著	**宗教と公共哲学** 生活世界のスピリチュアリティ	4000 円
7	宇野　重規著	**政治哲学へ** 現代フランスとの対話	3500 円
8	宮本　久雄編 山脇　直司	**公共哲学の古典と将来**	4800 円
9	山脇　直司著	**グローカル公共哲学** 「活私開公」のヴィジョンのために	4500 円

ここに表示された価格は本体価格です．御購入の
際には消費税が加算されますので御了承下さい．

公共哲学 ［第Ⅰ期全10巻］

［編　者］佐々木　毅　金　　泰昌
［編集委員］今田　高俊　宇井　　純
　　　　　　黒住　　真　小林　正弥
　　　　　　佐藤　文隆　鈴村興太郎
　　　　　　山脇　直司

1	公と私の思想史	3400 円
2	公と私の社会科学	3200 円
3	日本における公と私	3600 円
4	欧米における公と私	3200 円
5	国家と人間と公共性	3600 円
6	経済からみた公私問題	3200 円
7	中間集団が開く公共性	3800 円
8	科学技術と公共性	3800 円
9	地球環境と公共性	3800 円
10	21世紀公共哲学の地平	3800 円

ここに表示された価格は本体価格です．御購入の際には消費税が加算されますので御了承下さい．

公共哲学［第Ⅱ期全5巻］

11	西尾　勝／小林正弥／金　泰昌 編	自治から考える公共性	3800円
12	長谷部恭男／金　泰昌 編	法律から考える公共性	3800円
13	今田高俊／金　泰昌 編	都市から考える公共性	3800円
14	小林良彰／金　泰昌 編	リーダーシップから考える公共性	3800円
15	宮本久雄／金　泰昌 編	文化と芸能から考える公共性	3800円

公共哲学［第Ⅲ期全5巻］

16	稲垣久和／金　泰昌 編	宗教から考える公共性	4500円
17	平石直昭／金　泰昌 編	知識人から考える公共性	4500円
18	山脇直司／金　泰昌 編	組織・経営から考える公共性	4500円
19	市野川容孝／金　泰昌 編	健康・医療から考える公共性	4500円
20	鈴村興太郎／宇佐美誠／金　泰昌 編	世代間関係から考える公共性	4700円

ここに表示された価格は本体価格です．御購入の際には消費税が加算されますので御了承下さい．